# 编 委 会

主　　任：赵辰昕

副 主 任：刘秉镰　魏贵军

编　　委：卫　勇　王　微　王德荣

　　　　　刘伟光　张文杰　苏雄义

　　　　　李少如　王　玲　蒋笑梅

　　　　　刘　军　肖建华　李　响

　　　　　焦志伦　李兰冰　刘彦平

　　　　　索沪生　崔忠付

执行主编：李　响　王　玲

教育部哲学社会科学系列发展报告
MOE Serial Reports on Developments in Humanities and Social Sciences

# 中国现代物流发展报告2018

Report of China Logistics Development 2018

全国现代物流工作部际联席会议办公室　　组织编写

国家发展和改革委员会经济运行调节局
南开大学现代物流研究中心　　　　　　　主编

北京大学出版社
PEKING UNIVERSITY PRESS

## 图书在版编目(CIP)数据

中国现代物流发展报告.2018/国家发展和改革委员会经济运行调节局,南开大学现代物流研究中心主编.—北京:北京大学出版社,2018.12

ISBN 978-7-301-30170-8

Ⅰ.①中… Ⅱ.①国…②南… Ⅲ.①物流－经济发展－研究报告－中国－2018 Ⅳ.①F259.22

中国版本图书馆CIP数据核字(2018)第293783号

| 书　　　名 | 中国现代物流发展报告2018 |
| --- | --- |
| | ZHONGGUO XIANDAI WULIU FAZHAN BAOGAO 2018 |
| 著作责任者 | 国家发展和改革委员会经济运行调节局　南开大学现代物流研究中心　主编 |
| 责任编辑 | 颜克俭 |
| 标准书号 | ISBN 978-7-301-30170-8 |
| 出版发行 | 北京大学出版社 |
| 地　　　址 | 北京市海淀区成府路205号　100871 |
| 网　　　址 | http://www.pup.cn　新浪微博:@北京大学出版社 |
| 电子信箱 | zyjy@pup.cn |
| 电　　　话 | 邮购部 010-62752015　发行部 010-62750672　编辑部 010-62704142 |
| 印　刷　者 | 三河市北燕印装有限公司 |
| 经　销　者 | 新华书店 |
| | 730毫米×980毫米　16开本　20印张　380千字 |
| | 2018年12月第1版　2018年12月第1次印刷 |
| 定　　　价 | 88.00元 |

未经许可,不得以任何方式复制或抄袭本书之部分或全部内容。
**版权所有,侵权必究**
举报电话: 010-62752024　电子信箱: fd@pup.pku.edu.cn
图书如有印装质量问题,请与出版部联系,电话: 010-62756370

# 总　序

　　哲学社会科学的发展水平,体现着一个国家和民族的思维能力、精神状态和文明素质,反映了一个国家的综合国力和国际竞争力。在社会发展历史进程中,哲学社会科学往往是社会变革、制度创新的理论先导,特别是在社会发展的关键时期,哲学社会科学的地位和作用就更加突出。在我国从大国走向强国的过程中,繁荣发展哲学社会科学,不仅关系到我国经济、政治、文化、社会建设以及生态文明建设的全面协调发展,而且关系到社会主义核心价值体系的构建,关系到全民族的思想道德素质和科学文化素质的提高,关系到国家文化软实力的增强。

　　党的十六大以来,以胡锦涛同志为总书记的党中央高度重视哲学社会科学,从中国特色社会主义发展全局的战略高度,把繁荣发展哲学社会科学作为重大而紧迫的任务进行谋划部署。2004年,中共中央下发《关于进一步繁荣发展哲学社会科学的意见》,明确了新世纪繁荣发展哲学社会科学的指导方针、总体目标和主要任务。党的十七大报告明确指出:"繁荣发展哲学社会科学,推进学科体系、学术观点、科研方法创新,鼓励哲学社会科学界为党和人民的事业发挥思想库作用,推动我国哲学社会科学优秀成果和优秀人才走向世界。"2011年,党的十七届六中全会审议通过的《中共中央关于深化文化体制改革、推动社会主义文化大发展大繁荣若干重大问题的决定》,把繁荣发展哲学社会科学作为推动社会主义文化大发展大繁荣、建设社会主义文化强国的一项重要内容,深刻阐述了繁荣发展哲学社会科学一系列带有方向性、根本性、战略性的问题。这些重要思想和论断,集中体现了我们党对哲学社会科学工作的高度重视,为哲学社会科学繁荣发展指明了方向,提供了根本保证和强大动力。

　　为学习贯彻党的十七届六中全会精神,教育部于2011年11月17日在北京召开全国高等学校哲学社会科学工作会议。中共中央办公厅、国务院办公厅转发《教育部关于深入推进高等学校哲学社会科学繁荣发展的意见》,明确提出到2020年基本建成高校哲学社会科学创新体系的奋斗目标。教育部、财政部联合印发《高等学校哲学社会科学繁荣计划(2011—2020年)》,教育部下发《关于进一步改进高等学校哲学社会科学研究评价的意见》《高等学校哲学社会科学"走出去"计划》《高等学校人文社会科学重点研究基地建设计划》等系列文件,启动了新一轮"高校哲学社会科学繁荣计划"。未来十年,高校哲学社会科学将着力构建九大体系,即学科和教材体系、创新平台体系、科研项目体系、社会服务体系、条件支撑体系、人才队伍体系、现代科研管理体系和学风建设工作体系,同时,大力实施高校哲学社会科学"走出去"计划,提升国际学术影响力和话语权。

当今世界正处在大发展大变革大调整时期,我国已进入全面建设小康社会的关键时期和深化改革开放、加快转变经济发展方式的攻坚时期。站在新的历史起点上,高校哲学社会科学面临着难得的发展机遇和有利的发展条件。高等学校作为我国哲学社会科学事业的主力军,必须充分发挥人才密集、力量雄厚、学科齐全等优势,坚持马克思主义立场观点方法,以重大理论和实际问题为主攻方向,立足中国特色社会主义伟大实践进行新的理论创造,形成中国方案和中国建议,为国家发展提供战略性、前瞻性、全局性的政策咨询、理论依据和精神动力。

自2010年始,教育部启动哲学社会科学研究发展报告资助项目。发展报告项目以服务国家战略、满足社会需求为导向,以数据库建设为支撑,以推进协同创新为手段,通过组建跨学科研究团队,与各级政府部门、企事业单位、校内外科研机构等建立学术战略联盟,围绕改革开放和社会主义现代化建设的重点领域和重大问题开展长期跟踪研究,努力推出一批具有重要咨询作用的对策性、前瞻性研究成果。发展报告必须扎根社会实践、立足实际问题,对所研究对象的发展状况、发展趋势等进行持续研究,强化数据采集分析,重视定量研究,力求有总结、有分析、有预测。发展报告按照"统一标识、统一封面、统一版式、统一标准"纳入"教育部哲学社会科学系列发展报告"集中出版。计划经过五年左右,最终稳定支持百余种发展报告,有力支撑"高校哲学社会科学社会服务体系"建设。

展望未来,夺取全面建设小康社会新胜利、谱写人民美好生活新篇章的宏伟目标和崇高使命,呼唤着每一位高校哲学社会科学工作者的热情和智慧。我们要不断增强使命感和责任感,立足新实践,适应新要求,以建设具有中国特色、中国风格、中国气派的哲学社会科学为根本任务,大力推进学科体系、学术观点、科研方法创新,加快建设高校哲学社会科学创新体系,更好地发挥哲学社会科学认识世界、传承文明、创新理论、咨政育人、服务社会的重要功能,为全面建设小康社会、推进社会主义现代化、实现中华民族伟大复兴做出新的更大的贡献。

教育部社会科学司

# 前　言

《中国现代物流发展报告》(以下简称《报告》)是在全国现代物流工作部际联席会议办公室的组织下,由国家发展和改革委员会经济运行调节局与南开大学现代物流研究中心主编,反映我国物流业发展状况的年度报告。《报告》力图及时追踪我国现代物流业的发展过程,客观反映行业发展现状,准确把握我国现代物流市场的最新动态和发展规律,深入研究其发展过程中的热点与难点问题,为政府、企业和学术界研究、了解中国现代物流的发展提供参考。《报告》自 2002 年首次发行以来,至今已连续出版 15 部。

2017 年,世界经济全面复苏,全球贸易增速显著回升,我国各级政府深入贯彻党的十九大提出的新发展理念,国民经济实现平稳增长。在此背景下,中国物流呈现出量质齐升的发展态势,物流总体规模稳步扩大,行业整体运行质量明显提升,区域物流一体化扎实推进,结构调整趋于优化,主要指标稳中向好,物流业创新、整合、智能以及绿色发展特征凸显。

《中国现代物流发展报告 2018》一书主要反映了 2017 年度我国现代物流的发展状况。同时,结合 2017 年我国物流业发展的具体情况与最新动态,本书主要突出了以下特点:

一是从宏观角度分析我国物流业的发展环境与发展特点。本书对 2017 年我国物流市场、物流设施设备与技术、区域物流以及相关政策与规划等情况进行了总结,分析了各部分的主要发展状况与发展特点。

二是突出分析行业物流特点与发展前景。本书围绕交通运输制造业、商贸流通业、农业这几大基础行业,分别对我国交通运输物流的发展状况和制造业物流、商贸物流以及农产品物流的基本特征、运作模式、发展环境与发展现状进行了全面总结,同时剖析了行业物流存在的问题并对其未来的发展趋势进行了展望。

三是及时追踪 2017 年物流业发展的最新热点问题。随着行业转型升级不断深入,我国物流服务模式及产业形态不断创新,加快建设"一带一路"跨境物流服务体系,物流资源共享、供应链创新、公路货运平台服务等领域取得了诸多新进展。针对以上发展热点,本书设立了四大专题分别进行详细讨论,包括供应链创新与中国物流发展、中国"互联网＋公路货运"平台服务模式创新、"一带一路"跨

境物流服务体系的发展与创新和共享经济下的中国物流发展与展望。这些专题研究充分把握了中国物流发展的新要素,聚焦了受到业界和学界普遍关注的行业发展热点问题,在体现行业报告的权威性、系统性、史料性、连续性的同时兼顾了学术性、创新性和前瞻性。

需要说明的是,本书中涉及全国的数据除特别注明外,均不含港澳台地区。

本书在编写过程中得到了相关政府部门、科研院所、高校、行业协会、物流企业和工商企业的大力支持,我们在此一并表示感谢!

本书实行分章主编制,具体分工如下:

| 章节 | 主编 | 参编人员 |
|---|---|---|
| 第一章 | 主编 蒋笑梅 | |
| 第二章 | 主编 秦 凡 | 参编人员 张镇轶 |
| 第三章 | 主编 李兰冰 | 参编人员 魏 巍 杨 硕 |
| 第四章 | 主编 徐 亚 | 副主编 李克娜 |
| 第五章 | 主编 刘 军 | 副主编 陈新鸿 雷 静 |
| 第六章 | 主编 刘伟华 | 参编人员 司 铖 刘丽微 侯雪健 龙尚松 |
| 第七章 | 主编 肖建华 | 参编人员 李海珍 曾 飘 涂 云 |
| 第八章 | 主编 陈志卷 | |
| 第九章 | 主编 刘 勇 | |
| 第十章 | 主编 焦志伦 | |
| 第十一章 | 主编 杨静蕾 | 参编人员 王浩镔 穆梦嫡 |
| 第十二章 | 主编 李 响 | 参编人员 郭 畅 齐海燕 |
| 附录 | 主编 李克娜 | 参编人员 何 颖 胡秋婉 陆家欢 |

# 目　录

**综合篇**

导　言 ………………………………………………………………… (3)
第一章　中国物流市场发展状况 …………………………………… (5)
　　第一节　中国物流的发展环境 ………………………………… (5)
　　第二节　中国物流市场的总体规模 …………………………… (13)
　　第三节　中国物流市场的主要特征 …………………………… (19)
第二章　中国物流设施设备与技术发展状况 ……………………… (30)
　　第一节　中国交通基础设施建设状况 ………………………… (30)
　　第二节　中国物流园区(中心)及仓储设施发展状况 ………… (37)
　　第三节　中国物流装备发展状况 ……………………………… (41)
　　第四节　中国物流信息化与标准化发展状况 ………………… (44)
第三章　中国区域物流市场发展状况 ……………………………… (49)
　　第一节　中国区域经济发展差异与特点 ……………………… (49)
　　第二节　中国区域物流市场需求规模 ………………………… (52)
　　第三节　中国区域物流基础设施发展状况 …………………… (56)
　　第四节　中国区域物流市场的主要特征 ……………………… (62)
第四章　中国物流发展相关政策与规划 …………………………… (67)
　　第一节　中国物流发展相关政策出台情况 …………………… (67)
　　第二节　中国物流发展相关规划出台情况 …………………… (75)
　　第三节　中国物流政策与规划展望 …………………………… (80)

**行业篇**

导　言 ………………………………………………………………… (85)
第五章　中国交通运输物流发展状况 ……………………………… (87)
　　第一节　中国公路物流发展状况 ……………………………… (87)
　　第二节　中国铁路物流发展状况 ……………………………… (92)

第三节　中国港航物流发展状况 …………………………………… (97)
　　　第四节　中国航空物流发展状况 …………………………………… (102)
第六章　中国制造业物流发展状况 ……………………………………… (108)
　　　第一节　制造业物流概述 …………………………………………… (108)
　　　第二节　中国制造业物流发展环境 ………………………………… (112)
　　　第三节　中国制造业物流发展现状 ………………………………… (117)
　　　第四节　中国制造业物流存在的问题及发展趋势 ………………… (122)
第七章　中国商贸物流发展状况 ………………………………………… (126)
　　　第一节　商贸物流概述 ……………………………………………… (126)
　　　第二节　中国商贸物流发展环境 …………………………………… (128)
　　　第三节　中国商贸物流发展现状 …………………………………… (134)
　　　第四节　商贸物流存在的问题与发展趋势 ………………………… (139)
第八章　中国农产品物流发展状况 ……………………………………… (142)
　　　第一节　农产品物流概述 …………………………………………… (142)
　　　第二节　中国农产品物流发展环境 ………………………………… (145)
　　　第三节　中国农产品物流发展现状 ………………………………… (152)
　　　第四节　中国农产品物流存在的问题与发展趋势 ………………… (157)

## 专题篇

导　言 ……………………………………………………………………… (163)
第九章　供应链创新与中国物流发展 …………………………………… (165)
　　　第一节　供应链创新背景 …………………………………………… (165)
　　　第二节　我国供应链创新与发展的主要特征 ……………………… (169)
　　　第三节　供应链创新对中国物流发展的影响 ……………………… (174)
第十章　中国"互联网+公路货运"平台服务模式创新 ……………… (181)
　　　第一节　中国公路货运概述 ………………………………………… (181)
　　　第二节　中国公路货运平台的类型与服务模式 …………………… (184)
　　　第三节　公路货运平台发展对中国公路物流行业的影响 ………… (189)
　　　第四节　中国公路货运平台及行业发展趋势 ……………………… (192)
第十一章　"一带一路"跨境物流服务体系的发展与创新 …………… (195)
　　　第一节　"一带一路"跨境物流服务体系的发展背景 …………… (195)
　　　第二节　"一带一路"跨境物流服务体系创新发展现状 ………… (202)
　　　第三节　"一带一路"跨境物流服务体系存在的问题 …………… (207)
　　　第四节　"一带一路"跨境物流体系发展趋势 …………………… (214)

第十二章　共享经济下的中国物流发展与展望 …………………………（216）
　　第一节　共享经济的内涵及对物流产业的影响 ……………………（216）
　　第二节　共享经济下的中国物流服务模式 …………………………（219）
　　第三节　共享经济下的中国物流发展现状 …………………………（229）
　　第四节　共享经济下的中国物流发展展望 …………………………（231）

**附录**

附录A　2017年中国物流相关规划一览表 ………………………………（237）
附录B　2017年中国物流相关政策一览表 ………………………………（241）
附录C　2012—2017年中国物流相关统计数据 …………………………（268）
　　第一部分　中国内地（大陆）物流相关统计数据 …………………（268）
　　第二部分　港澳台地区物流相关统计数据 …………………………（293）
参考文献 ……………………………………………………………………（299）

综合篇

# 导 言

2017年是我国实施"十三五"规划的重要一年,也是供给侧结构性改革的深化之年。我国深入贯彻党的十九大提出的新发展理念,坚持以提高发展质量和效益为中心,加快转换经济增长动能,使国民经济实现平稳增长。本篇从物流市场、物流设施设备与技术、区域物流及物流相关政策与规划四个方面,对2017年中国物流发展的总体状况与特征进行了全面总结。

第一章总结了2017年中国物流的总体发展环境、物流市场的总体规模状况以及物流市场的主要发展特征。2017年,世界经济全面复苏和国内经济稳中有进的发展态势,为中国物流实现总体平稳向好发展奠定了良好基础。党的十九大提出我国新时代行动纲领和大政方针,为中国物流未来高质量发展指明了方向。重大区域发展战略的扎实推进和绿色发展理念的深入贯彻实施,促进了我国区域物流一体化和绿色物流的发展。在此宏观背景下,2017年,我国物流运行呈总体向好态势。社会物流总额增长平稳,社会物流总费用与GDP比率持续下降。各项物流实物量指标均实现同比增长,其中货运量、港口集装箱吞吐量与机场货邮吞吐量增长明显,快递业务量继续保持高速增长。在经济转型、居民消费升级、政府政策、技术以及资本等因素的共同驱动下,中国物流市场需求分化与升级态势明显,物流供给系统全面升级改善,物流行业创新、整合、智能以及绿色发展趋势突出,行业整体运行质量显著提升。

第二章总结了2017年我国物流设施设备与技术发展的总体状况。2017年,中国交通基础设施建设继续快速推进,路网结构持续优化。西部及农村地区交通基础设施条件继续改善,"四纵四横"高速铁路网提前建成运营,内河航道通过能力继续增加,港口码头泊位大型化水平进一步提高。综合交通运输通道网络逐步完善,"五纵五横"综合运输大通道贯通,东南亚国际运输通道建设取得新进展。物流园区(中心)、仓储设施等物流节点规模进一步扩大,并呈现出平台化、网络化、智慧化的特点,物流装备的智能化、绿色化和平台化水平也不断提高。2017年,我国国家级综合物流公共信息平台继续完善,中西部地区跨区域物流服务云平台建设快速推进,冷链物流、快递物流等专业物流信息平台建设继续推进。《标准联通共建"一带一路"行动计划(2018—2020年)》的发布,引导我国物流标准化工作向国际化方向发展。一批新的国家基础性及专业物流标准相继出台,将提升我国物流的规范化运作水平。

第三章分析了2017年我国四大区域的经济发展差异与特点、区域物流市场的需求规模状况、物流基础设施发展状况及区域物流市场的主要特征。2017年，中国经济发展依然呈现区域不平衡特征，东部地区始终处于领先地位，中西部地区及东北地区在经济总量、产业结构、工业发展、对外贸易发展方面均与东部地区具有一定差距。尽管物流业区域一体化程度逐渐增强，但地区间发展差异仍然较为明显，主要表现为东部地区在物流市场需求规模与物流基础设施方面具有优势，物流智能化与绿色化水平也显著提升；中西部地区的物流基础设施呈现加速完善的态势；东北地区则借助"一带一路"倡议的有利机遇，深入推进国际物流发展。

第四章梳理了2017年我国出台的物流发展相关的主要政策与规划，并对2018年的物流相关政策进行了展望。2017年，我国政府从推进物流业创新发展、物流服务提升与规范发展、交通运输领域转型升级等方面出台了一系列政策措施，颁布了《商贸物流发展"十三五"规划》《快递业发展"十三五"规划》《"十三五"现代综合交通运输体系发展规划》等多项"十三五"发展规划，以促进物流业的健康发展。同时，国家还出台了多项区域经济发展规划，进一步促进区域综合交通网络完善和区域流通协同发展。2018年是贯彻落实"十三五"规划纲要的关键一年，我国政府将进一步出台相关政策，加快物流行业转型升级，构建现代综合交通运输体系，推动绿色物流发展，推进商贸物流改革，加快建设现代供应链体系。

# 第一章　中国物流市场发展状况

2017年,中国物流的国际发展环境明显改善,国内发展环境良好。世界经济全面复苏,全球贸易增速显著回升。我国各级政府深入贯彻党的十九大提出的新发展理念,坚持以提高发展质量和效益为中心,国民经济实现平稳增长,经济增长动能加快转换,重大区域发展战略深入推进,绿色发展取得明显成效。在此背景下,中国物流呈现出量质齐升的发展态势,物流总体规模稳步扩大,社会物流总费用占GDP(国内生产总值)比率持续下降,物流业创新、整合、智能以及绿色发展特征凸显,行业整体运行质量明显提升。

## 第一节　中国物流的发展环境

2017年,世界经济全面复苏和国内经济稳中有进的发展态势,为中国物流实现总体平稳向好发展奠定了良好基础。党的十九大提出我国新时代行动纲领和大政方针,为中国物流未来高质量发展指明了方向。重大区域发展战略的扎实推进和绿色发展理念的深入贯彻实施,促进了我国区域物流一体化和绿色物流的发展。

### 一、世界经济实现全面同步复苏

(一)全球经济实现普遍性增长

联合国发布报告指出,由于与危机相关的脆弱因素和近期其他动荡的负面影响有所消退,2017年全球经济实现普遍性增长,约三分之二的国家增速高于2016年,这是自2010年以来全球首次出现同步复苏。此外,东亚和南亚仍是世界上最具经济活力和增长速度最快的区域,这两个地区的经济增长占到全球近一半,仅中国对全球增长的贡献就约占三分之一[①]。另据国际货币基金组织(IMF)发布的数据,2017年世界经济总体增速为3.7%,是近10年来表现最好的一年。其中,发

---

[①] 联合国. 2018世界经济形势与展望[EB/OL]. https://www.un.org/development/desa/dpad/wp-content/uploads/sites/45/WESP2018_Global_PR_C.pdf,2017-12-11,引用日期:2018年11月10日,后同,不再一一注明。

达经济体总体增速为2.3%,美国、欧元区和日本的增速均高于2016年;新兴市场和发展中经济体总体增速为4.7%,中国和印度继续保持较高增速,俄罗斯和巴西结束了此前连续两年的负增长。2013—2017年世界及主要经济体经济增长情况如表1-1所示。

表1-1 2013—2017年世界及主要经济体经济增长情况　　　　单位:%

| 项目 | 2013年 | 2014年 | 2015年 | 2016年 | 2017年 |
| --- | --- | --- | --- | --- | --- |
| 世界 | 3.3 | 3.4 | 3.1 | 3.2 | 3.7 |
| 发达经济体 | 1.3 | 1.8 | 1.9 | 1.7 | 2.3 |
| 美国 | 2.2 | 2.4 | 2.5 | 1.5 | 2.3 |
| 欧元区 | -0.5 | 0.9 | 1.5 | 1.8 | 2.4 |
| 日本 | 1.6 | 0.0 | 0.6 | 0.9 | 1.8 |
| 新兴市场和发展中经济体 | 4.7 | 4.6 | 4.0 | 4.4 | 4.7 |
| 中国 | 7.7 | 7.4 | 6.9 | 6.7 | 6.8 |
| 俄罗斯 | 2.2 | 0.6 | -3.7 | -0.2 | 1.8 |
| 印度 | 7.8 | 7.3 | 7.3 | 7.1 | 6.7 |
| 巴西 | 2.5 | 0.1 | -3.8 | -3.5 | 1.1 |
| 南非 | 2.2 | 1.5 | 1.3 | 0.3 | 0.9 |

资料来源:根据国际货币基金组织《世界经济展望》(2014年1月、2015年1月、2016年1月、2017年1月、2018年1月)相关数据整理。

(二)全球贸易增速明显回升

据世界贸易组织(WTO)发布的统计数字,受投资需求和消费需求增长的驱动,2017年全球贸易增长了4.7%,是2011年以来最快的增长速度。另外,全球需求增长主要来源于亚洲地区,2017年亚洲地区进口量增长占全球的60%,出口增长占51%。2014—2017年世界贸易增长情况如表1-2所示。

表1-2 2014—2017年世界贸易增长情况　　　　单位:%

| 项目 | 2014年 | 2015年 | 2016年 | 2017年 |
| --- | --- | --- | --- | --- |
| 世界商品贸易额 | 2.7 | 2.5 | 1.8 | 4.7 |
| 出口:发达国家 | 2.1 | 2.3 | 1.1 | 3.5 |
| 发展中国家 | 2.7 | 2.4 | 2.3 | 5.7 |
| 进口:发达国家 | 3.4 | 4.3 | 2.0 | 3.1 |
| 发展中国家 | 2.4 | 0.6 | 1.9 | 7.2 |

资料来源:WTO. Strong trade growth in 2018 rests on policy choices[EB/OL]. https://www.wto.org/english/news_e/pres18_e/pr820_e.htm.2018-04-12

## (三) 我国对外贸易大幅反弹

在全球经济增长步伐加快、国内经济稳中向好和"一带一路"倡议稳步推进的大背景下,2017年我国外贸出现大幅反弹。全年货物进出口总额27.79万亿元(人民币,下同),同比增长14.2%,扭转了此前连续两年下降的局面。其中,出口额继续位居世界第一,占全球份额的12.8%;进口额位居世界第二,占全球份额的10.2%[①]。2013—2017年我国进出口总额情况如图1-1所示。

**图1-1　2013—2017年我国进出口总额情况**

资料来源:根据国家统计局《中华人民共和国2017年国民经济和社会发展统计公报》相关数据整理。

## 二、国民经济延续稳中向好态势

### (一) 宏观经济增速好于预期

2017年,我国经济延续了党的十八大以来稳中有进的发展态势。全年实现国内生产总值82.71万亿元,按可比价格计算,同比增长6.9%,高于2016年6.7%的增长水平以及政府年初预期6.5%的增长目标,在世界经济中所占比重提高到15%左右[②],显示出较强的稳定性和韧性。2006—2017年我国国内生产总值及增速情况如图1-2所示。

---

①　WTO. Strong trade growth in 2018 rests on policy choices[EB/OL]. https://www.wto.org/english/news_e/pres18_e/pr820_e.htm,2018-04-12

②　李克强. 2017年政府工作报告[EB/OL]. https://www.gov.cn/guowuyuan/2018-03/05/content_5271083.htm,2018-03-05

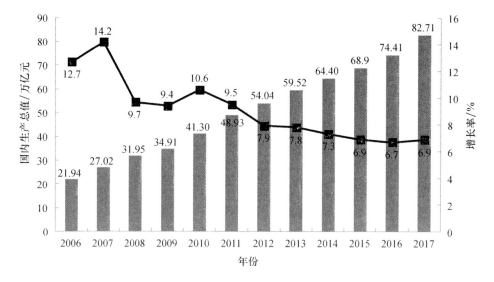

**图 1-2　2006—2017 年我国国内生产总值及增速情况**

注：国内生产总值按现价计算,增长速度按不变价格计算。
资料来源：根据国家统计局《中国统计年鉴》(2017)、《中华人民共和国 2017 年国民经济和社会发展统计公报》相关数据整理。

### （二）经济增长动能加快转换

2017 年,我国继续深入实施供给侧结构性改革与创新驱动发展战略,经济增长的新旧动能加快转换,经济增长模式不断优化。

供给侧结构性改革重点任务取得新进展：年度钢铁、煤炭和煤电的去产能目标均提前超额完成,2017 年 11 月末规模以上工业企业资产负债率同比下降 0.5 个百分点,年末全国商品房待售面积同比减少 1.1 万亿平方米,全年减少企业成本约 1 万亿元,农业、水利以及生态保护和环境治理方面的投资实现较大增长[①]。

经济增长新动能快速成长：高技术产业和装备制造业增加值分别比 2016 年增长 13.4% 和 11.3%,增速分别比规模以上工业快 6.8 个和 4.7 个百分点;高技术制造业、装备制造业投资比 2016 年分别增长 17.0% 和 8.6%,分别加快 2.8 个和 4.2 个百分点;工业机器人产量比 2016 年增长 68.1%,新能源汽车增长 51.1%[②]。以互联网及其相关服务为代表的现代新兴服务业增速也明显快于传统服务业。

---

[①] 宁吉喆. 国民经济稳中向好、好于预期表现在六个方面[EB/OL]. http://www.gov.cn/xinwen/2018-01/18/content_5258126.htm,2018-01-18

[②] 国家统计局. 2017 年经济运行稳中向好、好于预期[EB/OL]. http://www.gov.cn/xinwen/2018-01/18/content_5257967.htm,2018-01-18

经济增长模式不断优化：经济增长从主要依靠工业带动转为工业和服务业共同带动，三次产业增加值占GDP的比重分别为7.9%、40.5%和51.6%，三次产业对经济增长的贡献率分别为4.9%、36.3%和58.8%，分别拉动经济增长0.4个、2.5个和4.0个百分点。2006—2017年三次产业增加值占GDP的比重如图1-3所示。

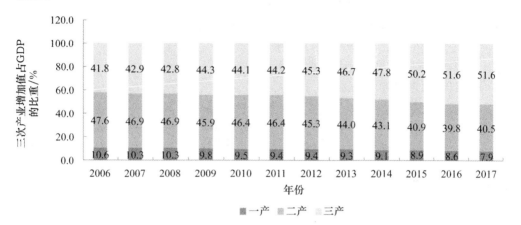

图1-3　2006—2017年三次产业增加值占GDP的比重

资料来源：根据国家统计局《中国统计年鉴》(2017)、《中华人民共和国2017年国民经济和社会发展统计公报》相关数据整理。

（三）居民消费升级态势明显

2017年，我国居民收入继续增加，全年人均可支配收入中位数为22408元，实际增长7.3%。收入的持续上升推动我国居民消费结构快速升级，便利化、品质化、个性化和享受型消费大幅增加。据商务部统计与监测，2017年全国社会消费品零售总额366262亿元，同比增长10.2%。全国网上零售额为7.18万亿元，同比增长32.2%，其中实物商品网上零售额5.48万亿元，增长28.0%，智能穿戴、高端家电、生鲜食品、医药保健等商品品类网络销售增速均超过70%[①]。

居民消费升级带来的巨大商机正在驱动我国生产和流通模式发生深刻变革。制造业加紧提高产品品质和服务品质，加快创新产品研发，探索小批量与定制化产品生产。批发零售业不断缩短供应链条，围绕"线上线下全渠道、新业态、新场景"构建各种新零售模式。随着供应的日益碎片化和零售场景的无处不在，工商企业对物流服务网络的覆盖性、灵活性以及终端服务能力提出了更高的要求。

---

① 商务部．商务部召开例行新闻发布会(2018年1月25日)[EB/OL]．http：//www．mofcom．gov．cn/xwfbh/20180125．shtml，2018-01-25

### 三、党的十九大谋划推动国民经济高质量发展

2017年10月18—24日,中国共产党第十九次全国代表大会在北京召开。党的十九大是在我国决胜全面建成小康社会、开启全面建设社会主义现代化国家新征程的关键时期召开的一次十分重要的大会。会议确立了习近平新时代中国特色社会主义思想的历史地位,制定了适应时代要求、顺应人民意愿的行动纲领和大政方针,具有重大现实意义和深远历史意义。

（一）我国经济发展进入了新时代

党的十九大报告明确指出,中国特色社会主义进入了新时代,我国经济发展也进入了新时代。其基本特征是我国经济已由高速增长阶段转向高质量发展阶段,正处在转变发展方式、优化经济结构、转换增长动力的攻关期,社会主要矛盾已经转化为人民日益增长的美好生活需要和不平衡不充分的发展之间的矛盾。这是党中央继经济发展进入新常态后,针对国际国内环境新变化,特别是发展条件新变化做出的新的重大判断。

（二）全力推动我国经济转向高质量发展

党的十九大报告还提出,新时代要按照新发展理念,谋划推动我国高质量发展。高质量发展是能够很好满足人民日益增长的美好生活需要的发展,是体现新发展理念的发展,是创新成为第一动力、协调成为内生特点、绿色成为普遍形态、开放成为必由之路、共享成为根本目的的发展。必须坚持质量第一、效益优先,以供给侧结构性改革为主线,推动经济发展质量变革、效率变革、动力变革,提高全要素生产率,着力加快建设实体经济、科技创新、现代金融、人力资源协同发展的产业体系,着力构建市场机制有效、微观主体有活力、宏观调控有度的经济体制。

（三）各级政府积极推动经济高质量发展

各级政府积极贯彻落实党的十九大精神,制定和实施了一系列促进经济高质量发展的政策措施。例如,2017年年底召开的中央经济工作会议围绕经济高质量发展制定了深化供给侧结构性改革、激发各类市场主体活力、实施乡村振兴战略等八项工作重点。中共中央和国务院出台了关于开展质量提升行动的指导意见,国务院发布了我国首个供应链政策《关于积极推进供应链创新与应用的指导意见》。20个省份下调了2018年经济增速预期,多个省份将深化供给侧改革、做好实体经济、加强创新能力建设、产业升级等作为2018年工作首要任务,反映出各地正不断将经济着力点由"速度"转向"质量"。

## 四、重大区域发展战略扎实推进

### (一)"一带一路"建设进展显著

2017年,首届"一带一路"国际合作高峰论坛在北京成功召开,标志着"一带一路"建设框架下最高规格的官方国际对话机制建立。全年新签署约50份"一带一路"框架下的合作协议,涉及新增国际组织约20个,新增沿线国家20余个。新亚欧大陆桥、中国-中南半岛、中蒙俄及中巴经济走廊基础设施建设得到较快推进,新增沿线国家级境外经贸合作区19个,入园企业增加2330家[①]。与沿线国家的贸易额明显增长,进出口总额达73745亿元,比2016年增长17.8%。

### (二)有力有序推进京津冀协同发展

2017年4月,为深入推进京津冀协同发展,探索人口经济密集地区优化开发新模式,提升区域经济社会发展质量和水平,党中央决定设立河北雄安新区。雄安新区是继深圳经济特区和上海浦东新区之后又一具有全国意义的新区。作为北京非首都功能疏解集中承载地,雄安新区将发展成为高水平社会主义现代化城市、京津冀世界级城市群的重要一极、现代化经济体系的新引擎和推动高质量发展的全国样板。此外,2017年京津冀地区还在交通一体化、生态环保、产业升级转移、公共服务共建共享等方面取得实质性突破,一批重大工程和重要项目落地建设,一批疏解示范项目向北京周边和天津、河北转移。

### (三)长江经济带发展取得积极进展

2017年,长江经济带在绿色发展和区域综合物流一体化建设方面取得积极进展。针对长江经济带生态环境保护面临的突出问题,环境保护部、国家发展和改革委员会、水利部联合印发了《长江经济带生态环境保护规划》,工业和信息化部、国家发展和改革委员会等五部委发布的《关于加强长江经济带工业绿色发展的指导意见》。沿江11省市把修复生态环境摆在压倒性位置,加快推进水污染治理、水生态修复和水资源保护"三水共治",加快传统制造业绿色化改造升级,开展沿江非法码头、非法采砂专项整治和化工污染整治专项行动等。另外,沿江省市还积极推动长江干线航道系统治理、枢纽互通、江海联运以及关检直通等,南京以下区域港口一体化改革试点工作进展顺利,沪昆高铁贵昆段等一批重大工程建成运营,上海与浙江共同建设小洋山北侧江海联运码头取得实质进展,关检合作"三个一"已全面推广至所有直属海关和检验检疫部门,区域综合物流一体化建设得到

---

① 国土开发与地区经济研究所."一带一路"建设2017年进展与2018年展望[EB/OL]. http://www.amr.gov.cn/ghbg/qyyjj/201801/t20180112_69135.html,2018-01-08.

有效推进。

**五、绿色发展取得明显成效**

（一）不断优化能源消费结构

2017年，我国继续积极推进煤炭绿色高效开发利用，执行绿色开采技术，强化商品煤质量监管。严格控制大气污染重点防治地区煤炭消费，提高清洁取暖比重，积极稳妥实施"煤改电""煤改气"工程，提升高品质清洁油品利用率，大力推进新能源车辆使用。全年煤炭消费量占能源消费总量的60.4%，同比下降1.6个百分点；天然气、水电、核电、风电等清洁能源消费量占能源消费总量的20.8%，上升1.3个百分点。

（二）加快淘汰落后产能

2017年，我国积极支持重点行业改造升级，鼓励企业瞄准国际同行业标杆全面提高产品技术、工艺装备和能效环保等水平，加快退出环保和能耗不达标的企业和产能。全年淘汰1.4亿吨落后钢铁产能，关停600多家"地条钢"企业；淘汰停建缓建煤电产能6500万千瓦；煤炭完成去产能2.5亿吨，南方年产9万吨以下的小煤矿和北方年产15万吨以下的小煤矿正在加快退出。

（三）深入推进大气污染治理

开展大规模国家环保督查行动。自2016年1月中央环保督察在河北省开展试点以来，2017年我国又新组建两批共15个中央督察组，实现了对全国31个省、自治区、直辖市的全覆盖。2016—2017两年期间，中央环保督察组共受理案件13.5万件，办结10.2万件，问责1.7万人[①]。

大力推动京津冀及周边地区大气污染治理。2017年，环境保护部先后联合相关部委及相关省、自治区、直辖市，发布和实施了《京津冀及周边地区2017年大气污染防治工作方案》和《京津冀及周边地区2017—2018年秋冬季大气污染综合治理攻坚行动方案》，要求相关城市实现煤炭消费总量负增长，水泥、铸造等行业全面实施错峰生产，加强机动车污染治理，9月底前禁止环渤海所有港口接收柴油货车运输的集港煤炭，所有集港煤炭改由铁路运输，工业企业大宗物流实施错峰运输等。

开展高排放车辆专项治理行动。环境保护部发布了《重型柴油车、气体燃料车排气污染物车载测量方法及技术要求》(HJ 857—2017)国家排放标准，鼓励各省、自治区、直辖市提前实施更严格的新生产机动车国家排放标准及油品质量标准，重点加强重型柴油车生产、销售等环节监管，在全国全面推行使用低硫柴油等。

---

① 张璐晶等.中央环保督察威力大[EB/OL]. http://www.ceweekly.cn/2017/1106/208212.shtml, 2017-11-06.

## 第二节 中国物流市场的总体规模

2017年,我国物流运行呈总体向好态势。社会物流总额增长平稳,社会物流总费用占GDP比率持续下降。各项物流实物量指标均实现同比增长,其中货运量、港口集装箱吞吐量与机场货邮吞吐量增长明显,快递业务量继续保持高速增长。

### 一、社会物流总额

2017年,全社会物流总额为252.8万亿元,按可比价格计算,同比增长6.7%,增速比2016年同期提高0.6个百分点。2006—2017年社会物流总额及增速情况如图1-4所示。

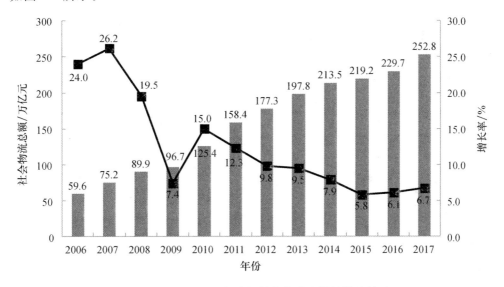

图1-4 2006—2017年我国社会物流总额及增速情况

注:图中2006—2009年的社会物流总额增速为名义增速,2010—2017年为实际增速。
资料来源:根据国家发展和改革委员会、中国物流与采购联合会《全国物流运行情况通报》(2006—2017)相关数据整理。

从构成看,工业品物流总额为234.5万亿元,所占比重略有下降;进口货物物流总额为12.5万亿元,所占比重小幅上升。农产品物流总额为3.7万亿元,再生资源物流总额为1.1万亿元,单位与居民物品物流总额为1.0万亿元。2013—2017年我国社会物流总额构成情况如表1-3所示。

表 1-3　2013—2017 年我国社会物流总额构成情况

| 指标 | 2013 年 | | 2014 年 | | 2015 年 | | 2016 年 | | 2017 年 | |
|---|---|---|---|---|---|---|---|---|---|---|
| | 绝对值/万亿元 | 比重/% | 绝对值/万亿元 | 比重/% | 绝对值/万亿元 | 比重/% | 绝对值/万亿元 | 比重/% | 绝对值/万亿元 | 比重/% |
| 工业品物流 | 181.5 | 91.8 | 196.9 | 92.2 | 204.0 | 93.1 | 214.0 | 93.2 | 234.5 | 92.8 |
| 进口货物物流 | 12.1 | 6.1 | 12.0 | 5.6 | 10.4 | 4.7 | 10.5 | 4.6 | 12.5 | 4.9 |
| 农产品物流等 | 4.2 | 2.1 | 4.6 | 2.2 | 4.8 | 2.2 | 5.2 | 2.2 | 5.8 | 2.3 |
| 合计 | 197.8 | 100 | 213.5 | 100 | 219.2 | 100 | 229.7 | 100 | 252.8 | 100 |

资料来源：根据国家发展和改革委员会、中国物流与采购联合会《全国物流运行情况通报》(2012—2017)相关数据整理。

## 二、社会物流总费用

2017 年，我国社会物流总费用为 12.1 万亿元，同比增长 9.2%。在经济结构转型升级以及物流业降本增效行动的共同推动下，社会物流总费用占 GDP 的比重自 2012 年以来已连续第五年下降，已下降至 14.6%。2006—2017 年全国社会物流总费用及增速情况如表 1-4 所示。

表 1-4　2006—2017 年全国社会物流总费用及增速情况

| 年份 | 社会物流总费用/万亿元 | 比上一年增长/% | 占 GDP 的比率/% |
|---|---|---|---|
| 2006 | 3.8 | 13.5 | 18.3 |
| 2007 | 4.5 | 18.2 | 18.4 |
| 2008 | 5.5 | 16.2 | 18.1 |
| 2009 | 6.1 | 7.2 | 18.1 |
| 2010 | 7.1 | 16.7 | 17.8 |
| 2011 | 8.4 | 18.5 | 17.8 |
| 2012 | 9.4 | 11.4 | 18.0 |
| 2013① | 10.0 | 9.3 | 16.9 |
| 2014 | 10.6 | 6.9 | 16.6 |
| 2015 | 10.8 | 2.8 | 16.0 |
| 2016 | 11.1 | 2.9 | 14.9 |
| 2017 | 12.1 | 9.2 | 14.6 |

资料来源：根据国家发展和改革委员会、中国物流与采购联合会《全国物流运行情况通报》(2006—2017)相关数据整理。

---

① 2013 年交通运输部调整了货运量、货物周转量的统计口径，国家统计局按照新的货运量、货物周转量统计口径，对 2013 年的社会物流总费用及其与 GDP 的比率数字进行了重新调整。表中是调整后的数据。

从构成看,运输费用为6.6万亿元,同比增长10.9%,增速比2016年高7.6个百分点,在社会物流总费用中的比重为54.6%。保管费用为3.9万亿元,同比增长6.7%,增速比2016年高2.6个百分点,占比32.2%。管理费用为1.6万亿元,同比增长8.3%,增速比2016年高2.7个百分点,占比13.2%。2017年全国社会物流总费用构成情况如表1-5所示。

表1-5  2017年全国社会物流总费用构成情况

| 指标 | 绝对值/万亿元 | 比2016年增长/% | 比重/% |
| --- | --- | --- | --- |
| 社会物流总费用 | 12.1 | 10.9 | 100 |
| 其中:运输费用 | 6.6 | 10.9 | 54.6 |
| 保管费用 | 3.9 | 6.7 | 32.2 |
| 管理费用 | 1.6 | 8.3 | 13.2 |

资料来源:根据国家发展和改革委员会、中国物流与采购联合会《2017年全国物流运行情况通报》相关数据整理。

### 三、货运量与货运周转量

2017年,我国货运量和货运周转量的增速均出现回升,特别是货运量增速回升明显。全社会完成货运量479.4亿吨,同比增长9.3%,增速较2016年提高4.2个百分点。完成货运周转量19.61万亿吨公里,同比增长5.1%,增速较2016年提高0.5个百分点。2006—2017年全国货运量、货运周转量及增速情况如表1-6所示。

表1-6  2006—2017年全国货运量、货运周转量及增速情况

| 年份 | 货运量 | | 货运周转量 | |
| --- | --- | --- | --- | --- |
| | 绝对值/亿吨 | 增长速度/% | 绝对值/万亿吨公里 | 增长速度/% |
| 2006 | 203.7 | 9.4 | 8.88 | 10.7 |
| 2007 | 227.6 | 11.7 | 10.14 | 14.2 |
| 2008 | 258.6 | 13.6 | 11.03 | 8.8 |
| 2009 | 282.5 | 9.2 | 12.21 | 10.7 |
| 2010 | 324.2 | 14.7 | 14.18 | 16.1 |
| 2011 | 369.7 | 14.1 | 15.93 | 12.3 |
| 2012 | 410.0 | 10.9 | 17.38 | 9.1 |
| 2013 | 409.9 | — | 16.80 | — |
| 2014 | 416.7 | 1.7 | 18.17 | 8.2 |

(续表)

| 年份 | 货运量 | | 货运周转量 | |
|---|---|---|---|---|
| | 绝对值/亿吨 | 增长速度/% | 绝对值/万亿吨公里 | 增长速度/% |
| 2015 | 417.6 | 0.2 | 17.84 | -1.8 |
| 2016 | 438.7 | 5.1 | 18.66 | 4.6 |
| 2017 | 479.4 | 9.3 | 19.61 | 5.1 |

注：2013年交通运输部对公路、水路运输量统计口径进行了调整，2015年交通运输部对公路货运量、货物运输周转量的核算方法和统计口径进行了调整。

资料来源：2006—2016年数据来自国家统计局《中国统计年鉴》(2016)，2017年数据来自国家统计局《中华人民共和国2017年国民经济和社会发展统计公报》。

各运输方式中，除水路运输保持平稳增长之外，铁路、公路、管道及民航运输的增速均出现明显回升。2017年各运输方式货运量、货运周转量及增速情况如表1-7所示。

表1-7 2017年各运输方式货运量、货运周转量及增速情况

| 指标 | 绝对数 | 比2016年增长/% |
|---|---|---|
| 货物运输总量/亿吨 | 479.4 | 9.3 |
| 其中：铁路 | 36.9 | 10.7 |
| 公路 | 368.0 | 10.1 |
| 水运 | 66.6 | 4.3 |
| 民航/万吨 | 705.8 | 5.7 |
| 管道 | 7.9 | 7.3 |
| 货物运输周转量/万亿吨公里 | 19.613 | 5.1 |
| 其中：铁路 | 2.696 | 13.3 |
| 公路 | 6.671 | 9.2 |
| 水运 | 9.746 | 0.1 |
| 民航/亿吨公里 | 243.5 | 9.5 |
| 管道 | 0.476 | 13.4 |

资料来源：根据国家统计局《中华人民共和国2017年国民经济和社会发展统计公报》相关数据整理。

## 四、港口货物吞吐量与集装箱吞吐量

2017年，我国港口生产活动实现稳步增长，增速较2015年和2016年有明显回升。全国港口完成货物吞吐量140.07亿吨，同比增长6.1%。其中，外贸货物吞吐量为40.93亿吨，同比增长6.3%。2006—2017年全国港口完成货物吞吐量及增速情况如表1-8所示。

表 1-8　2006—2017 年全国港口完成货物吞吐量及增速情况

| 年份 | 全国港口货物吞吐量 | | 其中：外贸货物吞吐量 | |
|---|---|---|---|---|
| | 绝对值/亿吨 | 增长速度/% | 绝对值/亿吨 | 增长速度/% |
| 2006 | 55.70 | 14.8 | 16.14 | 18.1 |
| 2007 | 64.10 | 15.1 | 18.49 | 14.6 |
| 2008 | 70.22 | 9.6 | 19.86 | 7.4 |
| 2009 | 76.57 | 9.0 | 21.80 | 9.8 |
| 2010 | 89.32 | 16.7 | 25.01 | 14.7 |
| 2011 | 100.41 | 12.4 | 27.86 | 11.4 |
| 2012 | 107.76 | 7.3 | 30.56 | 9.7 |
| 2013 | 117.67 | 9.2 | 33.60 | 9.9 |
| 2014 | 124.52 | 5.8 | 35.90 | 6.9 |
| 2015 | 127.50 | 2.4 | 36.64 | 2.0 |
| 2016 | 132.01 | 3.5 | 38.51 | 5.1 |
| 2017 | 140.07 | 6.1 | 40.93 | 6.3 |

资料来源：根据交通运输部《公路水路交通运输行业发展统计公报》(2006—2012) 和《交通运输行业发展统计公报》(2013—2017) 相关数据整理。

2017 年，全国港口完成集装箱吞吐量 2.38 亿标准箱，同比增长 8.3%，增速较 2016 年提高 4.3 个百分点，为近五年新高。2006—2017 年全国港口集装箱吞吐量及增速情况如图 1-5 所示。

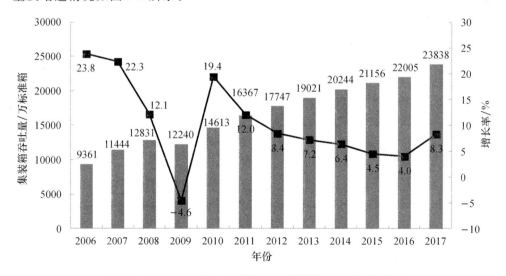

图 1-5　2006—2017 年全国港口集装箱吞吐量及增速情况

资料来源：根据交通运输部《公路水路交通运输行业发展统计公报》(2006—2012)、《交通运输行业发展统计公报》(2013—2017) 相关数据整理。

## 五、机场货邮吞吐量

2017年,全国机场货邮运输继续保持平稳较快增长。全年共完成货邮吞吐量1617.7万吨,同比增长7.1%。分航线看,国内航线完成1000.1万吨,比2016年增长2.7%;国际航线完成617.6万吨,比2016年增长15.2%。另外,2017年全国有52个机场的年货邮吞吐量在1万吨以上,较2016年增加2个百分点;完成货邮吞吐量占全部境内机场货邮吞吐量的98.5%,较2016年提高0.2个百分点。其中,北京、上海和广州三大城市机场货邮吞吐量占全部境内机场货邮吞吐量的49.9%,较2016年提高0.3个百分点。2006—2017年全国民航机场货邮吞吐量及增速情况如图1-6所示。

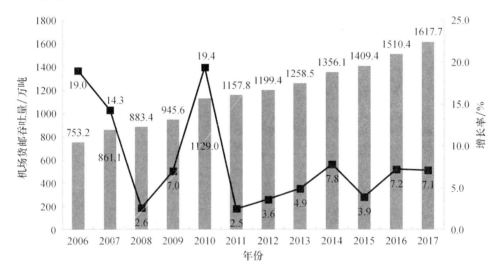

图1-6 2006—2017年全国民航机场货邮吞吐量及增速情况
资料来源:根据中国民用航空局《民航机场生产统计公报》(2006—2017)相关数据整理。

## 六、快递业务量

2017年,我国快递业务量突破400亿件,全年快递服务企业共完成业务量400.6亿件,同比增长28.1%。快递业务量增速与前几年相比虽有所放缓,但仍属于高速增长。2008—2017年全国快递服务企业业务量及增长情况如图1-7所示。

快递业务结构变化不大,异地业务量、国际及港澳台业务量的占比小幅上升,同城业务量略有下降。2008—2017年快递业务量的业务结构情况如图1-8所示。

中国现代物流发展报告 2018

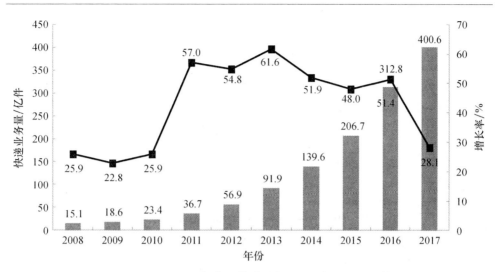

图 1-7　2008—2017 年全国快递服务企业业务量及增长情况
资料来源：根据国家邮政局《邮政行业发展统计公报》(2008—2017)相关数据整理。

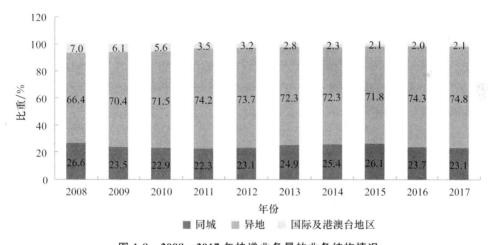

图 1-8　2008—2017 年快递业务量的业务结构情况
资料来源：根据国家邮政局《邮政行业运行情况》(2008—2017)相关数据整理。

## 第三节　中国物流市场的主要特征

2017 年，在经济转型、居民消费升级、政府政策、技术以及资本等因素的共同驱动下，中国物流市场需求分化与升级态势明显，物流供给系统全面升级改善，物流行业创新、整合、智能以及绿色发展趋势突出，行业整体运行质量显著提升。

## 一、物流市场供需结构加速调整

**（一）物流市场需求的分化与升级态势明显**

2017年，我国经济全面进入由"量"向"质"转型阶段，我国工业加速向高端、智能、绿色和服务方向发展，我国居民消费从生存型消费向发展型和享受型消费加快转变，进而带动我国物流市场需求进入快速分化与升级阶段。

物流市场的需求分化主要表现为高耗能产品与大宗商品物流需求延续回落走势，高技术产业与装备制造业等物流需求快速增长，与居民消费升级关系密切的细分领域如网络零售、生鲜食品冷链、跨境电商、汽车、医药等市场物流需求保持快速增长。物流市场需求的升级主要体现在制造企业对供应链一体化物流服务需求以及专业化物流服务需求不断增加，消费物流需求日益碎片化与多元化，消费者对物流服务的时效性以及物流服务品质的要求不断提高。

**（二）需求变化驱动物流供给系统全面升级**

需求变化驱动我国物流网络短板建设加快完善。在政府和企业共同努力下，我国跨境物流、区域物流、城市配送以及农村物流网络等短板领域正在得到加快建设。"一带一路"沿线交通基础设施、境外物流园区、中欧班列、海外仓的建设有序推进；京津冀、长江经济带等重点区域交通与通关一体化，区域港口与企业合作等加快推进；西部和农村地区交通基础设施不断完善；城市末端配送网点建设日趋成熟；农村物流网点不断增加。

需求变化驱动我国物流设施设备快速升级。高标准通用仓库，以及医药、冷库、冷藏车、危险品运输车等专用物流设施设备正在快速增加，单体仓库以及各类运输工具的大型化、智能化、标准化和绿色化的发展趋势也十分明显。

需求变化驱动我国物流领域加快创新。物流领域积极引入资本、新一代信息技术，已开发出大批物流新业态与新模式。例如，物流企业加强与制造业协同发展，为制造业提供供应链一体化服务和定制化服务；云仓、仓配一体化、车货匹配、托盘共享、众包配送等新兴服务不断涌现；无车承运人、甩挂运输、多式联运等创新性运输组织模式已初见成效；快递、快运服务品质不断升级。

需求变化驱动我国物流行业整合与合作。2017年我国航运、快递、配送、公路车货匹配、餐饮外卖等领域出现多起并购和合作事件，显示出为适应物流需求的快速变化以及客户日益提高的物流服务要求，通过实施整合与合作来快速做大做强，已成为我国物流行业的明显发展特征与趋势。

**二、资本助推物流业转型升级**

我国物流业的良好发展前景吸引了大批资本进入,与此同时,资本也有力地推动了我国物流业的转型升级发展。2017年,物流领域仍是资本关注的热点,资本投入物流领域的资金量进一步增加,进入途径与细分领域也进一步多元化。

(一)成立多支物流产业基金

2017年,国内一批大型物流企业、金融企业以及房地产企业等独立或合作成立多支物流产业投资基金,投资方向涉及物流地产、物流并购、创新投资等多个细分领域,助推我国物流业转型升级。

物流地产领域:2017年6月,菜鸟网络宣布与中国人寿共同设立规模为85亿元的物流仓储基金,主要用于菜鸟仓储项目。9月,中国远洋海运与河南省财政厅共同发起设立河南远海中原物流产业发展基金,初始认缴出资总额为100.01亿元,3—5年内计划达到600亿元的总规模,投向河南自贸区、郑州空港实验区基础设施与仓储等项目。10月,万科房地产公司联合多家金融及物流企业,共同投资设立60亿元的专业物流地产投资基金。11月,苏宁物流与深创投不动产基金管理公司联合发起总规模为300亿元的物流地产基金。

物流并购与创新投资领域:2017年4月,招商证券与海尔电器集团共同成立总规模为100亿元的物流产业并购基金。11月,诺力股份发起设立规模10亿元的诺力智能仓储物流、智能制造产业并购基金。海航现代物流集团与陕西科技控股集团成立物流创投基金——融通创业基金,一期规模8亿元,未来将在西安打造100亿元规模的科技产业基金。

(二)风险投资关注物流热点领域

2017年,风险投资继续踊跃投资物流初创型企业。据不完全统计,全年物流领域投融资事件超过100余起,主要集中在同城配送、生鲜冷链、物流网络平台、智能物流、跨境电商物流等热点细分领域。

例如,在同城配送领域,货拉拉获得两轮共1.3亿美元投资,闪送获得两轮1亿美元以及一轮金额未披露的战略投资,云鸟科技获得1亿美元融资,驹马物流获得4.5亿元投资。在生鲜冷链领域,每日优鲜获5亿美元融资,九曳供应链获2亿元投资,冻品在线和易鲜冷链分别获数千万元投资。在物流网络平台领域,"壹米滴答"获3亿元B轮和数亿元B+轮投资,运满满获1.2亿美元投资,福佑卡车获2.5亿元投资。在智能物流领域,菜鸟网络获53亿元投资,智能快递柜公司丰巢科技获25亿元融资,智能仓储公司鲸仓科技和快仓分获约7亿元和2亿元投资,中国迷你仓获2800万美元投资,G7智慧物联网获7000万美元投资,物流机器人公司"Geek+"获两轮约5亿元投资。在跨境电商领域,卓志跨境供应链获2亿元投资,"有棵树"获 4 亿元融资。

(三)股票债券市场为大型物流企业融资

一批大型物流企业通过在国内外资本市场上市或发行股票、债券进行融资,所募集资金主要用于升级物流设施设备、完善物流服务网络、补充营运资金等。

2017 年年初,两家快递公司韵达快递和顺丰速运先后在深交所上市。7 月,提供供应链管理服务的深圳东方嘉盛供应链公司在深圳证券交易所上市。8 月和 9 月,从事制造业供应链物流一体化服务的广州嘉诚国际物流、上海畅联物流和广州原尚物流公司在上海证券交易所上市。9 月,百世物流在美国纽约证券交易所上市,融资 4.5 亿美元。12 月,零担企业德邦物流被批准上市。12 月,物流园区企业传化智联发行非公开股票,募集资金总额不超过 49.2 亿元,用于公路港城市物流中心网络化建设项目、基物流供应链项目及可控运力池建设项目。12 月,顺丰速运公开发行不超过 5 亿美元海外债券,用于补充营运资金及投资等。

**三、物流服务新模式与新业态加速发展**

在需求驱动、国家政策以及新一代网络信息技术支持下,2017 年我国物流领域的创新继续蓬勃发展,突出表现在货物运输组织模式以及"互联网+"新业态方面。

(一)货物运输组织模式创新成效初显

近年来,我国政府将优化货物运输组织模式作为降低物流成本、推动物流行业转型升级和节能减排的主要抓手,以试点项目为推进手段,大力支持无车承运人、甩挂运输和多式联运等创新模式发展,2017 年这些新模式的发展成效开始有所显现。

在无车承运人方面,2017 年 281 家试点企业共整合货运车辆近 9 万辆,发展出"电子商务+无车承运""园区基地+无车承运""物流平台+无车承运""传统货运+无车承运""多式联运+无车承运"等多种创新模式。通过无车承运平台整合资源,试点企业单车月平均行驶里程比传统货运模式提高近 50%,平均等货时间由 2—3 天缩短至 8—10 小时,较传统货运模式降低交易成本 6%—8%,提升了车辆工作效率,降低了运输成本。同时,无车承运人运输模式还推动了物流公司的科技化,有利于提升物流行业信息化建设的整体水平[1]。

在甩挂运输方面,截至 2017 年年底,全国四批共 209 个甩挂运输试点项目深入推进,试点企业货运车辆平均里程利用率超过 80%。甩挂运输模式已经从单一

---

[1] 中国汽车报. 无车承运人模式最新动态发布[EB/OL]. http://auto.gasgoo.com/News/2017/10/09093034303470024442C104.shtml,2017-10-09

企业和单一线路的简单运作，逐步创新扩展到企业之间的互甩互挂、跨区域干线间的网络甩挂、干支线之间衔接甩挂、多种运输方式联运甩挂等多种模式。通过发展甩挂运输，不仅提高了车辆利用率，而且促进了运输行业的节能减排与转型升级。

在多式联运方面，交通运输部、国家发展和改革委员会先后确定了两批共46个示范项目，首批16家示范工程企业累计开行示范线路140余条，完成集装箱多式联运量60万TEU①。龙头骨干或多式联运示范工程企业继续在产业实践中发挥引领作用，铁路总公司把发展集装箱多式联运作为重点方向，沿海和内河港口企业主动开拓多式联运业务，不断增强港口多式联运服务功能。无车承运人、无船承运人、大型货代企业积极进入多式联运服务领域，传统货运物流企业加快了向多式联运经营人的转型步伐，拓展多式联运业务②。

(二)"互联网+物流"新业态日益壮大

我国"互联网+物流"新模式、新业态自2013年以来一直处于蓬勃发展态势，至2017年已发展出一批初具规模的创新型企业，涵盖车货匹配、同城配送、跨境电商、物流设备共享等多个业务领域。这些企业已成为引领我国物流行业创新发展方向和最具发展活力的企业。中国物流独角兽企业情况如表1-9所示。

表1-9 中国物流独角兽企业情况

| 序号 | 企业名称 | 业务领域 | 估值/亿美元 | 成立时间 |
| --- | --- | --- | --- | --- |
| 1 | 菜鸟网络 | 电商物流服务平台 | 200 | 2013年 |
| 2 | 易商 | 物流地产 | 32 | 2011年 |
| 3 | 满帮 | 公路车货匹配平台 | 20 | 2013年 |
| 4 | 惠龙国际 | 车货与船货匹配平台 | 15.4 | 2007年 |
| 5 | 丰巢科技 | 智能快递柜 | 13.85 | 2015年 |
| 6 | 安能物流 | 零担快运加盟网络 | 13 | 2010年 |
| 7 | 罗计物流 | 公路车货匹配平台 | 12.6 | 2014年 |
| 8 | 新达达 | 众包配送 | 12 | 2016年 |
| 9 | 越海全球供应链 | 集成式供应链管理服务 | 10 | 2012年 |
| 10 | LALAMOVE啦啦快送 | 同城车货匹配平台 | 10 | 2013年 |
| 11 | 云鸟配送 | 同城快速配送 | 10 | 2014年 |

资料来源：科技部火炬中心联合长城企业战略研究所发布的《2017年中国独角兽企业发展报告》。

① 何黎明.推动物流高质量发展 努力建设"物流强国"[EB/OL].http://www.chinawuliu.com.cn/lhhkx/201801/27/328223.shtml，2018-01-27.
② 中国交通运输协会联运分会.2017年我国多式联运发展回顾及展望[EB/OL].http://www.zg-syb.com/html/content/2018-03/20/content_813342.shtml，2018-03-20.

## 四、物流行业整合与合作深入推进

2017年,在市场需求和政策的驱动下,物流领域的整合与合作仍在快速推进,多个大中型物流企业通过股份制改革、并购与合并以及加强合作等手段,不断引入新资本和整合新资源,以实现快速做大做强。

### (一)国有大型物流企业实施股份制混合改革

2013年,党的十八届三中全会将实施股份制混合改革确定为我国新一轮国企改革的突破口,希望通过引入民营和外资等非公有资本,完善国有企业法人治理结构、提高国有企业核心竞争力。2016年9月,国家发展和改革委员会宣布在电力、石油、铁路、民航等关系国计民生和经济安全的七大重要领域开展国企混合所有制改革试点。

2017年6月,东航集团成为首批纳入股份制混合改革试点的中央企业,旗下的东方航空物流有限公司引入联想、普洛斯、德邦、上海绿地四个外部投资者,共计持有东航物流45%股份。此次股份制混合改革,东航实际投入18.45亿元国有资本,有效引入22.55亿元非国有资本投入,切实放大了国有资本的带动力和影响力。新的东航物流将在航空物流、货运产业基础上,整合民营资本的第三方物流、物流地产、跨境电商以及传统快递产业的落地配功能。

### (二)物流企业加快并购与合并

2017年,快递、航运、物流地产、公路车货匹配、餐饮外卖等领域发生多起并购与合并事件,推动物流企业快速做大做强,行业集中度不断提升。

在快递领域,2017年1月,苏宁出资42.5亿收购天天快递,从而使其在短期内快速实现仓储、干线和末端网络的扩张。4月,青旅物流正式宣布收购全峰快递,借助全峰完成全国网络布局。7月,复星联合中国邮政、菜鸟网络共同战略入股智能快递柜公司速递易。9月,丰巢科技8.1亿元全资收购中集e栈。11月,圆通快递收购香港上市物流公司先达国际,后者在全球17个国家和地区拥有52个自建站点,且这些国家和地区是中国贸易主要伙伴以及"一带一路"沿线重要国家市场。战略并购先达是圆通海外战略的直接体现。

在航运领域,7月,中远海运联合上港集团以接近430亿元收购东方海外,此次收购完成后,中远海控下属中远海运集运与东方海外两家公司集装箱船队总运力合计超过290万标准箱(含订单),经营船队超过400艘,船队规模将超越法国达飞轮船。

在物流地产领域,2017年7月,由万科、厚朴投资等联合组成的财团以116亿美元收购了新加坡上市公司物流巨头普洛斯。万科拥有丰富的房地产开发建设经验及资源,普洛斯拥有高效的物流仓储网络和管理能力。此次收购有望实现万科与普洛斯的优势互补,共同推动中国物流地产的发展。

在城市配送领域,2017年8月,58速运与东南亚的同城货运及物流平台GOGOVAN(快狗)合并。合并后的新公司将为企业和个人用户提供专业配送及搬家服务,服务领域覆盖中国、新加坡、韩国和印度等国。

在公路车货匹配领域,2017年11月,该领域两家最大公司货车帮和运满满宣布合并。截至2017年7月底,货车帮已拥有注册车辆450万台,注册货主88万人,在全国360个城市建立了1000家直营服务网点。平台日发布货源信息达500万条,日促成货运交易超过14万单,日成交货运运费超过17亿元。运满满平台拥有注册货主100万人,车主400万人,日交易额约15亿元,业务覆盖全国315个城市。两家公司在线上运营、信息匹配能力、线下物流园区、卡车增值服务等领域各有优势,通过合并可以实现强强联合。

在餐饮外卖领域,2017年8月,饿了么宣布合并百度外卖。饿了么作为中国最大的本地生活平台,在配送运力等方面具备优势,旗下蜂鸟即时配送平台的注册配送员达300万人。百度外卖拥有业界领先的人工智能配送技术。二者合并促进了行业配送资源与配送技术的整合,有利于提升该领域物流客户服务水平。

(三)大型物流企业加强合作

2017年多家物流企业与供应链合作伙伴以及同行企业开展合作,以实现优势互补、提升物流运作效率和分散风险等目的。

2017年12月,中储发展股份有限公司与京东物流签署战略合作协议。中储发展股份有限公司拥有仓储面积约1000万平方米,年吞吐量5000万吨,在全国40多个中心城市和港口城市设有70余家物流配送中心和经营实体。双方未来将围绕仓储、运力、物流科技、物流产品开发等方面展开深入合作,中储股份也将借助京东物流积累了十余年的物流规划、管理经验以及专业技术能力等,提高自身仓储资源使用效率,以及自身在仓储规划、系统实施和供应链金融方面的配套能力。

为应对跨境电商需求增长,京东集团与日本雅玛多控股合作、阿里巴巴集团与日本通运合作,提高日本进口货物的物流效率,改善我国消费者购物体验。顺丰控股与美国UPS在香港成立合资公司,助力双方共同开发和提供国际物流产品,聚焦跨境贸易,拓展全球市场。该合资公司的成立有助于中美两家知名的物流企业在网络、规模等方面取长补短,提升效率,为客户提供更多样化的选择和更优质的服务。

2017年10月,申通快递联合圆通速递、中通快递等5家金融及物流企业共同出资10亿元,发起设立中邦物流保险股份有限公司。该公司业务以物流行业的保险需求为主,销售各类货物运输险、车险、财产保险、责任保险及意外险等产品。

快递企业联合组建专业的物流保险公司,有利于解决快递行业的经营痛点,分担、补偿快递领域的特殊风险,从而促进公司主营业务的健康发展。

**五、物流领域加大智能技术的探索与应用**

智慧物流是全球物流业的发展趋势,也是我国物流业转型升级的重点内容与途径。2017年我国物流领域继续加大智能技术的探索与应用,以促进物流效率和服务水平的提升。

**(一)物流大数据分析技术的应用日益普遍**

国内领先的智慧物联网公司G7构建了智能化物流车队运输管理体系,通过搜集和挖掘包括车辆位置、速度、停留时间、油耗、司机驾驶行为、货物温度等在内的海量实时感知数据,帮助客户实现运输环节的精细化管理。截至2017年年底,该公司服务客户数量已超过5万家,连接车辆总数超过70万辆,客户类型覆盖快递快运、电商、危化品运输、冷链物流、汽车物流、大宗运输、城市配送等多个领域,全面提升了客户的运输服务时效、安全和成本管理水平。

物流电商平台公司中储智运在收集海量车、货信息的基础上,通过所拥有的智慧物流大数据分析技术,向货主、司机等物流客户提供包括分布数据、流向数据、线路热门货物货量等有价值的分析数据,2017年累计成交金额突破65亿元,帮助货主节约物流成本近6亿元。

菜鸟网络在物流作业过程中推动智能打包算法,通过对商品外观和体积的快速计算,帮助打包作业现场选择最合适的箱型,配合应用智能箱型设计的算法,节省了15%以上的包装耗材。

**(二)智能物流设备的商用化步伐加快**

在智能快递柜方面,国家邮政局数据显示,截至2017年年底,全国共建成快递公共服务站3.15万个,已投入运营智能快递柜超20.6万组,通过快递柜投递比率上升到7%[①]。已投放的智能快递柜主要集中于两家最大的快递柜公司中邮速递易和丰巢科技手中。其中,中邮速递易的快递柜规模约为7.7万组,覆盖城市200多个,日均投递量为200万件;丰巢科技的快递柜规模约为7.4万组,日包裹处理量超过500万件。

在无人仓方面,2017年10月,京东上海亚洲一号三期无人仓投入使用。该无人仓建筑面积4万平方米,是全球首个正式落成并规模化投入使用的全流程无人

---

① 国家邮政局. 坚持新发展理念 推动高质量发展 奋力开创新时代邮政市场监管工作新局面——刘君同志在2018年全国邮政市场监管工作会议上的讲话[EB/OL]. http://qh.spb.gov.cn/ldjh/201804/t20180410_1536487.html,2018-04-10

的物流中心。整个作业流程中应用多种不同功能和特性的机器人,彻底实现入库、存储、包装、分拣的全系统自动化和智能设备100%覆盖。

在无人机方面,2017年"6.18"促销期间,京东公司采用无人机在多个省(自治区、直辖市)进行农村小件商品配送,已完成1000余单配送。12月,顺丰速运在云南展开无人机试飞投递,为华为公司深山基地投递维修零件,除此之外,未来顺丰速运还将拓展无人机在医疗物资运送、灾害地区物资投递、矿区型作业机械维修等领域的应用。

(三)人工智能技术加快研发测试

菜鸟网络2016年9月推出户外智能配送机器人小G,此后一直在阿里巴巴园区内进行包裹递送测试。小G应用了自主感知、智能识别、运动规划等多项关键智能技术,一次可以装载10个左右包裹。

京东公司加快户外配送机器人研发测试。其配送机器人通过双目传感器优化路线,可自动避开障碍物,全程无人跟踪引导,主要在社区、写字楼、别墅区投入使用。其最新的第三代小型配送机器人可放置5件快件,承重100公斤,充电一次走20公里,一小时内完成18个包裹的配送。

2017年,顺丰速运跟腾讯云合作探索应用图像识别技术,实现人工手写运单自动输入,减少了大量输单员。

G7公司基于Augurs智能算法,自动收集、判断货物运输过程中的异常状态,通过预警、报警等方式提醒车队管理者对异常进行预处理,从而显著提升车队运营效率、保障车队资产安全。

## 六、绿色物流发展全面提速

绿色物流是我国物流业深入贯彻党的十九大精神和十三五规划发展新理念的重要体现。2017年,我国物流业大力优化货物运输结构和货物组织方式,加速淘汰老旧运输工具,大力引进新能源物流车辆,积极使用绿色包装,使绿色物流发展水平得到进一步提升。

(一)优化货物运输结构和组织方式

2017年,各级政府通过提升铁路在大宗物资远距离运输中的骨干作用,逐步减少重载柴油货车在大宗散货长距离运输中的比重,并且大力发展多式联运等途径,促进物流业节能减排。

环渤海港口煤炭运输由公路运输转向铁路运输。2017年,国家加强京津冀及周边地区的大气污染管理,强化排污治理,禁止环渤海港口接收柴油货车运输的集疏港煤炭,要求环渤海地区每年大约7000万吨的集疏港煤炭全面转为铁路运输。

 教育部哲学社会科学系列发展报告

大力发展多式联运,多式联运示范工程效应显现。2017年,营口港和青岛港集装箱铁水联运量超过70万标箱(标准集装箱),宁波-舟山港和青岛港集装箱铁水联运量增速超过60%。2017年1—9月,16家首批多式联运示范企业与公路运输相比,降低能耗约40万吨标准煤,降低社会物流成本超过55亿元。随着第二批多式联运示范工程项目30个进入实施阶段,后续效益将更加显著①。

(二)加快淘汰老旧运输工具和引进新能源物流车

老旧货运汽车和船舶的淘汰速度进一步加快。2017年,全国范围内未达到国三排放标准(中国第三阶段排放标准)的柴油车基本被淘汰,沿海297艘老旧船舶提前退出市场,其中干散货船154艘、集装箱船35艘、油船107艘、化学品船1艘②。2017年年底,全国载货汽车平均吨位为8.6吨/辆,比2016年增加0.6吨/辆。全国水上运输船舶平均净载重量为1770.3吨/艘,比2016年增加107.4吨/艘③。

大力生产和使用新能源物流车。生产方面,根据工业和信息化部统计,2017年全年我国新能源物流车(仅包含厢式运输车和邮政车)共生产24.47万辆。使用方面,新能源物流车已成为城市配送交通工具的首选。同城配送企业曹操货的公司组建了纯电动车队,与饿了么、百果园、美菜网、百世供应链等各行业客户达成深度配送合作。电动物流车租赁公司河南一微目前在全国多个城市运营纯电动物流车2000多辆。京东物流宣布引进1000辆新能源车,并在北京、上海等10多个大中城市投入使用,未来5年内计划将京东物流的几十万辆车替换为新能源车。国美、唯品会等大型电商,顺丰速运、四通一达(申通快递、圆通速递、中通快递、百世快递、韵达快递五家民营快递公司的合称)等快递巨头纷纷开始大批量采用纯电动物流车。菜鸟网络发布ACE未来绿色智慧物流汽车计划,将形成100万辆新能源物流车的需求。

(三)包装绿色化取得明显进展

电商和快递企业通过采用共享包装、可降解包装,以及实施包装标准化、减量化和使用产品包装等手段,大力推进电商绿色物流发展。例如,苏宁物流在2017年积极实施"共享快递盒"行动,截至2017年10月份,投放的5万只共享快递盒已经累计节约了650万个快递纸箱。韵达公司主动采购了大量可降解的胶袋,将原来网点与网点之间交接的编织袋换成了可以多次使用的布袋,实现了包装袋的循

---

① 中国交通运输协会联运分会. 2017年我国多式联运发展回顾及展望[EB/OL]. http://www.zg-syb.com/html/content/2018-03/20/content_813342.shtml,2018-03-20

② 交通运输部. 2017年近300艘老旧船舶提前退出市场[EB/OL]. http://k.sina.com.cn/article_1644649053_62075a5d001004m37.html,2018-03-19

③ 交通运输部. 2017年交通运输行业发展统计公报[EB/OL]. http://zizhan.mot.gov.cn/zfxxgk/bnssj/zhghs/201803/t20180329_3005087.html,2018-03-30

环使用，同时，韵达公司也开始试点回收纸箱。京东公司继纸箱回收行动后，新投放了10万"青流箱"，并首次尝试引入第三方专业回收循环机构，打造物流包装的全新回收体系，让绿色物流形成可持续的规模效应。2017年电商企业还积极推进包装减量化，以及直接使用产品包装代替电商物流配送包装，预计可以减少包装箱使用量30亿个以上。

# 第二章 中国物流设施设备与技术发展状况

2017年,我国物流设施设备的网络化、智能化、绿色化水平不断提升。交通基础设施建设继续推进,"五纵五横"综合运输大通道贯通。物流园区(中心)及仓储设施网络继续完善,物流节点数量持续增加,尤其是智慧物流园区建设速度加快,"无人仓"得到快速推广。物流装备的绿色化、智能化和共享性不断提高,跨区域物流服务云平台建设逐步开展。多项国家基础性及专业物流标准相继出台,随着《标准联通共建"一带一路"行动计划(2018—2020年)》的发布,我国物流标准的国际化发展进程进一步加快。

## 第一节 中国交通基础设施建设状况

2017年,中国交通基础设施建设继续快速推进,路网结构持续优化。西部及农村地区交通基础设施条件继续改善,"四纵四横"高速铁路网提前建成运营,内河航道通过能力继续增加,港口码头泊位大型化水平进一步提高。综合交通运输通道网络逐步完善,"五纵五横"综合运输大通道贯通,东南亚国际运输通道建设取得新进展。

### 一、公路基础设施建设状况

(一)路网规模继续扩大,路网结构继续优化

2017年年末,全国公路总里程为477.35万公里,比2016年增加7.72万公里。公路密度49.72公里/百平方公里,比2016年增加0.8公里/百平方公里[①],如图2-1所示。

2017年,我国等级公路占全国公路总里程比重继续提高,达到90.9%,比2016年提高0.9个百分点。其中,二级及以上等级公路里程62.22万公里,比2016年增加2.28万公里,占公路总里程13.0%,比2016年提高0.3个百分点,通

---

① 注:本节涉及的2017年各类交通基础设施的投资、里程、路网密度等数字,如不做特殊说明,均来自交通运输部. 2017年交通运输行业发展统计公报[EB/OL]. http://zizhan.mot.gov.cn/zfxxgk/bnssj/zhghs/201803/t20180329_3005087.html,2018-03-03

达96.7%的县①。高速公路里程13.65万公里,居世界第一,覆盖97%的20万人口城市及地级行政中心②;高速公路车道里程60.44万公里,比2016年增加2.90万公里。

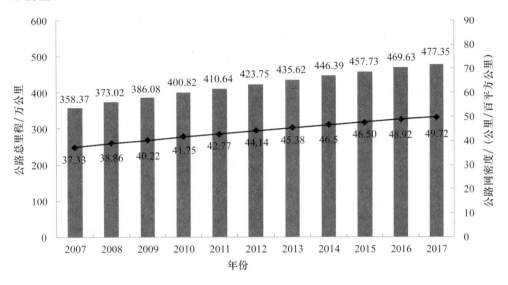

图2-1　2007—2017年中国公路总里程和公路网密度情况

资料来源:根据国家统计局《中国统计年鉴》(2011—2017)、交通运输部《公路水路交通运输行业发展统计公报》(2007—2012)和《交通运输行业发展统计公报》(2013—2017)相关数据整理。

(二)西部及农村地区公路建设取得新进展

2017年我国西部公路建设继续推进,新疆、青海等西部省区多条高速公路通车。6月,继连霍高速公路之后,第二条出疆公路大通道京新高速甘肃明水至新疆哈密段通车。8月,作为国道干线路网主骨架之一的青海共(和)玉(树)高速通车,结束了青南高原没有高等级公路的历史。11月,我国西北地区第一条绿色循环低碳公路青海花(石峡)久(治)高速建成通车③。12月,九(龙坡)永(川)高速和万(州)利(川)高速重庆段建成通车④。2017年年底重庆地区高速

---

①　新华网. 四项世界第一——我国交通运输亮出喜人成绩单[EB/OL]. http://www.xinhuanet.com/fortune/2017-12/25/c_1122165006.htm,2017-12-25
②　同①
③　中国公路网. 青海花久高速建设绿色循环低碳公路[EB/OL]. http://www.chinahighway.com/news/2014/885380.php,2014-11-13
④　中华人民共和国中央人民政府. 重庆高速公路通车里程突破3000公里[EB/OL]. http://www.gov.cn/xinwen/2017-12/25/content_5250148.htm,2017-12-25

路通车里程已突破 3000 公里,对外高速公路省际通道达 19 个①;青海省公路总里程突破 8 万公里②。

2017 年,我国农村公路建设继续推进。农村公路建设完成投资 4731.33 亿元,同比增长 29.3%,新改建农村公路 28.97 万公里。农村公路里程进一步增加,达到 400.93 万公里,其中县道 55.07 万公里、乡道 115.77 万公里、村道 230.08 万公里。全国 99.99% 的乡(镇)以及 99.98% 的建制村已通公路。

**二、铁路基础设施建设状况**

(一)路网规模持续扩大,路网结构进一步优化

2017 年,我国铁路路网规模持续扩大。截至 2017 年年末,全国铁路营运里程达到 12.7 万公里,同比增长 2.4%,其中高铁营运里程 2.5 万公里,居世界第一,覆盖 65% 以上的百万人口城市③。全国铁路路网密度 132.2 公里/万平方公里,比 2016 年增加 3.0 公里/万平方公里。

2017 年,我国铁路路网结构进一步优化。截至 2017 年年末,全国铁路复线里程为 7.2 万公里,同比增加 5.4%,复线率 56.5%,比 2016 年提高 1.6 个百分点;电气化里程 8.7 万公里,同比增加 7.8%,电化率 68.2%,比 2016 年提高 3.4 个百分点④。西部地区铁路营运里程 5.2 万公里,比 2016 年增加 1663.5 公里,同比增长 3.3%。2007—2017 年西部地区铁路营运里程及增长情况如图 2-2 所示。

(二)铁路煤运通道建设继续推进

2017 年,我国多条煤炭铁路运输通道贯通,进一步提升了我国的西煤东运物流能力。7 月,我国连接东西部的重要煤炭资源运输通道——瓦(塘)日(照)铁路全线贯通,该铁路打通了山西及周边省份煤炭外运大通道,显著提高了山西中南部地区煤炭外运能力,煤炭运输成本得到进一步降低⑤;同月,山西区域内的煤炭运输支线之一的兴(县)保(德)铁路一期正式通车。10 月,连接内蒙古中部、京津

---

① 中华人民共和国中央人民政府. 重庆高速公路通车里程突破 3000 公里[EB/OL]. http://www.gov.cn/xinwen/2017-12/25/content_5250148.htm,2017-12-25
② 中国公路网. 青海:十八大以来公路总里程突破 8 万公里[EB/OL]. http://www.chinahighway.com/news/2018/1155884.php,2018-01-22
③ 新华网. 四项世界第一——我国交通运输亮出喜人成绩单[EB/OL]. http://www.xinhuanet.com/fortune/2017-12/25/c_1122165006.htm,2017-12-25
④ 中华铁道网. 中国铁路总公司 2017 年统计公报[EB/OL]. http://www.chnrailway.com/html/20180327/1822681.shtml,2018-03-28
⑤ 新华网. 我国东西能源运输通道瓦日铁路全线贯通[EB/OL]. http://www.xinhuanet.com/2017-07/10/c_1121295498.htm,2017-07-10

冀的铁路大动脉多(伦)丰(宁)、丰(宁北)天(桥)铁路全线通车[①],提升了蒙东煤炭下海通道的运输能力。12月,山东龙(口)烟(台)铁路通车运营,该铁路与德大铁路、大莱龙铁路统称为德龙烟铁路,共同构成了山西煤炭基地至环渤海港口的便捷通道[②]。

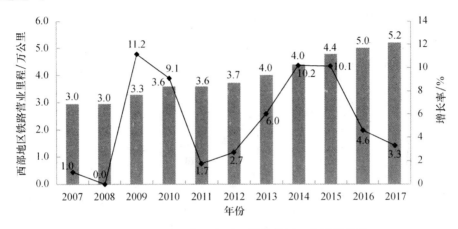

图 2-2　2007—2017 年西部地区铁路营运里程及增长情况
资料来源:根据国家统计局相关数据、国家铁路局《2017 年铁道统计公报》相关数据整理。

(三)"四纵四横"高速铁路网提前建成运营

2017年,我国"四纵四横"高速铁路网提前建成运营。宝鸡至兰州高速铁路、西安至成都高速铁路、西安至江油段高速铁路、石家庄至济南高速铁路等项目投产运营,其中12月开通的石(家庄)济(南)高铁标志着我国"四纵四横"高速铁路网的"四横"全部建成。我国"四纵四横"高速铁路网的建成,进一步释放了我国既有铁路的货运能力,对我国铁路物流的发展起到积极的推动作用。

### 三、水路基础设施建设状况

(一)内河航道通航里程略有减少,航道等级水平继续提高

2017年,我国内河航道通航里程略有减少。截至2017年年末,全国内河航道通航里程12.70万公里,比2016年减少80公里。其中,长江水系航道通航里程减少了26公里。

---

① 多伦县人民政府. 多丰、虎丰铁路全线通车[EB/OL]. http://www.dlxzf.gov.cn/dlzx/jrdl/201710/t20171019_1869961.html, 2017-10-19
② 新华网. 龙烟铁路开通运营[EB/OL]. http://www.xinhuanet.com/2017-12/28/c_1122180447.htm, 2017-12-28

2017年,我国等级航道比重有所下降,但高等级航道比重继续增长。截至2017年年底,等级航道6.62万公里,占总里程52.1%,下降0.2个百分点。其中,三级及以上航道1.25万公里,占总里程9.8%,提高0.3个百分点;五级及以上航道3.08万公里,占总里程24.2%,提高0.3个百分点。2007—2017年我国内河等级航道通航里程及占总里程比例如图2-3所示。

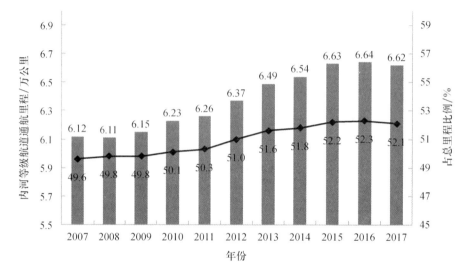

**图 2-3 2007—2017年我国内河等级航道通航里程及占总里程比例**

资料来源:根据交通运输部《公路水路交通运输行业发展统计公报》(2007—2012)和《交通运输行业发展统计公报》(2013—2017)相关数据整理。

### (二)港口码头泊位大型化水平不断提高,通过能力继续增加

2017年,我国港口码头泊位大型化水平继续提高。截至2017年年底,全国港口拥有万吨级及以上泊位2366个,比2016年增加49个。其中,沿海港口万吨级及以上泊位1948个,增加54个;内河港口万吨级及以上泊位418个,减少5个。2007—2017年我国港口万吨级及以上泊位情况如图2-4所示。

2017年,我国内河港口新建及改(扩)建码头泊位180个,新增通过能力6597万吨,其中万吨级及以上泊位新增通过能力820万吨,全年改善内河航道里程590.38公里;沿海港口新建及改(扩)建码头泊位107个,新增通过能力19581万吨,其中万吨级及以上泊位新增通过能力18153万吨。2007—2017年我国港口新增吞吐能力情况如图2-5所示。

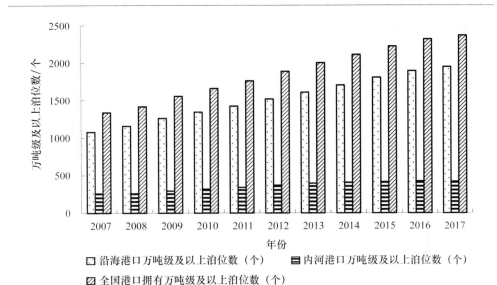

**图 2-4　2007—2017 年我国万吨级及以上泊位情况**

资料来源：根据交通运输部《公路水路交通运输行业发展统计公报》(2007—2012)和《公路水路交通运输行业发展统计公报》(2013—2017)相关数据整理。

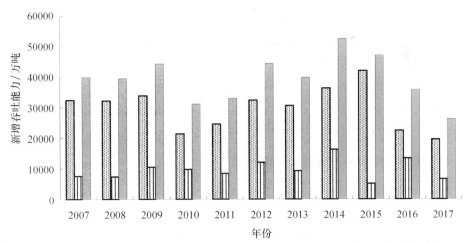

**图 2-5　2007—2017 年我国港口新增吞吐能力情况**

资料来源：根据交通运输部《公路水路交通运输行业发展统计公报》(2007—2012)和《交通运输行业发展统计公报》(2013—2017)相关数据整理。

## 四、民航基础设施建设进展状况

2017年,我国境内民用航空(颁证)机场共有229个(不含香港、澳门和台湾地区,下同),其中定期航班通航机场228个,定期航班通航城市224个,覆盖全国88.5%的地市、76.5%的县[①]。定期航班新通航的城市有云南澜沧、新疆莎车、内蒙古霍林郭勒、吉林松原、吉林白城、江西上饶、河北承德、湖南邵阳、黑龙江五大连池、黑龙江建三江[②]。2017年我国民用航空机场区域分布情况如图2-6所示。

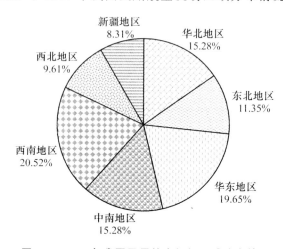

**图2-6 2017年我国民用航空机场区域分布情况**
资料来源:根据中国民用航空局《2017年民航机场生产统计公报》相关数据整理。

在民营物流机场建设方面,我国第一个民营物流机场——顺丰集团机场于11月正式确定在我国中部地区湖北鄂州开建。该机场的建成将进一步优化我国快递物流的节点布局,提升我国快递物流的运输时效性。

## 五、综合交通运输通道建设进展状况

2017年,我国"五纵五横"综合运输大通道[③]基本贯通,为我国各区域物流产

---

① 新华网. 四项世界第一——我国交通运输亮出喜人成绩单[EB/OL]. http://www.xinhuanet.com/fortune/2017-12/25/c_1122165006.htm, 2017-12-25
② 中国民用航空局. 2017年民航机场生产统计公报[EB/OL]. http://www.caac.gov.cn/XXGK/XXGK/TJSJ/201803/t20180307_55600.html, 2018-03-07
③ "五纵五横"综合运输大通道是我国2007年发布的《综合交通网中长期发展规划》提出的到2020年基本建成的综合交通网骨架的重要组成部分,包括:"五纵"综合运输大通道——南北沿海运输大通道、京沪运输大通道、满洲里至港澳台运输大通道、包头至广州运输大通道、临河至防城港运输大通道;"五横"综合运输大通道——西北北部出海运输大通道、青岛至拉萨运输大通道、陆桥运输大通道、沿江运输大通道、上海至瑞丽运输大通道。

业的协同发展和"一带一路"、长江经济带区域经济的发展提供了重要的交通运输网络体系保障。

"五纵"综合运输大通道中,南北沿海运输大通道方面,12月,龙(口)烟(台)铁路开通运行[1];广东地区云(浮)湛(江)、揭惠高速公路一期(汕头潮南两英至惠来段)正式通车营运。满洲里至港澳台运输大通道方面,12月,广东仁(化)新(丰)高速正式通车,该高速公路是广东省连接湖南省的又一条纵向通道,有助于进一步提升广东省与周边地区的物流运输能力。临河至防城港运输大通道方面,南昆铁路南(宁)百(色)增建二线全线通车,使南宁至百色段的单线运输变为双线运输,大大增强了南昆铁路南宁至百色段运输能力,对推动西南贫困山区产业发展、促进区域经济提速具有重要意义[2]。此外,连接南北沿海运输大通道和满洲里至港澳台运输大通道的长(春)至白(城)至乌(兰浩特)铁路于8月正式通车。

"五横"综合运输大通道中,青岛至拉萨运输大通道方面,12月,石(家庄)济(南)高铁开通运营。陆桥运输大通道方面,京(北京)新(疆)高速甘肃明水至新疆哈密段于6月建成通车;7月,宝(鸡)兰(州)高铁通车运营;8月,连霍高速乌苏至赛里木湖一级公路改高速公路正式通车,对提高我国丝绸之路经济带物流运输能力具有重要意义;上海至瑞丽综合运输大通道方面,10月,广(通)大(理)铁路祥和隧道平导顺利贯通。

另外,国际运输通道建设方面,2017年我国东南亚国际运输通道建设继续加快推进,提升了我国与东盟国家间的国际物流运输能力。中老国际通道玉(溪)磨(憨)铁路首座隧道——松香3号隧道和磨歇特大桥主体工程均已完工;中缅国际铁路通道大(理)临(沧)铁路建设高效推进,南涧段三家村隧道12月顺利贯通,为大临铁路的全线开通奠定了基础[3]。

## 第二节 中国物流园区(中心)及仓储设施发展状况

2017年,我国物流园区(中心)及仓储设施等物流节点规模进一步扩大,并呈现出平台化、网络化、智慧化的特点。智慧物流园区(中心)建设快速推进,"一带一路"、长江经济带及京津冀地区多个保税物流中心封关运营。此外,仓储面积继

---

[1] 新华网. 龙烟铁路开通运营[EB/OL]. http://www.xinhuanet.com/2017-12/28/c_1122180447.htm, 2017-12-28

[2] 新华网. 南昆铁路南百增建二线实现全线通车[EB/OL]. http://www.gx.xinhuanet.com/news-center/2017-12/28/c_1122181597.htm, 2017-12-28

[3] 云南网. 中缅国际铁路通道大临铁路建设提速[EB/OL]. http://yn.yunnan.cn/html/2017-12/16/content_5020287.htm, 2017-12-16

续增加,"无人仓"得到快速应用。

## 一、物流园区(中心)发展状况

**(一)智慧物流园区(中心)建设速度明显加快**

智慧物流园区(中心)以"平台构造节点化、园区管理智能化、业务服务协同化"为特色,综合运用传感器、RFID、无线视频传送、GIS、GPS等移动通信技术,通过系统集成和平台整合,实现政府、物流企业、制造企业、金融机构等组织的信息互通互联和物流服务整合与优化。

随着我国智慧物流的发展,2017年我国智慧物流园区(中心)建设明显提速,多家智慧物流园项目启动或投入使用,推动了我国智慧物流的规模化发展。5月,四川达州市相关部门与帝升集团签署投资合作协议,在成都、重庆、西安、武汉交汇地带投资建设"秦巴智慧物流产业园"[1];5月,菜鸟供应链管理有限公司签约建设杭州智慧产业园,其中包含智慧物流产业园区建设;8月,菜鸟网络科技有限公司签约建设固安智慧物流科技园区;11月,递四方联合菜鸟网络科技有限公司建设的广东东莞国际智慧物流园投入使用,园区运用先进的信息与自动化物流技术,提高了货品分拣效率和分拣准确率[2]。此外,京东集团在现有北京、青岛、上海等11个城市的16个"亚洲一号"物流中心的基础上,在四川成都和广东东莞建设京东"亚洲一号"智慧物流园;中通和苏宁也在湖南签约建设智慧物流园。

**(二)多式联运物流园区(中心)建设速度加快**

2017年,我国多式联运物流园区(中心)建设速度加快,多家新建的多式联运物流园区(中心)投入使用。在东部地区,鲁西南最大的多式联运商贸物流园区——山东济铁菏泽物流园于5月投入使用,该园区地处鲁苏豫皖四省交界,连接东部沿海和中原腹地,是以铁路为主导的多式联运基地,也是地区性商品车物流基地和冷链物流基地,辐射华北、华中、华东三大地区[3]。在中部地区,11月,湖南湘中国际物流园多式联运中心建成运营。在西部地区,4月,广西桂林西铁路综合物流中心开通运营,提升了广西外向型经济发展竞争力。

**(三)保税物流中心建设成效显著**

2017年,我国多个保税物流中心封关运营,进一步提升了"一带一路"、长江经

---

[1] 物流资讯. 达州投资80亿打造物流产业项目"秦巴物流园"[EB/OL]. http://news.chinawutong.com/wlfyb/wlyq/201705/49221.html,2017-05-13

[2] 物流资讯. 递四方联合菜鸟启动智慧物流园,助力跨境物流时效[EB/OL]. http://news.chinawutong.com/wlfyb/wlyq/201711/51789.html,2017-11-11

[3] 齐鲁晚报. 鲁西南最大物流园——济铁菏泽物流园开园招商[EB/OL]. http://epaper.qlwb.com.cn/qlwb/content/20170529/ArticleE05002FM.htm,2017-05-29

济带、京津冀等地区的国际物流运作能力。丝绸之路经济带上,重庆南彭公路保税物流中心(B型)、云南昆明高新保税物流中心(B型)相继封关运营;在长江经济带方面,湖北襄阳保税物流中心(B型)封关运行;在京津冀地区,河北省首家B型保税物流中心——武安保税物流中心(B型)于12月封关运营。此外,江西赣州龙南保税物流中心(B型)、内蒙古自治区巴彦淖尔市保税物流中心(B型)、包头保税物流中心(B型)和山东青岛西海岸新区保税物流中心(B型)也相继获批。

（四）冷链物流园区（中心）建设继续推进

2017年,我国冷链物流园区（中心）继续推进,长江经济带区域多个具有较强辐射能力的冷链物流项目启动、开工或投入使用,对我国冷链物流的规模化发展和物流效率的全面提升具有积极的推动作用。1月,云南昆明宝象临空国际产业园冷链物流项目启动,将建成西南地区最大的"互联网+"冷链物流基地[①];8月,西部最大冷链物流中心——四川绵阳西部冷都正式投运,可辐射四川、重庆、陕西、甘肃等西部地区[②];10月,江西最大冷链物流中心——赣州冷链物流中心开工,其冷库设计建筑面积约15.1万平方米,总容量达15万吨,将成为辐射赣、粤、闽、湘地区业态、设施和管理模式最先进、功能最完善、规模最大、系统智能化最高的现代化商贸冷链物流中心[③];11月,四川内江川南农副产品冷链物流中心项目签署投资协议,建成后将成为成渝之间重要的现代化农副产品物流中心。在京津冀地区,海航冷链北京冷链物流中心于9月正式启用[④]。冷链物流园区（中心）建设的持续推进和规模化发展,将提升我国相关区域农产品物流及冷链物流的专业化水平,有助于推动我国生鲜产业的发展。

## 二、仓储设施发展状况

（一）仓储面积继续增加

2017年,我国仓储总面积继续增加,仓库竣工面积为3104.72万平方米,为近五年来仓库竣工面积最大的一年,为我国物流及相关产业的规模化发展提供了必要的仓储设施保障。2012—2017年我国仓库竣工面积的变化情况如图2-7所示。

---

① 制冷快报.昆明:大型"互联网+"冷链物流基地将建成[EB/OL]. http://bao.hvacr.cn/201702_2069388.html,2017-02-07

② 中国网.绵阳西部冷都正式投运 打造西部最大冷链物流中心[EB/OL]. http://sc.china.com.cn/2017/dj_news_0809/238953.html,2017-08-09

③ 章贡区政府门户网站.赣州冷链物流中心项目开工仪式举行[EB/OL]. http://www.zgq.gov.cn/n104/n130/n207/c3953592/content.html,2017-10-24

④ 中国物流与采购网.海航冷链北京冷链物流中心启动 发力"商物流"新模式[EB/OL]. http://www.chinawuliu.com.cn/zixun/201709/18/324818.shtml,2017-09-18

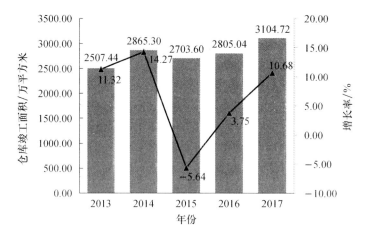

图 2-7 2012—2017 年我国仓库竣工面积的变化情况

资料来源：根据国家统计局网站(http://data.stats.gov.cn/)相关数据整理。

### (二)冷库建设继续推进

2017 年,我国多个冷链仓储项目投入运营,冷库容量进一步扩大。全国冷库总容量预计达到 2775 万吨,折合 11937 万立方米,同比增长 13.7%[1]。5 月,福建厦门自贸片区首个保税物流冷链仓储项目——"中盛统一冷链基地"投入运营,该项目为厦门市第一座超低温第三方物流冷库[2],有助于推动我国东南沿海地区冷链物流的发展。9 月,天津港首农食品进出口贸易有限公司 2 万吨冷链仓储项目正式投入运营,该冷链仓储项目是京津冀一体化的标志性项目,从东南亚乃至全世界进口的生鲜产品可由此进入京津冀及中国北方市场[3]。11 月,重庆首家公用型冷链物流保税仓库——福立公用型保税仓库通过海关验收,该保税仓库位于重庆西部国际涉农物流园区,主要为高端水产品、海产品、肉类产品等冷链食品提供集保税仓储、物流配送、国际贸易、冷链金融为一体的综合服务。

### (三)"无人仓"应用快速推广

2017 年,我国"无人仓"应用快速推广,我国仓储自动化、系统化水平全面提升。5 月,京东集团宣布武汉亚洲一号仓储物流中心将率先启用"无人仓";6 月京东武汉亚洲一号小件无人仓、华北物流中心 AGV 仓,7 月昆山无人分拣中心相继

---

[1] 中国物流与采购联合会. 崔忠付：2017 中国冷链的现状和新趋势[EB/OL]. http://www.chinawuliu.com.cn/office/37/312/13018.shtml, 2017-11-27

[2] 中国质量新闻网. 厦门自贸片区首个保税物流冷链仓储项目落成开业[EB/OL]. http://www.cqn.com.cn/zj/content/2017-06-17/content_4439375.htm, 2017-06-17

[3] 凤凰网. 东疆 2 万吨冷链仓储投入运营[EB/OL]. http://news.ifeng.com/a/20170915/52002677_0.shtml, 2017-09-15

投入使用①。10月，京东建成全球首个全流程无人仓，实现了从入库、存储、包装、分拣的全流程、全系统的智能化。2017年"双十一"期间，包括阿里巴巴、京东、苏宁、唯品会等在内的大型电商平台均使用了无人仓储和无人配送系统。

## 第三节　中国物流装备发展状况

2017年，我国物流装备的智能化、绿色化和平台化水平不断提高。其中，载货汽车、铁路货车和运输飞机的保有量增加，无人配送运输工具逐步得到应用。仓储设备的环保水平继续提高，循环快递箱应用逐步推广。

### 一、运输工具发展状况

（一）公路、铁路和航空运输工具保有量增加，运输船舶保有量减少

2017年，我国载货汽车保有量开始回升，达到1368.62万辆，比2016年增长1.2%；铁路货车保有量继续增加，达到79.9万辆，比2016年增加约3.5万辆，同比增长4.58%。民航全行业机队规模达到5588架。其中，运输飞机总量快速增加，达到3296架，比2016年增加346架，为近五年增加最多的一年；通用航空器为2292架，增加196架②。水上运输船舶数量继续减少，全国拥有水上运输船舶14.49万艘，比2016年减少9.5%③。

（二）运输工具载重能力快速提高，新能源物流车开始推广

2017年，我国各类运输工具载重能力快速提高。截至2017年年末，我国载货汽车总载重量达11774.81万吨位，同比增长8.8%，平均吨位达到8.60吨/辆，为近五年来平均吨位增量最多的一年；水上运输船舶平均净载重量达到1770.30吨/艘，同比增长6.46%④。

2017年，作为未来城市配送主要交通工具的新能源物流车开始推广。2017年9月，交通运输部等十四个部门印发《促进道路货运行业健康稳定发展行动计划（2017—2020年）》，要求加强城市配送车辆技术管理，对于符合标准的新能源配

---

① 中国仓储与配送协会. 2017年中国仓储配送行业十件大事[EB/OL]. http://www.cawd.org.cn/index.php/article/detail/style/3/id/1550.html, 2017-12-27.
② 中国民用航空局. 民航局举行2018年首次新闻发布会[EB/OL]. http://www.caac.gov.cn/XWZX/MHYW/201801/t20180118_48697.html, 2018-01-18.
③ 交通运输部. 2017年交通运输行业发展统计公报[EB/OL]. http://zizhan.mot.gov.cn/zfxxgk/bnssj/zhghs/201803/t20180329_3005087.html, 2018-03-30.
④ 同①

送车辆给予通行便利,组织开展城市绿色货运配送试点①。同时,北京、天津、上海等许多地区提出推进新能源物流车应用的相关政策或规划,在进城、路权、上牌和购置税等方面给予优惠。在相关政策的引导下,京东等大型电商企业开始大批量换用新能源物流车。新能源物流车的普及将缓解城市物流带来的环境压力,有助于推动我国绿色物流的快速发展。

### (三) 无人机等智能化运输工具得到初步应用

2017年,智能化运输工具初步应用于我国物流配送领域,进一步提高了我国物流配送领域的智能化水平。在无人机应用上,2月,京东宣布和陕西省战略合作,在西安投资建设无人机通航物流网络;6月,京东在江苏宿迁建成全球第一个无人机运营调度中心,并在"6·18"期间向西安和宿迁周边的农村用户提供无人机日常配送服务;同月,顺丰与江西赣州市南康区联合申报的物流无人机示范运行区的空域申请得到正式批复,并进行了首次试飞;10月,顺丰吨级载重的支线运输无人机完成首飞测试。此外,菜鸟网络、苏宁等企业也开始尝试将无人机应用于物流服务。

在无人车应用方面,京东、菜鸟等一些企业也开始积极推进。京东于6月首次采用无人配送车完成校园订单配送,菜鸟末端配送机器人也在阿里巴巴集团的杭州园区进行内测。

## 二、仓储设备发展状况

### (一) 环保型叉车应用范围持续扩大

2017年,随着国家和地方相继出台针对非道路移动机械的排放标准,节能环保型仓储物流设备生产与应用范围继续扩大。2017年我国电动叉车销量占叉车总销量的比例由38.2%增加至41.0%,增加2.8个百分点。2008—2017年中国内燃叉车与电动叉车的销量变化情况如图2-8所示。

此外,随着我国仓储管理人工成本逐步上升,许多企业开始采用自动机械化、自动化搬运工具代替人工作业完成小批量仓储搬运作业,安全、高效、耐用、实惠轻量化的物料搬运工具在企业仓储搬运作业中的应用日益增加。

### (二) 开放式托盘循环共用系统正式投入运营

开放式托盘循环共用系统是为实现供应链上下游托盘的循环共用,由众多托盘供给企业(生产企业、运营企业和维修企业)、托盘运营网点和托盘运营管理平

---

① 交通运输部.交通运输部等十四个部门关于印发促进道路货运行业健康稳定发展行动计划(2017—2020年)的通知[EB/OL]. http://zizhan.mot.gov.cn/zfxxgk/bnssj/dlyss/201709/t20170920_2917968.html,2017-09-20.

台,使用符合联盟开放式循环托盘标准规定、经过认证的托盘,为众多用户提供共用服务的组织系统。建立托盘循环共用系统对于提高我国的物流效率、降低全社会物流成本、提升物流标准化水平、节约利用资源、保护生态环境具有重要而深远的现实意义①。

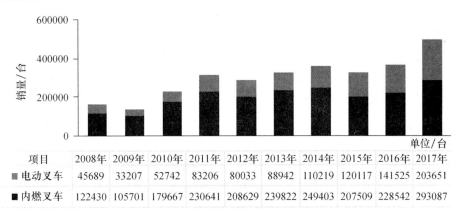

图2-8　2008—2017年中国内燃叉车与电动叉车的销量变化情况
资料来源:根据《中国工程机械工业年鉴》和万得资讯相关数据整理。

在2016年10月商务部发布《托盘共用系统运营管理规范》的基础上,2017年11月首批1万个带有中国商贸物流标准化行动联盟标识和GS1编码的标准托盘(1200mm×1000mm)在天津光明乳业和华润万家配送中心投入使用。这些托盘将纳入"全国开放式托盘共用系统公共平台"管理。这标志着我国开放式托盘循环共用系统的运营工作正式启动②。该共用系统的运营对我国绿色物流的发展具有重要的推进作用。

(三)循环快递箱应用逐步推广

随着电子商务的快速发展,快递包装物的产生量快速增长,带来的环境问题日趋严重。2017年,在我国相关政策的引导下,多个电子商务物流企业开始使用循环快递箱,以减轻物流包装物带来的环境压力。4月,苏宁物流开始投放共享快递盒。"双十一"期间,菜鸟网络推出全生物降解袋、无胶带纸箱,京东推出循环包装袋。12月,京东物流发起环保行动"青流计划",投放10万个循环快递箱"青流箱",苏宁物流推出使用零胶纸箱。循环快递箱的逐步推广与相关回收体系的建立将有助于实现物流包装的绿色化、减量化和可循环,提高物流包装的资源利用

---

① 王世鹏,顾学明.建立适合我国国情的托盘循环共用系统[J].中国流通经济,2014(9):21-27
② 中国仓储与配送协会.2017年中国仓储配送行业十件大事[EB/OL].http://www.cawd.org.cn/index.php/article/detail/style/3/id/1550.html,2017-12-27

效率,降低包装耗用量,减少环境污染。

## 第四节　中国物流信息化与标准化发展状况

2017年,我国国家级综合物流公共信息平台继续完善,中西部地区跨区域物流服务云平台建设快速推进,冷链物流、快递物流等专业物流信息平台建设继续推进。《标准联通共建"一带一路"行动计划(2018—2020年)》的发布,引导我国物流标准化工作向国际化方向发展。一批新的国家基础性及专业物流标准相继出台,将提升我国物流的规范化运作水平。

### 一、物流信息化发展状况

**(一)国家级综合物流公共信息平台继续完善**

2017年,我国国家级综合物流公共信息平台的信息共享范围进一步扩大。9月,国家交通运输物流公共信息平台(以下简称"国家物流信息平台")——江海联运信息中心正式成立,推广国家物流信息平台基础交换网络,并开展江海联运信息互联标准建设。11月,国家物流信息平台与国际港口社区系统协会(IPCSA)、马来西亚巴生港、阿联酋阿布扎比港、比利时安特卫普港在杭州签署合作备忘录,并与先期合作的西班牙巴塞罗那港、葡萄牙锡尼什港、荷兰鹿特丹港共同推进"一带一路"沿线港口物流信息互联共享,实现了欧亚地区港口物流信息互通互联[1]。

**(二)区域物流服务平台建设取得新进展**

2017年,我国中西部地区跨区域物流服务云平台建设成果显著,为我国跨区域物流协同发展提供了必要的技术与平台支持。2月,四川、贵州、云南、陕西、广西、湖南、重庆中西部地区七省(自治区、直辖市)跨区域交通运输云数据中心在贵州上线,实现了跨省份动态路况信息、路网流量数据、行业监管及信用体系建设数据等大数据共享,为跨区域业务协同与部级决策提供数据支持[2];7月,互联网云物流平台"爱带货"在西安宣布正式上线,该平台采用"互联网+云计算+大数据+共享经济+智能仓储+合伙人"全方位融合的新商业模式,能够实现同城速运、城际快运的及时接单[3],提高了区域内和跨区域物流配送效率;11月,北部湾地区沿海

---

[1] 中港网. 国家物流信息平台互联港口扩容 欧亚31个港口实现物流信息共享[EB/OL]. http://www.chineseport.cn/bencandy.php?fid=47&aid=261538,2017-11-09

[2] 人民网. 西部七省(自治区、直辖市)跨区域交通大数据实现共享[EB/OL]. http://gz.people.com.cn/n2/2017/0210/c194827-29696516.html,2017-02-10

[3] 中国网. 中国首家"互联网云物流平台"爱带货全线运营[EB/OL]. http://www.chinadaily.com.cn/interface/zaker/1142841/2017-07-12/cd_30084365.html,2017-07-12

三市(钦州市、北海市以及防城港市)首个物流公共信息平台——防城港市物流公共信息平台开始投资建设。

此外,一些地区物流公共信息平台上线或启动建设。1月,贵州省交通运输物流公共信息平台正式上线,作为省级交换节点正式入网国家交通运输物流公共信息平台;2月,重庆智慧物流公共信息平台启动,该平台将重庆物流企业、货运企业、各园区、制造企业和金融企业的物流相关信息进行整合,实现了货物运输过程的自动化运营和高效管理;6月,广西物流公共信息服务平台——"行·好运网"正式上线,为商贸流通、生产制造、物流服务等相关企业提供一站式物流信息与交易服务[①]。

(三)专业化物流信息平台建设继续推进

2017年,我国冷链物流和快递物流领域的物流公共信息平台建设取得新进展。冷链物流领域,4月由中国仓储与配送协会、中国畜牧业协会、全国工商联水产业商会、中国果品流通协会、中国蔬菜流通协会五商协会组织开发的"全国冷链运营公共管理平台"(1号冷链)上线[②]。7月,中国物流与采购联合会冷链专业委员会建立的国内首个冷藏车认证平台——CCLC冷藏车认证平台正式上线,为我国冷链物流市场的规范化运营提供了重要的标准化运作保障。11月,山东省农产品冷链物流公共信息服务平台投入运行,在全省建立了农产品冷链监控体系,实现了全省农产品冷链资源在线化、透明化、可视化。快递物流领域,11月,江苏省快递业安全监管与服务云平台上线,该平台通过大数据技术加强对快递包裹的安全性监管,有助于保障快递行业安全。

## 二、物流标准化发展状况

(一)《标准联通共建"一带一路"行动计划(2018—2020年)》发布

为贯彻落实《推动共建丝绸之路经济带和21世纪海上丝绸之路的愿景与行动》和2017年"一带一路"国际合作高峰论坛精神,在实施《标准联通"一带一路"行动计划(2015—2017)》的基础上,围绕推进"一带一路"建设新阶段的总体要求和重点任务,结合标准化工作实际,2017年12月,推进"一带一路"建设工作领导小组办公室印发了《标准联通共建"一带一路"行动计划(2018—2020年)》。该行动计划提出要完善物流服务、托盘、国际货运代理等标准化合作,建设"一带一路"国际合作诚信电子商务网络,推动中、俄、欧铁路跨境电商物流业务发展标准合

---

① 中国交通新闻网. 广西将加强交通物流信息化建设[EB/OL]. http://www.zgjtb.com/2017-11/20/content_132470.htm,2017-11-20

② 中国制冷网. 中国冷链物流迎两大团体标准[EB/OL]. http://www.zhileng.com/news/hy/2017/0519/46070.html#3931240-tsina-1-35024-9a6778678301057cf475515d44b91f2d,2017-05-19

作;促进电子商务数据服务、物流应用、追溯体系标准化,实现线上线下、国内国外一体化发展。该行动计划的发布将推进我国物流标准的国际化发展进程,对我国国际物流的发展起到积极作用。

(二)国家基础性物流标准编制工作继续推进

2017年,我国制定、颁布或实施了多项国家基础性物流标准,内容涵盖了标准化工作标准、物流服务、物流从业人员职业能力、物流运作和物流信息化等多个方面的标准化要求,其中仓储方面首个绿色标准《绿色仓库要求与评价》的实施,将引导我国仓储物流的绿色化发展。2017年正式制定、修订、颁布或实施的国家基础性物流标准如表2-1所示。

表2-1　2017年正式制定、修订、颁布或实施的国家基础性物流标准

| 类别 | 标准名称 | 状态 |
| --- | --- | --- |
| 标准化工作标准 | 《标准中融入可持续性的指南》《标准化工作指南 第11部分:国家标准的英文译本通用表述》《标准化工作指南 第10部分:国家标准的英文译本翻译通则》 | 实施 |
| 物流服务类国家标准 | 《物流公共服务平台服务质量要求与测评》《物流园区绩效指标体系》《绿色物流指标构成与核算方法》 | 制定 |
| | 《物流园区分类与规划基本要求》 | 颁布 |
| | 《物流单证基本要求》 | 实施 |
| 物流从业人员职业能力相关国家标准 | 《冷链物流从业人员能力要求》 | 颁布 |
| 仓储、装卸、搬运、运输、包装类国家标准 | 《多式联运运载单元标识》《仓储货架使用规范》《立体仓库焊接式钢结构货架技术条件》《绿色仓库要求与评价》《公路货运站站级标准及建设要求》《商贸托盘射频识别标签应用规范》《托盘租赁企业服务规范》《托盘共用系统运营管理规范》《共用系统托盘质量验收规范》《500kg—1000kg乘驾式平衡重式叉车》《集装箱安全智能锁阅读器通用技术规范》《起重器械　检查与维护规程　第2部分:流动式起重机》《起重器械　检查与维护规程　第4部分:臂架起重机》《起重器械　检查与维护规程　第9部分:升降机》《起重器械　检查与维护规程　第12部分:浮式起重机》《链斗式连续卸船机》《散状物料连续装船机 型式和基本参数》《巷道堆垛起重机》《垂直回转库》《货架安装及验收技术条件》等 | 实施 |
| | 《托盘单元化物流系统规范》《城市配送电动物流车辆应用选型规范》《物流设施设备的选用参数要求》 | 制定 |
| | 《平托盘最大工作载荷》《托盘共用系统木质平托盘维修规范》《托盘共用系统管理规范》 | 颁布 |

(续表)

| 类别 | 标准名称 | 状态 |
|---|---|---|
| 物流信息化相关国家标准 | 《物联网 术语》《物联网标准化工作指南》《条码技术在仓储配送业务中的应用指南》《物流装备管理监控系统功能体系》《仓储物流自动化系统功能安全规范》《货物多式联运术语》 | 实施 |
| | 《物流公共服务平台服务质量要求与测评》 | 制定 |

资料来源：根据国家标准化管理委员会《关于下达2017年第1—4批国家标准制修订计划的通知》、《2017年第1—32号中国国家标准公告》和中国物流与采购联合会《物流标准化动态》(2017年1—12月刊)、《物流标准目录手册(2017年版)》整理。

### （三）国家专业物流标准编制工作取得新进展

2017年，我国冷链、医药、化工、电子商务等多个物流领域的标准化工作继续推进，尤其是在电子商务物流和粮油物流领域，多项物流标准正式实施，有助于保障我国民生物流的规范化运作。4月，冷链领域首个团体标准《冷链运营管理规范》及《全国冷链运营标准化评价管理办法》发布，提升了我国冷链物流的规范化运作水平。2017年正式制定、修订、颁布或实施的主要国家专业性物流标准如表2-2所示。

**表2-2　2017年正式制定、修订、颁布或实施的主要国家专业性物流标准**

| 类别 | 标准名称 | 状态 |
|---|---|---|
| 冷链物流 | 《冷藏、冷冻食品物流包装、标志、运输和储存》 | 修订 |
| | 《食品低温配送中心规划设计指南》《生鲜宅配作业规范》《食品冷库能效设施评估指标》《冷藏保温车选型技术要求》 | 制定 |
| | 《道路运输 食品冷藏车功能选用技术规范》《冷链物流用蓄冷超导箱式转运设备 技术条件》 | 实施 |
| 医药物流 | 《道路运输 医药冷藏车功能选型技术规范》 | 制定 |
| | 《医药产品冷链物流温控设施设备验证 性能确认技术规范》 | 颁布 |
| | 《药品阴凉箱的技术要求和试验方法》 | 实施 |
| 化工物流 | 《物流企业石油化工产品公路运输服务要求与能力评估指标》 | 制定 |
| | 《非危液态化工产品物流突发事件处理》《非危液态化工产品逆向物流通用服务规范》 | 颁布 |
| | 《化学品危险信息短语与代码》《石油化工产品物流服务规范》 | 实施 |
| 进出口物流 | 《国际物流信息系统数据接口规范》《国际货运代理系列单证 基于ebXML订舱申请报文》《国际货运代理包舱、包航空集装器(集装箱、集装板)运输服务质量要求》《国际货运代理报检服务质量要求》《国际货运代理包机运输服务质量要求》 | 实施 |

(续表)

| 类别 | 标准名称 | 状态 |
| --- | --- | --- |
| 汽车物流 | 《汽车售后服务备件仓储服务规范》《汽车零部件物流KD件包装和集装箱装载作业规范》《汽车制造零部件物流标签规范》 | 制定 |
| | 《汽车整车出口物流标识规范》 | 颁布 |
| | 《乘用车水路运输服务规范》《乘用车物流质损判定及处理规范》《乘用车运输服务通用规范》 | 实施 |
| 电子商务物流 | 《电子商务参与方分类与编码》《电子商务物流信用评价体系》《电子商务物流服务信息系统成熟度等级规范》 | 实施 |
| 快递物流 | 《快递车辆基础数据元》《快递营业场所基础数据元》《快件寄递状态分类与代码》《快递末端投递服务信息交换规范》《配送自助提货柜服务规范》 | 实施 |
| 食品物流 | 《果蔬类周转箱循环共用管理规范》《果蔬类周转箱尺寸系列及技术要求》 | 制定 |
| | 《李贮藏技术规程》《桃贮藏技术规程》 | 修订 |
| 家电物流 | 《家电物流服务通用要求》 | 实施 |
| 公路物流 | 《公路物流主要单证要素要求》 | 实施 |
| 废物回收物流 | 《废旧动力蓄电池物流箱技术要求》 | 制定 |
| | 《废蓄电池回收管理规范》 | 实施 |
| 粮油物流 | 《粮食信息分类与编码 粮食仓储 第1部分：仓储作业分类与代码》《粮食信息分类与编码 粮食仓储 第2部分：粮情检测分类与代码》《粮食信息分类与编码 粮食仓储 第3部分：器材分类与代码》《粮食信息分类与编码 粮食设备分类与代码》《粮食信息分类与编码 粮食设施分类与代码》《粮食信息分类与编码 粮食及加工产品分类与代码》《粮食信息分类与编码 粮食属性分类与代码》 | 实施 |
| 钢铁物流 | 《冷轧钢材集装箱运输装载加固技术要求》 | 制定 |

资料来源：根据国家标准化管理委员会《关于下达2017年第1—4批国家标准制修订计划的通知》《2017年第1—32号中国国家标准公告》和中国物流与采购联合会《物流标准化动态》（2017年1—12月刊）、《物流标准目录手册（2017年版）》整理。

# 第三章 中国区域物流市场发展状况

中国经济发展呈现区域不平衡特征,东部地区始终处于领先地位,中西部及东北地区在经济总量、产业结构、工业发展、对外贸易发展等方面均与东部具有一定差距。物流业作为国民经济发展的重要基础产业,近年来区域一体化程度逐渐增强,但地区间发展差异仍然较为明显,主要表现为东部地区在物流市场需求规模与物流基础设施方面具有优势,物流智能化与绿色化水平也显著提升;中西部地区的物流基础设施呈现加速完善的态势;东北地区则借助"一带一路"倡议的有利机遇,深入推进国际物流发展。

## 第一节 中国区域经济发展差异与特点

我国经济已由高速增长阶段转向高质量发展阶段,正处在转变发展方式、优化经济结构、转换增长动力的攻关期。其中,区域协调发展是实现高质量增长的重要支撑。当前,我国区域经济发展水平仍然呈现由东向西逐渐递减的典型特征,这与区域间物流发展的不平衡之间具有复杂的关联机制。如何转变经济增长方式、向区域间协调关系要红利,是当前中国区域经济发展亟待解决的重大问题。

### 一、地区经济发展总体水平的差异

党的十九大明确提出中国特色社会主义进入了新时代,这是我国发展新的历史方位。新时代区域协调发展战略对地区、城乡、陆海等多维度的区域类型进行统筹规划,致力于构建连接东中西、贯通南北方的多中心、网络化、开放式的区域开发格局,不断缩小地区发展差距。2017年,中央提出设立雄安新区的重大战略决策,进一步推进京津冀协同发展和建设长江经济带等国家战略。与此同时,继续推进西部大开发,加快东北等老工业基地振兴,推动中部地区崛起,支持东部地区率先发展。在国内外形势复杂的经济环境下,东部、中部和西部地区仍然保持了稳定增长,东北地区也止跌回升,如表3-1所示。

表 3-1  2012—2017 年我国四大区域的地区生产总值状况

| 地区 | 地区生产总值/万亿元 | | | | | | 地区生产总值占全国比重/% | | | | | |
|---|---|---|---|---|---|---|---|---|---|---|---|---|
| | 2012年 | 2013年 | 2014年 | 2015年 | 2016年 | 2017年 | 2012年 | 2013年 | 2014年 | 2015年 | 2016年 | 2017年 |
| 东部 | 29.59 | 32.48 | 35.01 | 37.30 | 40.37 | 44.97 | 51.32 | 51.20 | 51.15 | 51.60 | 52.32 | 52.56 |
| 中部 | 11.63 | 12.79 | 13.87 | 14.70 | 15.91 | 17.94 | 20.17 | 20.16 | 20.27 | 20.34 | 20.62 | 20.97 |
| 西部 | 11.39 | 12.70 | 13.81 | 14.50 | 15.65 | 17.10 | 19.75 | 20.02 | 20.18 | 20.06 | 20.28 | 19.98 |
| 东北 | 5.05 | 5.47 | 5.75 | 5.78 | 5.23 | 5.54 | 8.76 | 8.62 | 8.40 | 8.00 | 6.78 | 6.48 |

资料来源：根据中国国家统计局《中国统计年鉴》(2013—2017)以及全国 31 个省(自治区、直辖市)的 2017 年国民经济和社会发展统计公报相关数据整理。

东部地区是我国经济最为发达的区域,2017 年该区域的地区生产总值为 44.97 万亿元,占全国总量 52.56%,比去年提高了 0.24 个百分点,如表 3-1 所示。中、西部地区的经济总量相近,但 2017 年中部地区的地区生产总值增速高于西部地区。同期,东北地区止跌回升,地区生产总值达到 5.54 万亿元。

**二、区域产业结构比例的差异**

近年来,我国区域产业结构比例呈现如下特点:一是四大地区的第三产业比重普遍上升,第二产业比重逐渐下降;二是东部地区的第三产业比重已经超过 50%,产业结构的服务化趋势明显;三是不同于东部、中部和西部地区,东北地区第一产业占比略有提升,这与东北地区发达的农业经济相关(表 3-2)。

表 3-2  2012、2016 年我国四大地区的三次产业比例  单位：%

| 产业 | 2012 年 | | | | | 2016 年 | | | | |
|---|---|---|---|---|---|---|---|---|---|---|
| | 全国 | 东部 | 中部 | 西部 | 东北 | 全国 | 东部 | 中部 | 西部 | 东北 |
| 第一产业所占比重 | 9.1 | 6.2 | 12.1 | 12.6 | 11.3 | 8.2 | 5.3 | 10.4 | 11.9 | 12.1 |
| 第二产业所占比重 | 49.5 | 47.8 | 52.8 | 50.1 | 50.8 | 42.8 | 42.3 | 45.4 | 42.9 | 38.2 |
| 第三产业所占比重 | 41.4 | 46.0 | 35.1 | 37.3 | 37.9 | 49.0 | 52.4 | 44.2 | 45.2 | 49.7 |

资料来源：根据中国国家统计局《中国统计年鉴》(2013 年、2017 年)相关数据整理。

**三、工业发展的区域差异**

从规模上看,东部地区工业增加值占全国的比重超过 50%,明显高于中部、西部和东北地区的占比。2016 年,东部地区工业增加值为 15.33 万亿元,中部、西部和东北地区分别为 6.24 万亿元、5.30 万亿元和 1.65 万亿元,如表 3-3 所示。

从增速上看,东部地区工业增加值增速明显高于中部、西部和东北地区。以 2016 年为例,东部地区工业增加值名义增长率达到 7.1%,中部和西部分别为 6.1% 和 2.5%。

从产业发展水平看,东部地区工业发展逐渐由传统的投资驱动转型为创新驱动,工业生产方式从生产制造向服务制造转换,知识与技术密集型产业发展迅速。以广东为例,2017年高技术制造业增加值为9516.92亿元,比2016年增长13.2%,占规模以上工业增加值的比重为28.8%,比2016年提高1.2个百分点;先进制造业增加值为17597.00亿元,同比增长10.3%,占规模以上工业增加值的比重为53.2%,比2016年提高1.6个百分点;生产性服务业增加值24344.75亿元,增长8.8%。中西部地区产业仍以劳动密集型与资本密集型相结合为主要形式,部分地区高技术产业发展迅猛。以重庆为例,2017年全年规模以上工业战略性新兴产业增加值比2016年增长25.7%,高技术产业增加值增长24.9%;高技术制造业投资增长16.6%,占制造业投资的比重为22.9%,比2016年提高1.1个百分点①。东北地区则在重工业下滑的情况下,传统产业产能过剩较为严重,新兴产业发展不足,亟待进一步加快供给侧改革和促进产业创新发展。

表3-3 2012—2016年我国四大地区工业增加值及增速状况

| 地区 | 工业增加值/万亿元 | | | | | 工业增加值增速/% | | | | |
|---|---|---|---|---|---|---|---|---|---|---|
| | 2012年 | 2013年 | 2014年 | 2015年 | 2016年 | 2012年 | 2013年 | 2014年 | 2015年 | 2016年 |
| 东部 | 12.59 | 13.30 | 14.07 | 14.32 | 15.33 | 6.3 | 5.6 | 5.8 | 1.8 | 7.1 |
| 中部 | 5.38 | 5.63 | 5.93 | 5.88 | 6.24 | 9.6 | 4.6 | 5.5 | -0.8 | 6.1 |
| 西部 | 4.78 | 5.07 | 5.35 | 5.17 | 5.30 | 10.9 | 6.0 | 5.5 | -3.4 | 2.5 |
| 东北 | 2.44 | 2.55 | 2.59 | 2.35 | 1.65 | 6.9 | 4.2 | 1.6 | -9.4 | -29.8 |

资料来源:根据中国国家统计局《中国统计年鉴》(2012—2017)相关数据整理。

**四、对外贸易发展的区域差异**

受国际经济形势影响,2016年我国各地区进出口总额普遍呈现负增长态势。东部、中部、西部和东北地区的进出口总额增速分别从2012年的4.2%、18.9%、28.6%和6.1%下降到2016年的-6.2%、-6.3%、-11.7%和-10.3%。从地区间差异看,东部地区进出口总额一直显著领先于其他地区,我国四大地区进出口总额及增速如表3-4所示。

---

① 黄可.《2017年重庆市国民经济和社会发展统计公报》解读[EB/OL]. http://www.cqtj.gov.cn/bwtt/201803/t20180317_447982.htm,2018-03-17.

表 3-4　2011—2016 年我国四大地区进出口总额及增速

| 地区 | 各地区的进出口总额/千亿美元 | | | | | | 增速/% | | | | |
|---|---|---|---|---|---|---|---|---|---|---|---|
| | 2011年 | 2012年 | 2013年 | 2014年 | 2015年 | 2016年 | 2012年 | 2013年 | 2014年 | 2015年 | 2016年 |
| 东部 | 31.39 | 32.71 | 34.83 | 35.41 | 32.73 | 30.69 | 4.2 | 6.5 | 1.7 | -7.6 | -6.2 |
| 中部 | 1.63 | 1.93 | 2.20 | 2.47 | 2.54 | 2.38 | 18.9 | 13.5 | 12.5 | 2.7 | -6.3 |
| 西部 | 1.84 | 2.36 | 2.78 | 3.34 | 2.91 | 2.57 | 28.6 | 17.4 | 20.4 | -13.0 | -11.7 |
| 东北 | 1.57 | 1.66 | 1.79 | 1.79 | 1.36 | 1.22 | 6.1 | 7.8 | 0.1 | -24.2 | -10.3 |

资料来源：根据国家统计局 2011—2016 年各地区按经营单位所在地分和 2016 年各地区按收发货人所在地分货物进出口总额相关数据整理。

## 第二节　中国区域物流市场需求规模

在国内外形势复杂变化的综合影响下,我国区域物流市场需求规模呈现增长态势,但地区间差异仍然十分显著。本节运用货运量与货物周转量、港口货物吞吐量、机场货邮吞吐量和飞机起降架次等指标,对区域物流市场需求规模进行分析。

### 一、货运量与货物周转量

(一)四大地区货运量和货物周转量均有所回升

继 2015 年四大地区的货运量与货物周转量负增长之后,2016 年各地区实现不同程度的回升。2016 年,东部、中部、西部和东北地区货运量分别为 158.2 亿吨、124.5 亿吨、116.5 亿吨和 30.6 亿吨;同期,东部、中部、西部和东北地区货物周转量分别为 90038.63 亿吨公里、35722.85 亿吨公里、25996.12 亿吨公里和 15124.55 亿吨公里,如表 3-5 所示。具体而言,2016 年东部、中部、西部和东北地区的货运量增速分别为 6.0%、5.2%、5.3% 和 2.0%;货物周转量增速分别为 8.5%、4.7%、4.5% 和 3.0%,如表 3-6 所示。从 2012—2016 年的年均增速来看,除东北地区增长为负以外,其他地区均呈现增长态势。其中,西部地区货运量增速最快,年均增长率为 3.10%;东部地区 2012—2016 年的货物周转量增速最快,年均增长率为 2.06%。

表 3-5　2012—2016 年我国四大地区货运量与货物周转量的状况

| 地区 | 货运量/亿吨 | | | | | 货物周转量/亿吨公里 | | | | |
|---|---|---|---|---|---|---|---|---|---|---|
| | 2012年 | 2013年 | 2014年 | 2015年 | 2016年 | 2012年 | 2013年 | 2014年 | 2015年 | 2016年 |
| 东部 | 149.8 | 145.1 | 151.0 | 149.2 | 158.2 | 82974.5 | 71014.5 | 85236.9 | 82993.2 | 90038.63 |
| 中部 | 117.0 | 118.8 | 130.6 | 118.4 | 124.5 | 34499.5 | 35411.8 | 38082.4 | 34112.0 | 35722.85 |
| 西部 | 103.1 | 106.4 | 115.0 | 110.6 | 116.5 | 25968.5 | 24310.1 | 25880.2 | 24872.8 | 25996.12 |
| 东北 | 32.7 | 31.3 | 33.1 | 30.0 | 30.6 | 15162.1 | 15581.7 | 15750.6 | 14682.6 | 15124.55 |

资料来源：根据中国国家统计局《中国统计年鉴》(2013—2017)相关数据整理。

表 3-6  2012—2016 年我国四大区域货运量与货物周转量的增长率

| 地区 | 货运量增速/% | | | | | | 货物周转量增速/% | | | | | |
| --- | --- | --- | --- | --- | --- | --- | --- | --- | --- | --- | --- | --- |
| | 2012年 | 2013年 | 2014年 | 2015年 | 2016年 | 2012—2016年年均增速 | 2012年 | 2013年 | 2014年 | 2015年 | 2016年 | 2012—2016年年均增速 |
| 东部 | 8.3 | −3.2 | 4.1 | −1.2 | 6.0 | 1.37 | 2.2 | −14.4 | 20.0 | −2.6 | 8.5 | 2.06 |
| 中部 | 13.5 | 1.5 | 9.9 | −9.3 | 5.2 | 1.57 | 14.3 | 2.6 | 7.5 | −10.4 | 4.7 | 0.87 |
| 西部 | 11.8 | 3.2 | 8.1 | −3.8 | 5.3 | 3.10 | 11.3 | −6.4 | 6.5 | −3.9 | 4.5 | 0.03 |
| 东北 | 10.5 | −4.3 | 5.7 | −9.3 | 2.0 | −1.65 | 9.7 | 2.8 | 1.1 | −6.8 | 3.0 | −0.06 |

资料来源：根据中国国家统计局《中国统计年鉴》(2012—2017)相关数据整理。

### （二）东部地区货运量和货物周转量仍居首位，占比持续增加

近年来，东部地区货运量和货运周转量一直居于首位。2016 年，东部货运量占全国总量比重约为 36%，货物周转量在全国总量的占比约为 50%。与 2015 年相比，2016 年东部地区货运量和货运周转量占全国总量的比重分别上升 0.26 个和 0.97 个百分点，中部、西部和东北地区均有不同程度下降（表 3-7）。

表 3-7  2012—2016 年我国四大地区货运量与货物周转量占全国总量的比重

| 地区 | 货运量/% | | | | | 货物周转量/% | | | | |
| --- | --- | --- | --- | --- | --- | --- | --- | --- | --- | --- |
| | 2012年 | 2013年 | 2014年 | 2015年 | 2016年 | 2012年 | 2013年 | 2014年 | 2015年 | 2016年 |
| 东部 | 37.21 | 36.13 | 35.14 | 36.55 | 36.81 | 52.32 | 48.53 | 51.67 | 52.98 | 53.95 |
| 中部 | 29.06 | 29.58 | 30.39 | 29.01 | 28.96 | 21.75 | 24.20 | 23.09 | 21.77 | 21.41 |
| 西部 | 25.61 | 26.49 | 26.76 | 27.09 | 27.11 | 16.37 | 16.61 | 15.69 | 15.88 | 15.58 |
| 东北 | 8.12 | 7.79 | 7.70 | 7.35 | 7.11 | 9.56 | 10.65 | 9.55 | 9.37 | 9.06 |

资料来源：根据中国国家统计局《中国统计年鉴》(2013—2017)相关数据整理。

## 二、港口货物吞吐量

### （一）东部沿海港口货物吞吐量增速略有回升

2017 年，我国东部沿海港口货物吞吐量增速略有回升。具体来看，2015 年规模以上港口货物吞吐量增速仅为 0.5%，2016 年达到 3.3%，2017 年则上升为 6.9%，如图 3-1 所示。2017 年，我国东部地区大部分港口表现良好。其中，宁波-舟山港以 10.1 亿吨的货物吞吐量继续位居全国第一[①]，发展势头良好。2017 年 1—11 月份，上海港货物吞吐量达 6.5 亿吨，同比增长 10.2%；深圳港货物吞吐量达 2.2 亿吨，同比增长 15.8%。

---

① 交通运输部政府综合规划司．"2017 年规模以上港口货物、旅客吞吐量快报数据"[EB/OL]．http://zizhan.mot.gov.cn/zfxxgk/bnssj/zhghs/201801/t20180126_2983364.html，2018-01-26

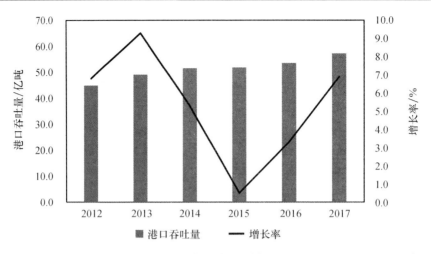

**图 3-1　2012—2017 年 1—11 月份东部地区规模以上港口货物吞吐量及增长率**

资料来源：根据交通运输部"2011—2017 年 11 月规模以上港口货物、旅客吞吐量"整理（注：所统计港口为 2009 年沿海港区货物吞吐量达 7000 万吨的港口）。

（二）中西部地区港口货物吞吐总量保持稳定增长态势

与东部地区海港众多的特点不同，中西部地区主要以内河港口为主，如在长江、西江、嘉陵江、红水河等分布了众多内河港口①。2012—2016 年，中西部地区港口货物吞吐量保持稳定增长的态势，港口货物吞吐量由 2012 年的 15.60 亿吨增长为 2016 年的 21.11 亿吨，如表 3-8 所示。

表 3-8　2012—2016 年中西部地区港口货物吞吐量　　　　　　　单位：万吨

| 省份 | 2012 年 | 2013 年 | 2014 年 | 2015 年 | 2016 年 |
| --- | --- | --- | --- | --- | --- |
| 山西 | 18 | 24 | 16 | 17 | 16 |
| 河南 | 236 | 202 | 209 | 221 | 222 |
| 湖北 | 23518 | 26220 | 38962 | 32950 | 35192 |
| 湖南 | 21867 | 23144 | 25322 | 29053 | 31678 |
| 安徽 | 36097 | 39618 | 43838 | 48044 | 51917 |
| 江西 | 25271 | 26243 | 30975 | 32675 | 31075 |
| 广西 | 26935 | 29336 | 31079 | 31493 | 32076 |
| 重庆 | 12502 | 13676 | 14665 | 15750 | 17372 |
| 四川 | 7705 | 8195 | 9159 | 9564 | 9477 |

---

① 国家发展和改革委员会经济运行调节局，南开大学现代物流研究中心. 中国现代物流发展报告（2011 年）[M]. 中国物资出版社，2011

(续表)

| 省份 | 2012年 | 2013年 | 2014年 | 2015年 | 2016年 |
|---|---|---|---|---|---|
| 贵州 | 1158 | 984 | 1014 | 1317 | 966 |
| 云南 | 390 | 495 | 546 | 719 | 816 |
| 陕西 | 319 | 375 | 374 | 299 | 315 |
| 总计 | 156016 | 168512 | 196159 | 202102 | 211122 |

资料来源：根据《中国港口统计年鉴》(2013—2017)全国港口货物吞吐量相关数据整理。

### 三、机场货邮吞吐量和飞机起降架次

我国民航运输业发展态势良好，各地区飞机起降架次和机场货邮吞吐量均呈现良好的增长态势。从总量来看，无论是货邮吞吐量还是起降架次，东部地区均高居首位；从增长率来看，无论是货邮吞吐量还是起降架次，中部地区增速高居榜首，如图3-2和表3-9所示。

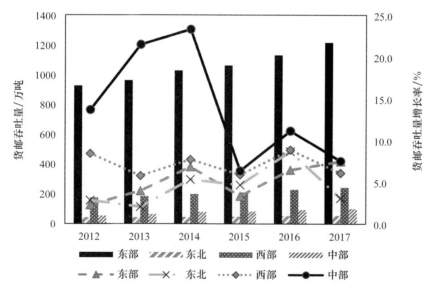

图3-2　2012—2017年我国四大地区机场货邮吞吐量及增长率

资料来源：根据中国民用航空局2012—2017年民航机场生产统计公报相关数据整理。

表3-9　2012—2017年四大地区起降架次规模及增长率

| 地区 | 起降架次/万次 | | | | | | 起降架次增长率/% | | | | | |
|---|---|---|---|---|---|---|---|---|---|---|---|---|
| | 2012年 | 2013年 | 2014年 | 2015年 | 2016年 | 2017年 | 2012年 | 2013年 | 2014年 | 2015年 | 2016年 | 2017年 |
| 东部 | 324.2 | 354.6 | 377.5 | 402.4 | 433.5 | 472.9 | 7.0 | 9.4 | 6.5 | 6.6 | 7.7 | 9.1 |
| 东北 | 40.4 | 45.1 | 50.0 | 55.0 | 57.9 | 62.6 | 22.6 | 11.6 | 10.8 | 10.2 | 5.2 | 8.1 |

（续表）

| 地区 | 起降架次/万次 | | | | | | 起降架次增长率/% | | | | | |
|---|---|---|---|---|---|---|---|---|---|---|---|---|
| | 2012年 | 2013年 | 2014年 | 2015年 | 2016年 | 2017年 | 2012年 | 2013年 | 2014年 | 2015年 | 2016年 | 2017年 |
| 西部 | 194.3 | 223.7 | 254.0 | 277.3 | 301.2 | 336.8 | 13.1 | 15.1 | 13.6 | 9.2 | 8.6 | 11.8 |
| 中部 | 101.4 | 108.2 | 111.8 | 121.7 | 131.2 | 152.5 | 12.5 | 6.6 | 3.4 | 8.9 | 7.8 | 16.2 |

资料来源：根据中国民用航空局2012—2017年民航机场生产统计公报相关数据整理。

## 第三节 中国区域物流基础设施发展状况

物流基础设施是各地区提升物流服务能力的重要基础。近年来，各地区物流基础设施建设稳步推进，本节从交通基础设施和物流园区两个方面剖析中国区域物流基础设施的发展状况。

**一、交通基础设施建设**

（一）铁路建设状况

2017年，我国继续加大铁路建设力度，固定资产投资维持高位，运营里程持续增长。全年完成铁路固定资产投资8010亿元，投产新线3038公里。截至2017年年底，全国铁路营业里程达12.7万公里，比2016年增长2.4%，居世界第二。其中，高速铁路营业里程2.5万公里，居世界第一。

我国铁路建设的地区间差异较为明显。从营业里程看，截至2016年年底，东部地区铁路营业里程达2.89万公里，中部地区达2.80万公里，西部地区铁路营业里程突破5万公里，东北地区则仅为1.68万公里，如表3-10所示。从路网密度看，2016年东部地区铁路路网密度高达310.1公里/万平方公里，中部和东北地区分别为272.2公里/万平方公里和208.4公里/万平方公里，西部地区仅为73.1公里/万平方公里，如表3-11所示。

表3-10 2012—2016年我国四大地区铁路营业里程及增速

| 年份 | 东部 | | 中部 | | 西部 | | 东北 | |
|---|---|---|---|---|---|---|---|---|
| | 总量/公里 | 增速/% | 总量/公里 | 增速/% | 总量/公里 | 增速/% | 总量/公里 | 增速/% |
| 2012 | 22457 | 3.5 | 22402 | 6.5 | 37340 | 2.8 | 15427 | 8.4 |
| 2013 | 24806 | 10.5 | 23230 | 3.7 | 39585 | 6.0 | 15523 | 0.6 |
| 2014 | 26507 | 6.9 | 26040 | 12.1 | 43605 | 10.2 | 15669 | 0.9 |
| 2015 | 28743 | 8.4 | 27162 | 4.3 | 48005 | 10.1 | 17060 | 8.9 |
| 2016 | 28935 | 0.7 | 27975 | 3.0 | 50236 | 4.6 | 16845 | −1.3 |

资料来源：根据中国国家统计局《中国统计年鉴》(2013—2017)相关数据整理。

表 3-11  2012—2016 年我国四大地区的铁路路网密度

单位：公里/万平方公里

| 年份 | 全国平均 | 东部 | 中部 | 西部 | 东北 |
|---|---|---|---|---|---|
| 2012 | 101.3 | 240.7 | 218.0 | 54.4 | 190.8 |
| 2013 | 107.0 | 265.8 | 226.0 | 57.6 | 192.0 |
| 2014 | 116.0 | 284.1 | 253.4 | 63.5 | 193.8 |
| 2015 | 125.5 | 308.0 | 264.3 | 69.9 | 211.0 |
| 2016 | 128.7 | 310.1 | 272.2 | 73.1 | 208.4 |

资料来源：根据中国国家统计局《中国统计年鉴》(2013—2017)相关数据整理。

（二）公路建设状况

2017 年，我国公路建设进展明显，固定资产投资快速增长，公路里程不断扩大。全年累计完成公路固定资产投资 21162.5 亿元，同比增长 17.7%。新改建公路 31.4 万公里，其中高速公路 6796 公里。截至 2017 年年底，全国公路总里程达到 477.4 万公里，高速公路总里程突破 13.7 万公里，居世界首位。

从各地区发展差异来看，呈现如下两个特点。一是东部地区公路路网密度最高，西部地区路网密度仍然较低。2016 年，东部地区公路和高速公路路网密度分别为 12170.7 公里/万平方公里和 399.6 公里/万平方公里，同期西部地区分别仅为 2774.6 公里/万平方公里和 69.3 公里/万平方公里，如表 3-12 所示。二是西部地区公路建设发展迅猛。2017 年，公路固定资产投资达 11033.3 亿元，同比增长 30.2%，占全国总量的 52.14%。截至 2017 年年底，西部地区公路和高速公路里程均居全国首位，公路里程达 190.6 万公里，占全国 40.6%，较 2016 年提高 0.2 个百分点；高速公路里程总计达 4.8 万公里，占全国 36.3%，如表 3-13 所示。

表 3-12  2012—2016 年我国四大地区公路路网密度与高速公路路网密度状况

单位：公里/万平方公里

| 年份 | 指标 | 全国平均 | 东部地区 | 中部地区 | 西部地区 | 东北地区 |
|---|---|---|---|---|---|---|
| 2012 | 公路路网密度 | 4413.5 | 11332.4 | 11244.2 | 2454.0 | 4541.2 |
| 2012 | 高速公路路网密度 | 100.2 | 333.0 | 255.4 | 42.5 | 130.1 |
| 2013 | 公路路网密度 | 4537.1 | 11741.9 | 11458.7 | 2529.1 | 4636.9 |
| 2013 | 高速公路路网密度 | 108.8 | 350.0 | 273.5 | 49.3 | 132.1 |
| 2014 | 公路路网密度 | 4649.3 | 12032.9 | 11614.1 | 2611.3 | 4745.6 |
| 2014 | 高速公路路网密度 | 116.6 | 364.0 | 289.0 | 55.7 | 134.6 |
| 2015 | 公路路网密度 | 4746.0 | 12147.0 | 11909.7 | 2682.7 | 4737.9 |
| 2015 | 高速公路路网密度 | 128.1 | 386.0 | 315.9 | 64.1 | 138.9 |
| 2016 | 公路路网密度 | 4873.2 | 12170.7 | 12332.9 | 2774.6 | 4794.6 |
| 2016 | 高速公路路网密度 | 135.9 | 399.6 | 335.1 | 69.3 | 144.2 |

资料来源：根据中国国家统计局《中国统计年鉴》(2013—2017)相关数据整理。

表 3-13　2012—2016 年我国四大地区的公路里程与高速公路里程状况

| 年份 | 指标 | 全国 | 东部 | 中部 | 西部 | 东北 |
|---|---|---|---|---|---|---|
| 2012 | 公路里程/公里 | 4237508 | 1038592 | 1155363 | 1685719 | 357833 |
|  | 高速公路/公里 | 96200 | 30518 | 26243 | 29190 | 10248 |
|  | 高速公路比重/% | 2.3 | 2.9 | 2.3 | 1.7 | 2.9 |
| 2013 | 公路里程/公里 | 4356218 | 1076124 | 1177399 | 1737328 | 365370 |
|  | 高速公路/公里 | 104438 | 32079 | 28107 | 33843 | 10406 |
|  | 高速公路比重/% | 2.4 | 3.0 | 2.4 | 1.9 | 2.8 |
| 2014 | 公路里程/公里 | 4463913 | 1102793 | 1193364 | 1793824 | 373935 |
|  | 高速公路/公里 | 111936 | 33364 | 29695 | 38272 | 10604 |
|  | 高速公路比重/% | 2.5 | 3.0 | 2.5 | 2.1 | 2.8 |
| 2015 | 公路里程/公里 | 4577296 | 1123918 | 1224975 | 1847479 | 380924 |
|  | 高速公路/公里 | 123521 | 35711 | 32497 | 44142 | 11171 |
|  | 高速公路比重/% | 2.7 | 3.2 | 2.7 | 2.4 | 2.9 |
| 2016 | 公路里程/公里 | 4696263 | 1135649 | 1267456 | 1905561 | 387599 |
|  | 高速公路/公里 | 130973 | 37286 | 34434 | 47592 | 11658 |
|  | 高速公路比重/% | 2.8 | 3.3 | 2.7 | 2.5 | 3.0 |

资料来源：根据中国国家统计局《中国统计年鉴》(2013—2017)相关数据整理。

（三）水运建设状况

2017年，我国水运建设保持平稳增长，内河航道通航里程和港口生产码头泊位数量均有小幅提升。截至2017年年底，全国内河航道通航里程12.70万公里。其中，三级及以上航道1.25万公里，占里程总量的9.8%，较2016年提高0.3个百分点。全国港口拥有生产码头泊位27578个，其中万吨级及以上泊位2366个，较2016年增加49个。

从分区域来看，东部沿海已经形成环渤海、长三角、东南沿海和珠三角等现代化港口群，港口专业化能力和吞吐能力不断提升。2015—2016年，东部沿海规模以上港口码头长度和泊位数呈现不同程度的增长态势，如表3-14所示。此外，东部地区的内河航运发展态势良好。例如，长江下游江苏段12.5米深水航道初步贯通至南京，江海联运更加高效便捷①。

---

① 一轴：西江航运干线；一网：珠江三角洲高等级航道网；三线：右江、北盘江-红水河、柳江-黔江。

表 3-14  2015—2016 年东部沿海规模以上港口码头长度和泊位数

| 港口 | 码头长度/米 | | 增长率/% | 港口泊位数/个 | | 增长率/% |
|---|---|---|---|---|---|---|
| | 2015 年 | 2016 年 | | 2015 年 | 2016 年 | |
| 秦皇岛 | 17161 | 17161 | 0.00 | 92 | 92 | 0.00 |
| 天津 | 38729 | 39389 | 1.70 | 173 | 176 | 1.73 |
| 烟台 | 19041 | 20624 | 8.31 | 98 | 104 | 6.12 |
| 威海 | 4455 | 3992 | −10.39 | 22 | 15 | −31.82 |
| 青岛 | 25626 | 26762 | 4.43 | 97 | 100 | 3.09 |
| 日照 | 13989 | 15440 | 10.37 | 54 | 59 | 9.26 |
| 上海 | 126921 | 109222 | −13.94 | 1238 | 1152 | −6.95 |
| 连云港 | 15608 | 15817 | 1.34 | 64 | 66 | 3.13 |
| 宁波-舟山 | 86789 | 91029 | 4.89 | 703 | 697 | −0.85 |
| 台州 | 13139 | 13118 | −0.16 | 185 | 181 | −2.16 |
| 温州 | 17093 | 17257 | 0.96 | 218 | 214 | −1.83 |
| 福州 | 24031 | 25551 | 6.33 | 177 | 185 | 4.52 |
| 厦门 | 29309 | 30260 | 3.24 | 179 | 183 | 2.23 |
| 汕头 | 9898 | 9898 | 0.00 | 92 | 92 | 0.00 |
| 深圳 | 30627 | 31922 | 4.23 | 156 | 152 | −2.56 |
| 广州 | 51722 | 54508 | 5.39 | 561 | 553 | −1.43 |
| 湛江 | 18419 | 18494 | 0.41 | 174 | 175 | 0.57 |
| 海口 | 7049 | 8408 | 19.28 | 52 | 61 | 17.31 |
| 八所 | 2223 | 2488 | 11.92 | 11 | 12 | 9.09 |
| 东部沿海合计 | 551829 | 551340 | 2.92 | 4346 | 4269 | 0.47 |

资料来源：根据中国国家统计局《中国统计年鉴》(2016—2017)相关数据整理。

中西部和东北地区主要以内河航运为主。2017 年，中西部地区持续加大航道整治力度。例如，长江中游荆江航道整治工程竣工，将为长江经济带沿线带来显著的经济效益。此外，2016 年，中部地区九大内河港口码头长度和泊位数分别下降 3.73% 和 8.26%，西部地区内河通航里程达到 33784 公里，较 2015 年增长 103 公里，如表 3-15 和表 3-16 所示。

表 3-15  2015—2016 年中部地区九大内河港口码头长度和泊位数

| 港口 | 码头长度/米 | | 增长率/% | 港口泊位数/个 | | 增长率/% |
|---|---|---|---|---|---|---|
| | 2015 年 | 2016 年 | | 2015 年 | 2016 年 | |
| 宜昌 | 7412 | 7412 | 0.00 | 47 | 47 | 0.00 |
| 武汉 | 24910 | 22188 | −10.93 | 280 | 231 | −17.50 |
| 黄石 | 10300 | 7662 | −25.61 | 143 | 87 | −39.16 |

（续表）

| 港口 | 码头长度/米 | | 增长率/% | 港口泊位数/个 | | 增长率/% |
| --- | --- | --- | --- | --- | --- | --- |
| | 2015年 | 2016年 | | 2015年 | 2016年 | |
| 九江 | 18828 | 18311 | −2.75 | 191 | 189 | −1.05 |
| 安庆 | 11735 | 10534 | −10.23 | 168 | 134 | −20.24 |
| 池州 | 10359 | 9226 | −10.94 | 118 | 105 | −11.02 |
| 铜陵 | 5726 | 8313 | 45.18 | 69 | 102 | 47.83 |
| 芜湖 | 14076 | 14808 | 5.20 | 142 | 148 | 4.23 |
| 马鞍山 | 10749 | 11389 | 5.95 | 161 | 167 | 3.73 |
| 中部地区合计 | 114095 | 109843 | −3.73 | 1319 | 1210 | −8.26 |

资料来源：根据《中国统计年鉴》(2016—2017)相关数据整理。

表3-16　2016年西部地区各省(自治区、直辖市)内河通航里程状况

| 省份 | 内河通航里程/公里 | 省份 | 内河通航里程/公里 |
| --- | --- | --- | --- |
| 内蒙古 | 2403 | 陕西 | 1146 |
| 广西 | 5707 | 甘肃 | 911 |
| 重庆 | 4352 | 宁夏 | 130 |
| 四川 | 10818 | 青海 | 674 |
| 贵州 | 3664 | 新疆 | — |
| 云南 | 3979 | 西部地区合计 | 33784 |
| 西藏 | — | | |

资料来源：根据《中国港口年鉴》(2017)相关数据整理。

（四）航空建设状况

2017年，我国航空基础设施发展提质增速，机场建设进展明显。全年完成固定资产投资825亿元，同比增长5.5%。此外，全年新投用民用航空机场11座。截至2017年年底，我国境内民用航空机场达229座，通航城市224座，通用航空机场数量超过300座。

从民用航空机场的区域分布来看，东部地区民航业基础设施相对发达。2017年共有54个民航机场，分布密度为5.8个/10万平方公里，约为中部地区的1.7倍和东北地区的1.7倍、西部地区的3.5倍。中西部和东北地区共有176个民航机场，但是机场密度和机场发展水平仍与东部地区存在明显差距，如表3-17所示。

表 3-17　2012—2017 年我国民用航空机场的区域分布状况

单位：座

| 地区 | 2012 年 | 2013 年 | 2014 年 | 2015 年 | 2016 年 | 2017 年 |
|---|---|---|---|---|---|---|
| 东部 | 47 | 48 | 48 | 50 | 53 | 54 |
| 中部 | 25 | 27 | 30 | 31 | 32 | 34 |
| 西部 | 91 | 98 | 102 | 105 | 110 | 114 |
| 东北 | 20 | 20 | 22 | 22 | 23 | 27 |
| 合计 | 183 | 193 | 202 | 208 | 218 | 229 |

资料来源：根据中国民航总局 2012—2017 年民航机场生产统计公报相关数据整理。

## 二、物流园区建设

近年来，我国物流园区发展步伐加快，物流园区数量显著提高。但是，物流园区的空间分布不平衡特征仍较为突出，如表 3-18 所示。根据第四次《全国物流园区（基地）调查报告》，2015 年东部、中西部和东北地区的物流园区数量分别占全国的 42.0%、48.9% 和 9.1%，东部地区在规模上占有绝对优势。

表 3-18　2008—2015 年我国分地区物流园区数量和占比

| 年份 | 东部地区 | | 中西部地区 | | 东北地区 | | 合计 |
|---|---|---|---|---|---|---|---|
| | 数量/个 | 占比/% | 数量/个 | 占比/% | 数量/个 | 占比/% | 数量/个 |
| 2008 | 260 | 54.7 | 167 | 35.2 | 48 | 10.1 | 475 |
| 2012 | 305 | 40.5 | 393 | 52.1 | 56 | 7.4 | 754 |
| 2015 | 507 | 42.0 | 592 | 48.9 | 111 | 9.1 | 1210 |

资料来源：根据《全国物流园区（基地）调查报告》（2008 年、2012 年、2015 年）相关数据整理。

此外，各地区之间处于运营状态的园区数量分布也有较大差异，如表 3-19 所示。2015 年，全国 857 家投入运营的物流园区中，东部地区占比为 49.1%，其他三大区域合计占比为 50.9%，中西部和东北地区投入运营的物流园区增速明显快于东部地区，发展势头强劲。

表 3-19　2008—2015 年我国分地区投入运营的物流园区数量和占比

| 年份 | 东部地区 | | | 中西部地区 | | | 东北地区 | | | 合计 | |
|---|---|---|---|---|---|---|---|---|---|---|---|
| | 数量/个 | 占比/% | 增速/% | 数量/个 | 占比/% | 增速/% | 数量/个 | 占比/% | 增速/% | 数量/个 | 增速/% |
| 2008 | 79 | 64.8 | — | 25 | 20.5 | — | 18 | 14.7 | — | 122 | — |
| 2012 | 205 | 58.9 | 159.5 | 117 | 33.6 | 368 | 26 | 7.5 | 44.4 | 348 | 185.2 |
| 2015 | 421 | 49.1 | 105.4 | 368 | 42.9 | 214.5 | 68 | 8.0 | 161.5 | 857 | 146.3 |

资料来源：根据《全国物流园区（基地）调查报告》（2008 年、2012 年、2015 年）相关数据整理。

## 第四节 中国区域物流市场的主要特征

2017年,我国物流业发展稳中向好,区域物流一体化水平显著加强。与此同时,随着人工智能、大数据、云计算、物联网等新技术在物流领域广泛应用,东部地区物流发展的智能化和绿色化水平不断提升。此外,中西部地区物流基础设施建设进展显著,东北地区着力促进国际物流发展。

### 一、区域物流一体化水平有所提升

伴随"一带一路"倡议、京津冀协同发展战略和长江经济带发展战略的推进实施,我国区域物流一体化水平有所提升。

"一带一路"倡议不仅有利于贯通国际物流运输大通道、推动欧亚大陆经济一体化发展,而且还有利于推进国内各区域间的物流合作与一体化进程。特别是2017年"中欧班列""中亚班列"开行数量的大幅度增长[①],在促进中国与其他国家商贸物流合作的同时,也促进了东部地区与中西部省份之间的物流运输一体化发展,省际间货物运输效率明显提高。

在推进京津冀协同发展的过程中,为促进三地商贸物流功能整体提升,商务部于2016年12月印发了《京津冀商贸物流协同发展规划》,提出要推动京津冀区域物流在基础设施建设、技术标准对接、信息服务贯通等方面协同发展。[②] 2017年以来,三省市根据各自的发展定位采取了不同的举措促进物流一体化发展,疏解提升商贸物流功能、转移承接商贸物流项目、建设商贸物流产业带等工作陆续展开。此外,在京津冀交通一体化政策的驱动下,2017年三省市"断头路"相继被打通,高效顺畅的公路网逐渐成形,京津冀城际铁路网建设全面开工。

长江经济带综合立体交通走廊建设稳步推进,沿线各省份逐步深化船、港、货等企业之间的交流合作,港口物流一体化发展趋势显著增强,使长江经济带沿岸港口多式联运水平得到有效提升。2017年,长江经济带江海联运、铁水联运、公水联运范围进一步扩大,华东、华南等地的货物首次结合"铁水联运"的方式从重庆上岸运抵甘肃、新疆等西部省份。此外,长江经济带沿线省市不断深入推进通关一体化,开展跨区域、跨部门合作,全面建立起了长江经济带大通关协作机制,助力于减少企业运输成本。

---

[①] 凤凰网.2017年中欧班列全年开行3673列 超过过去6年总和[EB/OL].http://finance.ifeng.com/a/20180122/15940202_0.shtml,2018-01-22
[②] 中国商务新闻网.京津冀物流一体化格局初步形成[EB/OL].http://www.comnews.cn/focus/5a02dbf9cd918945e076ea15.html,2017-11-08

## 二、东部地区物流智能化、绿色化水平不断提升

当前,信息化、智能化已逐渐成为引导物流业发生根本性变革的核心关键。2017年,物流仓内技术、终端配送、大数据分析等相关技术率先在东部地区实现广泛商用,催生出一批新的物流模式和业态。在仓内技术实践方面,京东物流昆山无人分拣中心于2017年8月正式投入运营①,这是全球首个全程无人分拣物流中心;阿里菜鸟相继在广东、天津等省市投用机器人仓库②,大幅提升仓内操作效率;以申通快递为代表的"通达系"物流也在2017年对其位于浙江、山东等地的物流仓库进行智能升级,启用分拣机器人③。在终端配送方面,2017年6月京东物流率先在江苏成立无人机运营调度中心④,标志着无人机物流配送全面投入商用;阿里菜鸟于2017年4月在杭州首次实现"AR技术查找快递+刷脸签收"⑤,助推AR智能物流系统建设。此外,在大数据技术应用方面,京东、阿里、顺丰等企业已在北京、杭州、深圳等地成立物流大数据分析部门,不断加强对物流数据的收集、分析与业务应用。

与此同时,随着生态约束的日益趋紧,绿色物流发展蔚然成风。相较而言,东部地区走在了全国前列,为绿色物流在全国范围内的推广起到示范和导向作用。2016年6月,阿里菜鸟绿色联盟在杭州正式启动⑥,力图以行业联合的形式开发绿色供应链和物流循环发展模式。2017年3月,我国首个物流环保公益基金——菜鸟绿色联盟公益基金在北京成立⑦,专注于解决日益严重的物流业污染问题;10月,该联盟在厦门正式提出建设全球首个绿色物流城市⑧。

2017年,伴随着共享经济的兴起,多家物流企业在北京、上海、浙江、广东等东

---

① 中国物流与采购网. 京东亚洲一号昆山物流园建成 全球首家无人分拣中心亮相[EB/OL]. http://www.chinawuliu.com.cn/information/201708/04/323611.shtml,2017-08-04
② 中关村在线. 菜鸟网络智慧仓投入使用 搬运机器人可以相互识别[EB/OL]. http://news.zol.com.cn/650/6500026.html,2017-08-03
③ 搜狐. 申通快递在多地启用分拣机器人[EB/OL]. http://www.sohu.com/a/138245257_401186,2017-05-04
④ 新浪科技. 京东建成全球首个无人机运营调度中心[EB/OL]. http://tech.sina.com.cn/roll/2017-06-08/doc-ifyfzaaq5505135.shtml,2017-06-08
⑤ 搜狐财经. 菜鸟推出新技术:刷脸+AR技术取快递[EB/OL]. http://www.sohu.com/a/136192491_473305,2017-04-24
⑥ TechWeb. 菜鸟宣布成立绿色联盟[EB/OL]. http://www.techweb.com.cn/internet/2016-06-13/2346170.shtml,2016-06-13
⑦ 中国经济网. 菜鸟绿色联盟公益基金成立[EB/OL]. http://www.ce.cn/cysc/newmain/yc/jsxw/201703/17/t20170317_21124518.shtml,2017-03-17
⑧ 新浪科技. 厦门将成全球首个绿色物流城市[EB/OL]. http://tech.sina.com.cn/d/2017-10-23/doc-ifymzksi1008399.shtml,2017-10-23

部地区省市推行共享快递盒计划①,以期减少物流成本。11月,国家邮政局(代表交通运输部)等十部委联合发布《关于协同推进快递业绿色包装工作的指导意见》②,提出要优化顶层设计,推进源头治理,以东部地区为试点逐步增加绿色物流服务产品供给,提高物流包装资源利用效率,减少环境污染。

此外,在京津冀协同发展战略的引领下,京津冀三省市率先从交通运输层面着手,深化绿色物流协同发展,2017年在全国首开货物快运专列,致力于减少公路运输带来的汽车尾气排放和运输扬尘等环境问题③。

### 三、中西部地区物流基础设施加快完善

自《中长期铁路网规划》《国家公路网规划》等交通发展规划实施以来,我国铁路、公路等交通基础设施建设成效显著,有效推动了中西部地区交通路网的快速建设。目前,中西部地区的跨区域快速物流通道基本形成,公路、铁路的路网规模持续扩大,物流运输保障能力明显增强。

2017年,全国新增铁路营业里程中近三分之二位于中西部地区。截至2017年年底,中西部地区铁路营业里程突破9.7万公里,占全国铁路营业里程的76%。中西部地区全年新增公路里程近7万公里,其中高速公路里程约5000公里,公路与高速公路总里程和新增里程均居全国首位。此外,全年新增的10座民用航空机场中有6座位于中西部地区,占比超过一半。

中西部地区交通基础设施的不断完善有利于促进区域协调发展战略的实施。2017年7月通车的京新高速公路巴彦淖尔至哈密段是目前世界上最长的穿沙高速公路,标志着京新高速公路大通道全线贯通,向东连接环渤海经济圈,向西连接新疆乃至中亚,构建起了新疆到东部沿海地区最便捷的公路通道,对于深入实施"一带一路"倡议和西部大开发战略具有重要意义。

2017年7月通车的徐兰高铁宝鸡至兰州段打通了我国"四纵四横"高铁主干网的"最后一公里",与兰新高铁相连组成了我国东西方向最长的高铁通道,提高了亚欧大陆桥的运输能力。9月全线通车的兰渝铁路连接起了黄河与长江两大流域,是西北与西南、华南的重要交通干道,更是"一带一路"沿线的重要交通动脉,极大缩短了"渝新欧"和"蓉新欧"两大中欧班列的运输时间和距离。12月全线贯

---

① 浙江在线. 共享快递盒融入绿色物流趋势[EB/OL]. http://ec.zjol.com.cn/yrsh/201711/t20171101_5498715.shtml,2017-11-01
② 中国政府网. 十部门联合发文协同推进快递绿色包装工作[EB/OL]. http://www.gov.cn/xinwen/2017-11/02/content_5236573.htm,2017-11-02
③ 北方网. 京津冀物流一体化成就显著[EB/OL]. http://economy.enorth.com.cn/system/2017/06/22/033219180.shtml,2017-06-22

通运营的西成高铁,连接起关中城市群和成渝城市群两大西部地区最重要的经济增长极,将有利于加强成都平原经济区和川东北经济区的对外合作。

从地理距离上来看,中西部地区比东部沿海地区离南亚、中东和欧洲等国际市场更近,伴随着多条物流大通道的打通,郑州、武汉、重庆、成都、西安、乌鲁木齐等中西部地区中心城市的物流集散枢纽作用将得到进一步凸显,实现运输的高效组织和快速集散,这将有利于促进中西部地区物流业和经济社会的发展。

**四、东北地区把握"一带一路"机遇深入推进国际物流发展**

2016 年发布的《中共中央国务院关于全面振兴东北地区等老工业基地的若干意见》[1]要求东北地区主动融入、积极参与"一带一路"建设,努力将东北地区打造成我国向北开放的重要窗口和东北亚地区合作的中心枢纽。近年来,东北地区各地积极响应,积极打造国际物流大通道,促进产业结构升级和区域联动发展。

黑龙江省通过构建"中蒙俄经济走廊黑龙江陆海丝绸之路经济带",对外辐射邻近的东北亚国家及欧洲地区,并重点推进同俄罗斯的产业对接,打造跨境产业集聚带。哈尔滨和牡丹江等地陆续开展跨境电子商务,发展面向俄罗斯及东北亚的国际化物流业。2017 年 1 月,哈尔滨市公布了《哈尔滨市推进现代物流创新发展城市试点三年行动计划(2016—2018 年)的通知》[2],着重强调通过完善物流网络体系,推动对俄国际物流发展,吸引对俄跨境贸易货物集散和产业集聚,打造区域性对俄物流组织中心。2017 年 4 月,《黑龙江省商贸物流业(2016 年—2020 年)发展规划》[3]颁布,该规划明确提出借助"一带一路"倡议构建以哈尔滨为中心,服务全省、辐射全国、联通国际的物流通道体系,努力提高黑龙江物流业的国际竞争力,为黑龙江经济转型发展提供坚实的物流支撑。

吉林省珲春市紧邻日本海,目前已成为服务"一带一路"的重要物流支点,2017 年以来陆续开通经珲春往俄罗斯、朝鲜、韩国、日本等国的铁海联运航线[4],促进吉林、黑龙江等东北内陆省份也相继融入"海上丝绸之路"。作为国家级新区的长春新区秉持"物流先导"的理念,以东北亚国际物流港为核心,结合"区港联

---

[1] 中华人民共和国中央人民政府. 中共中央国务院关于全面振兴东北地区等老工业基地的若干意见[EB\OL]. http://www.gov.cn/zhengce/2016-04/26/content_5068242.htm,2016-04-26

[2] 哈尔滨市人民政府. 哈尔滨市人民政府办公厅关于印发哈尔滨市开展现代物流创新发展城市试点实施方案哈尔滨市推进现代物流创新发展城市试点三年行动计划(2016—2018 年)的通知[EB\OL]. http://www.harbin.gov.cn/art/2017/1/11/art_13791_714.html,2017-01-17

[3] 中华人民共和国商务部. 关于印发《黑龙江省商贸物流业(2016 年—2020 年)发展规划》的通知[EB\OL]. http://www.mofcom.gov.cn/article/h/zongzhi/201704/20170402563048.shtml,2017-04-20

[4] 凤凰网. 深度融入"一带一路" 寻找发展新坐标 吉林大手笔绘制"丝路吉林"大通道[EB\OL]. http://finance.ifeng.com/a/20180416/16097833_0.shtml,2018-04-16

动"等措施构建陆海联运新格局,致力于将东北亚国际物流港建成全球领先的综合物流枢纽,以此推动东北地区国际物流中心的建设,带动东北老工业基地振兴①。

辽宁省继续推动港口物流经济发展,在重点打造"辽满欧""辽蒙欧"和"辽海欧"三条综合交通运输大通道的同时,进一步促进丹东港、大连港、营口港等国际物流港口转型升级,完善港口功能,搭建多式联运平台,深入推进临港物流产业发展。2017年3月,大连市出台了《关于促进物流业发展的实施意见》②,明确提出推动大连市国际物流中心建设,充分发挥物流业对经济发展的基础性、先导性和战略性作用,带动大连乃至整个东北地区物流业快速发展。辽宁省持续在融入"一带一路"倡议、开展招商引资、提升进出口水平、推动"走出去"、加快自贸试验区建设和加快商贸流通转型升级六个方面发力,推进国际物流大发展、大跨越,促进了东北地区经济转型发展③。

---

① 吉林省人民政府办公室. 长春新区:构建国际物流新格局 释放转型升级新潜力[EB/OL]. http://www.jlio.gov.cn/index.php/yxjl/asjl/6957-2017-10-23-00-54-28.html,2017-10-23

② 大连新闻网. 市港口与口岸局推动出台促进物流业发展的实施意见[EB/OL]. http://szb.dlxww.com/dlrb/html/2017-03/14/content_1345779.htm?div=-1,2017-03-14

③ 中国人民广播电台辽宁频道. 打造开放新格局 辽宁港口联动向海再出发[EB/OL]. http://www.cnr.cn/ln/jrln/20171220/t20171220_524069007.shtml,2017-12-20

# 第四章　中国物流发展相关政策与规划

2017年是我国实施"十三五"规划的重要一年,同时也是供给侧结构性改革的深化之年。政府部门除陆续出台了多个物流相关领域"十三五"规划外,还围绕深化供给侧结构性改革和推进"互联网+"行动计划,颁布了一系列鼓励和促进物流业健康发展的政策与措施。2018年,我国政府将围绕加快物流行业转型升级,推动绿色物流发展,推进商贸物流改革,构建现代综合交通运输体系和现代供应链体系,进一步出台相关政策规划,以应对新形势下物流业发展的新要求。

## 第一节　中国物流发展相关政策出台情况

2017年,我国政府在推进物流业创新发展、物流服务提升与规范发展、交通运输领域转型升级等方面出台了一系列政策措施,以贯彻落实国家供给侧结构性改革和"互联网+"行动计划的政策要求,促进物流业的健康快速发展。

### 一、物流行业创新相关政策

（一）印发积极推进供应链创新与应用的指导意见

随着信息技术的发展,供应链已发展到与互联网、物联网深度融合的智慧供应链新阶段。为加快供应链创新与应用,促进产业组织方式、商业模式和政府治理方式创新,推进供给侧结构性改革,2017年10月国务院办公厅印发《关于积极推进供应链创新与应用的指导意见》（国办发〔2017〕84号）。

该指导意见指出,要以提高发展质量和效益为中心,以供应链与互联网、物联网深度融合为路径,以信息化、标准化、信用体系建设和人才培养为支撑,创新发展供应链新理念、新技术、新模式,高效整合各类资源和要素,打造大数据支撑、网络化共享、智能化协作的智慧供应链体系。到2020年,形成一系列适合我国国情的供应链发展新技术和新模式,基本形成覆盖我国重点产业的智慧供应链体系,培育100家左右的全球供应链领先企业,使中国成为全球供应链创新与应用的重要中心。

该指导意见立足振兴实体经济,提出了六项重点任务:一是构建农业供应链体系,提高农业生产组织化和科学化水平,建立基于供应链的重要产品质量安全

追溯机制,推进农村一二三产业融合发展;二是推进供应链协同制造,发展服务型制造,促进制造供应链可视化和智能化;三是应用供应链理念与技术,推进流通与生产深度融合,提升供应链服务水平,提高流通现代化水平;四是推动供应链金融服务实体经济,有效防范供应链金融风险,积极稳妥地发展供应链金融;五是大力倡导绿色制造,积极推行绿色流通,建立逆向物流体系,打造全过程、全链条、全环节的绿色供应链发展体系;六是积极融入全球供应链网络,提高全球供应链安全水平,参与全球供应链规则制定,努力构建全球供应链。

推进供应链创新与应用,有利于推动集成创新和协同发展,是落实新发展理念的重要举措;有利于促进降本增效和供需匹配,是供给侧结构性改革的重要抓手;有利于打造全球利益共同体和命运共同体,推进"一带一路"倡议落地,是引领全球化提升竞争力的重要载体。

(二)发布关于鼓励支持运输企业创新发展的指导意见

为深入贯彻落实《国家创新驱动发展战略纲要》和《国务院关于大力推进大众创业万众创新若干政策措施的意见》,推进运输企业创新发展,2017年2月交通运输部、财政部、国家铁路局、中国民用航空局、国家邮政局、中国铁路总公司发布《关于鼓励支持运输企业创新发展的指导意见》(交运发〔2016〕227号)。该指导意见指出,要以促进运输行业转型升级为主线,以深化供给侧结构性改革为动力,加快推进运输企业协同创新、组织创新、技术创新、服务创新和制度创新,有效激发运输企业创新内生动力,不断提升运输企业核心竞争力。

该指导意见提出五项重点任务。一是要鼓励支持运输企业协同创新,具体包括:促进运输企业与现代农业、现代物流、邮政快递、商贸流通、先进制造等上下游产业联动发展,鼓励运输企业以市场为导向组建企业联盟等。二是要鼓励支持运输企业组织创新,具体包括:支持运输企业推进众创、众包、众扶、众筹等多种形式的大众创业、万众创新,引导铁路、港口、航运以及配送等运输企业推进货运组织方式创新等。三是要鼓励支持运输企业技术创新,具体包括:加大企业技术创新投入,促进新装备新技术应用等。四是鼓励支持运输企业服务创新,具体包括:推行精益服务,发展"互联网+"运输服务等,其中针对"互联网+"运输服务指出要大力发展"互联网+"高效物流,支持运输企业建设跨行业、跨区域的综合物流信息服务平台,提高物流信息对接效率;完善智能物流配送体系,推进货运车联网与物流园区、仓储设施、配送网点等信息互联,促进人员、货源、车源等信息高效匹配。五是鼓励支持运输企业制度创新,包括完善现代企业制度等。

鼓励支持运输企业创新发展,是适应经济发展新常态、推进运输服务供给侧结构性改革、促进运输行业转型升级的重要举措,对增强运输行业发展内生动力、打造发展新引擎、培育发展新动能、形成发展新优势具有重要意义。

## 二、冷链物流发展相关政策

随着我国经济社会发展和人民群众生活水平不断提高,冷链物流需求日趋旺盛,市场规模不断扩大,冷链物流行业实现了较快发展。由于起步较晚、基础薄弱,冷链物流行业还存在标准体系不完善、基础设施相对落后、专业化水平不高、有效监管不足等问题。为推动冷链物流行业健康规范发展,保障生鲜农产品和食品消费安全,根据食品安全法、农产品质量安全法和《物流业发展中长期规划(2014—2020年)》等,2017年4月国务院办公厅印发《关于加快发展冷链物流保障食品安全促进消费升级的意见》(国办发〔2017〕29号),以推动冷链物流行业健康发展,保障生鲜农产品和食品消费安全。

该意见指出,要以体制机制创新为动力,以先进技术和管理手段应用为支撑,以规范有效监管为保障,构建"全链条、网络化、严标准、可追溯、新模式、高效率"的现代冷链物流体系。到2020年,生鲜农产品和易腐食品冷链流通率、冷藏运输率显著提高,腐损率明显降低,冷链服务水平大幅提升,食品质量安全得到有效保障。

该意见提出八个方面的措施:一是健全冷链物流标准和服务规范体系;二是完善冷链物流基础设施网络;三是鼓励冷链物流企业经营创新;四是提升冷链物流信息化水平;五是加快冷链物流技术装备创新和应用;六是加大行业监管力度;七是创新管理体制机制;八是完善政策支持体系。

为深入贯彻落实国务院办公厅《关于加快发展冷链物流保障食品安全促进消费升级的意见》相关要求,2017年8月交通运输部发布了《关于加快发展冷链物流保障食品安全促进消费升级的实施意见》(交运发〔2017〕127号)。该实施意见明确提出,到2020年,初步形成全程温控、标准规范、运行高效、安全绿色的冷链物流服务体系,"断链"问题基本解决,全面提升冷链物流服务品质,有效保障食品流通安全。

该实施意见重点围绕设施设备、运输组织、信息化、行业监管、配套政策等核心要素,明确了交通运输促进冷链物流发展的主要任务:一是加快完善冷链物流设施设备,严格冷藏保温车辆的市场准入和退出以及使用过程管理,提升冷链物流装备专业化水平,加强冷链物流基础设施建设;二是鼓励冷链物流企业创新发展,引导传统冷链物流企业转型升级,创新企业运营组织模式,鼓励企业联盟发展;三是提升冷链物流信息化水平,构建冷链物流温度监控系统,促进冷链物流信息互联共享;四是提高行业监管水平,强化对冷链物流运输环节温度监控的监管,开展冷链物流企业服务和信用评价;五是健全完善相关政策,优化城市配送冷藏保温车辆通行管理,降低冷链物流通行成本,确保冷链物流企业运输鲜活农产品依法享受"绿色通道"政策。

### 三、物流服务提升与规范化相关政策

(一) 出台关于推动物流服务质量提升工作的指导意见

为贯彻党中央关于"开展质量提升行动""扩大高质量产品和服务供给"的精神,落实国务院《质量发展纲要(2011—2020年)》《物流业发展中长期规划(2014—2020年)》和国务院办公厅《营造良好市场环境推动交通物流融合发展实施方案》的有关部署,2017年3月质检总局、国家发展改革委、交通运输部、商务部等11个部门共同出台《关于推动物流服务质量提升工作的指导意见》(国质检质联〔2017〕111号)。

该意见提出,到2020年,基本建立规范有序、共建共享、运行协调、优质高效的现代物流服务质量治理和促进体系,物流行业服务能力和水平明显提升,优质服务、精品服务比例逐步提高;培育形成一批具有国际竞争力的大型本土物流企业集团和知名物流服务品牌,树立并强化"中国物流"优质服务形象。

该意见还提出推动物流服务质量提升的9项重点任务,具体包括强化物流企业服务质量意识、建立物流服务质量指标体系、健全物流服务质量标准体系、积极探索物流服务质量认证、完善物流服务质量诚信体系、实施"服务标杆"引领计划、打造中国物流知名品牌、创新物流服务模式、加大物流企业培育辅导力度。

(二) 出台多项物流诚信体系建设相关政策

为落实《国务院关于建立并完善守信联合激励和失信联合惩戒制度加快推进社会诚信建设的指导意见》,运用信用约束手段治理公路违法超限超载现象,2017年1月,交通运输部办公厅下发《关于界定严重违法失信超限超载运输行为和相关责任主体有关事项的通知》(交办公路〔2017〕8号)。该通知指出,将严格界定严重违法失信超限超载运输行为和相关责任主体,加强严重失信行为信息统计汇总,严格界定严重失信情形,并将失信行为涉及的道路运输企业、货运源头单位、道路运输从业人员和货运车辆等相关信息录入信息系统,将其作为实施联合惩戒的重要依据。

2017年2月,国家发展改革委、中国人民银行、交通运输部、最高人民法院等36个部门联合签署发布了《关于对严重违法失信超限超载运输车辆相关责任主体实施联合惩戒的合作备忘录》(发改财金〔2017〕274号),对失信当事人实施3个方面26项联合惩戒措施,限制失信当事人的市场准入、行政许可、融资、部分高消费、享受优惠政策等行为。联合惩戒对象为交通运输部门根据有关规定公布的失信当事人,包括货运源头单位、道路运输企业及其法定代表人、主要负责人和负有直接责任的有关人员,以及货运车辆和货运车辆驾驶人。失信当事人的有关信息

将通过交通运输部网站、国家企业信用信息公示系统等向社会公布。

(三) 出台多项物流安全监管相关政策

为指导和规范各地港口危险货物的安全监管工作,2017年1月交通运输部印发《港口危险货物安全监管信息化建设指南》(交办水〔2016〕182号),从建设内容、功能和要求等方面,为港口危险货物经营人的信息系统建设提供参考。该指南指出,要通过全面、及时、准确地掌握信息,实现监管过程和履职情况"痕迹化",提升预警及事故应急反应处置能力,从而有效防控风险;要以"全面整合、重点补充、突出共享、逐渐扩展"为策略,促进数据交换共享和系统联网,实现港口危险货物信息的大数据分析管理;要促进上下级之间、同级之间业务的协调联动,促进跨区域、跨部门信息共享和监管协同,通过整合相关信息资源、应急处置资源,共享动态监测资源数据,提高信息化的规模效益。

为贯彻落实《国务院办公厅关于印发危险化学品安全综合治理方案的通知》和《交通运输部关于印发〈危险货物港口作业安全治理专项行动方案(2016—2018年)〉的通知》精神,深化危险货物港口作业安全治理专项行动,2017年3月交通运输部发布《交通运输部办公厅关于加强港口危险货物储罐安全管理的意见》(交办水〔2017〕34号)。该意见提出,优化危险货物储罐区等港口危险货物作业集中区域布局,加强港口规划与城市总体规划和产业布局的衔接,合理确定区域范围。该意见还提出,加强设备设施维护,规范装卸作业,加强危险性作业管理。

为加强港口危险货物安全管理,预防和减少危险货物事故,2017年9月交通运输部修订并印发《港口危险货物安全管理规定》(交通运输部令2017年第27号)。该规定主要从完善管理职责、调整许可权限、落实企业主体责任、健全管理制度、强化法律责任五个方面进行了修订,进一步完善了危险货物港口建设项目在工程建设过程中的安全保障与安全监管制度,着重加强了安全监管责任与企业主体责任的落实。该规定增加了危险货物港口经营人应当健全安全生产组织机构、提取和使用安全生产经费、加强从业人员安全生产教育培训等方面的内容,强化了装卸管理人员取得从业资格、配备专职安全生产管理人员的有关要求,明确了危险货物港口经营人应当开展安全生产风险辨识、评估,针对不同风险,制定具体的管控措施,落实管控责任。该规定还强化了对企业违法行为的行政强制和处罚。

为加强邮政业安全生产工作,2017年7月国家邮政局发布《国家邮政局关于推进邮政业安全生产领域改革发展的指导意见》(国邮发〔2017〕67号)。该指导意见明确了推动邮政业安全生产领域改革的指导思想和主要原则,提出到2020年,行业安全生产监管机制基本成熟,法规制度体系基本完善,安全生产形势保持总体平稳,安全生产整体水平与邮政业改革发展要求相适应;到2030年,全面实现邮政业安全生产治理体系和治理能力现代化,安全生产保障能力显著增强,为邮政业健康发展提供稳固可靠的安全基础。

**四、物流业供给侧结构性改革相关政策**

(一)发布关于加快推进邮政业供给侧结构性改革的意见

近年来,我国邮政业发展迅速,但仍存在发展方式粗放、创新能力不强、同质化竞争严重、服务质量不高、安全基础薄弱等突出问题,迫切需要在供给侧发力,提高供给的质量和效率。为贯彻落实党中央、国务院重大决策部署,加快推进邮政业供给侧结构性改革,进一步促进行业转型升级提质增效,充分发挥邮政业对降低社会物流成本、释放消费需求、培育经济发展新动能的重要作用,2017年5月,国家邮政局发布《关于加快推进邮政业供给侧结构性改革的意见》(国邮发〔2017〕47号)。该意见明确了邮政业供给侧结构性改革的目标,即到2020年,邮政业供给侧结构性改革取得重要进展,行业迈入形态更高级、分工更优化、结构更合理的发展阶段,发展方式明显转变,创新能力显著增强,服务产品更加丰富,供给质效大幅提高,寄递安全有效保障,形成世界一流的邮政企业和若干家具有国际竞争力的快递企业集团。

该意见强调:一是要补齐邮政服务短板,增强供给能力,具体包括完善邮政基础服务网络,提升末端服务能力,培育邮政行业优质品牌;二是要深化业务联动,优化供给结构,具体包括推进邮政业与电子商务、现代制造业等联动发展,支持企业加快发展快运、冷链等物流服务,增加中高端供给;三是要突出安全绿色,提高供给品质,具体包括加强邮政业安全管理,推动绿色邮政发展,提高寄递服务质量;四是要注重融合创新,提升供给效率,具体包括引导企业加大科技投入,提高科技创新水平,推动邮政业与交通运输业融合发展;五是要完善制度建设,优化供给环境,具体包括健全政策法规体系、完善行业标准体系、信用约束机制等。

(二)发布深入推进水运供给侧结构性改革行动方案

为紧抓交通运输基础设施发展、服务水平提高和转型发展的黄金时期,大力推进水运供给侧结构性改革,加快水运提质增效升级,2017年5月交通运输部制定实施《深入推进水运供给侧结构性改革行动方案(2017—2020年)》(交办水〔2017〕75号)。该行动方案明确提出,到2020年,内河高等级航道达标率将达到90%,重点港口集装箱铁水联运量每年同比增长10%以上,长江经济带江海直达运输经济社会效益显现,内河船舶船型标准化率达到70%,平均吨位提高到1000载重吨,水运供给侧结构性改革取得明显进展,转型升级取得实效,水运服务质量效率和行业治理能力显著提升。围绕降成本、去产能、补短板、调结构、强服务五个方面,《行动方案》提出了完善港口集疏运体系、优化江海运输组织、优化船舶运力结构、促进区域港口协调发展、加快内河高等级航道建设、加快邮轮游艇运输发展、推进"互联网+"水运应用、深化水运"放管服"改革等19项工作内容。

（三）发布推动交通物流融合发展近期重点工作及分工方案

推动交通物流融合发展是降低物流成本、推进供给侧结构性改革的有效手段和迫切需要。2017年2月,国家发展改革委与交通运输部、中国铁路总公司联合印发了《推动交通物流融合发展近期重点工作及分工方案》（发改办基础〔2016〕2722号）。该方案提出,将开展交通物流枢纽、国家公路港网络、骨干物流通道、铁路集装箱联运、集装化标准化运输、交通物流信息服务、智能物流配送等七大重点工程。

该方案提出,要完善全国综合交通物流枢纽布局,重点推进24个全国性、若干个区域性以及一批地区性综合交通物流枢纽建设,实施一批铁路物流基地工程,实施沿海和长江主要港口集疏运改善方案。加快推进全国公路港建设和网络化服务,加强公路港与其他交通基础设施衔接,构建一批综合型、基地型和驿站型公路港。形成约50个与铁路货运站、港口、机场等有机衔接的综合型公路港,打造约100个与主干运输通道快速连通的基地型公路港。

该方案提出,要做好骨干物流通道布局,编制实施推进物流大通道建设行动计划,到2020年初步形成集装箱运输主干通道。推进铁路线路引入内陆港、自贸区、保税港区等,大力提高集装箱铁水联运、铁公联运比重。集装化标准化运输工程中将推广使用托盘、集装箱等标准化基础装载单元,研究集装化、标准化、模块化货运车辆等设施设备更新应用的支持政策。

此外,该方案还提出,将建设承载"一单制"电子标签码的赋码及信息汇集、共享、监测等功能的公共服务平台,实现一站托运、一次收费、一单到底。支持交通运输、物流企业联合构建城市、农村智能物流配送联盟,支撑配送服务向农村延伸。

**五、交通运输领域改革与转型升级相关政策**

（一）出台多项交通运输生态文明建设相关政策

为推动交通运输生态文明建设,将绿色发展理念融入交通运输发展的全过程和各方面,促进交通运输行业转型升级和提质增效,2017年4月交通运输部发布《推进交通运输生态文明建设实施方案》（交规划发〔2017〕45号）。该实施方案明确了交通运输生态文明建设的总体要求、目标及基本原则,从优化交通运输结构、加强生态保护和污染综合防治、推进资源节约循环利用、强化生态文明综合治理能力四个方面,提出了推进交通运输生态文明建设的15项重点任务。

为贯彻落实党中央关于生态文明建设的新理念新思想新战略,全力推动交通运输的科学发展,2017年11月交通运输部印发了《关于全面深入推进绿色交通发展的意见》(交政研发〔2017〕186号),明确提出了绿色交通发展的一系列目标。该意见要求,要着力实施交通运输结构优化工程、组织创新工程、绿色出行工程、资源集约工程、装备升级工程、污染防治工程、生态保护工程"七大工程",加快构建绿色发展制度标准体系、科技创新体系和监督管理体系"三大体系",实现绿色交通由被动适应向先行引领、由试点带动向全面推进、由政府推动向全民共治的转变。

为推动城市货运配送绿色高效发展,缓解城市交通拥堵,促进物流业降本增效,2017年12月交通运输部联合公安部、商务部印发了《关于组织开展城市绿色货运配送示范工程的通知》(交办运〔2017〕191号)。该通知提出,到2020年年底,力争在示范城市建成"集约、高效、绿色、智能"的城市货运配送服务体系。该通知明确,城市绿色货运配送示范工程将探索形成一批各具特色的城市绿色货运配送发展模式;建成一批现代化、标准化、集约化的城市货运枢纽,形成若干集聚效应强的干支衔接公共货运枢纽站场;培育一批运作高效、服务规范、开展甩挂运输和实施共同配送的物流企业;更新一批标准化、专业化、环保型运输与物流装备,新能源和清洁能源车辆占营运载货汽车比重大幅提升;打造功能健全、资源集约协同共享的物流信息平台;城市货运配送效率显著提升,物流成本、能耗水平和污染物排放明显降低。

该通知提出了城市绿色货运配送示范工程的主要任务,具体包括:第一,统筹规划建设城市货运配送节点网络,推动形成有机衔接、层次分明、功能清晰、协同配套的城市货运配送节点网络体系;第二,优化完善城市配送车辆便利通行政策,探索实施城市配送车辆分时、错时、分类通行和停放措施;第三,加快标准化新能源城市货运配送车辆推广应用,引导支持城市配送车辆清洁化发展;第四,推进城市货运配送全链条信息交互共享,促进各类信息资源的集约利用;第五,引导和鼓励城市货运配送组织模式创新,支持城市货运配送企业发展统一配送、集中配送、共同配送、夜间配送,推动干线货运与城市配送企业之间、同城配送企业之间建立多种形式的合作联盟。

(二)出台交通运输信息化与智能化相关政策

为贯彻落实《交通运输信息化"十三五"发展规划》,发挥信息化引领和支撑作用,加快港口信息化、智能化进程,促进港口提质增效升级,2017年1月交通运输部发布《关于开展智慧港口示范工程的通知》(交水函〔2017〕101号),决定以港口智慧物流、危险货物安全管理等方面为重点,选取一批港口开展智慧港口示范工程建设,着力创新以港口为枢纽的物流服务模式、安全监测监管方式,以推动实现"货运一单制、信息一网通"的港口物流运作体系,逐步形成"数据一个库、监管一张网"的港口危险货物安全管理体系。示范工程的主要工作任务为推进港口智慧物流建设和实现港口危险货物管理与监管的智能化。主要包括：通过创新港口物流运作模式，推动"互联网+"港口应用，探索电子运单、网上结算等互联网服务新模式；推动北斗系统在港口生产和物流中的应用；发挥各地的积极性和能动性，鼓励在港口物流上下游产业链有机结合、信息与技术业务融合等方面开展多种形式的港口智慧物流创新；建立港口危险货物安全管理信息系统与省级港口危险货物安全监管信息平台，创新港口危险货物安全管理与监管模式。

## 第二节 中国物流发展相关规划出台情况

2017年，我国政府颁布了《商贸物流发展"十三五"规划》《粮食物流业"十三五"发展规划》《快递业发展"十三五"规划》《"十三五"现代综合交通运输体系发展规划》等多项"十三五"发展规划，指导交通运输领域、商贸物流领域和快递行业发展。同时，国家还出台了多项区域经济发展规划，进一步促进区域综合交通网络完善和区域流通协同发展。

### 一、商贸物流发展"十三五"规划

为适应消费结构、消费模式和消费形态变化，降低消费品的物流成本，提高商贸物流服务质量，2017年1月商务部、国家发展改革委、国土资源部、交通运输部、国家邮政局联合发布《商贸物流发展"十三五"规划》（商流通发〔2017〕29号）。

根据该规划，"十三五"期间，我国将基本形成城乡协调、区域协同、国内外有效衔接的商贸物流网络，基本建立起高效集约、协同共享、融合开放、绿色环保的商贸物流体系。我国商贸物流标准化、信息化、集约化和国际化水平将得到显著提高，商贸流通领域托盘标准化水平大幅提升，标准托盘使用率达到30%左右，先进信息技术应用取得明显成效；商贸物流成本明显下降，批发零售企业物流费用率降低到7%左右，服务质量和效率明显提升；政府管理与服务方式更加优化，法治化营商环境更趋完善。该规划提出，要构建多层次商贸物流网络，加强商贸物流基础设施建设、标准化建设和信息化建设，推动商贸物流集约化发展、专业化发展、国际化发展，促进商贸物流绿色化转型，建设商贸物流信用体系，实施城乡物流网络建设、商贸物流标准化、商贸物流平台建设、商贸物流园区功能提升、电子商务物流、商贸物流创新发展、商贸物流绿色发展七大工程。

该规划还公布了39个全国性商贸物流节点城市和具有地区辐射能力的64个区域性商贸物流节点城市名单，加快构建以物流分拨中心、专业配送中心、末端配送网点三级网络为主的城市配送体系；加强农村物流网络体系建设，支持建设县、乡镇综合性物流配送中心和末端配送网点；畅通城乡商贸物流通道，促进城市物流和农村物流的高效衔接；完善商贸物流服务网络，打通特色产品销售渠道。

**二、粮食物流业"十三五"发展规划**

为提升粮食物流业发展水平，加快推进农业供给侧结构性改革，2017年3月国家发展改革委、国家粮食局联合印发了《粮食物流业"十三五"发展规划》（发改经贸〔2017〕432号），明确了"十三五"粮食物流业发展的指导思想、基本原则、发展目标和主要任务。

该规划指出，要坚持创新、协调、绿色、开放、共享发展理念，以"一带一路"建设、京津冀协同发展、长江经济带发展三大战略为引领，以粮食物流系统化、一体化运作为方向，以提升物流节点和园区设施现代化水平为手段，以先进技术应用为支撑，以完善粮食物流通道为重点，进一步健全支持粮食物流业发展的政策体系，加快提升粮食物流业发展水平，着力提高粮食物流效率，降低粮食物流成本，深化产销衔接，加快推进农业供给侧结构性改革，促进粮食产业转型升级，更好地保障国家粮食安全。

该规划提出，到2020年要着力打造产销区有机衔接、产业链深度融合、政策衔接配套、节点合理布局、物流相对集中、经济高效运行的粮食现代物流体系，粮食物流系统化水平显著增强，专业化水平明显提升，标准化水平逐步提高，信息化水平跨越发展。为实现这一目标，要重点实施"点对点散粮物流行动""降本增效行动""标准化建设行动"三大行动，以及完善现有粮食物流通道、打通"两横、六纵"重点线路、布局粮食物流进出口通道、提升区域粮食物流水平、推广应用新技术新装备、完善粮食物流标准体系、大力促进物流与信息化融合等七个方面重点任务。

**三、快递业发展"十三五"规划**

快递业是推动流通方式转型、促进消费升级的现代化先导性产业，已成为我国国民经济的重要产业和新增长点。"十三五"时期是快递业改革创新的攻坚时期，为促进快递业健康快速发展，进一步搞活流通、扩大内需、促进就业，2017年2月国家邮政局发布了《快递业发展"十三五"规划》（国邮发〔2016〕122号）。该规划明确到2020年，基本建成普惠城乡、技术先进、服务优质、安全高效、绿色节能的快递服务体系，形成覆盖全国、联通国际的服务网络。

该规划明确了"十三五"时期我国快递业发展的七项主要任务。一是壮大市场主体，打造快递航母；二是强化服务能力，加快普惠发展；三是深化"互联网+"快递，推进创新发展；四是拓展海外市场，加速国际化发展；五是加强寄递渠道综合治理，保障安全发展；六是加快信用建设，推进诚信发展；七是高效利用资源，推动绿色发展。在七大任务的基础上，该规划还明确了"九大工程"，即航空快递枢纽工程、快递专业类物流园区建设工程、快递"上车、上船、上飞机"工程、城乡惠民综合服务平台建设工程、"快递下乡"工程、快递业与相关产业联动发展工程、寄递渠道安全监管"绿盾"工程、快递业信用管理信息化工程和快递绿色发展工程。

2017年3月，国家邮政局发布了《京津冀地区快递服务发展"十三五"规划》、《长江三角洲地区快递服务发展"十三五"规划》和《珠江三角洲地区快递服务发展"十三五"规划》。

《京津冀地区快递服务发展"十三五"规划》提出，将京津冀地区打造成为快递业改革创新的试验区、快递业与交通运输业协同发展的示范区和北方快递业发展核心区。该规划提出加强快递基础设施建设、提升快递普惠服务水平、推动快递服务转型升级、加强快递渠道安全监管、促进交通快递融合发展、加快科技绿色创新步伐、推进快递诚信体系建设、支持快递企业"走出去"等八项任务。此外，该规划还提出京津冀"黄金三角"快递园区集聚带工程、京津冀快递下乡工程、寄递渠道安全监管"绿盾"工程、京津冀跨境电商与快递物流协同发展工程等重点工程。

《长江三角洲地区快递服务发展"十三五"规划》提出，要发挥长三角地区企业总部集聚优势，加快建立全国快递业的改革创新先行区、转型提效示范区和高端服务引领区。该规划从推进创新发展、推动协调发展、推进绿色发展、加快开放发展、推进共享发展、完善体系机制等方面提出六项任务。此外，该规划还提出空间优化工程、快递"三上"工程、路由优化工程、服务制造业工程、跨境寄递工程、冷链快递工程、智慧快递工程、末端服务工程、"绿盾"平安工程、诚信体系工程等重点工程。

《珠江三角洲地区快递服务发展"十三五"规划》提出，将珠三角地区打造成为世界知名快递企业聚集地、快递服务"走出去"先行地、全国快递转型升级示范区。该规划提出加强创新驱动、突出供给改革、提升基础能力、深化交邮协同、扩大开放合作、推进区域联动、促进绿色发展、加强行业监管等八项任务，以及交邮融合工程、快递进出境通道建设工程和寄递渠道安全监管"绿盾"工程等重点工程。

**四、"十三五"现代综合交通运输体系发展规划**

"十二五"时期，我国各种交通运输方式快速发展，综合交通运输体系不断完善。"十三五"时期国内外环境依然错综复杂，与经济社会发展需求相比，交通运输发展仍存在较为明显的差距。2017年2月，国务院印发《"十三五"现代综合交

通运输体系发展规划》（国发〔2017〕11号）。该规划提出，到2020年，基本建成安全、便捷、高效、绿色的现代综合交通运输体系，部分地区和领域率先基本实现交通运输现代化。

该规划提出了交通运输发展的8项重点任务。一是完善基础设施网络化布局，建设多向连通的综合运输通道，构建高品质的快速交通网，强化高效率的普通干线网，拓展广覆盖的基础服务网；二是强化战略支撑作用，打造"一带一路"互联互通开放通道，构建区域协调发展交通新格局，发挥交通扶贫脱贫攻坚基础支撑作用，发展引领新型城镇化的城际城市交通；三是加快运输服务一体化进程，优化综合交通枢纽布局，提升客运服务安全便捷水平，促进货运服务集约高效发展，增强国际化运输服务能力，发展先进适用的技术装备；四是提升交通发展智能化水平，促进交通产业智能化变革；五是促进交通运输绿色发展，强化生态保护和污染防治；六是加强安全应急保障体系建设，加强安全生产管理；七是拓展交通运输新领域新业态，积极引导交通运输新消费，打造交通物流融合新模式；八是全面深化交通管理体制、交通市场化、交通投融资方面改革。

**五、"十三五"铁路集装箱多式联运发展规划**

为贯彻落实《"十三五"现代综合交通运输体系发展规划》《中长期铁路网规划》《营造良好市场环境推动交通物流融合发展实施方案》以及铁路发展改革等要求，加快铁路集装箱发展，促进集装箱多式联运，推动物流业降本增效，2017年4月国家发展改革委、交通运输部、铁路总公司联合印发《"十三五"铁路集装箱多式联运发展规划》（发改基础〔2017〕738号）。该规划提出，力争到2020年，我国铁路集装箱多式联运发展取得明显成效，集装箱运量达到铁路货运量20%左右，其中集装箱铁水联运量年均增长10%以上，中欧班列年开行5000列左右，成为铁路货运增长的新引擎。

该规划明确了5项重点任务。一是完善联运通道功能。提升传统运输通道能力，研究构建北京—天津—沈阳—哈尔滨、北京—上海等双层集装箱运输通道，有序推进面向全球、连接内陆的国际运输通道建设。二是加强综合枢纽建设。优化集装箱场站布局，强化枢纽衔接配套；加快推进上海、宁波舟山、广州等港口疏港铁路建设；推进内陆港建设，打造完整的国际联运和铁水联运系统，促进一体化通关。三是扩大服务有效供给。强化多式联运组织衔接，打造国际联运链条，加强铁水联运衔接，优化公铁联运模式；创新铁路服务方式，完善集装箱供需体系，加强运输时效性管理。四是加快技术装备升级。大力发展20英尺、40英尺（1英尺＝0.3048米）国际标准集装箱，研发应用适应市场需求的内陆集装箱，重点发展集装箱专用车，实现箱车装备均衡发展；加快研发多式联运设施设备。五是推动信息开放共享。构建信息共享服务平台,加强物联网、云计算、大数据等技术应用,建立铁水联运信息共享机制;打造"互联网+"服务模式,研究开发面向客户的多样化信息服务产品。

**六、其他物流相关发展规划**

(一)新一代人工智能发展规划

为抢抓人工智能发展的重大战略机遇,构筑我国人工智能发展的先发优势,2017年7月国务院发布《新一代人工智能发展规划》(国发〔2017〕35号),提出推动人工智能与各行业融合创新,智能载运工具、智能物流等位列其中。智能运载工具方面,该规划明确,发展自动驾驶汽车和轨道交通系统,加强车载感知、自动驾驶、车联网、物联网等技术集成和配套,开发交通智能感知系统,形成我国自主的自动驾驶平台技术体系和产品总成能力,探索自动驾驶汽车共享模式。发展消费类和商用类无人机、无人船,建立试验鉴定、测试、竞技等专业化服务体系,完善空域、水域管理措施。智能物流方面,该规划明确,加强智能化装卸搬运、分拣包装、加工配送等智能物流装备研发和推广应用,建设深度感知智能仓储系统,提升仓储运营管理水平和效率。完善智能物流公共信息平台和指挥系统、产品质量认证及追溯系统、智能配货调度体系等。根据该规划,国家将促进智能交通发展,研究建立营运车辆自动驾驶与车路协同的技术体系。研发复杂场景下的多维交通信息综合大数据应用平台,实现智能化交通疏导和综合运行协调指挥,建成覆盖地面、轨道、低空和海上的智能交通监控、管理和服务系统。

(二)长江中游区域市场发展规划

为贯彻落实《长江经济带发展规划纲要》,科学谋划长江中游区域经济发展新格局,创新流通发展体制机制,促进区域市场一体化发展,2017年10月商务部办公厅印发《长江中游区域市场发展规划(2016—2020年)》,这是商务部首次发布跨区域流通发展规划。该规划对探索区域流通协同发展新模式、促进区域市场一体化、构建全国统一大市场具有重大意义。

该规划提出要以长江、沪昆、京广、京九、二广为主轴,构建长江中游"两横三纵"商贸物流总体格局;打造流通节点城市,加强流通基础建设,推进物流基地建设,加快发展专业物流,协调发展城乡物流;发展智慧流通,积极发展电子商务,推动商贸流通智慧化。

该规划提出了三大类9项重点工程。一是物流体系建设工程,包括物流通道工程、物流园区工程、物流标准化工程。二是市场体系建设工程,包括商品交易市场升级改造工程、商品质量追溯体系建设工程、跨区域农产品产销体系建设工程。三是智慧流通工程,包括电商示范工程、智慧商圈工程、智慧物流工程。

## 第三节 中国物流政策与规划展望

2018年是贯彻落实"十三五"规划《纲要》的关键一年,我国政府将进一步出台相关政策,加快物流行业转型升级,构建现代综合交通运输体系,推动绿色物流发展,推进商贸物流改革,加快建设现代供应链体系。

### 一、邮政企业改革创新和转型升级将加快

2018年,我国邮政业将继续贯彻落实《邮政业发展"十三五"规划》,以提高发展质量和效益为中心,以深化供给侧结构性改革为主线,更加注重创新驱动、优化结构,更加注重补齐短板、联动融合,进一步加快寄递企业改革创新转型升级,预计出台的政策将主要集中在以下几个方面。

一是鼓励邮政企业转型升级创新发展,进一步完善公司治理结构,加快技术、产品和服务模式创新。二是深入实施"互联网+流通"行动计划,进一步推进电子商务与快递物流协同发展,通过制定出台相关政策和规划,引导电子商务企业与快递物流企业加强系统互联和业务联动,以及快递物流基础设施建设,统筹规划电子商务与快递物流发展,构建适应电子商务发展的快递物流服务体系。三是支持快递企业创新寄递服务,加快发展冷链、医药等高附加值业务,拓展大包裹、快运、仓配一体、即时递送等新型服务。四是深入推动快递与先进制造业联动发展,培育现代供应链能力。

### 二、现代综合交通运输体系建设将进一步推进

我国交通运输业已由高速增长阶段转向高质量发展阶段,政府将着力推动交通运输发展质量变革、效率变革、动力变革,着力构建交通强国的框架体系,包括综合交通基础设施网络体系、装备体系、运输服务体系、创新发展体系、现代治理体系、开放合作体系、安全发展体系、支撑保障体系等,聚焦综合交通基础设施联网提升、运输服务升级、生态文明建设,建设现代化交通运输体系。

2018年交通运输部将持续深化交通运输供给侧结构性改革,加快推进现代综合交通运输体系建设,加快建设创新型交通运输行业,推进交通运输领域大数据应用等新技术、新业态、新模式发展,发展智慧交通,加快推进绿色交通发展。进一步完善交通强国战略框架体系,推动出台《交通强国建设纲要》,开展《交通运输中长期发展规划(2021—2035年)》和系列专项规划研究等。继续推进《全国沿海港口布局规划》《全国内河航道及港口布局规划》修订。加快完善基础设施布局和功能,加快实施重点通道连通工程和延伸工程。

## 三、绿色交通和低碳物流建设将加快

绿色、低碳已成为运输和物流相关领域的发展趋势之一,是我国政府和企业的共同目标。2018年中央经济工作会议将污染防治作为今后3年要重点抓好的三大攻坚战之一。物流领域将深入贯彻落实中央经济工作会议精神,调整运输结构,减少主要污染物排放总量。2018年,我国政府将进一步出台相关政策,加快推进绿色交通和低碳物流发展,预计主要包括以下几个方面。

一是加快推进运输结构调整,在港口服务、物流配送、邮政快递等领域优先使用新能源汽车,加快液化天然气(LNG)船推广应用,促进不合规车辆、老旧运输船舶更新淘汰。二是推进邮政行业绿色发展,推进快递包装绿色化,推动开展城市绿色货运配送示范工程。

## 四、商贸物流改革将继续推进

2018年,我国商贸流通领域将继续贯彻落实《商贸物流发展"十三五"规划》,针对我国商贸物流集约化程度不高、网络不完善、企业竞争力偏弱等突出问题,着力优化商贸物流结构,增强内生动力,补齐发展短板,转变发展方式,进一步加大政策支持。一是鼓励商贸物流企业进行资产重组、业务融合和流程再造,提升集约化发展水平。二是深入实施"互联网+"高效物流行动,构建多层次物流信息服务平台。三是重点推动电子商务、冷链、医药、生产资料等专业物流发展。

## 五、现代供应链体系建设将加快

2018年,我国政府将继续贯彻落实《关于积极推进供应链创新与应用的指导意见》,以供给侧结构性改革为主线,加快推动现代供应链体系建设,培育一批有影响的供应链重点企业,探索成熟可复制的经验模式,促进供应链提质增效降本。预计2018年,我国政府出台的相关政策将体现在以下三个方面。

一是加强信息化建设,加快推动供应链各主体各环节设施设备衔接、数据交互顺畅、资源协同共享,促进资源要素跨区域流动和合理配置。二是推广现代供应链新理念、新模式,鼓励传统企业向供应链服务企业转型,支持供应链前沿技术、先进模式等的研究。三是推动完善重点产业供应链体系,包括建立健全农业供应链、工业供应链、流通供应链等。

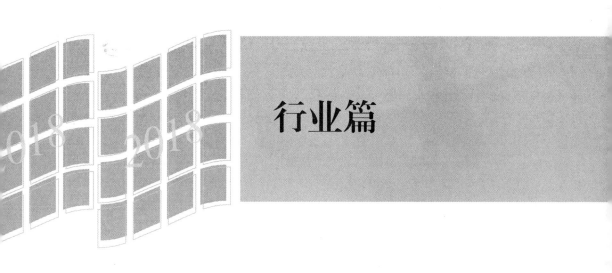

行业篇

# 导　言

本篇遵循追踪中国行业物流发展热点的选题原则,选取交通运输物流、制造业物流、商贸物流和农产品物流四个领域进行深入研究。

交通运输是物流业的基础环节和重要载体,是提升物流供需匹配效率的关键,在实现物流业"降本增效"中具有重要作用。本篇第五章中国交通运输物流发展状况总结了中国交通运输物流的相关发展状况。2017年,我国各运输方式的运量都有较大增长,各运输方式中新的物流服务模式不断涌现,综合运输物流服务网络逐渐形成。公路物流方面,公路运输市场规模持续增长,物流基础设施日渐完善,服务模式不断创新,安全、便捷、优质、高效的现代公路物流服务体系正在形成;铁路物流方面,铁路货运量强劲增长,基础设施建设稳步推进,高效衔接的铁路物流网络逐渐形成,铁路运输与现代物流服务不断融合;港航物流方面,我国港口建设进入稳定阶段,港口货物吞吐量基本保持平稳增长态势,港口资源整合成为我国港口行业发展的热点问题,港口和航运物流服务开始转型升级;航空物流方面,我国机场货邮吞吐量平稳增长,空港物流服务功能逐渐完善,航空物流一体化服务能力逐渐提升,航空物流价值链不断延伸。

制造业物流是现代物流业的重要组成部分,是保障制造企业正常生产、提高企业经营效益的基本生产性服务活动。本篇第六章中国制造业物流发展状况介绍了制造业物流的基本特征、运作流程及运作主体,分析了中国制造业物流的发展环境和发展现状,提出了中国制造业物流存在的问题和发展趋势。报告认为,中国制造业物流规模与需求稳步提高,政策环境持续向好,运行效率持续提升,服务模式不断创新,高端制造业物流增速明显,制造业与物流业转向深度融合发展。与此同时,制造业物流仍存在着制造企业物流资源开放度不够、外包机制有待完善、整体供应链管理能力不足等问题。未来制造业物流的运行绩效将继续改善,制造业与物流业将在供应链层面实现融合发展,互联网、云计算等技术进步也将推动制造业物流向着高端化、智能化方向发展。

商贸物流是连接生产和消费的桥梁,在国民经济中起着基础性、先导性作用。本篇第七章中国商贸物流发展状况在介绍商贸物流的主要特征、运作主体和运作模式的基础上,分析了中国商贸物流的发展环境和发展现状,提出了商贸物流存在的问题和发展趋势。报告认为,中国商贸物流发展环境日趋完善,商贸物流规模持续扩大,标准化、信息化、集约化和国际化水平显著提高,高效集约、协同共享、融合开放、绿色环保的商贸物流体系正在逐步形成。与此同时,商贸物流网络仍待进一步完善,商贸物流企业竞争力偏弱、市场集中度较低,标准化、信息化水平仍有进一步提升的空间。未来,商贸智慧物流将得到快速发展,标准化体系将加快形成,信用体系将深入推进,商贸绿色物流将得到重视。

农产品物流作为现代物流业的一个重要分支,是我国城镇化建设、农业现代化建设和农业供给侧结构性改革的重要基础和保障。本篇第八章中国农产品物流发展状况介绍了农产品物流的基本特征和运作模式,分析了中国农产品物流的发展环境和发展现状,提出了中国农产品物流存在的问题和发展趋势。报告认为,我国农产品物流需求持续增长,行业发展环境不断改善,农产品物流在物流网络建设、服务体系构建、服务模式创新等方面取得了显著进步。同时,农产品物流市场仍存在信息化和技术水平偏低、冷链物流发展水平有待提升等问题。未来随着相关技术和管理水平的持续进步,我国农产品物流将在模式创新、智慧化、绿色化以及冷链服务体系建设等方面加快发展。

# 第五章 中国交通运输物流发展状况

交通运输是物流业的基础环节和重要载体，是提升物流供需匹配效率的关键，在实现物流业"降本增效"中具有重要作用。近年来，我国公路、铁路、航空和水运各种运输服务都在向现代物流服务转型，交通运输与物流服务日益融合。2017年，我国各运输方式的运量都有较大增长，各运输方式中新的物流服务模式不断涌现，综合运输物流服务网络逐渐形成。其中，公路运输组织平台化、铁路货运改革深化、港口资源的整合与转型升级及货运航空公司的混合所有制改革成为各运输方式发展中的热点问题。

## 第一节 中国公路物流发展状况

公路运输作为一种灵活、方便、覆盖范围广的运输方式，是我国现代物流体系的重要组成部分。加快公路物流发展，对于深化物流供给侧结构性改革，推动物流业降本提质增效，形成完善的综合物流服务体系具有重要意义。近年来，我国公路运输市场规模持续增长，物流基础设施日渐完善，服务模式不断创新，安全、便捷、优质、高效的现代公路物流服务体系正在形成。

### 一、公路货运量持续增长，在总货运量中占比继续提高

公路运输是我国货物运输的主要方式。2011—2017年，我国公路货运量总体保持快速增长态势，除2015年增长率有较大回落外，年均增长率保持在10%以上。2017年，我国公路货运量为368.69亿吨，同比增长10.3%。2011—2017年我国公路货运量及增长率变化情况如图5-1所示。

2011—2017年，我国公路货运周转量的变化情况与货运量类似，总体保持快速增长态势，除2015年增长率有较大回落外，年均增长率保持在10%以上，如图5-2所示。2017年，我国公路货物周转量为6.68万亿吨公里，同比增长9.3%。

2017年，我国公路货运量、货运周转量在各运输方式运输总量中所占比例继续提升。其中，公路货运量在公路、铁路、水运、航空运输方式总货运量中的占比已达78.04%，比2016年提高0.58个百分点；公路货运周转量在各种运输方式货

物总周转量中的占比为 34.67%，比 2016 年提高 1.43 个百分点①。

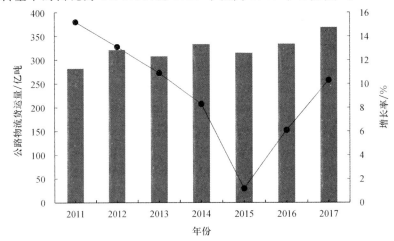

**图 5-1　2011—2017 年我国公路货运量及增长率变化情况**

资料来源：根据 2011—2017 年交通运输行业发展统计公报相关数据整理。

注：根据 2013 年开展的交通运输业经济统计专项调查，对公路水路运输量统计口径进行了调整。

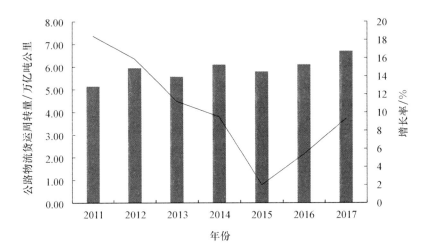

**图 5-2　2011—2017 年我国公路货物周转量及增长率变化情况**

资料来源：根据 2011—2017 年交通运输行业发展统计公报相关数据整理。

注：根据 2013 年开展的交通运输业经济统计专项调查，对公路水路运输量统计口径进行了调整。

---

①　根据 2016、2017 年交通运输行业发展统计公报相关数据计算，货物运输量和周转量为铁路、公路、水路、民航数据，不包括管道数据。

## 二、公路物流基础设施持续完善，货运枢纽的物流功能显著增强

近年来，我国持续加大公路交通基础设施建设投资力度。按照《国家公路网规划（2013—2030年）》，到2030年我国将建成布局合理、功能完善、覆盖广泛、安全可靠的国家干线公路网络，实现首都辐射省会、省际多线连通、地市高速通达、县县国道覆盖。其中，国家高速公路网采用放射线与纵横网格相结合布局，由7条首都放射线、11条南北纵线和18条东西横线组成。截止到2017年年末，全国公路总里程达477.35万公里，其中高速公路通车里程达13.6万公里，居世界第一位。

随着公路路网规模的进一步扩大，一批具有综合物流服务功能的公路货运枢纽相继建成，公路货运物流服务能力明显提升。根据交通运输部"十三五"综合客运枢纽和货运枢纽（物流园区）建设方案，截止到"十二五"末，交通运输部已投资补助支持155个货运枢纽功能突出、公共服务属性强、集聚效应明显、辐射范围广的物流园区项目建设，吸引了约1500家大型零担企业和2万多个小型物流企业入驻。"十三五"期间，全国拟建设的货运枢纽（物流园区）中具有多式联运功能的超过400个，具有口岸服务功能的90个，大部分项目同时具有多式联运、城市配送、快递分拨和综合信息服务功能。

我国一些跨区域经营的平台型物流企业也开始加快在全国布局公路港物流服务网络。例如，传化集团公路港物流园已在全国近150个城市布局，计划到2022年形成包括10个枢纽和160个基地的服务网络。广东林安物流集团已在海南、广东、江西、湖北、安徽、江苏、河南、河北、山东等省份建立了物流节点和服务网络，计划布局100个物流园区和信息化平台节点，逐步实现全国范围的物流骨干节点布局。

信息平台是公路物流基础设施的重要组成部分。目前，我国公路物流信息平台可分为两大类。一类是政府主导的公共物流信息平台，如由交通运输部与国家发展和改革委员会牵头，为国内公路运输相关方提供物流信息互联共享服务的国家交通运输物流公共信息平台。另一类是企业主导的物流信息平台，主要是为货代、货主、车主提供物流供需信息的交易平台，如云鸟配送、货拉拉等。目前，企业主导的公路物流信息平台在我国公路运输车货匹配交易中发挥了主要作用。

## 三、公路物流服务市场整合加快，市场集中度逐步提升

近年来，随着小批量、多品种、快节奏运输需求的快速增长，我国公路物流服务的产品种类也迅速增加，公路货运市场格局正在不断变化。其中，快递市场集中度较高，竞争格局相对稳定；零担快运和整车市场的集中度正在逐步提升，但竞争激烈；大型公路货运企业开始跨界经营，细分市场之间的界限逐渐模糊。中国

公路货运细分市场格局基本情况如表 5-1 所示。

表 5-1 中国公路货运细分市场格局基本情况

| 公路货运种类 | 单票重量 | 代表企业 | 平均价格 |
| --- | --- | --- | --- |
| 快递运输 | 30 公斤以下 | EMS、顺丰速运、"三通一达"、京东公司等快递和电商企业 | 5—10 元/公斤 |
| 公路零担(小票) | 30—300 公斤 | 德邦物流、天地华宇、佳吉快运、新邦物流等网络型企业 | 1.5 元/公斤 |
| 公路零担(大票) | 300—3000 公斤 | 专线市场中的中小专线企业、卡行天下、安能物流等平台型企业 | 0.5 元/公斤 |
| 整车运输 | 3000 公斤以上 | 合同物流企业 | 0.5—1.5 元/公斤 |

资料来源：前瞻产业研究院. 2017 年公路货运行业分析。
https://www.qianzhan.com/analyst/detail/220/180314-ca07474e.html, 2018-03-14

快递市场在连续 6 年保持 50% 左右的高增长态势后，2017 年增幅有所下降。《2017 年邮政行业发展统计公报》显示，快递服务企业全年业务量完成 400.6 亿件，同比增长 28%。该公报还显示，我国民营快递企业的市场份额已达 90% 以上，快递行业已进入由顺丰、中通、申通、圆通、韵达等快递巨头掌控格局的发展阶段。2017 年，我国快递行业市场集中度已达到 78.7%[1]。由于快递行业市场集中度较高，快递企业越来越重视通过提升服务质量改进用户体验，快递业已逐步进入高质量发展转型升级期。多年来，我国公路零担快运业的市场格局都较为分散，集中度不高。2016 年，行业前 10 名企业市场份额合计占比仅 3%[2]。2017 年，公路零担快运业进入整合提速期。在加盟、承包、合伙人等多种类加盟合作模式推动下，德邦、安能、中铁物流、远成快运等零担快运领先企业实现了网点快速扩张，市场份额迅速扩大。其中，零担物流龙头企业德邦物流现已拥有网点近 10000 家，服务网络覆盖全国 34 个省级行政区。2017 年，德邦物流实现全年收入 203.50 亿元，同比增长 19.7%。

我国整车运输市场 90% 的运力属于个体经营企业，小型运输企业数量众多，因此整车运输市场的产业组织化程度和市场集中度都较低。近年来，在互联网技术的辅助下，公路货运平台的发展加速了市场的整合，一些个体、小型货运企业渐渐退出市场，整车运输市场的集中度逐步提升。其中，由"运满满"和"货车帮"合

---

[1] 北京日报. 快递业市场集中度首次回升[EB/OL]. http://www.bj.xinhuanet.com/2018-05/03/c_1122775801.htm, 2018-05-03

[2] 中国产业信息网. 2017 年中国零担快运行业集中度及企业经营模式分析[EB/OL]. http://www.chyxx.com/industry/201711/585273.html, 2017-11-22

并形成的满帮集团已成为我国最大的车货匹配信息平台。满帮集团数据显示,其干线货车会员已超过500万,物流企业会员达125万。无车承运人政策推出后,传化物流、林安物流、卡行天下等网络型物流企业依托物流信息综合服务平台,加强线下仓储、运输、货代、金融等资源整合,进一步提升了我国整车物流市场的组织化程度。

整体上看,我国公路货运市场的竞争仍十分激烈,特别是零担快运领域已成为公路货运市场竞争的焦点。不仅顺丰、百世等快递企业进入了零担快运领域,中铁物流、远成物流等铁路货运企业也转型进入了零担快运。零担快运领域网点、客户、人才、资本的竞争愈演愈烈。同时,德邦、安能等传统零担快运企业也切入了快递领域,快递、快运两大细分市场正在快速融合。

**四、运输组织模式不断创新,公路物流资源配置效率大幅提升**

随着新一代信息技术在物流领域中的应用,我国公路运输组织模式不断创新,公路港、无车承运人、甩挂运输、公路货运平台等新型运输组织模式快速发展,公路物流资源的配置效率显著提升。

浙江传化集团首创的公路港物流服务平台将分散的运力、货源、物流相关服务等物流资源集聚到一起,通过基于共享的整合、调度,实现了公路物流服务资源的高效配置。2013年,国家发展和改革委员会等五部委联合发布《关于推广"公路港"物流经验的通知》,在全国推广传化公路港发展经验。2016年7月,国务院"交通物流16条"①中又明确提出构建线上线下联动的公路港网络,完善公路港建设布局,强化公路港功能。截至2017年12月,传化集团已成功运营33个公路港城市物流中心,在近200个城市布局智能"中国货运网",覆盖了浙江、四川、山东、江苏、福建、重庆、天津等30多个省(自治区、直辖市)。

无车承运人是以承运人身份与托运人签订运输合同,承担承运人的责任和义务,通过委托实际承运人完成运输任务的道路货物运输经营者。2016年8月,交通运输部办公厅正式印发《关于推进改革试点加快无车承运物流创新发展的意见》,全国共筛选确认了283家企业开展无车承运试点工作。根据典型企业的调查分析,试点企业车辆里程利用率较传统运输企业提高50%,平均等货时间由2—3天缩短至8—10小时,交易成本下降约6%—8%。同时,试点企业积极探索"无车承运+甩挂运输"、多式联运、共同配送等模式,通过模式创新,发挥叠加效应,进一步增强和放大了试点效果。如,浙江红狮运到网络科技有限公司利用无车承运平台对物流各个节点的信息进行分解,实现了货主、承运

---

① 国务院办公厅《关于转发国家发展改革委营造良好市场环境、推动交通物流融合发展实施方案的通知》(国办发〔2016〕43号)中,提出了旨在构建交通物流融合发展新体系的16条政策措施。

商和终端企业的互联互通。运到物流无车承运平台通过与物流企业合作,单车平均运量提升了15%,运力增长了50%,货运总量增长了73%,物流车辆司机平均等待时间减少11%。

甩挂运输是指牵引车按照预定的运行计划,在货物装卸作业点甩下所拖的挂车,换上其他挂车继续运行的运输组织方式。为有效提高运输周转率,降低物流成本,促进节能减排,2009年12月,交通运输部等五部委联合发布《关于促进甩挂运输发展的通知》,有序推进我国公路甩挂运输试点工作。目前,我国已先后完成四批140个甩挂运输试点项目。安徽、广东、浙江、上海、山东等省(直辖市)还就推动本省(直辖市)甩挂运输发展提出了更为具体的要求和措施。道路运输企业现已形成企业联盟甩挂、网络循环甩挂、集装箱甩挂、多式联运甩挂等多种甩挂运输的新模式和新思路,并取得了可观的经济效益和社会效益。如,河南万里运输集团在十条货运专线上试行甩挂运输,运输效率提高了47%,运输成本下降了35%,油耗减少了22.6%。

公路货运平台是指运用互联网、物联网技术搭建的服务于公路货运产业链上下游多边市场的交易服务体系,能有效缓解信息不对称,大幅提升公路货运的组织效率。在"互联网+公路物流"背景下,我国公路货运平台得到了快速发展,涌现出多种类型的服务平台和服务模式。例如,以中介服务为核心的车货匹配平台,以车辆服务为核心的车队管理平台,以线路合作为核心的专线加盟平台,以同城店配、宅配为核心的城市配送平台等。

## 第二节 中国铁路物流发展状况

近年来,我国铁路运输企业积极适应新常态,调整自身运输组织方式,加快向现代物流企业转变。2017年,铁路货运量强劲增长,基础设施建设稳步推进,高效衔接的铁路物流网络逐渐形成,铁路运输与现代物流服务不断融合。

### 一、铁路货运量强劲增长,货运市场总体占比有所回升

近年来,受产业结构调整、去产能等影响,我国煤炭、矿产等大宗商品货运量明显下滑,铁路货运量也徘徊不前。2014—2016年,铁路货运量连续三年下降。2017年,在大宗货物市场需求上涨、铁路部门加大货运营销力度、公路治超等多重因素作用下,全国铁路货运量止跌回升并出现强劲增长。2017年,全国铁路累计完成货运量36.89亿吨,同比增长10.7%;实现铁路货物周转量26962.2亿吨公里,同比增长13.3%。2011—2017年我国铁路货运量及货运周转量变化情况如表5-2所示。

表 5-2　2011—2017 年我国铁路货运量及货运周转量变化情况

| 年份 | 货运量 | | 货运周转量 | |
|---|---|---|---|---|
| | 货运量/亿吨 | 增长速度/% | 周转量/亿吨公里 | 增长速度/% |
| 2011 | 39.3 | 8.0 | 29465.8 | 6.6 |
| 2012 | 39.0 | −0.7 | 29187.1 | −0.9 |
| 2013 | 39.7 | 1.6 | 29173.9 | 0.0 |
| 2014 | 38.1 | −3.9 | 27530.2 | −5.6 |
| 2015 | 33.6 | −11.9 | 23754.3 | −13.7 |
| 2016 | 33.3 | −0.8 | 23792.3 | 0.2 |
| 2017 | 36.9 | 10.7 | 26962.2 | 13.3 |

资料来源：根据 2011—2017 年国民经济和社会发展统计公报相关数据整理。

我国铁路运输的主要货类以煤、矿石、石油、钢铁及有色金属等大宗商品、原材料为主。随着铁路部门深入推进货运组织改革，努力提升物流服务水平，以零散小货为代表的白货市场成为铁路货运新的增长点。2017 年，铁路集装箱、商品汽车、散货快运发送量比 2016 年分别增长了 47.9%、58%和 9.3%[1]。

2016 年之前，我国铁路货运市场的份额总体呈现下降态势。2008—2017 年，我国铁路货运量从 33 亿吨增加到 36.9 亿吨，但占比却由 13.2%下降到 7.8%[2]。2017 年，铁路货运市场份额止跌并略有回升。其中，铁路货运量占总货运量的 7.8%，比 2016 年提高 0.1 个百分点；铁路货运周转量占总周转量的 19.6%，比 2016 年提高 1.1 个百分点[3]。

## 二、铁路路网建设稳步推进，物流基础设施成为建设重点

为了进一步扩大铁路基础设施网络，2016 年 6 月，国务院通过《中长期铁路网规划》，我国将进一步打造以沿海、京沪等"八纵"通道和陆桥、沿江等"八横"通道为主干，城际铁路为补充的高速铁路网。截至 2017 年年底，中国铁路营运里程已达 12.7 万公里，其中高铁通车里程 2.5 万公里[4]，铁路营运里程和高铁通车里程均已居世界第一位。铁路路网规模的扩大和进一步完善，为发展铁路和高铁快运等铁路物流服务奠定了坚实基础。

---

[1] 中国铁路总公司. 中国铁路总公司 2017 年统计公报[EB/OL]. http://www.china-railway.com.cn/cpyfw/tjxx/201803/t20180328_70388.html, 2018-03-28
[2] 中国网. 公路货运量占比 78%　铁路运输优势未显现[EB/OL]. http://news.sina.com.cn/o/2018-07-04/doc-ihevauxk4654395.shtml, 2018-07-04
[3] 轨道世界. 铁路运输市场分析[EB/OL]. http://www.chnrailway.com/html/20180319/1821047.shtml, 2018-03-19
[4] 国新网. 我国铁路公路营运通车总里程世界第一　下一步要解决发展质量问题[EB/OL]. http://www.scio.gov.cn/xwfbh/xwbfbh/wqfbh/37601/37964/zy37968/Document/1623190/1623190.htm, 2018-02-07

根据中国铁路总公司《铁路物流基础设施布局规划及2015—2017年建设计划》,我国拟建设三级铁路物流基地和接取送达网络,推进城市货场转型升级为城市配送中心,形成覆盖广泛、层次清晰、功能完善的集装箱、商品汽车、零散快运等专业运输及口岸、冷链物流网络。其中,一级铁路物流基地主要服务于国家级流通节点城市,为综合型物流基地;二级铁路物流基地服务于国家级、区域级流通节点城市,为综合型或大型专业型物流基地;三级铁路物流基地服务于地区级流通节点城市,或在国家级、区域级流通节点城市中发挥辅助作用。

目前,我国已形成一批符合现代物流标准,能提供"门到门""门到站""站到站""站到门"等运输服务,集货物仓储、配送、装卸、分拨、货物追踪查询、快速理赔、货运自助办理等多功能于一体的现代铁路物流基地。截至2017年,中国铁路在建、建成的物流基地共计538个,其中,一级铁路物流基地33个、二级铁路物流基地175个。已建成运营的一级铁路物流基地主要有郑州圃田物流基地、合肥北站铁路物流基地、成都团结村物流基地、沈阳沙岭物流园、济南齐河铁路物流基地、南京货运中心尧化门站货场等。

此外,随着"一带一路"倡议的实施,我国铁路国际通道建设步伐加快。铁路口岸是铁路国际物流通道的关键节点。目前,我国正在逐步形成以满洲里、二连浩特、阿拉山口等边境口岸和郑州、西安、重庆等内陆口岸为依托的铁路国际物流通道体系。物流服务功能已成为这些铁路口岸建设的重要内容。例如,西安将于2018年建成新筑铁路综合物流中心,西安国际港务区将实现"通道+口岸"功能的叠加。

### 三、公司制改革顺利完成,铁路物流企业进一步发展壮大

自2013年货运改革以来,铁路部门积极培育物流服务主体,推动传统铁路运输企业向现代物流企业转型。2017年11月,18家地方铁路局全部完成改制,企业性质由"全民所有制企业"变更为"有限责任企业"。各铁路局集团公司的挂牌成立是铁路运输业加快建立现代企业制度,推进法治化、市场化经营管理的要求,也推动了国铁企业由运输生产型企业向运输经营型企业的转型发展。

目前,铁路物流企业已成为我国物流企业特别是大型物流企业的重要组成部分。根据全国A级物流企业名单统计,截至2018年1月,已有40家国家铁路、地方铁路集团公司纳入5A级物流企业名录。其中,包括18家铁路局集团公司、中铁特货运输有限责任公司和中铁集装箱运输有限责任公司等8家中字头铁路物流企业以及济南铁路经营集团有限公司、青岛铁路经营集团有限公司等14家地方铁路物流企业。全国5A铁路物流企业名单如表5-3所示。其中,中铁物资集团有限公司、广州铁路(集团)公司、中铁铁龙集装箱物流股份有限公司进入了

2017年中国物流企业主营业务收入前50强,分别位居第9位、22位、32位①。

表5-3 全国5A铁路物流企业名单

| 类别 | 企业名称 |
|---|---|
| 18家铁路局集团公司 | 成都局、南宁局、西安局、沈阳局、济南局、乌鲁木齐局、南昌局、北京局、哈尔滨局、武汉局、郑州局、上海局、呼和浩特局、昆明局、青藏局、太原局、兰州局、广州局 |
| 8家国家铁路其他物流企业 | 中铁快运股份有限公司、中铁现代物流科技股份有限公司、中铁物流集团有限公司、中铁物资集团有限公司、中铁联合物流股份有限公司、中铁集装箱运输有限责任公司、中铁特货运输有限责任公司、中铁铁龙集装箱物流股份有限公司 |
| 14家地方铁路物流企业 | 济南铁路经营集团有限公司、青岛铁路经营集团有限公司、洛阳铁路运通集团有限公司、中国铁路物资哈尔滨物流有限公司、郑州铁路经济开发集团有限公司、河南中原铁道物流有限公司、成都中铁西南国际物流有限公司、贵州贵铁物流有限公司、北京京铁经贸发展中心、大连沈铁港口物流集团有限公司、沈阳铁道物流集团有限公司、中铁物资集团东北有限公司、中铁物资集团兰州有限公司、淄博金泰铁路储运有限公司 |

资料来源:根据全国A级物流企业名单(截至第二十五批)整理。

**四、铁路货运时效性显著提升,物流服务功能逐渐完善**

中国铁路总公司实施铁路货运改革后,努力提升货运系统信息化水平,积极探索依托铁路优势建立快速货运网络,推进铁路传统货运向现代物流转型发展,铁路物流服务功能日渐完善。

近年来,中国铁路总公司采取了多种手段提升货运信息化水平,互联网、物联网、无线射频识别(RFID)等信息技术已在铁路物流服务中广泛应用。95306网站是中国铁路主要提供货运服务的网站,网站不仅可以提供发货、运费查询、货物追踪等业务,还支持煤炭、矿石、钢铁、粮食、化工、水泥、矿建、焦炭、化肥、木材等多个品类大宗物资的在线交易和配套物流服务。目前,网上办理货运业务的比例已超过70%。2017年11月,为提升铁路运输网络化、信息化、便利化水平,适应物流服务"一单制"需求,中国铁路总公司还统一部署推动了电子票据工作,铁路货运票据办理现已实现信息化和电子化。

货运改革后,铁路运输企业陆续推出货物快运班列、特需班列和快递专列等运输模式,构建铁路货物快捷运输网络,积极向现代物流服务转型。例如,广铁集团管区内已经形成时速160公里、120公里和80公里等3个速度等级的货物快运

---

① 中国物流与采购网.关于中国物流企业50强排名的通告[EB/OL]. http://www.chinawuliu.com.cn/lhhkx/201710/16/325400.shtml,2017-10-16

班列。特需班列则是根据特定货主的特殊需要,开通的点对点直达货运列车。2017年11月,中国铁路总公司与京东集团进一步深化合作,将京东在电商、物流、仓储、大数据分析等方面的技术优势嵌入铁路网和高铁网,探索建立依托铁路优势的快递专列。"中欧班列"作为一种绿色、环保、安全、快捷的国际运输新方式,在"一带一路"倡议推动下,也呈现出良好的发展态势。截至2017年年底,中欧班列运行线路57条,开行6年来已累计开行6000多列,2017年开行量达3600列。此外,随着物流市场对环保、节约和高效运输的关注,铁路企业还推出了"钢材打捆""包件上盘""散货入箱"等运输新模式。目前,钢材铁路运输已基本实现100%集装化。

目前,全国铁路所有货运营业站均已开展快运业务,形成了覆盖全国的货物快运网络。尤其在接取送达方面,全国范围内(港澳台地区除外)2500余个车站具备接取送达能力,10000余辆各类型货运汽车可以提供零散、批量货物快运、集装箱、整车全品类货物的接取送达服务。

**五、与外部企业开展广泛合作,铁路物流服务模式不断创新**

铁路货运改革以来,中国铁路总公司、各铁路局集团公司积极与国内外知名企业及其他运输方式开展战略合作,依托铁路物流大通道,积极拓展服务领域,实现融合发展。

在大宗货类方面,铁路企业积极将铁路线路延伸至大型厂矿企业、重要港口码头、大型物流园区、工业园区及口岸,着力解决"最后一公里"问题,提升大宗物资联运水平及市场份额。在散杂货类方面,2017年,我国铁路运输企业实施总对总战略,与主要运输需求企业的战略合作进一步深化。8月,成都铁路局集团公司与重庆长安汽车公司开展战略合作,大力开发商品汽车及配件等"白货"物流市场,实现强强联合、优势互补、双赢互利,推动了铁路物流与汽车制造业的融合发展。截至2017年年底,我国铁路已与中国邮政、顺丰、海尔、格力、京东、长安汽车、上海汽车、五粮液集团等物流企业、生产企业、电商企业建立战略合作关系,推进共创共享、融合发展。铁路企业还依托高铁快运、铁路主干线运输优势,与电商、快递企业合作,推出了"当日达""次晨达""一日达"等高铁快递业务。

随着铁路领衔的海铁、公铁、空铁、陆空等多式联运服务的开展,铁路物流基地在多式联运中的关键节点作用也越来越明显。铁路方面通过积极加强与公路、海运、航空等多种运输方式间的合作,发展了以集装箱多式联运为主,兼顾商品车、冷链专业多式联运等的多种服务模式。2017年1—9月,我国第一批16个多式联运示范工程累计开通示范线路140余条,参加联运的企业700余家,完成集装箱多式联运量超过60万标箱,降低能耗约40万吨标准煤,降低社会物流成本超过 55 亿元[①]。

## 第三节 中国港航物流发展状况

目前,我国港口建设进入稳定阶段,港口货物吞吐量基本保持平稳增长态势。随着对外开放进入新阶段,港口资源整合成为我国港口行业发展的热点问题,港口和航运物流服务也开始转型升级,港航产业链和价值链不断延伸。

### 一、港口吞吐量平稳增长,大宗散货和集装箱运量增长较快

近年来,我国沿海和内河港口吞吐量持续增长。除 2015 年的增长率较低外,2011—2017 年,全国沿海和内河港口年均增长率分别达到 6.1% 和 5.0%。2017 年,受国内工业生产提速和全球经济复苏等多重因素影响,全国主要港口吞吐量增长较快。全年全国港口共完成货物吞吐量 140.07 亿吨,比 2016 年增长 6.1%。其中,沿海港口完成 90.57 亿吨,同比增长 7.1%;内河港口完成 49.50 亿吨,同比增长 4.3%。2011—2017 年全国沿海和内河港口货物吞吐量变化情况如图 5-3 和图 5-4 所示。

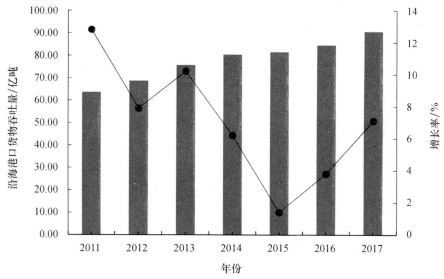

图 5-3 2011—2017 年全国沿海港口货物吞吐量变化情况
资料来源:根据交通运输部《公路水路交通运输行业发展统计公报》(2017)相关数据整理。

---

① 中国交通运输协会联运分会. 2017 年我国多式联运发展回顾及展望[EB/OL]. http://www.chinawuliu.com.cn/information/201803/21/329579.shtml,2018-03-21.

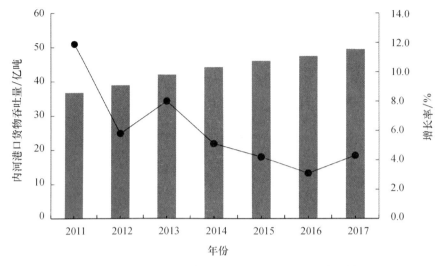

**图 5-4 2011—2017 年全国内河港口货物吞吐量变化情况**

资料来源：根据交通运输部《公路水路交通运输行业发展统计公报》(2017)相关数据整理。

2017年，我国港口主要吞吐货类中，大宗散货和集装箱运量增长较快。大宗散货方面，全国规模以上港口完成煤炭及制品吞吐量23.34亿吨，同比增长8.5%；石油、天然气及制品吞吐量10.02亿吨，同比增长7.7%；金属矿石吞吐量20.28亿吨，同比增长6.0%。集装箱方面，上海港2017年集装箱吞吐量达4018万标准箱，创造了全球港口集装箱吞吐量最高纪录。2017年全国（不含港澳台地区）主要沿海和内河港口集装箱吞吐量及增长情况如表5-4所示。

**表 5-4 2017 年全国(不含港澳台地区)主要沿海和内河港口集装箱吞吐量及增长情况**

| 项目 | 港口 | 集装箱吞吐量/万 TEU | 同比增长/% |
| --- | --- | --- | --- |
| 沿海港口 | 上海 | 4018 | 8.2 |
| | 深圳 | 2525 | 5.3 |
| | 宁波-舟山港 | 2464 | 14.3 |
| | 广州 | 2010 | 7.7 |
| | 青岛 | 1830 | 1.4 |
| | 天津 | 1504 | 3.6 |
| | 厦门 | 1040 | 8.2 |
| | 大连 | 970 | 1.3 |
| | 营口 | 627 | 3 |
| | 连云港 | 472 | 0.4 |
| 内河港口 | 苏州 | 600 | 9.4 |
| | 佛山 | 391 | 21.7 |

资料来源：根据交通运输部《2017年规模以上港口货物、旅客吞吐量快报数据》整理。

注：TEU 即标准箱，全书下同。

## 二、沿海港口码头建设放缓，港口物流体系成为建设重点

目前，我国沿海主要港口的功能定位已经明确，沿海五大港口群空间布局基本形成。在沿海港口吞吐量增速逐步放缓背景下，沿海港口码头的建设步伐也随之减慢。随着内河港口、集疏运系统和港口物流园区投资力度不断加大，以沿海港口、内河港口、港口物流园区和集疏运系统为支撑的港口物流体系成为重点建设内容。

2017年，全国港口全年完成水运建设投资1238.88亿元，比2016年下降12.6%。在全年水运建设投资明显下降的背景下，内河港口和集疏运体系建设投资却有较大增长。其中，内河港口建设完成投资569.39亿元，增长3.1%；内河港口新建及改（扩）建码头泊位180个，新增通过能力6597万吨，万吨级及以上泊位新增通过能力820万吨；全年完成公路水路支持系统及其他建设投资648.96亿元，比2016年增长31.2%[①]。

随着港口货物吞吐量增速放缓，港口物流业务作为港口装卸增值服务的重要性凸显，各大港口开始加快建设港口物流园区。例如，位于长三角上海国际航运中心的洋山深水港物流园区、上海外高桥物流园区；位于珠三角地区的深圳盐田港物流园区；位于环渤海地区的大连国际物流园区、天津港物流园区、曹妃甸港物流园区等。与海港物流园区相比，河港物流园区发展还处于起步阶段，如重庆港、武汉港都在加快推进港口物流园区建设步伐。目前，我国港口物流园区在全国物流园区中的占比已超过三分之一。

此外，依托沿海港口在内陆省份建立无水港，通过集疏运系统将港口物流服务网络向腹地拓展，形成以沿海港口为中心、辐射内陆的物流网络，已成为中国港口物流发展的重要特征。天津港是我国较早开展无水港建设的沿海港口，截至2017年年底，天津港已在北京、河北、山西、河南、内蒙古等9个省（自治区、直辖市）建设了25个内陆无水港，基本形成了辐射东北、华北、西北等内陆腹地的物流网络。目前，大连、青岛、宁波、深圳等港口也相继开发建设了内陆无水港体系。

## 三、港口资源整合日渐深入，港口物流经营主体向多元化发展

近年来，随着我国港航产业开放度的不断提高和港口资源整合的逐渐深入，港口物流的经营主体也在不断变化。一方面，沿海区域港口整合催生了辽宁港口集团、河北港口集团、山东渤海湾港口集团、江苏港口集团、浙江海港集团、北部湾

---

① 交通运输部. 2017年交通运输行业发展统计公报[EB/OL]. http://zizhan.mot.gov.cn/zfxxgk/bnssj/zhghs/201803/t20180329_3005087.html, 2018-03-30.

国际港务集团等多家大型港口产业集团；另一方面，国内外大型航运公司和货主企业陆续进入港航产业，参与港口码头和物流转运中心的兴建和运营，形成了港航物流经营主体多元化的格局。

自2015年开始，我国沿海区域港口陆续开始整合，区域港口一体化改革进程加速推进。2017年8月，交通运输部发布《关于学习借鉴浙江经验推进区域港口一体化改革的通知》，加快推进区域港口一体化发展。此后，江苏、辽宁、广东、福建等地均加快了港口整合的步伐。我国沿海港口资源整合情况如表5-5所示。

表5-5 我国沿海港口资源整合情况

| 省份 | 港口资源整合情况 |
| --- | --- |
| 浙江省 | 2015年9月，宁波港和舟山港合并组建了宁波舟山港集团；2016年10月，宁波、舟山、嘉兴、台州、温州五港口整合完成 |
| 江苏省 | 2017年5月，江苏省港口集团有限公司完成整合南京、连云港、苏州、南通、镇江、常州、泰州、扬州八个港口企业及省属港航企业 |
| 辽宁省 | 2017年6月辽宁省政府与招商局集团合作建立辽宁港口集团，实现辽宁沿海港口经营主体一体化 |
| 天津市、河北省 | 2014年，天津港集团和河北港口集团合资设立渤海津冀港口投资发展有限公司，负责天津及河北区域内港口项目的投资运营和管理<br>2017年7月，交通运输部办公厅、天津市人民政府办公厅、河北省人民政府办公厅印发《加快推进津冀港口协同发展工作方案（2017—2020年）》的通知，明确了优化津冀港口布局和功能分工、加快港口资源整合等18项任务 |
| 广东省 | 2017年9月，广州与东莞两地政府签署协议，推进实施穗莞港口一体化，打造广州-东莞港组合港 |
| 山东省 | 2018年1月，山东省政府工作报告指出推进青岛港、渤海湾港、烟台港、日照港建设，适时组建山东港口投资控股集团公司 |

在区域港口整合的同时，我国港口产业集团之间还以资本为纽带，探索协同发展道路。例如，上海港集团通过技术和管理的输出，在南京、江阴、武汉和九江等地投资建设集装箱码头；宁波港集团则积极在太仓、南京投建专业化散货码头，拓展港口腹地范围。长江经济带内河港口码头之间的合作也在不断推进。

除港口企业外，多家国内外大型航运企业和大宗货类的货主企业也是参与我国港口物流业务的重要经营主体。例如，马士基集团、和记黄埔有限公司等都在我国重要的沿海港口投资建设集装箱码头；招商局集团不仅在我国沿海主要港口都有布局集装箱码头，还设立专业的招商局物流集团有限公司。参与港口运营的货主企业主要集中于投资专业化铁矿石、原油、煤炭等散货码头，包括首钢集团、宝钢集团、鞍钢集团、神华集团、中国石油、中国石化、华能集团等国内大型钢铁企业和能源类企业等。

**四、港口物流服务功能进一步拓展，港航产业链不断延伸**

在港口吞吐量增长趋于稳定、港航市场竞争加剧的背景下，拓展港口物流服务功能、延伸港航产业链成为我国港航企业发展的重要方向。同时，为培育和发展我国航运市场，沿海和内陆主要港口城市的地方政府还设立了多家航运交易所。随着港口物流与航运服务功能日渐融合，港航产业价值链也逐渐形成。

港口企业主要从两个方面拓展物流服务功能。一方面是依托港口核心节点，在港口基础装卸服务基础上为客户提供堆存、配送、运输以及货代、船代、报关、报检等全程物流服务，并且在商贸、物流金融、供应链管理方面不断创新，开发新的增值服务收入。2017年，上港集团港口物流收入板块营业收入占总收入比例已达54.05%，宁波港综合物流及其他业务收入占比达48.54%。另一方面是建立以港口为核心节点的物流服务网络，向海陆双向腹地延伸港口物流服务，主要措施是开发海铁联运、江海联运等多式联运体系和建设内贸集装箱运输支线网络等。海铁联运方面，大连港/营口港-东北地区、天津港-华北/西北地区、连云港/青岛港-新亚欧大陆桥地区已成为全国最主要的三条集装箱海铁联运通道。2017年，全国规模以上港口完成集装箱海铁联运量达348万TEU，占规模以上港口集装箱吞吐量的比重为1.47%[①]。江海联运市场主要在长江、珠江和松花江流域，内贸集装箱干线航线主要分布在环渤海、长三角和珠三角三地之间。

航运企业主要依托航运优势进入物流服务领域。早在中远、中海两大海运集团重组之前，两家航运企业就积极拓展物流服务，努力实现从传统的海上运输承运人向全程物流服务的管理者身份转变。重组后的中远海运物流有限公司于2016年12月成立，由中远物流、中海物流和中海船务整合而成，是居中国市场领先地位的国际化物流企业，已在中国境内30个省（自治区、直辖市）及海外17个国家和地区设立了分支机构，在全球范围内拥有500多个销售和服务网点，形成了遍及中国、辐射全球的服务网络系统。中远海运物流主要布局综合货运、仓储物流、船舶代理、工程物流、项目物流五大产品线，将打造全球领先的全程物流和供应链服务平台。

航运交易所是推动航运服务业发展的重要手段。截止到2017年年底，我国已建成10家航运交易所。沿海港口城市的7家航运交易所分布在大连、天津、青岛、上海、宁波、厦门和广州；内河港口城市的3家航运交易所分布在武汉、重庆和

---

① 交通运输部. 2017年交通运输行业发展统计公报[EB/OL]. http://zizhan.mot.gov.cn/zfxxgk/bnssj/zhghs/201803/t20180329_3005087.html, 2018-03-30.

广西贵港。其中,上海航交所依托上海国际航运服务中心,于1996年11月设立后,对于促进我国高端航运服务业发展起到了重要作用。目前,全球前20名班轮公司分公司或办事机构已入驻上海,经营国际海上运输及其辅助业的外商驻沪代表机构达到250多家,全球最大的9家船级社均设立了上海代表处,有近千家国际海上运输及辅助企业在上海从事经营活动,上海船舶登记数量约占国内所有通过审定船舶的70%。

## 第四节 中国航空物流发展状况

随着市场需求对物流服务时效性要求的提高,航空物流在现代物流体系中的作用日益凸显。2017年,我国机场货邮吞吐量平稳增长,空港物流服务功能逐渐完善。随着航空公司混合所有制改革加速,航空物流一体化服务能力逐渐提升,航空物流价值链不断延伸。

### 一、机场货邮吞吐量平稳增长,国际航线货运量增速较高

近年来,我国宏观经济形势稳中向好,居民消费能力快速提升,消费升级成为市场的重要趋势。在此背景下,需要航空运输的医药用品、蔬菜水果、海鲜、冻肉等货类运输量快速增长,我国民航货运量也一直保持稳定增长态势。2017年,全国机场完成货邮吞吐量1617.7万吨,比2016年增长7.1%;航空运输总周转量首次突破千亿吨公里,达到1083.1亿吨公里,同比增长12.5%。2011—2017年我国民航运输机场货邮吞吐量及增长率变化情况如图5-5所示。

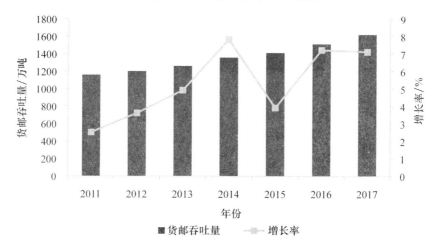

图5-5 2011—2017年我国民航运输机场货邮吞吐量及增长率变化情况
资料来源:根据中国民用航空局《民航机场生产统计公报》(2011—2017)相关数据整理。

从航空货运量的分布看，我国国际航线货运量增速明显高于国内航线。2017年，国内航线完成货邮吞吐量1000.1万吨，比2016年增长2.7%，其中内地（大陆）至香港、澳门和台湾地区航线完成99.0万吨，比2016年增长5.8%；国际航线完成617.6万吨，同比增长15.2%。自2014年以来，我国国际航线货运增速始终高于国内航线。2011—2017年我国民航运输机场国内、国际航线货邮吞吐量增长率变化情况如图5-6所示。

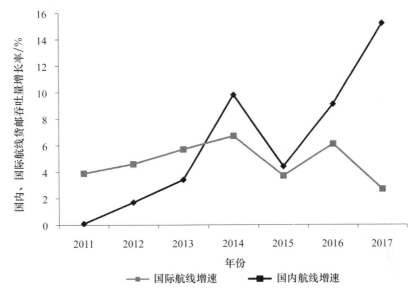

图5-6　2011—2017年我国民航运输机场国内、国际航线货邮吞吐量增长率变化情况
资料来源：根据中国民用航空局《民航机场生产统计公报》(2011—2017)相关数据整理。

## 二、航空运输设施、设备快速发展，空港物流服务功能日渐完善

近年来，我国民航部门以枢纽机场建设为龙头，积极打造基于功能定位的机场和航线网络，不断扩大民航运输机队规模，加快航空物流园区建设，航空枢纽的物流服务功能日渐完善。

在机场运行方面，2017年，我国新建成投产机场11个，机场总数已达229个（不含港澳台地区）。北京、上海浦东、广州三大机场枢纽功能进一步增强，三大机场货邮吞吐量占全部境内机场货邮吞吐量的49.9%。同时，区域枢纽机场发展迅猛，全国千万级机场达到32个，52个年货邮吞吐量在1万吨以上机场的货邮吞吐量占全部境内机场货邮吞吐量的98.5%。2017年中国民航机场货邮吞吐量前20排名如表5-6所示。

表 5-6　2017 年中国民航机场货邮吞吐量前 20 排名

| 机场 | 名次 | 2017年完成/万吨 | 2016年完成/万吨 | 比2016年增减/% |
|---|---|---|---|---|
| 上海/浦东 | 1 | 382.43 | 344.03 | 11.2 |
| 北京/首都 | 2 | 202.96 | 194.32 | 4.4 |
| 广州/白云 | 3 | 178.04 | 165.22 | 7.8 |
| 深圳/宝安 | 4 | 115.90 | 112.60 | 2.9 |
| 成都/双流 | 5 | 64.29 | 61.16 | 5.1 |
| 杭州/萧山 | 6 | 58.95 | 48.80 | 20.8 |
| 郑州/新郑 | 7 | 50.27 | 45.67 | 10.1 |
| 昆明/长水 | 8 | 41.80 | 38.29 | 9.2 |
| 上海/虹桥 | 9 | 40.75 | 42.89 | −5.0 |
| 南京/禄口 | 10 | 37.42 | 34.13 | 9.7 |
| 重庆/江北 | 11 | 36.63 | 36.11 | 1.4 |
| 厦门/高崎 | 12 | 33.87 | 32.84 | 3.1 |
| 天津/滨海 | 13 | 26.83 | 23.71 | 13.2 |
| 西安/咸阳 | 14 | 25.99 | 23.38 | 11.2 |
| 青岛/流亭 | 15 | 23.21 | 23.07 | 0.6 |
| 武汉/天河 | 16 | 18.50 | 17.53 | 5.5 |
| 大连/周水子 | 17 | 16.48 | 14.90 | 10.6 |
| 沈阳/桃仙 | 18 | 15.91 | 15.58 | 2.1 |
| 乌鲁木齐/地窝堡 | 19 | 15.67 | 15.75 | −0.5 |
| 海口/美兰 | 20 | 15.45 | 14.88 | 3.8 |

资料来源：根据中国民用航空局《2017 年全国机场生产统计公报》相关数据整理。

在航线建设方面，我国民航航线网络高速发展，国际航线大幅增加，民航辐射力进一步增强。截至 2017 年年底，我国共有定期航班航线 4418 条，按不重复距离计算的航线里程为 748.3 万公里。定期航班国内通航城市达到 224 个（不含港澳台地区），我国航空公司国际定期航班已通航 60 个国家的 158 个城市。2017 年，我国与"一带一路"沿线国家新增航线 203 条。2012—2017 年我国定期航班航线条数增长情况如图 5-7 所示。

在机队建设方面，国内民航运输机队规模增长迅速。2017 年，我国运营机队总规模已达到 3261 架。2010—2017 年我国民航运输机在册飞机数如图 5-8 所示。

中国现代物流发展报告 2018　　105

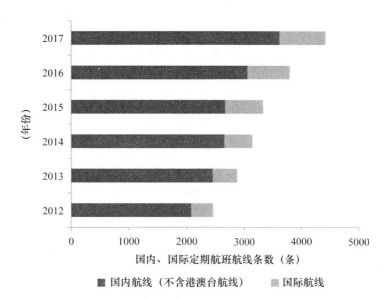

图 5-7　2012—2017 年我国定期航班航线条数增长情况
资料来源：根据中国民用航空局《民航行业发展统计公报》(2012—2017)相关数据整理。

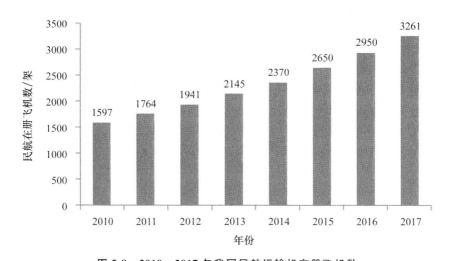

图 5-8　2010—2017 年我国民航运输机在册飞机数
资料来源：根据中国民用航空局《民航行业发展统计公报》(2010—2017)相关数据整理。

　　航空物流园区是航空物流服务的重要节点，在航空物流体系中具有重要作用。近年来，我国北京、上海、天津、成都、广州、深圳、郑州等地方政府和航空公司围绕枢纽机场积极建设航空物流园区，打造航空物流枢纽。天津、郑州等地方政府更是将发展航空物流作为拉动地方经济发展的重要手段。例如，2014年9月，天津市人民政府批准设立天津航空物流区，以建设北方航空货运中心为目标，大力发展航空运输、邮件快递、电子商务、航空金融、商务服务、航空维修、教育培训和综合服务等产业。截至2017年年底，天津航空物流区累计注册企业695家，注册资本1500亿元①，相继吸引了天津航空、天津货运航空、海航渤海现代物流、FedEx、TNT、中远空运、中外运、顺丰、圆通、华宇货站、TCS货站等一批航空、物流龙头企业落户，已初步形成航空物流产业集聚发展态势。

**三、航空货运企业深度整合，航空物流产业链逐步形成**

当前，我国航空货运企业正在向综合物流服务商转型发展。航空公司通过混合所有制改革，逐步实现了航空货运与公路、铁路物流融合，并通过整合货运物流业务，开始为客户提供物流配送、仓储管理、供应链金融、供应链管理、云端系统优化等一体化物流服务，航空物流产业链正在逐步形成。

航空公司的混改主要通过内部整合重组，积极引进快递、物流公司等民营资本入驻等方式完成。国有航空货运企业通过与快递、物流公司合作，可以有效整合自身信用、资源和资产等优势，发挥民营企业的快递网络、供应链管理、终端客户资源等优势，实现由传统航空货运企业转型为现代综合物流服务商。目前，东航的混改已取得显著成效。2017年6月，东航集团旗下东航物流与德邦物流采用"国有的航空（资源）+民营的快递（机制）"模式开展合作。东航物流混改后形成航空运输（传统空运）、东远物流（货站）、东远运输（地面卡车运输）、东航快递（外贸、电商、快递）四大业务板块，有效提升了东航集团的产业整合能力、经营能力和可持续发展能力。此外，国航、南航也在稳步推进旗下航空货运板块的混改工作。

空铁联运是航空与铁路协作的联合运输方式，参与者包括机场、航空公司、铁路系统等。空铁联运服务速度快、操作便捷，且货品从出货到收货由一个物流箱完成封装，可以最大限度地保证快件货品的完整性。为完善综合物流服务体系，东航、海航、川航等多家航空公司已推出空铁联运服务产品。2017年8月，川航物流联合成都铁路局、中铁快运、顺丰速运和四川机场集团等多家单位，推出了第一笔空铁联运物流订单。

为向综合物流服务商转型，各航空公司还纷纷加大信息化投入，将物联网、移动互联网、云计算、大数据等技术应用在产品订造、智能配货、在线查询调度、自动

---

① 北方网.《天津港保税区进一步促进航空物流产业发展支持政策》发布[EB/OL]. http://news.enorth.com.cn/system/2018/06/20/035708604.shtml,2018-06-21

配送等领域,实现货物销售和运输全流程管理,加速推进航空物流智能化、信息化。例如,海航致力于汇聚各业态数据,实现商流、物流、资金流、数据流的一体化整合及高价值数据应用输出,打造现代物流体系。2017年12月,海航物流4.0线上平台产品——海平线正式上线运行,该产品优化聚合了航空货运、机场管理、仓储投资和物流金服四大业态,可以支持全流程一体化的现代物流服务。

## 四、空港跨境电商高速发展,成为航空物流新的增长点

随着网购的快速发展,跨境电商逐渐成为我国国际贸易的重要细分市场。我国空港主要口岸抢抓机遇,通过改革通关模式、建设跨境电商产业园、跨境电商物流园等多种手段,大力发展跨境电商物流业务。跨境电商已成为航空物流新的增长点。

目前,我国全国已有郑州航空港经济综合实验区跨境电商示范园、广州空港跨境电子商务试验园区、杭州跨境电商综试区空港园区、南京空港跨境电商产业园、哈尔滨空港跨境电商物流园等多个空港跨境电商项目建成投入使用。其中,郑州航空港经济综合实验区率先打造专门服务于跨境电商企业的"9610"[①]跨境出口模式,取得了显著效果,郑州跨境电商产业规模迅速壮大。截至2017年年底,全区共完成跨境进出口1853.6万单、货值14.53亿元[②]。

为打造快捷通关机制,郑州新郑综保区海关探索实行"不征不退"和"出口退税"的跨境出口业务模式,将通关效率由原来的3—4小时缩短至40分钟。通过持续优化清单生成和申报规则,使系统数据处理能力由70单/秒提高到500单/秒,效率增加6倍。截至2017年12月,新郑综保区在河南电子口岸系统平台备案的跨境电商企业已达338家,涵盖平台企业、电商企业、支付企业、物流企业等,基本形成了完整的跨境电商产业链。

郑州航空港经济综合实验区还充分发挥跨境电商产业的集聚效应,拉动郑州空港航空物流业务增长。例如,主动协调机场集团和航空公司,帮助企业开辟货运包机专线。目前,大连京猫、河南龙库已开通"郑州—台北""郑州—拉脱维亚"两个跨境电商货运包机专线,"郑州—欧洲""郑州—美国"航线的货运包机已达成初步合作意向。

---

① 为了方便跨境贸易电子商务零售出口企业通关,自2014年2月10日,海关总署增列海关监管方式代码为"9610",一种专为跨境电商服务的出口监管模式。
② 郑州日报. 郑州航空港跨境电商业务 井喷式增长[EB/OL]. http://hn.cnr.cn/hngbxwzx/20180129/t20180129_524115786.shtml,2018-01-29

# 第六章 中国制造业物流发展状况

制造业物流是现代物流业的重要组成部分。发展制造业物流，对制造企业降低成本、提高效益、提高全社会经济运行效率具有十分重要的意义。随着中国融入经济全球化进程的逐步加快和国内转方式、调结构的不断推进，在"中国制造2025""互联网+"等新的经济发展战略以及"一带一路"倡议的指引下，制造业持续推进转型升级，向着高端化、智能化方向发展。近年来，制造业物流规模与需求稳步提高，成本加速回落，运行效率持续提升，服务模式不断创新，高端制造业物流增速明显。未来，制造业物流将围绕供应链深度合作、循环可持续等发展方向进一步提升运行绩效，迈向高质量发展新阶段。

## 第一节 制造业物流概述

制造业物流是指制造企业在采购、生产、销售、回收等各种生产经营活动中所发生的各种物流服务活动，如运输、仓储、包装、装卸搬运、流通加工、信息处理和配送等。由于涉及的运作环节较多，运作流程较为复杂，不同行业差异性较大，制造企业物流存在多种运作模式。

### 一、制造业物流的特征

（一）制造业物流专业化程度较高

制造业物流与生产制造过程密切相关，不同的生产过程需要不同的制造业物流服务模式支持，因此，制造业物流的专业化程度较高。以汽车物流为例，汽车入厂物流涉及供应商到货接收、零件入库、检验、存储、转换包装、排序、货筐拣选、超市拣选、配送上线等业务；汽车生产车间物流包括巡线要货、物料上线、车间入口物料装卸、检验、缓存、器具返空等业务；汽车销售物流包括商品车物流运输管理、在途管理、指纹签到交付等业务；汽车回收物流包括备件和零部件需要返厂维修以及整体返厂召回等业务。这些物流活动需要专业化的协同运作，以完成各物流功能之间的有效协调与衔接。

（二）制造业物流环节较多，运作比较复杂

制造企业物流有供应物流、生产物流、销售物流、回收物流和废弃物物流等五大环节，物流环节较多。加之制造产品的理化特点、产品结构和工艺流程等特性决定了在制造业物流运作中需要采取不同的运作模式。例如，化工制造业的生产物流信息管理中，需要实时采集数据，包括包装设备流量、流速、液位、温度、压力、开关状态等关键参数，然后根据这些参数，设计最优的生产物流运作方案。钢铁制造业中生产包括烧结、焦化、炼铁、炼钢、连铸、厚板、热轧等环节，这些生产环节环环相扣，需要相应的物流服务密切配合，以保证生产的连续性。

（三）不同行业的物流运作差异性较大

制造业的细分行业较多，根据《国民经济行业分类》(GB/T 4754—2011)，制造业包括31个大类，不同行业的物流运作差异性较大。例如，流程制造业（如化学原料和化学制品制造业、造纸和纸制品业、钢铁等）与离散制造业（如机械制造业、汽车制造业、家电制造业等）在物料、产品、工艺过程、设备等方面的特点存在差异，导致两种类型制造业的物流运作模式也会有明显差异。整体而言，流程制造业各物流阶段之间的衔接要求更高，离散制造业在客户需求响应能力上要求更高。

## 二、制造业物流的运作流程与运作主体

（一）制造业物流的运作流程

制造业物流是指在制造企业生产经营过程中，物品从原材料供应，到生产加工成为产成品，再到销售环节，加上生产消费过程中所产生的废弃物的回收再利用等一系列过程所涉及的完整循环的物流活动，它包括运输、仓储、装卸搬运、流通加工、信息处理等功能性活动。通常来说，制造业物流按照生产运作流程可以分为采购供应物流、生产物流、销售物流、回收物流、废弃物物流五大部分，如图6-1所示。采购物流是指制造企业购入原材料、零部件或商品所发生的物流过程，它包括生产资料的采购、运输、进货、仓储、库存管理和用料管理。生产物流是指制造企业从工厂的原材料购进入库起，直到工厂成品库的成品发送为止的物流活动，包括生产计划与控制、厂内运输与搬运、在制品仓储与管理等活动。销售物流是指制造企业售出产品的物流过程，它包括产成品的库存管理、订货处理、仓储发货运输、顾客服务等。回收物流是在生产及流通活动中的废旧材料回收至生产领域重新利用的物流活动。废弃物物流是对生产和流通系统中所产生的无用的废弃物进行处理的物流活动。

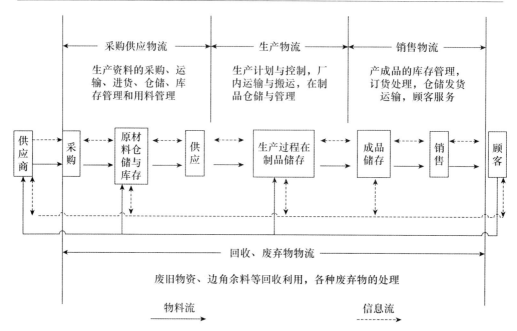

图 6-1 制造业物流运作流程

资料来源：齐二石.物流工程.北京：中国科学技术出版社.2007：61

（二）制造业的运作主体

制造业物流运作主体有两类，一类是制造企业，另一类是社会化物流企业。依据制造企业物流外包程度和管理权控制程度的不同，制造企业物流经营方式及其运作主体有以下几种，如表 6-1 所示。

表 6-1 不同物流经营方式下的运作主体比较

| 模式 | 制造企业物流经营方式 | 运作主体 |
| --- | --- | --- |
| 1 | 制造企业完全自营，物流业务分散经营 | 制造企业本身 |
| 2 | 制造企业单独成立下属的专业物流公司 | 制造企业本身 |
| 3 | 单业务外包，管理权自营 | 制造企业、社会化物流企业 |
| 4 | 多业务外包，管理权自营 | 制造企业、社会化物流企业 |
| 5 | 全部业务外包，管理权自营 | 制造企业、社会化物流企业 |
| 6 | 制造企业成立合资物流公司 | 制造企业、社会化物流企业 |
| 7 | 制造企业物流系统剥离 | 社会化物流企业 |

三、制造业物流的主要模式

按照运作的复杂程度来分类，制造业物流的主要运作模式可以分为单一功能模式、"物流+资金流"模式和全程供应链模式三种模式。

（一）单一功能模式

在产品生产制造的运作过程中包含着诸多环节，如设计、采购、生产、配送、销售等，不同的环节会产生不同的物流需求。针对性执行某种单一功能的物流模式称为单一功能模式，比如运输。运输的需求可能分散于不同的环节之中，比如采购环节的原材料运输、成品物流的转运分拨、产成品销售运输等，企业根据自身的实际情况将不同环节的运输业务分散或打包交给自营或第三方物流公司来完成，这是制造业物流最基本的运作模式，仅能够满足企业生产制造过程中的基本需求。

（二）"物流+资金流"模式

在实现运输、仓储等单一物流功能的基础上，配合资金的流动，制造业物流的运作演变为一种更复杂的模式，称为"物流+资金流"模式。在这种模式下，制造企业经营的各环节中分散的物流需求在一定程度上被集成和整合，并且由于资金的参与而使得运作主体之间的协作更为紧密。如，在"采购物流+代垫货款"的模式中，中小型制造企业资金周转较为紧张，在资金占比较大的原材料采购环节通常存在资金需求，此时大型第三方物流企业在采购物流的执行过程中为其提供货款的垫付服务，能够在一定程度上缓解制造企业资金周转的压力，同时使双方的合作变得更为紧密。

（三）全程供应链模式

物流企业参与到制造企业的供应链全过程中，在满足其各环节物流需求的基础上，帮助制造企业实现全程供应链管理，这是制造业物流发展的一种高级模式。在此模式中，由于涉及供应链各环节全过程的一体化管理，因此信息的共享与及时传递尤为重要，对于企业的信息化水平有较高的要求。同时，物流企业参与到制造企业的供应链全过程中，要求双方达成高度一致的紧密合作，制造企业开放部分管理权限，进一步实现生产制造与物流过程的有机融合。

四、制造业物流的重要作用

（一）降低生产成本，提高生产效率

制造业物流成本是制造企业生产成本的重要组成部分。一方面，通过发展制造业物流，降低制造业物流成本，有助于企业改进生产和物流的管理方式，优化物流运作方法，也能有助于降低生产成本。另一方面，发展制造业物流，促进第三方物流企业与制造企业融合发展，有助于制造企业集中主营业务，推动企业供应链一体化运作，从而推动生产效率的提高。

### (二)提高供应链响应性,提升产品竞争力

互联网信息技术的普及应用以及电子商务的快速发展带动了消费方式的变革和转型,新形势下消费者对于产品供应的时效性和准确性都提出了新的要求,也对产品供应链的运作效率提出了更高要求。制造企业提高对物流战略的重视程度,发展制造业物流,加速整合采购、生产、分销和配送等环节的供应链一体化运作,有助于提高供应链的响应性和柔性,进而提升产品的整体竞争力水平。

### (三)推动经济高质量发展,助力现代化经济体系建设

党的十九大报告明确指出,我国经济已由高速增长阶段转向高质量发展阶段,推动经济高质量发展应当以供给侧改革为主线,支持传统产业优化升级,大力发展先进制造业。制造业物流作为制造业与物流业交叉融合发展的重要组成部分,是制造业升级转型的重要基础和保证。发展制造业物流,将制造企业的物流业务进行整合优化,促进专业化分工和物流效率提升,有助于提高全要素生产率,推动制造业物流从价值链中低端向中高端转变,转换创新驱动力,有利于促进制造业提质增效,推动经济高质量发展,助力现代化经济体系建设。

## 第二节 中国制造业物流发展环境

新一代信息技术与制造业深度融合,正在引发影响深远的产业变革。近年来,我国制造业总体发展形势稳中向好,为制造业物流带来较大发展空间。随着制造业转型升级加快,高端制造业逐步崛起,带动制造业物流向供应链服务延伸。同时,"互联网+"战略也不断推动制造业的智能化发展,推动制造业物流的智能化升级转型。政策环境方面,制造强国战略加快推进,制造业物流发展的政策与规划不断出台。

### 一、国民经济保持中高速增长,制造业物流发展环境企稳向好

受世界整体经济格局以及国内产业经济结构调整的影响,我国经济增速虽有所放缓,但总体仍旧保持中高速增长。GDP增速从2013年的7.7%下滑到2015年的6.9%,2016年进一步下降到6.7%,2017年略有回升至6.9%。分产业看,我国三大产业呈现出不同的发展增速,第一产业作为基础产业,稳中有升,2017年增速3.9%。由于经济结构的转型升级,服务业受重视程度逐步提高,第三产业一直保持较高速增长,2017年增速为8%。以制造业为主的第二产业,2017年增速与2015年、2016年基本持平,保持在6.1%。具体趋势如图6-2所示。

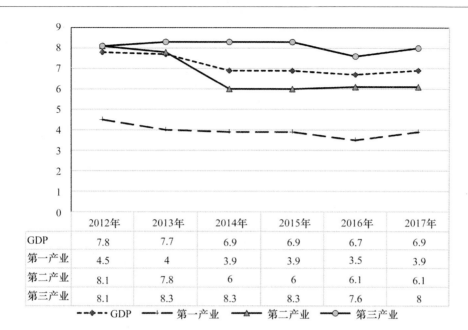

图 6-2　2012—2017 我国 GDP 及三产业增速

资料来源：国家统计局，网易财经. 统计局公布 2017 年 GDP 初步核算结果：全年增速 6.9%. http://money.163.com/18/0119/09/D8GMBTJC00258105.html,2018-01-19

制造业 PMI 指数（即制造业采购经理人指数）是国际上通行的宏观经济监测指标体系之一，也被称为"荣枯线"。PMI 高于 50%，反映制造业经济扩张；低于 50%，反映制造业经济萎缩。2017 年中国制造业 PMI 总体走势稳中有升，年均值为 51.6%，高于 2016 年总体水平 1.3 个百分点，达到过去 6 年来最高水平，2017 年经济运行中的积极因素不断累积、作用凸显，企稳态势巩固，回升向好发展态势进一步明显。

## 二、高端制造业逐渐崛起，带来制造业物流增长新动能

制造业转型升级步伐加快。一方面，中国制造业正处于工业时代向信息时代，又进一步向数据时代过渡的过程。传统的大规模生产模式正逐步被打破，大规模定制化生产、个性化生产开始成为主流生产模式，由此催生了新兴的物流服务需求。另一方面，随着制造业产业价值链重心由生产端向研发设计、营销服务等方向的转移，产业形态将从生产型制造向服务型制造转变，制造业物流需求不仅向制造业生产加工活动两端延伸，而且向生产加工活动内部拓展。例如，上海大众与安吉天地进行供应链优化整合，安吉天地为上海大众提供包括 VMI、上线喂料在内的集成化物流解决方案，在 2 小时之内将各种原料和部件有序配送到生

产总装车间,缩短物料供应的响应时间,确保上海大众实现准时化生产(JIT)。

工业增长新动能加速聚集。2017年高技术产业和装备制造业增加值同比分别增长13.5%和11.4%,增速分别比规模以上工业快6.9个和4.8个百分点,较2016年分别加快2.6个和1.8个百分点。新型工业产品产量高速增长,工业机器人、民用无人机、新能源汽车、城市轨道车辆、锂离子电池、太阳能电池等新兴工业产品产量分别增长68.1%、67%、51.1%、40.1%、31.3%、30.6%,呈现高速增长态势[①]。高端制造业发展情况良好,崛起态势明显。

### 三、"互联网+"加速推动智能制造,智能化物流前景良好

新一代信息技术与制造业深度融合,正在引发影响深远的产业变革,形成新的生产方式、产业形态、商业模式和经济增长点。2015年5月,国务院印发《中国制造2025》,其中"智能制造"被定位为中国制造的主攻方向,要求统筹布局和推动智能服务机器人、智能家电、智能照明电器、可穿戴设备等产品研发和产业化。2015年7月,国务院印发《关于积极推进"互联网+"行动的指导意见》,明确提出要加强"互联网+"协同制造,积极推动中国传统制造业向"智能制造"转型升级,并以此促进"中国制造2025"的发展。2017年11月27日,国务院印发了《关于深化"互联网+先进制造业"发展工业互联网的指导意见》,提出大力发展工业互联网,更大范围、更高效率、更加精准地优化生产和服务资源配置,为推进制造业供给侧结构性改革、实现制造业智能化发展提供关键支撑。

在《中国制造2025》战略背景之下,国家自2015年以来实施推进智能制造工程,以新型传感器、智能控制系统、工业机器人、制动化成套设备为代表的智能制造产业得到了高速发展的机遇。制造业智能化发展形势较好,"智造"成果爆发式增长,众多企业在智能制造领域创造出个性化定制、按需制造、众包众设、异地协同设计等一系列"智能制造+大数据+互联网+"应用新模式。2015年、2016年、2017年工信部先后评选出了第一批46个、第二批63个、第三批98个智能制造试点示范项目。从示范项目的行业分布来看,智能制造的深度和广度不断增加。除传统汽车、食品饮料、化工等行业之外,2017年新增电池(锂电)、仪器仪表、机器人等热门行业及农业深加工等传统行业的智能制造项目建设。

### 四、制造强国战略推进,制造业物流相关政策不断出台

2015年5月,国务院印发《中国制造2025》,指出要力争通过"三步走"实现制

---

① 中国经济网.文兼武:工业经济稳中向好 为高质量发展夯实基础[EB/OL]. http://www.stats.gov.cn/tjsj/sjjd/201801/t20180119_1575462.html,2018-01-19

造强国的战略目标。在党的十九大强调"加快建设制造强国"之后,政策力度进一步加大。2016年11月,国务院印发《"十三五"国家战略性新兴产业发展规划》,提出发展智能制造高端品牌、航空产业、卫星及应用产业、轨道交通装备、海洋工程装备和高新材料等产业。2017年11月,国务院印发《"十三五"国家战略性新兴产业发展规划》,国家发展改革委印发《增强制造业核心竞争力三年行动计划(2018—2020年)》,工业和信息化部、国家发展改革委等多部委共同发布《关于发挥民间投资作用 推进实施制造强国战略的指导意见》。在此基础上,促进制造业物流发展的政策也相继出台,鼓励应用新技术、提升制造业物流服务水平,促进两业融合深入发展。中央和地方出台的促进制造业物流发展的政策如表6-2所示。

表6-2 中央和地方出台的促进制造业物流发展的政策

| 序号 | 发文时间 | 发文部门 | 政策文件名称 | 主要观点 |
| --- | --- | --- | --- | --- |
| 1 | 2014年9月 | 国务院 | 《物流业发展中长期规划(2014—2020年)》 | 鼓励物流企业与制造企业深化战略合作,建立与新型工业化发展相适应的制造业物流服务体系;实施制造业物流与供应链管理工程 |
| 2 | 2014年12月 | 国家发展和改革委员会 | 《促进物流业发展三年行动计划(2014—2016年)》 | 继续深入推动制造业与物流业联动发展,到2016年年底,培育一批制造业与物流业联动发展示范企业 |
| 3 | 2015年5月 | 国务院 | 《中国制造2025》 | 加快智能物流管理等技术和装备在生产过程中的应用;打造绿色供应链 |
| 4 | 2015年7月 | 国务院 | 《关于积极推进"互联网+"行动的指导意见》 | "互联网+"高效物流 |
| 5 | 2015年8月 | 国务院 | 《促进大数据发展行动纲要》 | 实时采集并汇总分析政府部门和企事业单位的市场监管、销售物流等数据 |
| 6 | 2015年8月 | 国家发展和改革委员会 | 《关于加快实施现代物流重大工程的通知》 | 实施制造业物流与供应链管理工程 |
| 7 | 2015年11月 | 工业和信息化部 | 工业和信息化部贯彻落实《国务院关于积极推进"互联网+"行动的指导意见》的行动计划(2015—2018年) | 推动工业电子商务平台、第三方物流、互联网金融等业务协同创新和互动发展;支持制造业龙头企业以供应链管理为重点 |

(续表)

| 序号 | 发文时间 | 发文部门 | 政策文件名称 | 主要观点 |
|---|---|---|---|---|
| 8 | 2015年12月 | 工业和信息化部、国家标准化管理委员会 | 《国家智能制造标准体系建设指南(2015年版)》 | 协同层级由产业链上不同企业通过互联网络共享信息实现协同研发、智能生产、精准物流和智能服务等。智能工厂标准主要包括智能工厂建设规划、智能物流等六个部分 |
| 9 | 2016年2月 | 国家发展和改革委员会等十部门 | 《关于加强物流短板建设,促进有效投资和居民消费的若干意见》 | 推进快递服务制造业的示范工程,积极融入智能制造、个性化定制等制造业新领域 |
| 10 | 2016年6月 | 国家发展和改革委员会 | 《营造良好市场环境推动交通物流融合发展实施方案》 | 促进企业线上线下多点互动运行,支持制造业物流服务平台与供应链上下游企业间信息标准统一和系统对接 |
| 11 | 2016年7月 | 工业和信息化部、国家发展和改革委员会、中国工程院 | 《发展服务型制造专项行动指南》 | 发展供应链管理专业化服务,支持制造业企业整合内部物流资源,提高供应链管理水平,推广智能化物流装备和仓储设施 |
| 12 | 2016年9月 | 国家发展和改革委员会 | 《物流业降本增效专项行动方案(2016—2018年)》 | 结合"中国制造2025"战略部署,鼓励物流企业面向制造业转型升级需求,拓展提升综合服务能力,为生产企业提供采购物流、入厂物流、交付物流、回收物流等精细物流服务 |
| 13 | 2017年5月 | 国家邮政局 | 《国家邮政局关于加快推进邮政业供给侧结构性改革的意见》 | 服务"中国制造2025"战略,推进邮政业与现代制造业协同合作,发展"入厂物流""区域性供应链"等服务模式 |
| 14 | 2017年6月 | 国家发展和改革委员会等 | 《关于做好2017年降成本重点工作的通知 发改运行〔2017〕1139号》 | 推进发展物流新业态和集装箱运输。推动物流业和制造业深度融合发展,降低制造企业物流成本 |
| 15 | 2017年8月 | 国务院办公厅 | 《国务院办公厅关于进一步推进物流降本增效 促进实体经济发展的意见国办发〔2017〕73号》 | 推动物流业与制造业联动发展,加强物流核心技术和装备研发,提升制造业物流管理水平 |

(续表)

| 序号 | 发文时间 | 发文部门 | 政策文件名称 | 主要观点 |
|---|---|---|---|---|
| 16 | 2015年1月 | 贵州省人民政府办公厅 | 《省人民政府办公厅关于加快发展现代物流业的若干意见（黔府办发〔2015〕3号）》 | 大力推进制造业与物流业联动发展，引导工业企业剥离物流资产与业务生成第三方物流企业，开展社会化物流业务 |
| 17 | 2015年5月 | 甘肃省发展和改革委员会 | 《关于印发2015年进一步促进全省物流业发展实施方案的通知》 | 要推动制造业与物流业联动发展以及物流企业与生产、商贸企业联动发展 |
| 18 | 2015年6月 | 山西省政府 | 《山西省物流业发展中长期规划（2015—2020年）》 | 推进物流企业与制造企业深化合作，促进制造业与物流业联动发展 |
| 19 | 2015年11月 | 山东省人民政府办公厅 | 《关于转发省经济和信息化委〈山东省物流业转型升级实施方案（2015—2020年）〉的通知》 | 要加快推进物流业与其他产业联动发展 |
| 20 | 2016年11月 | 广东省人民政府办公厅 | 《广东省现代物流业发展规划（2016—2020年）》 | 深入开展制造业与物流业联动发展试点示范，鼓励制造企业分离外包物流业务，支持物流企业向制造业物流服务商和供应链集成商转变 |
| 21 | 2017年7月 | 山西省人民政府办公厅 | 《山西省人民政府办公厅关于现代物流发展的实施意见》 | 推动制造业与物流业融合，加快实施一批融合发展的示范工程和重点项目。重点发展制造业供应链物流，引导邮政快递企业与制造企业深度融合发展，嵌入制造业供应链 |

资料来源：根据中央和地方出台的制造业物流发展的相关政策整理。

## 第三节 中国制造业物流发展现状

随着"中国制造2025"战略的深入推动，我国制造业物流规模稳步增加，物流需求稳中有升，特别是高端制造业物流发展增速明显。制造业物流成本持续回落，运行效率不断改善，现代经济体系建设开始推进，制造业物流迈向高质量发展新阶段。新的制造业物流服务模式不断出现，服务由标准化向定制化方向发展。与此同时,两业联动示范企业不断涌现,制造业与物流业转向深度融合发展。

### 一、制造业物流总体规模稳步增加,物流需求增长稳中有升

制造业物流是中国社会物流规模增长的主要动力。如图6-3所示,全国工业品物流总额由2012年的162万亿元增至2017年的234.5万亿元,自2010年以来连续多年呈现稳步增长趋势。2017年,中国社会物流总额为252.8万亿元。其中,中国工业品物流总额234.5万亿元,按可比价格计算,同比增长6.60%,增速比2016年提高0.60%。工业品物流占社会物流总额的比重一直保持在90%以上。

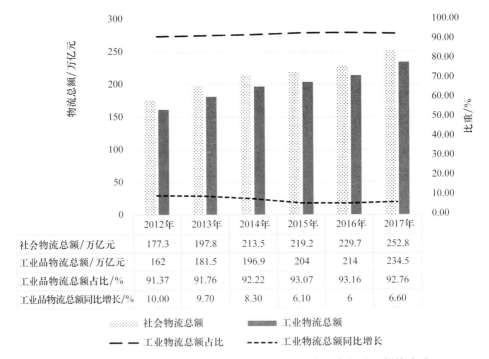

图6-3 2012—2017年全国工业品物流总额及占全社会物流总额的比重
资料来源:国家发展和改革委员会统计数据整理,http://yxj.ndrc.gov.cn/xdwl/index_3.html

物流需求结构持续优化,工业品物流占比有所趋缓。从结构变化看,一是大宗商品等高耗能行业物流需求低位回落。2017年前三季度,采矿业物流需求同比下降1.6%,降幅扩大1.2个百分点;六大高耗能行业同比增长3.1%,比2016年同期回落2.7个百分点。二是装备制造业、高技术产业物流需求加速增长。2017年前三季度装备制造业和高技术产业物流需求分别同比增长11.6%和13.4%,增

速分别高于工业品物流总额4.9个和6.7个百分点,较2016年同期分别加快2.5个和2.8个百分点,较上半年分别加快0.1个和0.3个百分点[①]。

## 二、制造业物流成本加速回落,物流效率持续改善

在"降本增效"等一系列组合措施的引导下,近年我国的物流成本持续回落,物流运行质量有所提升。根据中国物流与采购联合会、中国物流信息中心于2017年12月6日发布的《全国重点企业物流统计调查报告》,2016年工业、批发和零售业企业物流成本同比增长3.7%,2015年为下降1.2%,物流成本增速虽由下降转为增长但仍保持低速增长,延续了近年来总体回落的走势。2016年工业、批发和零售业企业运输成本占企业物流成本的47.6%,按可比口径计算,比2015年提高0.2个百分点;保管成本占36.8%,下降0.6个百分点;管理成本占15.6%,提高0.2个百分点[②]。

此外,制造业物流运行效率持续改善。如图6-4所示,2016年工业企业物流费用率(物流费用占销售额的比重)为8.6%,比2015年下降0.1个百分点。2008年以来,我国工业企业物流费用率总体呈下降走势,2016年降至近年来最低水平,比2008年下降1.2个百分点。其中,大宗商品行业合计物流费用率为11.6%,比2015年下降0.5个百分点。医药制造业、汽车制造业等高附加值产业物流费用率小幅回升,比2015年分别提高0.3个和0.4个百分点,但仍低于工业企业平均水平。2016年一体化物流业务收入增长明显,比2015年增长6%,增速提高2.9%[③],供应链一体化发展迅速。

## 三、制造业物流服务模式不断创新,定制化物流渐成潮流

随着"互联网+"的发展,智能化和信息化技术在制造业生产与物流中快速普及应用,制造业物流服务模式变革迅速。一方面,在制造业物流领域,出现了产品的智能物流可追溯系统、物流过程的可视化智能管理网络系统、智能化的企业物流配送中心、智慧供应链等物流服务模式。创新驱动的制造业物流发展趋势显现,新模式、新技术层出不穷,新的增长动能不断积聚,互联网、物联网、大数据、区块链、人工智能等新兴技术与制造业物流开始结合,例如日日顺物流建立了全网

---

① 东方财富网. 2017年1—9月物流行业经济运行情况分析[EB/OL]. http://finance.eastmoney.com/news/1365,20171027789316016.html,2017-10-27

② 中国物流信息中心. 2017年全国重点企业物流统计调查报告[EB/OL]. http://www.clic.org.cn/wltjwlyx/290332.jhtml,2017-12-06

③ 科技信息部. 2017年全国重点物流企业统计调查报告[EB/OL]. http://www.chinawuliu.com.cn/lhhkx/201712/06/326866.shtml,2017-12-06

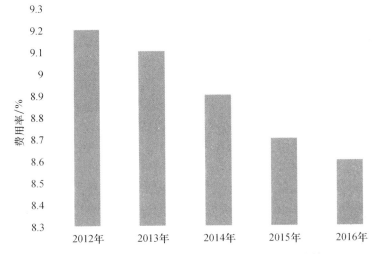

**图 6-4　2012—2016 年我国工业企业物流费用率情况**

资料来源：中国物流与采购联合会，中国物流信息中心．全国重点企业物流统计调查报告．http://www.clic.org.cn/wltjwlyx/290332.jhtml. 2017-12-06

络共享的三级分布式云仓体系，通过引入无人智能仓库、电子面单等技术实现仓库管理智能化，大幅提高周转率和精确性。

另一方面，制造业物流需求形式的变化推动了定制化服务的发展，定制化物流逐渐兴起并成为潮流。例如，在杭州中策橡胶与杭州八方物流的合作中，形成了覆盖全供应链环节的"生产物流服务运作管理+专用性资产投入"的定制化服务模式，八方物流根据中策橡胶的生产计划与排产产量设计和管理实时库存，通过自有资金投入购置了一批轮胎搬运专用的环形叉车设备，以此提高物流搬运效率，设计与发展高度定制化的运作流程。

### 四、制造业各细分行业物流分化发展，高端制造业物流增速明显

受制造业内部细分行业分化发展趋势的影响，各行业的制造业物流发展增速分化。2017 年我国规模以上工业增加值同比增长 6.6%，比 2016 年提高 0.6% 个百分点，1—11 月工业品物流总额 213.1 万亿元，按可比价格计算，同比增长 6.6%。其中，大宗物流需求有所放缓，煤炭、钢铁等产能过剩行业转型升级步伐不断加快，原材料、产成品物流需求量均有不同程度下降；其他传统行业需求增长缓慢，非金属矿物制品业、有色金属冶炼和压延加工业增速仅为 3.7%、1.5%；高技术产业物流需求继续保持较快增长，如计算机、通信和其他电子设备制造业增

长13.8%,汽车制造业增长12.2%,电气机械和器材制造业增长10.6%,增速均高于整个工业品物流需求。

据预测,到2025年,我国装备制造业规模将由现在占全球30%达到占35%以上,高端装备制造业占装备制造业比例将由现在的占20%达到占35%以上,出口规模占全球贸易超过20%[①]。我国将会出现一批具有国际资源整合能力、"软硬结合"的大型装备制造企业。在高端制造业的发展驱动下,一批物流企业融入制造供应链,开展供应商管理库存、物流仓配一体化、供应链金融等业务,大力发展高端制造业物流,优化供应链协作关系。例如,2016年3月,日日顺物流发布大件物流解决方案,涵盖智能云仓、干线集配、可视化配送、最后一公里送装以及价值交互增值方案五个方面,提供仓储配送安装全程无断点服务,制定供应链服务新标杆。2016年7月,招商局物流集团与无锡高新区签署项目合作协议,计划投资6亿元建设物流供应链集成服务项目。

**五、联动示范企业不断涌现,制造业与物流业深度融合发展**

受两业(制造业与物流业)联动政策的持续推动,全国与地方层面的两业联动示范企业大规模涌现。2011年12月,国家发展和改革委员会在南京召开了"第三届全国物流业与制造业联动发展大会",会议公布了131家首批"全国制造业与物流业联动发展示范企业"。2017年5月,中国交通运输协会举办"第十一届制造业与物流业联动发展年会",评选出多家两业联动发展示范企业、两业联动发展优秀服务平台、两业联动发展优秀物流服务商,通过示范效应进一步推动两业联动发展。在地方层面,广东省经济和信息化委员会分别在2013年、2014年分别评选了第一批27对54家、第二批10对20家两业联动企业,有力地推动了制造业与物流业联动发展。山东省近年来共计扶持了185个制造业与物流业联动发展示范项目,带动和影响全省85%以上的规模企业,采取多种方式分离外包物流服务,形成了多种两业联动发展模式。

目前,我国经济进入转型升级、深化改革的新时期,制造业和物流业的发展新格局正加快形成,物流业与上下游制造业渗透融合趋势明显,物流业正在通过现代物流技术和管理手段促进制造业生产方式的转变和业务流程的再造。随着物流业对于制造业的影响愈加深入,"两业联动"已经转变为更深一步的"两业融合"发展。物流企业主动介入制造企业的采购、生产、订单、销售、配送、回收物流等环节,双方在合作过程中不断相互交流、渗透、学习、吸收,基于更加深度的信任形成

---

① 陆澜清.2016年我国装备制造业发展挑战与机遇分析[EB/OL].https://www.qianzhan.com/analyst/detail/329/160328-33f178e8.html,2016-03-28.

制造业与物流业发展的更高形态。例如,广州嘉诚物流与浪奇股份共同出资成立合资公司,前者为后者提供从原料供应到成品配送的全程供应链管理和第三方物流服务,甚至参与到新工厂的规划和设计,双方的合作取得良好成效,物流效率全面提升,实现了从生产物流到销售物流的全链条优化。

## 第四节 中国制造业物流存在的问题及发展趋势

在制造业物流快速发展的同时,仍存在着制造企业物流资源开放度不够、外包机制有待完善、整体供应链管理能力不足等问题,同时物流运行成本占比仍然偏高,制造业物流运行质量亟待提升。未来制造业物流的运行绩效将继续改善,将迈向高质量发展新阶段,制造业与物流业在供应链层面深入融合发展,共享经济推动制造业物流可持续化发展,互联网、云计算等技术进步推动智能物流变革和发展。

### 一、中国制造业物流存在的问题

(一)制造企业物流资源开放度不够,物流外包机制体制有待完善

物流外包作为一个提高物资流通速度、节省物流费用和减少在途资金积压的有效手段,能够给供需双方带来效率和效益的提高。但总体来看,我国目前制造企业物流资源开放程度还不够,外包的比例偏低。这种以自我服务为主的物流活动模式在很大程度上限制和延迟了企业对高效率、专业化和社会化物流服务需求的产生和发展,成为当前制约制造业物流市场发展的一个重要瓶颈。同时,物流业务的外包没有形成规范的市场化经营模式,而是依靠现有的"外包关系网"来运营,这造成外包供需之间的严重不匹配。另外,大型国企存在严格的招投标机制,往往要求每年招标,这就限制了企业之间长期合作的可能性。短期的一次性的合作,使得企业之间难以形成战略合作伙伴关系,限制了制造业物流的长期发展。

(二)制造业厂内物流流程尚待优化,整体管理水平有待提升

制造业的内部物流的优化是企业降低物流总成本的一个主攻方向,也将是未来企业竞争的焦点。我国制造业近年来对物流管理日渐重视,纷纷设立了物流管理部门,来对物流进行集中、专门的管理,以促进内部物流流程以及布局的不断优化。但是企业的内部物流管理仍存在很大的提升空间。多数制造企业中,一体化物流和供应链管理思想的应用程度较低,大多数企业内部采购物流、制造物流和销售物流相互分离,处于分割状态,供应链整合与管理能力仍有不足。因此导致企业的物流成本过高,库存量大,材料占用成本较高和资金周转不合理等问题突

出,制造业物流的管理水平还有待提升。

（三）制造业物流成本占比仍然偏高,物流运行质量亟待提升

近年来随着降本增效一系列政策的持续推行,我国制造企业物流成本有所下降,但物流成本占比仍然偏高,除经济结构、产业布局、发展阶段等客观因素外,各种运输方式缺乏合理分工、物流路径不够优化、货物多次装卸搬运也使得物流环节过多,推高物流成本。制造企业生产成本中物流成本占比很高,远高于发达国家的10%—15%[1]。其中,运输成本占物流总成本比重约47%,仓储保管成本占物流总成本比重约37%,管理费用占物流总成本比重约15%,均高于发达国家的平均水平。总体来看,我国全社会物流总费用占GDP比重比例高于美国和日本等发达国家1倍左右,高于全球平均水平5个百分点,物流效率总体偏低,物流运行质量亟待提升。

（四）物流企业智能化水平不足,服务能力难以满足制造业需求

随着国家一系列政策的相继推行,制造业向着数字化、智能化的方向迅速发展,生产运作的效率提高,信息交流的方式升级,供应链的响应速度更快。由此,对于与之相配合的物流企业的服务智能化水平也就提出了更高的要求。就目前的情况来看,大部分物流企业的智能化水平仍旧难以跟上制造业的转型升级步伐。例如,华为信息技术公司在"十二五"期间就启动智慧物流计划,要求它的全球物流服务提供商即物流企业跟上其智慧化变革的发展要求,全面推进智慧物流步伐,不能跟进的物流企业则面临淘汰的危险。因此,在智能化变革需求下,物流企业的人才、技术、装备等相对于制造企业来说难以匹配。对于大多数中小型物流企业来说,企业本身因为规模和资源的限制,难以负担成本高昂的信息化、智能化改造费用以及相关设施设备的升级等,而政府在产业升级方面对于物流企业的扶持力度还不够,未能给予物流企业资金上足够支持,因此阻碍了服务智能化的提升发展。

**二、中国制造业物流的发展趋势**

（一）制造业物流运行绩效将继续改善,制造业物流高质量发展进程加快

伴随着供给侧改革的不断深入,制造业创新能力不断提升,产业结构调整步伐不断加快,现代制造业产业体系日趋完善,对制造业物流的运作将产生更高的要求。未来制造业物流的运行绩效将在已有基础上不断改善,通过深入落实推进制造业物流运作模式和管理方式的变革,进一步降低运输成本、仓储成本和管理

---

[1] 中国经济网. 我国制造业生产成本物流占比高达三成 物流降成本还有哪几招[EB/OL]. http://finance.sina.com.cn/roll/2017-02-27/doc-ifyavwcv9008797.shtml, 2017-02-27

成本等一系列成本,提升运输集约化、仓储分散化、管理一体化水平。配合服务型制造、大规模定制化的发展,制造业物流的灵活性和响应性将进一步加强。制造业物流将从规模数量向效率提升转变,推动效率变革,大力发展智慧物流,推动动力变革,创新应用现代供应链,推动质量变革。制造业物流高质量发展的进程逐渐加快。

(二)制造业与物流业融合步伐将加快,供应链合作程度进一步加深

随着制造业与物流业联动发展的深入推进,两业融合发展的步伐将不断加快。2017年10月13日,国务院办公厅发布了《关于积极推进供应链创新与应用的指导意见》,从国家层面,在全国范围内推进供应链建设的全面升级。而制造业与物流业的深度融合,也将在供应链层面上日趋深入合作。物流企业深入渗透到制造企业的设计、采购、生产、销售、回收物流等供应链环节,双方在合作过程中不断加强交流、学习、渗透和吸收,进而实现全链条各环节的融合发展。如中储青岛与北船重工的融合项目中,中储青岛已成功介入北船重工的供应链管理过程中,通过定制化的船板管理系统帮助北船重工进行原材料船板供应、生产物流、仓储等环节的一体化管理,双方实现了供应链层面的深度合作。

(三)分享经济模式推动制造业物流高效优化发展

分享经济作为全球新一轮科技革命和产业变革下涌现的新业态新模式,正在加快驱动资产权属、组织形态和消费方式的革新,同时也将进一步推动制造业物流的可持续发展。分享经济依靠先进的网络信息技术,能够降低市场主体之间的交易成本,解决交易主体之间信息不对称问题,高效率配置和共享物流资源,如物流信息资源、物流技术与设备资源、仓储设施资源、终端配送资源等,大幅降低行业的物流成本。如在标准托盘循环共用的共享物流领域,通过两年来的试点工作,涌现了大量的创新模式,包括"三次不倒筐"模式、"链主推动的供应链共享"模式、"共享客户资源"模式等。在工业和信息化部、商务部等相关部门的大力推动下,基于分享经济模式的托盘循环共用系统创新,越来越多的企业如招商路凯、集托网等正在积极探索和创新,不仅提升了托盘本身的利用效率,也直接促进了制造业物流的高效发展[①]。

(四)技术进步将进一步驱动制造业物流变革和智能物流发展

新一代互联网、云计算、大数据、物联网和人工智能等技术的快速发展,将进一步推动制造业物流的变革。伴随着智能制造战略的持续推进,工厂的智能化改造稳步推行,制造企业的智能物流体系建设也将势在必行。作为工业4.0的重要

---

① 界上投资. 共享经济浪潮下 共享物流的创新模式与发展趋势探析[EB/OL]. https://465938.kuaizhan.com/87/30/p4241350539e923,2017-04-19

组成部分,智能物流能将物流过程智能化,以信息交互为主线,使用条形码、射频识别、传感器、全球定位等先进的物联网技术,集成自动化、信息化、人工智能技术,通过信息集成、物流全过程优化以及资源优化,使物品运输、仓储、配送、包装、装卸等环节自动化运转并实现高效率管理。当前,智能物流在烟草行业应用最为广泛,普及率超过了46%,高于全国20%的平均水平[1]。其次是医药、汽车行业,未来随着新兴技术的大规模推广,机械制造、食品饮料等其他行业也将加速物流智能化发展。

---

[1] 中国测控网. 物流行业迈进智能化时代 智能物流迎发展机遇期[EB/OL]. http://www.ck365.cn/news/9/44262.html,2017-05-11

# 第七章　中国商贸物流发展状况

商贸物流是连接生产和消费的桥梁,是现代物流的重要组成部分,在国民经济中起着基础性、先导性作用。大力发展商贸物流,对提高流通效率、降低物流成本,促进商贸繁荣、服务民生、改善消费环境,以及推进流通产业结构调整和转型升级均具有重要意义。近年来,我国商贸物流发展环境日趋完善,商贸物流基础设施建设不断优化,商贸物流标准化、信息化、集约化和国际化水平显著提高,高效集约、协同共享、融合开放、绿色环保的商贸物流体系正在逐步形成。

## 第一节　商贸物流概述

商贸物流是指与批发、零售、住宿、餐饮、居民服务等商贸服务业及进出口贸易相关的物流服务活动。商贸物流属于产业物流,是产品流通的重要组成部分。商贸物流通过批发、零售和储存环节,把各生产企业的产品在一定物流节点集中,然后经过储存、分拣、流通加工、配送等业务,将商品以适当的数量、在适当的时间送至各类市场主体。

### 一、商贸物流的主要特征

商贸物流涉及产业多,链条长。商贸物流与批发、零售、住宿、餐饮、居民服务等商贸服务业及进出口贸易紧密相关,涉及电商、冷链、汽车、连锁零售、餐饮、进出口等多个细分行业领域,关联产业多,链条长。

城市商贸物流节点多,末端配送系统复杂。城市商贸物流主要服务于城市商贸企业和城镇居民消费者,其配送服务对象包括商贸企业、批发市场、连锁超市、大卖场、便利店、百货商场以及写字楼、社区家庭、高校等各种需求主体,导致其物流节点较多。同时,城市商贸物流终端配送服务的需求广泛分布在城市各地,而城市道路路网繁杂,以及各种限行、限停等因素的制约,使得末端配送系统更加复杂[①]。

生产资料商贸物流货量大、专业性较强。生产资料商贸物流是生产资料商品

---

① 温卫娟,邹跃.我国城市配送形势分析及发展策略[J].中国流通经济,2014(9):46-51

由生产领域进入消费领域(生产消费)的物流活动,其服务对象多是各种类型的生产企业,服务对象数目相对较少,但物流规模一般较大。此外,由于生产资料多具有较明显的专业性、技术性等特征,其要求生产资料商贸物流也相应具有较强的专业性。

### 二、商贸物流运作主体

(一)商贸(业)企业

商贸(业)企业是指货物批发或零售的企业、企业性单位和个体经营者(也包括从事批发或零售为主,兼营货物生产或提供应税劳务的企业、企业性单位和个体经营者),主要包括直接从事综合商品销售的百货商场、超级市场、连锁超市、零售商店等。例如,九州通等大型医药批发企业,苏宁等连锁零售企业。

(二)商贸物流企业

商贸物流企业主要是指为商贸企业、连锁超市、批发市场网点、电商企业等客户提供商贸物流服务的企业,能提供货物仓储、保管、包装、加工、分拣、配送等服务。具体来说,商贸物流企业可分为三类:一是以服务电商、冷链、汽车、连锁零售等为主的消费品商贸物流企业,以从事消费品商贸分销配送业务为主,为商业零售、批发网点、连锁超市等提供配送服务;二是生产资料商贸物流企业,为生产企业提供生产资料商贸物流服务;三是国际商贸物流企业,为进出口贸易企业的商品提供物流仓储、配送等服务。

(三)快递企业

快递企业是指具有邮递功能的门对门物流活动所衍生出的服务类公司,即通过铁路、公路和空运等交通方式,对客户货物进行快速投递。目前,我国市场上的快递企业主要分为四类:一是外资快递企业,如联邦快递(FedEx)、敦豪(DHL)、联合包裹(UPS)等;二是国有快递企业,如中国邮政(EMS)、民航快递(CAE)等;三是大型民营快递企业,包括顺丰速运、申通快递、圆通速递、中通快递等大型民营快递企业;四是企业规模较小,主要经营特定区域的同城快递及省内快递业务的小型快递企业。

### 三、商贸物流运作模式

(一)直接配送模式

直接配送模式是指由生产企业或供应商直接把用户所需商品在规定时间范围内送到各需求地的配送方式,主要适用于保质期短、销售量较大、供应商能够整车运输的商品。该模式用户只负责选择供应商,而商品的配送是由供应商或生产企业完成。例如,可口可乐公司直接送货到连锁超市、大型卖场等。

### （二）自营配送模式

自营配送模式是指规模较大的批发市场、连锁超市等企业，通过自建物流系统完成企业内外部货物配送的模式。该模式有利于企业供应、生产和销售的一体化作业，系统化程度相对较高，但企业建立配送体系所带来的初期投资较大。当配送规模较小时，其物流配送的成本和费用相对较高。目前，大型连锁超市多采用该模式，通过自建物流系统，实行统一配送。例如，全球最大的零售商沃尔玛就采用自营配送模式。

### （三）第三方配送模式

第三方物流配送模式是指商贸企业、大型批发市场、连锁超市等将自身物流配送业务委托给第三方物流企业完成配送服务的模式。该模式能为客户提供专业化、个性化、信息化的物流服务，正逐渐成为网络商贸企业的首选模式。例如，蜀海供应链公司为海底捞各门店、7-11便利店等数百家连锁餐饮企业提供食品原材料配送服务。

### （四）共同配送模式

共同配送模式是指由商贸流通企业、生产加工企业和物流配送企业建立配送联盟，利用公共配送中心和共同配送信息平台，综合某一区域内多个客户的要求，统筹规划和调度配送资源、配送时间、次数、路线、配送网点和货物，优化配送环节的模式。该模式有利于实现配送资源的有效配置，弥补配送企业功能的不足，更好地满足客户需求，提高配送效率，降低配送成本。

## 第二节 中国商贸物流发展环境

良好的市场环境和政策环境是商贸物流发展的重要基础。近年来，我国社会消费品零售规模快速增长，生产资料市场规模不断扩大，进出口贸易也呈现出止跌回升趋势。同时，我国商贸物流宏观政策与商贸物流标准相继出台，商贸物流的发展环境也得到不断改善。

### 一、社会消费品零售规模快速增长

2012—2017年，我国社会消费品零售总额快速增长，年均增速达到11.75%。2017年，全国社会消费品零售总额达到36.6万亿元，同比增长10.2%。其中，限额以上单位消费品零售额16.1万亿元，同比增长8.1%。2012—2017年中国社会消费零售总额及增长率如图7-1所示。

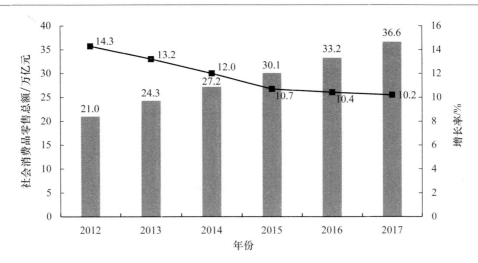

图 7-1　2012—2017 年中国社会消费零售总额及增长率

资料来源：根据《中国统计年鉴》(2013—2017)和《中华人民共和国国民经济和社会发展统计公报》(2017)相关数据整理。

2017 年,我国乡村消费品零售额达到 5.20 万亿元,同比增长 11.8%,比城镇 10% 的增长率高 1.8%,增速连续六年超过城镇;网上实物商品零售额达到 5.48 万亿元,同比增长 28%,占社会消费品零售总额的比重为 15%,占比持续提升;限额以下单位①和个体户餐饮收入达到 2.99 万亿元,同比增长 11.8%,限额以下单位①和个体户商品零售额达到 17.58 万亿元,同比增长 12%,大众消费继续保持稳健增长。

## 二、生产资料市场规模不断扩大

2012—2017 年,我国生产资料市场规模不断扩大,生产资料销售总额总体呈增大态势,年均增速 6.08%,如图 7-2 所示。2017 年,在宏观经济和制造业运行稳中向好态势的带动下,我国生产资料市场销售状况保持良好发展态势,生产资料销售总额达到 67.3 万亿元,可比价同比增长 5.3%,较 2016 年同期收窄 2 个百分点②。

---

①　"限额以下单位"是指年主营业务收入 500 万—2000 万元及以上的批发业企业(单位)、200 万—500 万元的零售业企业(单位)、200 万元以下的住宿和餐饮业企业(单位)。
②　中国物流与采购网.2017 年生产资料市场运行情况分析[EB/OL]. http://www.chinawuliu.com.cn/office/30/176/13331.shtml,2018-03-07

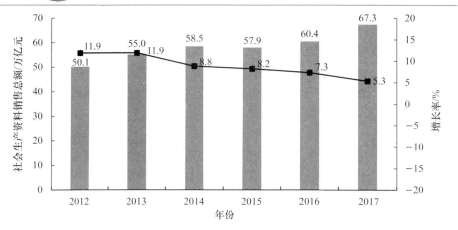

**图 7-2　2012—2017 年社会生产资料销售总额及增长率**

资料来源：根据《商贸物流运行报告》（2015—2016）相关数据整理。

### 三、进出口贸易总额止跌回升

2012—2016 年，我国对外贸易总额总体呈现增长态势，年均增速为 1.64%，如图 7-3 所示。2017 年，我国进出口贸易进出口值逐季提升，分别为 6.17 万亿元、6.91 万亿元、7.17 万亿元和 7.54 万亿元，增速分别同比增长 21.3%、17.2%、11.9%和 8.6%；全年货物贸易进出口总值 27.8 万亿元人民币，比 2016 年增长 14.2%，扭转了此前连续两年下降的局面。其中，出口 15.3 万亿元，同比增长 10.8%；进口 12.4 万亿元，同比增长 18.7%；贸易顺差 2.9 万亿元，收窄 14.2%。

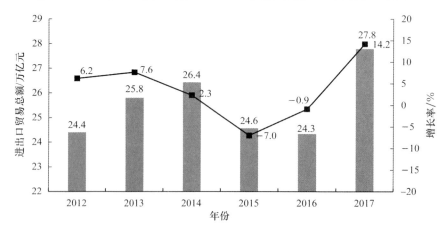

**图 7-3　2012—2017 年中国进出口贸易总额及增长率**

资料来源：根据《中国统计年鉴》（2017）和《2017 年国民经济和社会发展统计公报》有关数据整理。

2017年,我国一般贸易进出口15.66万亿元,增长16.8%,占我国进出口总值的56.4%,比2016年提升1.3个百分点,贸易方式结构有所优化①。

**四、商贸物流相关政策和措施不断出台**

近年来,国务院及各部委相继出台一系列政策、规划和指导意见,以加强商贸物流行业规划指导,如表7-1所示。从政策内容来看,国家将商贸物流作为国民经济提质增效升级和平稳较快发展的重要支撑,明确提出要构建城乡协调、区域协同、国内外有效衔接的商贸物流网络,完善商贸物流基础设施建设,提高商贸物流企业的专业服务能力,提升商贸物流标准化、信息化、集约化和国际化水平等要求。

表7-1 中国商贸物流发展相关政策

| 序号 | 发文时间 | 发文部门 | 政策文件名称 | 有关商贸物流的内容 |
|---|---|---|---|---|
| 1 | 2012年8月 | 国务院 | 关于深化流通体制改革加快流通产业发展的意见 | 建设一批辐射带动能力强的商贸中心、专业市场以及全国性和区域性配送中心 |
| 2 | 2012年9月 | 国务院 | 国内贸易发展"十二五"规划 | 支持一批传统物流企业改造升级,提高商贸物流专业化、社会化、信息化水平,合理规划和建设商贸物流集聚区 |
| 3 | 2014年6月 | 国务院 | 物流业发展中长期规划(2014—2020年) | 鼓励商贸物流企业提高配送的规模化和协同化水平;优化制造业、商贸业集聚区物流资源配置 |
| 4 | 2014年9月 | 商务部 | 关于促进商贸物流发展的实施意见 | 支持商贸物流企业开展供应商管理库存、准时配送等高端智能化服务;支持商贸物流企业扩展服务功能,提升服务能力;引导一批商贸物流园区向绿色物流功能区转型;鼓励商贸物流企业提高配送的规模化和协同化水平 |
| 5 | 2015年8月 | 国务院 | 关于推进国内贸易流通现代化建设法治化营商环境的意见 | 加大对流通企业境外投资的支持,统筹规划商贸物流型境外经济贸易合作区建设;放开商贸物流等领域外资准入限制,鼓励外资投向共同配送、连锁配送以及鲜活农产品配送等现代物流服务领域 |

---

① 搜狐网. 海关总署:2017年贸易进出口总额增长14%,扭转连续两年下降趋势[EB/OL]. http://www.sohu.com/a/216246616_115479,2018-01-12

(续表)

| 序号 | 发文时间 | 发文部门 | 政策文件名称 | 有关商贸物流的内容 |
|---|---|---|---|---|
| 6 | 2017年1月 | 商务部、国家发展和改革委员会、国土资源部、交通运输部、国家邮政局 | 全国商贸物流发展"十三五"规划（2016—2022年） | 构建多层次商贸物流网络；加强商贸物流基础设施、标准化、信息化建设；推动商贸物流集约化、国际化、专业化发展；促进商贸物流绿色转型，建设商贸物流信用体系 |

**五、商贸物流相关服务规范与标准不断完善**

为进一步优化商贸物流发展环境，商务部、国家标准委及各地方政府高度重视商贸物流标准化工作，不断完善商贸物流基础设施、运载单元、运输与仓储管理、信息化、服务质量等技术标准和服务规范，推动商贸物流向标准化、一体化发展。

2014年5月，国家标准委和商务部联合下发了《关于加快推进商贸物流标准化工作的意见》，明确提出要重点加强基础性、通用性和关键领域的标准制修订，重点推动托盘标准化试点工作，逐步形成国家、行业、地方、社会团体和企业标准间层次分明，强制性标准、推荐性标准协调配套，与国际标准接轨，覆盖商贸物流全过程和各环节的标准体系。

2014年11月，商务部和国家标准委联合发布《商贸物流标准化专项行动计划》，明确提出从托盘标准化入手，在快速消费品、农副产品、药品流通领域，率先开展标准托盘应用推广及循环共用，带动上下游关联领域物流标准化水平的提高。

2015年1月，"中国商贸物流标准化行动联盟"在上海成立。该联盟由全国商贸流通企业、仓储物流企业、物流技术与设备企业及相关检测认证机构等单位组成，旨在提高商贸物流标准化水平。2016年12月，北京、天津、河北三地商务主管部门合作成立了"京津冀物流标准化联盟"，共同推进京津冀区域标准化托盘循环共用等商贸物流标准化工作。

2016年12月，国家质量监督检验检疫总局和国家标准化委员会联合发布《商贸托盘射频识别标签应用规范》。该标准规定了商贸托盘射频识别标签作为信息载体时的一般要求、功能和技术指标、代码、环境适应性、安全和管理、操作流程、扩展应用和异常情况处理等规范的要求。

2017年7月，受中国仓储与配送协会委托，山西同城商务信息股份有限公司建设运营"中国商贸物流标准化云平台"。该平台整合物流行业标准化、信息化、设施设备等资源,为物流平台及用户提供信息服务、平台托管服务、SAAS 服务、物流电商服务,促进商贸物流互联互通、资源共享。

2017 年 8 月,商务部发布了由中国仓储与配送协会组织编写的行业标准《商贸物流园区建设与运营服务规范》,并将于 2018 年 6 月 1 日起实施。该标准提出了商贸物流园区的规划要求、基本功能配置、运营管理要求及评价标准体系,并对绿色商贸物流园区的建设也提出了相关要求。

2017 年 8 月,商务部发布了行业标准《商贸物流企业信用评价指标》。该标准从人力保障能力、物力保障能力、资金保障能力、技术保障能力、财务管理能力、合同管理能力、环境管理能力、风险管理能力和社会责任等方面提出了商贸物流企业信用评价专项指标,为商贸物流企业开展信用评价提供技术指导。

此外,天津、吉林等地方政府也相继出台一系列商贸物流规范和标准,推进商贸物流标准发展。例如,2016 年 12 月天津市市场和质量监督管理委员会发布天津市商贸物流相关规范和标准,如表 7-2 所示。

表 7-2 天津市商贸物流相关规范和标准

| 序号 | 政策文件名称 | 有关商贸物流的内容 |
| --- | --- | --- |
| 1 | 商贸物流标准化工作指南第 1 部分:基本要求 | 规定了商贸物流标准化工作的术语和定义、基本原则、管理要求、主要任务和主要内容 |
| 2 | 商贸物流标准化工作指南第 2 部分:标准体系 | 规定了商贸物流标准化工作中标准体系的术语和定义、总体结构、总体要求和体系的组成 |
| 3 | 商贸物流标准化工作指南第 3 部分:标准实施与评价 | 规定了商贸物流标准化工作中标准实施、标准实施评价及标准体系评价、标准化工作改进的要求 |
| 4 | 商贸物流信息化建设要求 | 规定了商贸物流信息化建设的术语和定义、基本原则、总体概述、技术要求、功能要求、运行管理、安全要求等内容 |
| 5 | 商贸物流零担运输服务规范 | 规定了商贸物流零担运输的术语和定义、企业基本要求、服务要求以及服务质量改进 |
| 6 | 商贸物流绿色仓储管理规范 | 规定了商贸物流绿色仓储管理的术语和定义、基本要求、从业人员、绿色仓储设施、绿色仓储设备、绿色仓储作业、信息化管理及绩效评价指标的要求 |
| 7 | 商贸物流绿色配送管理规范 | 规定了商贸物流绿色配送的术语和定义、基本要求、人员要求、配送设备、配送计划、作业管理、信息管理和绩效评价的绿色要求 |

(续表)

| 序号 | 政策文件名称 | 有关商贸物流的内容 |
| --- | --- | --- |
| 8 | 商贸物流运输管理要求 | 规定了商贸物流运输管理的基本原则、主要利益相关者、运输工具、计划、装载、运输过程、中转、卸载、交接、回单、风险控制与应急管理、投诉处理的要求 |
| 9 | 商贸物流仓储管理规范 | 规定了商贸物流仓储管理规范的术语和定义、基本要求、人员要求、仓储需求与布局、入库作业、在库作业、订单处理、出库作业、信息系统、风险控制、服务质量评价 |
| 10 | 商贸物流配送管理要求 | 规定了商贸物流配送管理的术语和定义、基本要求、人员、配送车辆、配送计划、配货、提货交接、送货、签收、信息化、风险控制与应急管理、投诉处理的要求 |
| 11 | 商贸物流服务质量规范 | 规定了商贸物流服务的术语和定义、基本原则、人员要求、方案设计服务、信息服务、客户服务、作业服务、基本服务质量评价指标、评价方式、风险控制与应急管理以及持续改进 |

## 第三节 中国商贸物流发展现状

随着我国商贸物流市场和政策环境的日益完善,我国商贸物流规模持续扩大,商贸物流基础设施不断完善,商贸物流费率呈现出稳中有降的趋势。此外,商贸物流服务水平快速提高,服务模式不断创新,商贸物流标准体系的建设步伐也不断加快。

### 一、商贸物流规模持续扩大

我国国民经济持续稳中向好,现代消费方式的不断升级,电子商务技术的广泛应用,进出口贸易逐渐回稳,消费、生产资料、进出口等领域商贸物流需求日益增长,与民生相关的电商、冷链、汽车等商贸专业物流发展态势良好。

电商物流持续快速增长。2017年,我国电子商务交易额达29.16万亿元,同比增长11.7%。其中,商品、服务类电商交易额21.83万亿元,同比增长24.0%,增速比2016年提高10.2个百分点。实物商品网上零售额5.48万亿元,增长28.0%,占社会消费品零售总额的比重为15.0%[1]。2017年,全国快递服务企业业务量累计完成400.6亿件,同比增长28%;业务收入累计完成4957.1亿元,同

---

[1] 常佳瑞.2017年全国网上零售额增长32.2%[N].中国证券报,2018-01-19

比增长 24.7％①。

冷链物流市场规模和需求增速加快。据中物联冷链委测算,2016 年我国冷链物流市场规模达到 2200 亿元,同比增长 22.3％,初步预计未来 3—5 年年均增长速度也将在 20％以上②。2017 年,我国冷链物流市场规模预计将达到 4700 亿元③。

汽车物流市场保持快速增长,连续八年蝉联全球第一。2017 年,我国汽车产销分别完成 2902 万辆和 2888 万辆,同比分别增长 3.2％和 3％。其中,乘用车产销 2481 万辆和 2472 万辆,同比增长 1.6％和 1.4％;商用车产销 421 万辆和 416 万辆,同比增长 13.8％和 14％;新能源汽车产销分别完成 79 万辆和 78 万辆,同比分别增长 53.8％和 53.3％④。

此外,我国连锁零售、跨境电商、餐饮等行业商贸物流也取得快速发展。例如,2017 年我国通过海关跨境电商管理平台的零售进出口总额达到 902.4 亿元,同比增长 80.6％。其中,出口总额为 336.5 亿元,同比增长 41.3％;进口总额为 565.9 亿元,同比增长 116.4％⑤。再如,2017 年我国对"一带一路"沿线国家进出口总额 7.37 万亿元,同比增长 17.8％。其中,出口总额 4.30 万亿元,同比增长 12.1％;进口总额 3.07 万亿元,同比增长 26.8％。

## 二、商贸物流基础设施不断完善

近年来,随着商贸物流基础设施投资的稳步增长,我国商贸物流的基础设施不断完善,配套能力得到不断增强。

一是商贸物流节点布局不断优化。例如,国家将北京、天津等 39 个城市列为全国性商贸物流节点城市,保定、秦皇岛等 64 个城市列为区域性商贸物流节点城市,推动商贸流通等企业向农村延伸服务网络,充分利用农村现有仓配资源,拓展农产品上行物流通道,完善城乡商贸配送服务网络。再如,重庆依托全市"3＋12＋N"物流园区体系,构建布局合理、层次分明、仓配一体、供需匹配的城乡商贸物流设施体系。其中,物流分拨中心 28 个、公共配送中心 65 个、城乡末端公共取

---

① 人民网. 国家邮政局:2017 年全国快递业务量累计完成 400.6 亿件[EB/OL]. http://finance.people.com.cn/n1/2018/0113/c1004-29762692.html,2018-01-13

② 商务部. 2016 年度中国商贸物流发展运行报告[EB/OL]. http://www.mofcom.gov.cn/article/gzyb/ybr/,2017-07-18

③ 搜狐网. 2017 年中国冷链物流市场规模将达 4700 亿元[EB/OL]. http://www.sohu.com/a/124551197_528687,2017-01-17

④ 搜狐网. 2017 年汽车产销分别为 2902 万辆和 2888 万辆[EB/OL]. http://www.sohu.com/a/216031373_114837,2018-01-11

⑤ 新华网. 我国 2017 年跨境电商进出口总额同比增长超 80％[EB/OL]. http://www.xinhuanet.com/2018-02/09/c_1122394038.htm,2018-02-09

送点10000个、商业集聚区公共装卸点250个。

二是重点商贸物流园区加快建设。例如,安徽合肥商贸物流园区是全国29个首批示范物流园区之一,紧邻合宁高速和二级航道南淝河,拥有绿色食品、日用商品、建筑装饰材料、工程机械、工业原料、快递物流六大专业物流集聚区。目前,该园区入驻企业360余家,引进超亿元项目40余个,总投资200多亿元。江苏海安商贸物流园是江苏省长江以北最重要的有色金属、棉花、粮食等大宗物资的仓储和物流集散基地。该园区依托凤山内河港口实现公路与内河运输的无缝对接,通过园区铁路与国家铁路大动脉相融,实现了海安商贸物流园公路、铁路、河道运输的无缝对接。

三是商贸物流末端配送网点不断完善。例如,2017年重庆新改建仓储、分拨、配送等设施设备面积50万平方米以上,建成城市末端配送点4833个,在县乡村物流配送网络中建成配送中心15个,配送点6071个。再如,太原市新增社会配送网点1000余家,新建公共仓储中心1个、县域商贸中心2个、连锁便利店297个,实现六城区和近郊500米半径配送的全覆盖。

四是商贸专业物流信息平台加快建设。2017年11月,山东省农产品冷链物流公共信息服务平台通过验收,该平台实现了农产品冷链资源在线化、透明化、可视化,并通过无偿提供仓储、运输管理服务,帮助中小企业零成本提升信息化管理水平。2014年8月,全国首家城市共同配送公共信息服务平台——"物流唐山"上线运行。该平台是国家商务部城市共同配送试点项目,通过先进的信息技术手段对原本分散的"车、货、库"等物流要素资源进行高度整合,通过信息的精准推送,实现各类资源在线的智能匹配。

此外,冷链、医药等专业商贸物流基础设施能力也显著提升。例如,2017年全国冷库总容量预计达到4775万吨,折合11937万立方米,同比增长13.7%[①]。

### 三、商贸物流费用率稳中趋降

近年来,我国批发和零售企业的物流费用率一直低于工业企业的物流费用率,且呈现出下降趋势。2016年,我国工业、批发和零售业企业物流费用率(物流费用占销售额的比重)为8.1%,比2015年下降0.1个百分点。其中,工业企业物流费用率为8.6%,下降0.1个百分点;批发和零售业企业物流费用率为7.4%,下降0.2个百分点,如图7-4所示。整体上看,我国工业、批发和零售业企业物流

---

① 崔忠付. 2017中国冷链的现状和新趋势[EB/OL]. http://www.chinawuliu.com.cn/office/37/312/13018.shtml,2017-12-03

费用率延续近年来的回落走势,但回落幅度有所趋缓①。

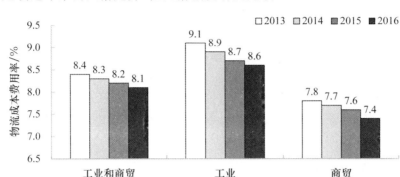

**图 7-4　2013—2016 年工业、批发和零售业企业物流成本费用率**

资料来源:根据《2016 年中国商贸物流发展报告》和《2017 年全国重点企业物流统计调查报告》数据整理。

其中,2015 年批发业物流费用率低于零售业物流费用率。与 2014 年比较来看,批发业物流费用率同比持平,零售物流费用率水平有所下降。2015 年批发业物流费用率为 7.5%,与 2014 年持平。零售业物流费用率为 7.8%,比 2014 年下降 0.3 个百分点。

**四、商贸物流服务水平快速提高**

随着我国城乡商贸物流网络的不断完善,以及云计算、大数据、物联网等新一代信息技术在商贸物流领域的广泛应用,我国商贸物流服务水平得到快速提高。

一是商贸物流网络加快向中小城市延伸,向农村乡镇下沉,向居民社区拓展,城乡商贸物流服务能力不断增强。例如,秦皇岛市供销社系统充分发挥密切联系农民和在农村点多面广的优势,构建"运营中心+仓储物流+村级服务站"的运营模式,建立覆盖本地农村的商贸运营网络,着力推动网上交易服务、仓储物流、终端配送一体化等经营,提升城乡商贸物流服务水平。再如,山西省吸引国内大型商贸集团建设现代大型商品流通配送中心,继续发展农超对接,深入推进"快递下乡"工程,加快建设工业品下乡与农产品进城双向流通的城乡一体化商贸流通网络。

二是借助专用设施设备和云计算、大数据、物联网等新一代信息技术,商贸物流服务更加智能化和专业化。例如,2017 年 10 月,京东上海"亚洲一号"物流基地

---

① 搜狐网. 2017 年全国重点企业物流统计调查报告[EB/OL]. http://www.sohu.com/a/208974101_276342,2017-12-06

利用物联网、云计算、大数据、人工智能、机器人、无线射频识别等先进技术,建成全球首个全流程无人仓,提升商贸物流仓库的智能化、专业化水平。

三是商贸物流服务更加高效便捷,"及时送""定时达"等个性化服务以及"门到门"等一站式服务更加普及。例如,京东、苏宁等自建物流在上百个城市可提供"当日达"和"次日达"服务,即头一天晚上11点前下单,次日上午可送达;当日上午下单,下午或晚上即可送达。亚马逊推出九大城市"零点截单",在全国22个主要城市推出多窗口指定时间段送达服务,持续为消费者提供多样化、个性化的配送服务。

**五、商贸物流配送模式不断创新**

随着商贸物流服务向精细化、个性化、专业化发展,以及商贸物流"最后一公里"的配送和交付需求呈现出较强的动态性和多样性,商贸物流配送模式也呈现出多样化发展态势。

一是以京东、菜鸟等企业为代表的仓配一体化模式。该模式将收货、仓储、拣选、包装、分拣、配送等功能集成起来,由一家企业完成,服务贯穿整个供应链始终。通过仓和配的结合,将订单预处理、执行计划、库内作业、发运配送、拒收返回以及上下游的账务清分等全部统一起来,高效完成客户作业需求,实现现代物流的一站式服务。例如,菜鸟仓配一体化项目是中国邮政 EMS 与菜鸟平台联合打造的集仓储、配送、信息技术服务、干线运输与其他增值服务为一体的大型重点项目,继2016年完成华北、华东、华南开仓后,将在华中、西南两个重要区域增开新仓,从而完成全国仓配布局。

二是共同配送模式不断创新。该模式将多个客户联合起来共同由第三方物流公司来提供配送服务,实现物流配送作业的规模化,提高物流资源的利用效率。目前,共同配送有多种创新模式,如统仓统配模式、循环取货直配模式、循环取货共配模式、集货+集仓统一配送模式、分阶段 JIT 集货共配模式、社区集货+分区域循环共配模式、多工厂集货共配模式、智慧集货共配模式等[①]。

三是推广"网订店取""网订店送""自助提取""代收服务"等末端配送创新模式。例如,浙江愚公生态农业发展有限公司采用网订店取模式,将电商平台上的订单根据区域划分,统一配送,实现线上线下融合,解决末端配送效率低的难题。目前,取货点由2015年的12家增加2017年到23家,已覆盖湖州市区及南浔地区,每日配送商品达7万件。预计到2018年,提货点数量将达到300多个,营业额2亿元。

---

① 王继祥.中国共享物流创新模式与发展趋势[J].物流技术与应用,2017,22(2):80-84

## 第四节　商贸物流存在的问题与发展趋势

近年来,虽然我国商贸物流取得了明显进步,但依旧存在商贸物流网络仍待进一步完善、企业竞争力偏弱、市场集中度较低,标准化、信息化水平有待进一步提升等问题。未来,随着商贸物流发展环境的不断改善,商贸物流将得到快速发展,标准化体系将加快形成,信用体系将深入推进,商贸绿色物流将得到重视和发展。

### 一、商贸物流存在的问题

#### (一)商贸物流网络仍待完善

目前,城乡协调、区域协同、国内外有效衔接的商贸物流网络尚未建成,仍待进一步完善。具体说来,一是具有国际竞争力、区域带动力的全国性商贸物流节点城市和具有地区辐射能力的区域性商贸物流节点城市仍需建设;二是以物流分拨中心、专业配送中心、末端配送网点三级网络为主的城市商贸配送体系和以县、乡镇综合性物流配送中心和末端配送网点组成的农村商贸物流网络体系有待形成;三是我国城乡商贸物流基础设施衔接和配套水平低,城乡一体化商贸物流基础设施仍待加强。

#### (二)商贸物流企业竞争力偏弱,市场集中度较低

目前,我国商贸物流企业仍存在"多、小、散、弱"的现状。尤其在中小规模的城市,商贸物流企业规模小、经营分散,商贸物流服务多停留在传统的运输、仓储、配送等传统服务上,无法满足客户的一站式、集成化、全程化等商贸物流服务需求,市场竞争力不强。

此外,我国商贸物流企业市场集中度低,缺乏一批技术水平先进、主营业务突出、核心竞争力强、能够引领行业发展的龙头型现代商贸物流企业,其规模及收入占比均低于发达国家水平,市场份额占比率低。

#### (三)标准化、信息化水平有待提升

近年来,虽然我国商贸物流标准化、信息化建设取得了长足发展,但仍然存在以下问题。一是商贸物流标准不统一,服务标准不规范,导致了商贸物流配送中的物流资源难以共享,配送效率难以提高等问题。二是商贸物流全过程的标准体系尚未形成,缺乏连接商贸物流的生产、包装、装卸、运输全过程的标准,亟待建立相互配套、有机结合、互为支撑的商贸物流标准体系。三是专业化、特色化的商贸物流公共信息平台较少,难以有效整合商贸物流网络资源和协同商贸物流作业流程。

### （四）专业化、社会化程度不高

随着我国制造业、商贸业的快速发展，以及对个性化、一体化的商贸物流要求越来越高，我国商贸物流仍呈现专业化、社会化程度不高等问题。在专业化方面，我国商贸物流企业门槛较低，大多商贸物流企业多从事功能单一的运输、仓储等服务，普遍存在综合化程度低、技术服务力量有限等问题，专业化的电商、快递、冷链、医药、餐饮、汽车物流体系还未形成。

社会化方面，目前我国商贸物流企业多以"大而全，小而全"的运作方式为主，设施设备利用率低、配送成本高、配送效率低，商贸物流市场使用第三方物流服务的比例远低于欧美国家。此外，我国大型专业的第三方商贸物流企业较少，规模偏小，国际知名度低。

## 二、商贸物流的发展趋势

### （一）新技术将助推商贸智慧物流发展

随着自动识别、电子数据交换、货物跟踪、智能交通、物联网等先进技术进一步成熟，商贸智慧物流将得到发展，未来商贸物流会进一步向信息化、智慧化、精细化发展。

近年来，京东、菜鸟网络、UPS、亚马逊、顺丰等企业将物联网、云计算、大数据、人工智能、机器人、无线射频识别等先进技术应用于商贸物流，有利地助推商贸物流向智慧化发展。例如，京东无人仓集成了视觉验收、自动码垛、自动分拣、耗材智能算法推荐等领先技术，实现了从入库、存储、包装、分拣的全流程、全系统的智能化和无人化。再如亚马逊利用无人机技术，实现顾客网上下单，无人机在物流中心流水线末端自动取件送往顾客，推动了物流配送智能化。

### （二）商贸物流绿色化将得到重视和发展

当前，环境问题突出，资源环境约束不断强化，大力发展商贸绿色物流已渐成趋势。"十三五"期间，国家明确提出，将鼓励企业全面推进绿色仓储设施设备与技术应用，推动大型商贸企业实施绿色供应链管理，重点推动冷库提升节能技术水平，仓储设施利用太阳能等清洁能源，广泛应用电动叉车、智能穿梭车与密集型货架系统，推广新能源配送车辆，实现绿色仓储与配送可持续发展。全面推进绿色物流包装，在商品仓储、运输、配送、分拣、加工的全过程推进可循环包装、减量包装和可降解包装，商贸物流绿色化将得到进一步重视和发展。

### （三）商贸物流标准体系将加快形成

当前，随着商贸物流标准化专项行动深入实施，城市配送体系、托盘循环共用体系等初步建立。"十三五"期间，商务部明确提出加强物流关键技术标准研制，以标准托盘及其循环共用为切入点，加快标准托盘循环共用体系建设，大力提高标准托盘普及率。要重点完善基础类、服务类商贸物流标准,加快形成覆盖仓储、运输、装卸、搬运、包装、分拣、配送等环节的商贸物流标准体系。

此外,未来以电子商务、连锁经营、共同配送等现代流通方式发展的商贸物流设施设备标准化、服务标准化和信息标准化也将进一步完善。

(四)商贸物流信用体系将深入推进

商贸物流业信用体系建设是现代物流信用体系建设的重要组成部分,是发挥市场在商贸物流资源配置中的决定性作用和强化市场监管的重要基础。加快商贸物流信用体系建设,有利于建立统一开放、竞争有序的现代物流市场体系,对于降低商贸物流成本,提高商贸物流效率,提升商贸物流运行的质量和效益具有重要意义。

"十三五"期间,国家明确提出要建立科学合理的商贸物流信用评价体系,研究制定规范统一的信用评价办法,建立信用评价长效机制。引导物流园区、物流信息平台、电子商务物流企业等建立对入驻商户和上下游企业的信用评价机制,倡导企业诚信经营。充分发挥行业组织作用,为商贸物流企业和从业人员提供政策、法律、咨询、市场信息等配套服务,增强商贸物流企业和从业人员的诚信意识和风险防范意识。

# 第八章　中国农产品物流发展状况

农产品物流作为现代物流业的一个重要分支,是我国城镇化建设、农业现代化建设和农业供给侧结构性改革的重要基础和保障。随着社会经济发展和居民生活水平的提升,我国农产品物流需求持续增长,行业发展环境不断改善,农产品物流在服务体系构建、服务模式创新等方面取得了显著进步。同时,农产品物流市场仍存在信息化和技术水平偏低、冷链物流发展水平有待提升等问题。未来随着相关技术和管理水平的持续进步,我国农产品物流在模式创新、智慧化、绿色化和冷链服务体系建设等方面的发展将日益加快。

## 第一节　农产品物流概述

农产品物流是指为了满足消费者需求而进行的农产品物质实体及相关信息从生产者到消费者之间的转移活动。它通过对农产品产后加工、包装、储存、装卸、流通加工、运输和配送等一系列活动和作业环节进行组织与管理,最终将农产品送至消费者手中,并实现农产品的价值增值。

### 一、农产品物流特征

(一)农产品物流种类多样

我国农产品种类繁多,各类农产品由于自身生化特性的不同,对物流作业和环境要求不同,这就需要根据不同农产品的特点,合理选用存储技术、运输方式,以及专业且配套的设施设备。因此,我国的农产品物流呈现出多样化的特征。根据具体对象的不同,我国的农产品物流可以划分为粮食物流、经济作物物流、畜牧产品物流、水产品物流、林产品物流等多种物流形式。

(二)农产品物流运作难度大

我国农产品种类繁多,生产呈现出明显的季节性和区域性特征,而消费者对于农产品的需求却呈现出全年性、分散性的特征,这使得农产品流通需要较大范围的运输和较大规模的库存。

农产品与工业品不同,农产品是有生命的动物性与植物性产品,多数农产品保质期短,具有易腐性、易损性等特征,在运输和存储的时候需要采取特殊的运输和存储方法。这些都使得农产品物流在包装、存储、运输等环节相对于其他货物更具有复杂性。如,粮食物流对于仓储条件的要求很高,需采用低温、降水、烘干、除杂、除害虫等一系列技术措施,还要及时通风换气,适时调节室内温、湿度。生鲜农产品对于物流作业时间、搬运装卸次数、配送半径等要求均比较严格,在物流过程中需采取低温、气调等运输和储存措施以保证产品的质量。

(三)农产品物流可实现加工增值

与工业品不同,农产品的价值提升是在农产品生产结束之后产生的。大部分农产品从离开生产领域到最终消费之间,都要经过初加工或深加工处理,以便于流通、延长质保时间、减少损失,并最终满足消费者的需求,充分实现农产品的全部价值。比如,对蔬菜水果进行分类、包装、贴标签等;对水产品进行更好的包装保鲜等。一般而言,农产品物流的增值主要包括以下几个方面:一是农产品的分类与精包装;二是农产品社区配送;三是特殊农产品运输、仓储与管理。

(四)农产品物流具有分散的特征

与其他物流相对集中的特点相比,农产品物流参与主体在生产、流通和消费各环节均呈现分散性。首先,由于我国实行的是以家庭为基本单元的农业生产制度,导致农产品生产主体规模小、分布广且组织化程度低。其次,农产品流通集约化、组织化程度低,呈现出多元化的主体体系,小规模、大群体的特征明显。最后,我国地域辽阔、消费者分布范围广,从而导致农产品物流需求分散、物流服务的地域范围较大。

(五)农产品物流关系国计民生

由于需求缺乏弹性、生产需要一定的季节和周期,农产品的长期与稳定供应事关国家的社会政治稳定和国家安全,因此农产品成为具有重要战略意义的商品,各国政府均对农产品生产和流通环节进行适当的干预和调节。如,美国政府一直对农业进行直接补贴;我国中央政府连续15年发布一号文件布局农业及农村发展,推动开展农产品物流工程。

## 二、农产品物流模式

农产品物流模式是农产品物流所采用的基本战略和方法。具体而言,农产品物流模式是构成农产品物流活动的诸要素的组合形态及其活动的标准形式,是围绕着满足农产品物流服务需求,由农产品物流服务需求方、提供方、中介机构及信息支持服务机构等主体形成的一个包含所需物流运作要素的物流组织方式。目前,我国农产品物流模式主要有三种:自营物流模式、第三方物流模式和农产品物流园模式。

(一)农产品自营物流模式

农产品自营物流模式是指农产品生产者、加工企业或流通企业自主组织物流活动,为自己的农产品生产、销售与配送提供服务。该模式下,农产品物流活动的组织主体,并不一定要自行完成农产品物流的运作,它可以向第三方物流企业购买仓储或运输服务,但是这种服务的购买仅限于一次或一系列分散的物流功能,且具有临时性、纯市场交易的特性,即物流服务与企业价值链之间的联系是松散的。常见的自营模式有加工企业主导型、流通企业主导型和批发市场主导型。

加工企业主导型的物流模式,以农产品加工企业为核心,它直接与农户签订合作协议,或通过合作社/生产基地和农户签订合作协议,加工企业组织物流的运作,从而把农产品通过批发商、零售商或直销网点送至消费者手中。如,福建圣农集团是集饲料加工、种鸡养殖、种蛋孵化、肉鸡饲养、肉鸡屠宰加工与销售为一体的肉鸡生产食品加工企业,它通过有偿租用土地、协议饲养等多种投资形式,与农民结成利益共同体,联合共建养殖基地,并通过企业自营物流为快餐业、食品加工业及批发市场供应鸡肉。

流通企业主导型的物流模式,以大型流通企业(包括大型超市、连锁超市、仓储式商场、电子商务平台等)为主导,通过构建农产品交易的物流平台、信息平台、销售平台以及客户数据库等基础平台,将农产品生产者、加工企业以及最终消费者连接起来,形成产业链条。一般而言,该模式下流通型企业对农产品在产品品质、包装、标准化等方面均有严格要求。如永辉超市,作为我国首批将生鲜农产品引进现代超市的流通企业之一,它坚持生鲜商品直营,在全国建立起20多个采购基地,整合上游生鲜资源,并以现代物流为支撑,构建了完善的农产销一体化流通体系。

批发市场主导型的物流模式,主要通过培育和发展各类、各级农产品批发市场,特别是农产品专业批发市场,为生产和消费架设桥梁。该模式可以进一步区分为产地批发市场主导型、销地批发市场主导型和集散地批发市场主导型三种类型。目前,该物流模式在我国应用最为广泛,已初步形成了大中小相结合,产地市场、周围市场和消费市场并重的格局。

(二)农产品第三方物流模式

农产品第三方物流模式是指由农产品供给方和需求方以外的第三方负责完成农产品运输、仓储、配送、流通加工等一系列物流活动的组织和运作方式。该模式下,从事第三方物流服务的企业不参与农产品的买卖,仅以合同为约束、以联盟为基础,为农产品生产和加工企业、各级批发商和零售商、中介组织提供物流代理服务。该模式下,本质上第三方物流企业主导农产品的组织管理、运输调度和配送活动。

相对于自营物流而言,第三方物流模式提供的物流服务更具专业化和信息化,可根据客户的要求和不同农产品的特点,为客户"量身定制"物流服务。同时,第三方物流企业通过整合流通环节,建立信息网络,可加速农产品的周转;通过使用专业化设备和技术,制定专业化、标准化的操作规范和物流流程,有效降低货物损耗率,提升农产品品质,提高农产品附加值;通过形成契约化关系,明晰权责,实现供应链利益一体化。如,以顺丰速运为核心企业的阳澄湖大闸蟹供应链,借助顺丰速运的物流优势,通过整合、协调与控制整个大闸蟹供应链的物流活动,以最低的总成本实现了物流运作的一体化。

(三)农产品物流园模式

农产品物流园是指由分布相对集中的多个农产品物流组织和物流设施,以及服务功能不同的专业化农产品物流及加工企业等构成的,能实现农产品物流规模化、多功能运作的农产品物流组织区域。一般而言,农产品物流园具备农产品集散和联合运输功能、农产品交易展示功能、农产品物流综合服务功能、农产品物流信息网络平台服务功能和农产品物流园行政管理服务功能。

农产品物流园模式是指依托物流园的物流基础设施,把农产品从供方送达需方的物流运作模式。与批发市场主导型物流模式相比,农产品物流园模式除具备仓储、运输、装卸、流通加工、配送、信息处理等基本功能外,还具有提供报关监管、商务综合服务、交易展示等服务项目的功能。目前,我国规模较大、管理较先进的农产品物流园有深圳海吉星国际农产品物流园、山东寿光农产品物流园、山西太行山农产品物流园和长沙农产品物流园。

## 第二节 中国农产品物流发展环境

市场环境和政策环境是农产品物流发展的重要基础。近年来,随着我国城镇化建设、农业现代化建设和农业供给侧结构性改革的推进,我国农产品物流的市场环境不断优化;政府始终高度重视农产品物流的发展,相继出台相关政策,使农产品物流的政策环境得到进一步改善。

### 一、农产品物流市场需求巨大

我国是农业生产大国,农产品产量巨大。2017年我国农产品总产量达到21.18亿吨[1],其中粮食产量6.18亿吨[2],连续五年超过6亿吨,如表8-1所示;棉花、油料、肉类、禽蛋、水产品、蔬菜、水果主要农产品产量均居世界第一。随着中国城镇化发展、居民消费水平的提高以及市场经济的逐步完善,这些农产品用于自给自足的份额逐年降低,大部分农产品最终作为商品注入市场,而且商品转化

---

[1] 洪涛.2018年中国农产品电商发展报告[R].亿邦动力,2018-03-20
[2] 国家统计局.中华人民共和国2017年国民经济和社会发展统计公报

率呈现逐年上升趋势。农产品的高商品化形成巨大的农产品物流需求。

表 8-1 2013—2017 年我国主要农产品产量　　　　　　单位：万吨

| 指标 | 2013 年 | 2014 年 | 2015 年 | 2016 年 | 2017 年 |
|---|---|---|---|---|---|
| 粮食 | 60194 | 60703 | 62144 | 61625 | 61791 |
| 油料 | 3517 | 3507 | 3537 | 3630 | 3732 |
| 茶叶 | 192 | 210 | 225 | 240 | 255 |
| 肉类 | 8535 | 8707 | 8625 | 8538 | 8431 |
| 禽蛋 | 2876 | 2894 | 2999 | 3095 | 3070 |
| 牛奶 | 3531 | 3725 | 3755 | 3602 | 3545 |
| 水产品 | 6172 | 6462 | 6700 | 6901 | 6938 |

数据来源：根据《中国统计年鉴(2014—2017)》《中华人民共和国 2017 年国民经济和社会发展统计公报》相关数据整理。

### 二、新型城镇化建设步伐加快

城镇化是伴随工业化发展、非农产业在城镇集聚、农村人口向城镇集中的自然历史过程。城镇化是解决农业农村农民问题的重要途径。改革开放以来，伴随着工业化进程加速，我国城镇化也经历了快速发展的过程。特别是近期提出讲求生态文明理念和原则的中国式"新型城镇化"道路，被认为是破解二元结构难题、带动内需扩大和就业增加的重要手段。截至 2017 年，我国城镇常住人口已增加到 8.13 亿人，城镇化率达到 58.52%，如图 8-1 所示。

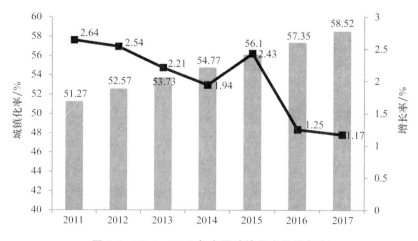

图 8-1　2011—2017 年中国城镇化率及增长率

资料来源：根据国家统计局《中国统计年鉴》(2012—2017)和《中华人民共和国 2017 年国民经济和社会发展统计公报》相关数据整理。

食品的持续、安全供应是城镇化的重要基础和保障。新型城镇化的推进,离不开畅通、高效的农产品物流体系的支撑。我国城镇化率的不断提高,从物流规模、物流速度和物流效率等方面,对我国农产品物流的发展水平提出了更高的要求。

### 三、农业现代化加速推进

农业现代化是国家现代化的基础和支撑,是农业发展的根本方向。党中央、国务院高度重视农业现代化,近年来不断加大强农惠农富农政策力度,农业现代化建设取得了巨大成绩。2016年,国务院发布《全国农业现代化规划(2016—2020年)》,提出"紧紧围绕全面建成小康社会的目标要求,遵循农业现代化发展规律,加快发展动力升级、发展方式转变、发展结构优化,推动农业现代化与新型工业化、信息化、城镇化同步发展"。

农产品物流的健康快速发展是实现农业现代化的重要保证之一。伴随着农业现代化的推进,农业生产将由传统、粗放经营向现代、集约经营转变,这就要求农产品物流在硬件设施、组织方式、流通方式和交易手段等方面加快转型升级,更好地发挥物流的基础和引导作用,以适应新型农业现代化的要求。

### 四、消费需求持续升级

随着居民收入水平提升、消费群体年龄结构演变、互联网等新兴技术迅速发展,我国居民的消费需求呈现出向高端化、多元化、个性化、信息化的方向不断升级的趋势。其中,品质消费成为消费升级的重大方向,品质消费一方面注重安全健康和更优质高端的生活方式,另一方面也注重时间的价值,多渠道获取兼具高性价比与便利性的消费体验[①]。

伴随着消费需求升级,消费者对国内外优质农产品的需求量不断增加,对生鲜农产品的品质要求越来越高。在此背景下,提高农产品资源的有效配置、提高农产品物流的绩效水平、降低农产品流通环节的消耗成为重点。具体而言,要以政府为主导,对农产品物流配送体系建设进行顶层设计和系统规划,利用先进的网络技术和信息技术,对传统的农产品物流配送方式进行改造升级,构建农产品现代物流体系。

---

① 陈梦瑶等.中国消费升级研究分析报告[R].http://www.sohu.com/a/206939740_652385,2017-11-27

## 五、新兴农产品流通模式发展迅速

近年来,农产品交易方式呈现多元化,除传统交易方式、期货农业、订单农业等交易方式外,伴随着互联网技术的应用和普及,网上交易、智能市场等交易方式不断出现。这些交易方式在探索不同的交易模式时,一定程度上促进了农产品流通模式的多样化。

伴随消费体验方式的转变,农超对接、网络零售等新型流通模式发展迅速。目前,农超对接在农产品流通中的占比已达15%,超过1000家连锁企业与约1.6万个农民合作社实现对接。各类农产品网络零售模式层出不穷,如O2O(线上线下结合模式)、B2C(农产品网站对消费者)、C2B(家庭订单采购)、B2B2C(农产品供应链模式)、C2C(产地直销、网上预订采摘等农民对消费者模式)、C2F(订单农业、合同农业或契约农业)、B2M(农产品企业根据客户需求建立网站)、M2C(农产品加工企业对消费者)、BMC(企业+中介平台+终端客户模式)和CSA(社区支持农业)等。2017年,我国农产品网络零售交易额达到2500亿元,食材农产品电商交易额达到8000亿元①。

农产品电商规模扩展迅速。数据显示,2013—2017年,生鲜电商全国交易规模从126.7亿元快速增长至1391.3亿元,年均增速达到82.0%,如图8-2所示。伴随农产品电商规模的扩张,农产品电子商务体系日趋完善,通过互联网、计算机、大数据等技术,农产品电商将网站、平台与农业的产前、产中、产后联系起来,已逐渐形成网上网下相互联动的生态圈。

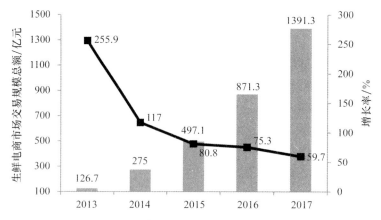

图8-2 2013—2017年我国生鲜电商市场交易规模总额及增长率
数据来源:根据《2018年中国农产品电商发展报告》相关数据整理。

---

① 洪涛.2018年中国农产品电商发展报告[R].亿邦动力,2018-03-20

农产品批发市场开展网上交易。如深圳市农产品股份有限公司在深圳、北京、上海、天津、成都、西安、长沙、武汉等35个大中城市经营管理了50家综合批发市场和网上交易市场,形成国内最具规模的基于供应链管理的新型农产品流通生态圈,公司旗下批发市场农副产品年度总交易量超过3000万吨,年度总交易额超过1800亿元,约占全国规模以上批发市场交易总额的10%。2015年6月,北京岳各庄批发市场食迅网上线,该网站是以实体批发市场为根据地的生鲜食材垂直电商平台。岳各庄批发市场的全部商户入驻食迅网后,可在线上与客户进行生鲜食材的交易,同时该网站还为生鲜食材的交易提供仓储和配送服务。

农产品电子交易市场得到快速发展。2017年我国农产品电子交易市场达585家,包括农产品类市场417家、林产品类市场59家、畜牧禽类市场45家、酒类产品市场39家、渔产品类市场25家[①]。

农产品线下零售呈现智能化趋势。各类生鲜智能店纷纷开业,如阿里盒马鲜生、京东7FRESH等均致力于打造线上线下一体化的"生鲜食品超市+餐饮+电商+物流"的新零售复合体。传统的农贸市场也纷纷运用科技手段进行改造,走上智慧化道路。如,2017年8月中菜联盟裕龙智慧市场体验店在北京顺义开业,其集结了智能电子秤、统一收银终端、移动POS机、触摸一体机等系列智能设备;11月,合肥市瑶海区胜利智慧农贸市场建成并投入试运营,该市场依托"互联网+"模式致力于打造全市首家智能化农贸服务平台;12月,杭州江干区钱江新城核心区首个智慧化农贸市场——定海农贸市场完成。

## 六、行业相关政策与规划不断出台

农产品物流质量和效率的提高,有助于推进农业现代化和产业化发展,为农业供给侧结构性改革提供支撑,为更好解决"三农"问题奠定坚实基础。近年来,国务院及各部委从加强农产品物流设施建设、建立健全农产品现代流通体系、推进农产品流通骨干网建设等方面出台了一系列政策、发展规划和指导意见,以促进我国农产品物流行业健康有序发展,如表8-2所示。

---

① 洪涛.2018年中国农产品电商发展报告[R].亿邦动力,2018-03-20

表 8-2　中国农产品物流部分相关政策与规划

| 序号 | 发文时间 | 发文部门 | 政策文件名称 | 有关农产品物流的内容 |
|---|---|---|---|---|
| 1 | 2014 年 3 月 | 商务部、国家发展和改革委员会等 13 部委 | 商务部等 13 部门关于进一步加强农产品市场体系建设的指导意见 | 推动农产品物流中心升级改造；加快培育农产品综合加工配送企业和第三方冷链物流企业；支持农产品储存设施建设；支持农产品仓储、转运设施和运输工具标准化改造 |
| 2 | 2014 年 10 月 | 国务院 | 国务院关于印发物流业发展中长期规划（2014—2020 年）的通知 | 开展"农产品物流工程"，包括加大粮食仓储设施建设和维修改造力度，积极推进粮食现代物流设施建设，发展粮食储、运、装、卸"四散化"和多式联运，加强鲜活农产品冷链物流设施建设，支持"南菜北运"和大宗鲜活农产品产地预冷、初加工、冷藏保鲜、冷链运输等设施设备建设，形成重点品种农产品物流集散中心，提升批发市场等重要节点的冷链设施水平，完善冷链物流网络 |
| 3 | 2014 年 12 月 | 国家发展和改革委员会、财政部等共 10 部委 | 关于进一步促进冷链运输物流企业健康发展的指导意见 | 大力提升冷链运输规模化、集约化水平，加强冷链物流基础设施建设，完善冷链运输物流标准化体系 |
| 4 | 2015 年 2 月 | 中共中央、国务院 | 关于加大改革创新力度，加快农业现代化建设的若干意见 | 加大农产品仓储物流设施建设力度；加快构建跨区域冷链物流体系；支持电商、物流、商贸、金融等企业参与涉农电子商务平台建设 |
| 5 | 2015 年 2 月 | 交通运输部、农业部、供销合作总社、国家邮政局 | 关于协同推进农村物流健康发展，加快服务农业现代化的若干意见 | 加快完善农村物流基础设施，推广先进的农村物流运作模式，推广应用先进适用的农村物流装备，提升农村物流信息化水平，培育农村物流经营主体 |
| 6 | 2015 年 8 月 | 国家发展和改革委员会 | 关于加快实施现代物流重大工程的通知 | 引领企业开展农产品物流工程建设；重点是建设大宗鲜活农产品产地预冷、冷藏保鲜、冷链运输等设施 |

（续表）

| 序号 | 发文时间 | 发文部门 | 政策文件名称 | 有关农产品物流的内容 |
|---|---|---|---|---|
| 7 | 2015年8月 | 商务部等10部门 | 全国农产品市场体系发展规划 | 加强农产品流通基础设施建设特别是农产品冷链物流基础设施建设。培育农产品物流企业，发展农产品第三方物流。加强农产品仓储物流、冷藏运输等各系统标准化建设 |
| 8 | 2016年2月 | 国家发展和改革委员会、商务部、工业和信息化部等10部门 | 关于加强物流短板建设促进有效投资和居民消费的若干意见 | 为加强物流短板建设，提高运行效率，该意见提出了包括加强农产品物流设施建设在内的6项重点任务 |
| 9 | 2016年4月 | 商务部等12部门 | 关于加强公益性农产品市场体系建设的指导意见 | 提出要完善公共加工配送中心等公益性流通基础设施建设和公益功能实现的长效机制，同时还提出了发展公共加工配送中心和冷链物流等意见 |
| 10 | 2016年9月 | 商务部、国家开发银行 | 关于共同推进全国农产品流通骨干网建设的通知 | 明确了推进全国农产品流通骨干网建设的总体思路、重点支持方向、组织实施和工作机制。其中重点支持的内容包括，农产品仓储物流设施建设、公益性农产品市场体系建设和农产品冷链物流体系建设 |
| 11 | 2016年10月 | 交通运输部 | 关于进一步加强农村物流网络节点体系建设的通知 | 提出农村物流网络节点体系建设工作目标和五项工作重点 |
| 12 | 2016年10月 | 国务院 | 关于印发全国农业现代化规划（2016—2020年）的通知 | 建设农产品市场流通体系，建设农产品产地运输通道、冷链物流配送中心和配送站，推进商贸流通、邮政等系统物流服务网络为农服务 |
| 13 | 2017年3月 | 国家发展和改革委员会、国家粮食局 | 国家发展和改革委员会、国家粮食局关于印发《粮食物流业"十三五"发展规划》的通知 | 规划明确了"十三五"粮食物流业发展的指导思想、基本原则、发展目标和主要任务，提出了推动规划实施的保障措施 |

(续表)

| 序号 | 发文时间 | 发文部门 | 政策文件名称 | 有关农产品物流的内容 |
|---|---|---|---|---|
| 14 | 2017年4月 | 国务院办公厅 | 关于加快发展冷链物流保障食品安全、促进消费升级的意见 | 提出了完善冷链物流基础设施网络、鼓励冷链物流企业经营创新、提升冷链物流信息化水平、加快冷链物流技术装备创新和应用等八项措施 |
| 15 | 2017年4月 | 商务部、中国农业发展银行 | 关于共同推进农产品和农村市场体系建设的通知 | 全力推进农产品和农村市场体系建设,加快构建全国农产品流通骨干网络,发展农产品和农村流通新业态 |
| 16 | 2017年8月 | 国务院办公厅 | 关于进一步推进物流降本增效、促进实体经济发展的意见 | 落实好鲜活农产品运输"绿色通道"政策 |
| 17 | 2017年9月 | 中共中央办公厅、国务院办公厅 | 关于创新体制机制推进农业绿色发展的意见 | 建立低碳、低耗、循环、高效的加工流通体系 |
| 18 | 2018年3月 | 商务部办公厅、中华全国供销合作总社办公厅 | 关于深化战略合作、推进农村流通现代化的通知 | 通知提出四项重点工作任务,包括推进农产品流通现代化、加强城乡物流体系建设等 |

## 第三节 中国农产品物流发展现状

随着社会经济发展和居民生活水平的提升,农产品物流行业保持良好发展势头。农产品物流规模持续增长,物流体系建设不断完善,基本形成多节点、网络状、全覆盖的农产品流通网络。同时,新型农产品流通模式发展迅速,农产品流通电子商务化趋势日趋明显,冷链物流蓬勃发展。

### 一、农产品物流规模不断扩大

2013—2017年,我国农产品物流总额呈现平稳增长态势,年均增长率为4.5%,整体增速回落,如图8-3所示。2017年,我国农产品物流总额为3.7万亿元,同比增加3.9%。

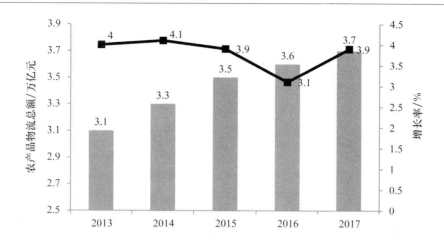

图 8-3 2013—2017 年我国农产品物流总额及增长率
数据来源：根据《全国物流运行情况通报》(2013—2017 年)相关数据整理。

近年来，在人口增加、城镇化、膳食结构升级等因素推动下，我国农产品消费需求不断增长，而国内农产品有效供给的潜力有限，因此，我国农产品进口规模不断扩大（如表 8-3 所示），进口农产品物流规模持续增长。

表 8-3 2013—2017 年我国进口的主要农产品数量　　　　　单位：万吨

| 指标 | 2013 年 | 2014 年 | 2015 年 | 2016 年 | 2017 年 |
| --- | --- | --- | --- | --- | --- |
| 谷物及谷物粉 | 1458 | 1951 | 3270 | 2199 | 2559 |
| 稻谷和大米 | 227 | 258 | 338 | 356 | — |
| 大豆 | 6338 | 7140 | 8169 | 8391 | 9553 |
| 肉类 | 305 | 279 | 281 | 460 | — |

数据来源：进口肉类数量由中商产业研究院相关数据整理。其余数据根据《中国统计年鉴(2014—2017)》、2017 年国民经济和社会发展统计公报整理。

## 二、农产品物流网络不断完善

近年来，我国农产品物流体系的建设力度很大，不断优化公路路网结构、完善农产品运输绿色通道和农产品物流节点体系，初步形成了多节点、网络状、全覆盖的农产品物流网络。

一是公路路网规模和密度进一步扩大，路网结构进一步优化。近年来，我国农产品物流所依托的公路基础设施逐渐完善。截至 2017 年年底，全国公路总里程达到 477.35 万公里，公路网密度达到 49.72 公里/百平方公里，其中四级及以上等级公路里程 433.86 万公里，占公路总里程 90.9%，路网结构进一步优化，如图 8-4 所示。

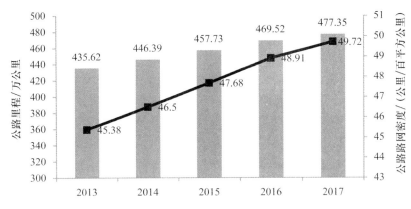

图 8-4  2013—2017 年全国公路总里程及公路密度

数据来源：根据《中国统计年鉴（2014—2017）》、2017 年交通运输行业发展统计公报相关数据整理。

二是鲜活农产品运输绿色通道不断完善。我国鲜活农产品"绿色通道"政策于 1995 年开始实施。从 2010 年 12 月 1 日起，"绿色通道"扩大至全国所有收费公路（含收费的独立桥梁、隧道）。所有鲜活农产品运输"绿色通道"网络的公路收费站点，要开辟"绿色通道"专用道口，设置"绿色通道"专用标识标志，引导鲜活农产品运输车辆优先快速通过。截至目前，"绿色通道"减免品种包括新鲜蔬菜、水果、鲜活水产品、活的畜禽，以及新鲜的肉、蛋、奶等。

三是农产品批发市场建设得到进一步加强。2017 年，全国共有 4469 个功能比较完备的大型农产品批发市场，其中 13 个国家级产地批发市场，农产品批发市场在农产品流通中仍发挥主渠道作用，大约占据 70% 的比例。2017 年商务部、农业部等政府部门高度重视公益性农产品批发市场的建设，商务部确定了 49 家公益性农产品示范市场，包括 28 家批发市场和 21 家零售市场。

四是农产品冷藏设施设备结构不断优化。据中冷联盟发布的《全国冷链物流企业分布图（2017）》统计数据显示，截至 2017 年 4 月，我国冷库总容量为 36095589 吨，冷藏车保有量为 74587 辆，其中自有冷藏车为 31643 辆，企业整合社会冷藏车 42994 辆。与 2016 年相比，冷库总容量增长 18.9%，冷藏车保有总量减少 2.5%，其中自有冷藏车总量减少 16.3%，社会冷藏车增加 11.6%。

**三、粮食物流体系建设稳步推进**

粮食安全是保证国家经济安全、社会稳定和国家自立的全局性重大战略问题。近年来，各级财政、发展和改革委员会、银行、粮食监管等部门和粮食企业不断加大对粮食物流体系建设的资金投入力度，我国粮食物流业稳步发展。

粮食物流流通主体初具规模。近年来,我国安排中央预算内投资,开展粮食流通重大工程,支持粮食物流流通设施建设。截至目前,我国已基本形成覆盖主要粮食生产和消费区域、具备一定辐射能力和示范作用的物流节点和粮食物流园区,节点的集散功能得到完善。

粮食仓储体系不断完善,仓储现代化水平明显提高。近年来,我国不断加强粮食仓储基础设施建设,2017年,我国新建标准仓容1600多亿斤,维修改造"危仓老库"仓容2500多亿斤。截至2017年年底,完好仓容总量达1.2万亿斤[1]。粮食仓储设施和技术达到世界先进水平,如中储粮总公司从2014年开始全面推进智能化粮库建设,截至2017年年底,中储粮总公司900多个直属库和分库全部实现智能化管理全覆盖,实现了仓储信息化和管理智能化[2]。

高效粮食物流装备及技术推广应用。集装单元化等粮食物流技术开始应用,多点犁式带式输送机等节粮减损装备逐步推广,公铁水多式联运衔接技术得到提升[3]。

粮食现代物流项目将获更多资金支持。2017年11月,国家发展和改革委员会、国家粮食局联合印发《粮食安全保障调控和应急设施中央预算内投资专项管理办法》,办法规定,专项资金由国家发展改革委、国家粮食局共同组织实施,重点支持粮食现代物流项目,适当支持中央直属粮油储备公益类集团及所属企业、部分增储规模大的销区和产销平衡区、正在实施最低收购价政策的部分有仓容缺口的主产区以及新疆和藏区等西部地区建设部分仓储设施,适当支持成品粮储备库、应急配送中心项目。

## 四、生鲜农产品电商物流服务不断创新

当前我国农产品电子商务进入加速发展期,除了每日优鲜、天天果园、本来生活、易果生鲜等生鲜电商企业外,阿里巴巴、京东等平台电商,中粮集团等食品企业、顺丰速运等快递企业也纷纷进入农产品电商领域。随着行业竞争的不断加剧,农产品电商物流的创新发展步伐加快。

农产品电商物流模式不断出新。一是对农产品电商物流模式开展了积极探索,如菜鸟物流通过整合冷链公路货运、冷链中转中心、落地配公司等多种物流资源,形成新型"二段式配送"物流模式(与自建、自建+合作等传统冷链物流模式不

---

[1] 国家粮食局.2018年全国粮食流通工作会议在京召开[EB/OL].http://www.gov.cn/xinwen/2018-01/23/content_5259757.htm,2018-01-23

[2] 刘慧.粮食安全看得见管得好[EB/OL].http://www.gov.cn/xinwen/2018-01/02/content_5252338.htm,2018-01-02.国家粮食局.粮食物流业十三五发展规划[EB/OL]

[3] http://www.ndrc.gov.cn/gzdt/201703/t20170310_840818.html,2017-03-03

同,菜鸟物流通过整合社会冷链物流资源和经营冷库,实现了"干线冷链+落地配"的二段式冷链宅配)。二是在物流配送中采取前置仓模式,将原有的包装、快递费用为主的物流成本结构转变成以仓储、冷源等固定成本为主的物流成本结构。如每日优鲜在深圳的生鲜农产品均存储在前置仓内,对99%的顾客订单可实现2小时送达。三是采用众包物流模式进行生鲜农产品配送,如2016年京东到家与达达众包合并,新成立的公司为京东到家提供生鲜农产品的配送服务。

物流服务理念创新升级。一是以创新思维开放或整合利用物流资源,提高物流资源利用效率、实现价值共创。如京东于2016年正式对外开放其生鲜农产品冷链物流服务,为京东及其他生鲜电商企业提供包括运输、仓储、分拣在内的全程冷链物流服务。二是推进线上线下融合和供应链共享,如多点与物美达成战略合作关系,通过改造物美的线下仓储、将物美生鲜农产品进行标准设计、优化物流服务流程等方式,实现了顾客线上线下体验的无缝对接。

**五、生鲜农产品冷链物流蓬勃发展**

近年来,随着我国居民可支配收入增加,人民的消费观念也逐步升级,消费者不再满足于简单的必需品,而对于生活品质提出了更高的要求,由此农产品的品质消费促进了生鲜农产品需求的不断扩大,进而倒逼农产品冷链产业的建设和农产品冷链物流的快速发展。

据《2018年中国农产品电商发展报告》数据显示,2017年我国农产品冷链物流总额达到4万亿元,同比增长17.6%,占同年全国物流总额的1.58%;冷链物流总收入达到2400亿元,增长10%;冷链物流仓达到1.1937亿立方米,同比增长13.7%。

冷链物流项目建设速度加快。近年来,我国各地相继开工并建成一批农产品冷链物流项目。如,中凯智慧冷链物流园计划总投资40亿元人民币,规划建设60万吨容量冷库群、东亚畜牧交易所、国际农产品展示交易中心、大型农产品交易中心、农产品电子商务孵化园等功能区,目前一期项目已全部建成投产[①]。此外,还包括中俄国际冷链物流项目、兰州高原夏菜冷链物流项目、昆山两岸冷链物流项目、河南万邦鹤壁农产品冷链物流项目等。

农产品第三方冷链物流发展迅速,如京东物流、菜鸟物流、顺丰冷运、鲜易供应链等第三方冷链物流企业迅速崛起。同时,众多农业企业、物流企业、零售企业、电商企业开始进军冷链物流领域。目前,申通、圆通、顺丰、京东等公司相继依靠客户端的大数据切入到冷链物流领域。2015年6月,菜鸟网络宣布在北上广三

---

① 中凯智慧官方网站. 中凯智慧公司概况[EB/OL]. https://www.chinafoodvalley.com/gsgk.jhtml

地推出生鲜仓储配送中心;10月,中粮我买网获得百度、泰康等2.2亿美元C轮融资,重点用于冷链投入。2016年9月,圆通速递启动"2016大闸蟹项目",进军冷链市场;2017年4月,中国邮政发布在山东、辽宁、甘肃、陕西、河北、山西等6地联动的方案,实现生鲜冷链配送全国次日达。

## 第四节　中国农产品物流存在的问题与发展趋势

虽然我国农产品物流行业保持着平稳发展,但仍存在组织化程度低、技术水平不高、信息化程度低和冷链物流发展滞后等问题。未来,随着相关技术和管理水平的持续进步,我国农产品物流在模式创新、智慧化、绿色化和冷链体系建设等方面将加速发展。

### 一、中国农产品物流存在的问题

**(一)农产品物流主体规模偏小**

目前,我国农产品流通仍以批发市场为主。农产品物流主体类型多样,既包括资金实力雄厚的产地批发商、销地批发商、农业合作组织、流通加工企业、大型连锁零售商,也包括力量薄弱而分散的农户、小型运输商及个体摊贩。其中后者占比较大,不但从业主体数量众多,且大部分主体经营规模小、层次低、联合性差,使得物流作业活动分散、组织管理效率低下,难以获得物流系统规模效益和实现物流供应链一体化管理。

**(二)农产品冷链物流技术水平有待提升**

农产品自身的特性使得农产品物流对仓储设施、运输工具和保鲜技术的要求较高。许多农产品在仓储和运输过程中要求使用特定的设施设备、控制温度和湿度,以保证农产品的新鲜和安全。然而,我国农产品物流以常温物流或自然物流为主,尚未形成完整独立的冷链物流体系,冷链物流的发展还仅仅停留在运输与冷藏环节,运用先进信息技术的冷链物流管理体系还明显缺失。此外,我国农产品产后的分级、预冷、保鲜、包装、再次加工技术比较落后,冷藏设施设备缺乏,通用仓库居多,而专用仓库,如低温库、冷藏库、立体仓库等技术水平比较高的特种仓库较为短缺,运输工具不能满足农产品物流的需要,造成农产品在物流过程中损耗严重。

**(三)农产品物流信息化程度低**

目前,我国农产品物流信息化基础设施建设水平较低,尚未建立以计算机网络为基础的物流信息共享平台,大型数据库匮乏,以农业信息为主体的网站占比偏低,基层农业部门发布农产品物流信息的渠道较少,乡镇之间缺乏有效的网络信息沟通手段。现有农产品网站,其信息主要围绕农业新闻、农业政策和产品价格等,有关农产品供给与需求的信息共享较为缺乏。许多批发市场和物流企业缺乏现代化的信息技术和较有效的管理手段,没有基本共享信息的平台,其信息服务水平较低。

农产品信息标准化程度偏低,尚缺乏较为成熟的农产品物流信息化标准体系,即使是在其他行业已经得到广泛应用的POS技术、EDI技术、条形码技术等物流信息技术,在农产品物流领域也未能得到大力推广。农产品信息队伍建设不完善,农民、大多数批发商和供应商文化水平普遍不高,信息采集的意识淡薄,信息获取和识别分析能力弱,信息运用水平较为低下。

**二、中国农产品物流的发展趋势**

(一)农产品物流向智慧化方向转型发展

技术驱动是现代物流业发展的基本特征。农产品智慧物流将移动互联网、云计算、区块链、大数据、物联网、北斗等先进技术应用于农产品物流中,实现农产品物流的自动化、可视化、可控化和网络化。

未来,随着我国高新技术的飞速发展,现代技术与农产品物流的结合将日益紧密。农产品物流信息平台建设将加快;以信息技术为核心,融合了保鲜技术、运输技术、配送技术、装卸搬运技术、自动化仓储技术、包装技术等专业技术的现代化物流技术格局将逐步形成;基于物联网的农产品物流信息网络体系将深入推进,农产品生产监测、运输监测、仓储监测、质量检测及过程控制管理等功能将有机结合起来;传统农产品物流运作模式将加快转型升级,各种新型业态模式将不断涌现,线上线下相结合的商业模式将蓬勃发展。

(二)农产品物流绿色化水平将持续提升

农产品绿色物流是指在传统农产品物流运作和管理活动中融入可持续发展理念,力求降低物流活动对环境的污染、减少资源消耗。我国农产品绿色物流作为加快新农村建设和农村经济发展新的利润增长点,备受政府、科研机构和企业的关注,积极推进农产品绿色物流,对农业产业化发展、农民增收及社会经济可持续发展具有重要意义。

随着人民生活水平的进一步提高,我国农产品物流对环境的影响将进一步得到重视,政府将制定相应政策法规,提升农业生产经营的组织化程度,完善农产品物流技术、配送体系和设施,降低农产品在物流过程中的损耗;同时,减少物流运营过程中汽车尾气排放及汽车噪声等对环境的污染。

(三)农产品冷链物流体系建设将加速

目前,冷链物流仍是我国农产品物流亟须弥补的短板。在零售业变革日益深化的时代背景下,我国的冷链物流行业将从高速向高质量阶段转变。随着消费升级,冷链物流将呈现精细化、智能化和平台化趋势。

未来,伴随着生鲜电商市场的快速扩容,我国冷链物流体系建设将从冷库和冷链物流集散中心建设、交接货通道和货架等设施标准化改造、绿色环保冷藏冷冻设施设备与技术应用、冷链物流全程监控管理、生鲜品及包装标准化、运载方式多样化等方面进行改革,以解决生鲜产品质量与损耗的问题,推动冷链物流业向节能、环保和高效方向发展。

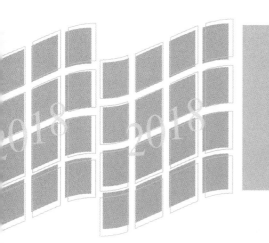

专题篇

# 导　言

在国家创新驱动发展战略的指引下，顺应新技术革命的时代要求，中国物流业正在逐步转换增长动力，提升创新能力。本报告选取了四章专题，聚焦中国物流各细分行业中的创新发展。这四章内容分别为第九章"供应链创新与中国物流发展"、第十章"中国'互联网＋公路货运'平台服务模式创新"、第十一章"'一带一路'跨境物流服务体系的发展与创新"以及第十二章"共享经济下的中国物流发展与展望"。

供应链创新是物流行业创新发展的引领，产业上下游的合作模式调整直接带动了物流服务模式的创新。物流与供应链协同创新为中国经济发展提供了供给侧结构性改革和产业转型升级的新动力。本篇第九章"供应链创新与中国物流发展"介绍了供应链创新的内涵、经济背景和政策环境，分析了中国供应链创新的主要特征，并概括梳理了供应链创新对中国物流发展的影响。报告认为，中国供应链创新以铸就平台生态、推动产业转型、创新商业模式、融入全球网络和实现绿色引领等为特征，对提升物流行业的一体化服务能力、全球布局和资源整合能力、智能化协同发展能力等具有重要影响。

公路运输是中国货运物流的主要形式，中国公路货运物流领域围绕"互联网＋公路货运"平台的创新经历了快速兴起，高速发展，之后回归理性的发展过程。公路货运平台创新不断涌现，成为物流细分行业创新的又一代表性领域。本篇第十章"中国'互联网＋公路货运'平台服务模式创新"介绍了中国公路货运的运营主体、业务形式和交易链条，分析了中国公路货运平台的具体类型与服务模式，并讨论了公路货运平台发展对中国公路物流行业的影响和相关行业发展趋势。《报告》指出，中国公路货运平台总体上可分为七种不同的类型，并在加速市场整合、提升技术水平、推动行业服务专业化、全程化和商业模式创新上深入影响了整体行业发展。

国家"一带一路"倡议的实施也在推动中国跨境物流体系的创新。本篇第十一章"'一带一路'跨境物流服务体系的发展与创新"指出，2017年，"一带一路"建设进入了全面务实合作的新阶段，在各个领域都取得了丰硕成果。沿线国家双边、多边合作不断加深，经贸持续增长，服务模式不断创新。在跨境物流服务体系创新方面，自贸区、产业园区和港口建设步入新阶段，以"中欧班列"为代表的铁路和航空网络运营模式不断创新,贸易便利化与跨境通关流程新举措不断推出。同时,"一带一路"跨境物流服务体系也存在跨境物流服务能力参差不齐、基础设施建设总水平相对滞后、贸易便利化水平有待提升等问题。未来,跨境物流创新将成为"一带一路"国际物流的发展热点,跨境物流服务体系将成为中国"一带一路"建设的重要支柱,"一带一路"国家跨境物流效率将会大幅提升。

共享经济也是中国物流创新的热点领域。物流作为一种网络化的服务业,天生具有共享经济的基因,共享模式也在向物流领域不断渗透和拓展,成为影响和推动我国物流创新发展的重要因素。本篇第十二章"共享经济下的中国物流发展与展望"梳理了共享经济的内涵、特征和实现方式,总结了共享经济对中国物流产业的影响,概括了共享经济下中国物流服务模式创新和中国物流发展现状,并提出了共享经济下中国物流的发展展望。《报告》认为,车货匹配、配送协同、网络仓储、租赁与循环共用是中国共享经济下的中国物流主要服务模式。资本运营活跃、标准化体系加快建设、生态圈跨界融合、市场竞争白热化和盈利模式有待挖掘是共享经济下中国物流行业的主要发展现状。共享经济的理念也为物流产业推进供给侧结构性改革、落实创新发展战略提供了新动能。

# 第九章　供应链创新与中国物流发展

我国经济发展进入新常态后,正处在由"高成本、高增长"向"低成本、中高增长"转变的关键阶段,增长动力从要素驱动、投资拉动转向创新驱动。加快供应链创新,建设现代供应链,是我国深化供给侧结构性改革、建设现代化经济体系的重要途径。近年来,在产业政策和市场力量的驱动下,我国供应链加快创新,供应链向着平台化、智慧化、绿色化、全球化发展,供应链集成服务新商业模式不断涌现。物流服务贯穿于供应链的全过程,供应链创新是物流产业变革的重要驱动力量。随着供应链创新的飞速发展,物流产业也将围绕生产制造领域的供应链重构和商品流通领域的供应链重构而不断变革。

## 第一节　供应链创新背景

供应链的本质是需求导向、优化流程、整合资源、提升效率。供应链在促进降本增效、供需匹配和产业升级中的作用显著增强,成为供给侧结构性改革的重要支撑。我国政府高度重视供应链创新,积极出台相关政策,推进供应链创新。

### 一、供应链创新内涵

供应链是以客户需求为导向,以提高质量和效率为目标,以整合资源为手段,实现产品设计、采购、生产、销售、服务等全过程高效协同的组织形态。供应链创新(SCI：Supply Chain Innovation)是指为了给利益相关方创造价值,供应链网络相关的所有参与者在产品、过程、市场、技术、资源配置及组织上进行从渐进到激进的综合性变革[1]。

（一）供应链创新的内涵

供应链创新的内涵主要包括以下方面[2]：

第一,供应链创新的理念是包容、开放,在供应链的平台上,企业和企业之间

---

[1] Gao De, Xu Zhiduan, Ruan Yilong, Lu Haiyan. From a systematic literature review to integrated definition for sustainable supply chain innovation[J]. Journal of Cleaner Production, 2017(6): 1518-1538

[2] 蔡进. 把握好供应链创新的本质特征[N]. 现代物流报, 2017-03-08(第 A06 版)

应该是包容、开放、共生的。

第二,供应链创新的关键是资源的整合和优化。通过供应链整合客户资源、市场资源、技术资源、人力资源和物流资源等,在整合资源的基础上实现资源共享、资源分享,并进行布局的优化、资源的优化、流程的优化等,使企业运行更加具有效率,更加具有能动性。

第三,供应链创新的核心是协同。供应链企业之间的协同包含三个层次,第一层次是生产经营活动的协同,第二层次是企业之间的供应链管理的协同,第三层次是企业之间的战略协同。

第四,供应链创新的目标是互利共赢。企业创新与发展供应链不只是着眼于自己企业盈利,最终目标应该是要实现供应链所有企业互利共赢。

第五,供应链创新的基本方向是科技创新。供应链创新应与科技创新结合,在现阶段,主要是与人工智能、无人机、大数据、云计算、区块链等先进技术深度融合,提升供应链的智能化和智慧化水平,使企业真正能够在供应链创新与科技创新融合的过程中,成为创新驱动、智慧驱动的企业。

(二)供应链创新的路径

供应链创新的路径主要包括:

第一,技术创新。供应链是一种技术进步,目前,最前沿的高新技术都在供应链中得到应用,供应链通过人工智能、无人机、大数据、云计算、区块链等技术创新,提升了供应链的感知化、互联化和服务化水平。

第二,商业模式创新。供应链的发展改变了传统的商流、物流、信息流和资金流的运作模式,如河南鲜易、深圳创捷等供应链企业完全颠覆了传统的生产与流通模式。未来供应链集成将成为中国经济与社会发展的基本模式,成为中国经济与产业重构的基本途径。

第三,组织创新。供应链以提高效益和效率为目标,以整合资源为手段,实现产品设计、采购、生产、销售、交付等全过程企业间协同组织形态。

## 二、我国供应链创新的经济背景

(一)产业层面:降本增效的需要

当前,我国经济正处在"高成本、高增长"向"低成本、中高增长"转变的关键阶段。降本增效是供给侧结构性改革要达到的目标之一,而实施供应链管理是降本增效的根本出路。有别于传统的"增加投资、扩大产能"的老路,供应链通过跨界融合和协同发展,打通从前端设计、生产到最后的消费的各个环节,消除信息不对称,实现供需匹配,还可系统性降低企业经营成本和交易成本,提高全要素生产率。

根据欧美研究,物流业与其他产业的融合分为三个阶段,产生不同的降本增效效果。一个企业如果只是简单地以第三方替代自营物流,借助第三方的规模效应和营运特点,可节约成本 5%;如果利用第三方的网络优势进行资源整合,部分改进原有物流流程,可节约成本 5%～10%;如果通过第三方物流根据需要对物流流程进行重组,使第三方物流延伸至整个供应链,可节约成本 10%～20%。① 此外,麦肯锡研究报告显示,通过供应链等方式推进运营转型,可使中国劳动生产率提升 15%以上;通过发展全球供应链等提高竞争力,还可使劳动生产率再提升 10%以上。②

(二)国家层面:转变发展方式的需要

我国经济发展已经进入新常态,经济发展方式从规模速度型转向质量效益型,经济结构从增量扩张为主转向调整存量、做优增量并存的深度调整,增长动力从要素驱动、投资拉动转向创新驱动。

供应链创新与应用可以推动产品结构和产业结构优化。通过供应链跨界整合、优化、创新,产生新的产业、新的产品与新的服务、新的商业运作模式,实现产业优化和产品结构调整,形成新的经济增长点。

供应链创新与应用可以创造新竞争优势,培育经济发展新动能。企业依托现代信息技术手段,通过改造传统供应链,实现供应链的可视化、网络化和数字化,可以提升实体零售、连锁经营、物流配送、电子商务等流通业态的发展水平,对接"中国制造 2025",实现某些优势产业在"微笑曲线"中位置逐步向两端转移,提升"中国制造"附加价值。

(三)全球层面:提升全球竞争力和参与全球治理的需要

在再工业化背景下,发达国家将供应链创新视为提升国家制造业竞争力的战略举措。2015 年,美国总统行政办公室和商务部联合发布《供应链创新:强化美国的小型制造商》报告,该报告认为强化美国供应链并从核心上提升小型制造商对于美国长期竞争力至关重要。随后,美国政府公布了白宫供应链创新计划③,希望通过一系列公私伙伴关系以及其他联邦政府的行动计划,帮助中小型制造商获得创新及提升生产力所需的技术和资源。2015 年 2 月,英国商业、创新和技能部推出制造业供应链行动计划,在技能、融资渠道、提升中小企业能力、深化供应链间合作、打造更具韧性的供应链等方面提出了配套行动措施。加拿大为了提升小

---

① 丁俊发.供应链创新助推国民经济发展[N].国际商报,2017-11-09,第 A02 版
② 何黎明.供应链迎来创新与应用发展新时代[N].经济日报,2017-10-21,第 016 版
③ New White House supply chain innovation initiative[EB/OL]. http://www.whitehouse.gov/the-press-office /2015/03 /18 /fact-sheet-president-obama-launches-competition-new-textiles-focused-man,2015-03-18

型供应商的能力，设立了产业研究援助项目，通过遍布加拿大的220家产业技术咨询中心组成的网络为中小企业提供技术援助，帮助其打造创新和新产业开发能力。

发达国家从国家战略的高度看待全球供应链的构建。2012年，美国发布了《全球供应链安全国家战略》。美国把整合全球资源作为国家核心竞争力，提出要在全球范围内发展产业链、供应链和价值链，以取得大国间的平衡和优势。美国全球供应链的目标包括两个：一是促进商品的高效和安全运输，二是培养一个有弹性的全球供应链。除了美国以外，德国、英国、法国、日本、新加坡等国家都有自己的全球供应链战略。

中国正在通过"一带一路"建设，推进全球化进程。我国是制造业大国，随着"一带一路"建设的推进和"走出去"步伐加快，企业将要面对全球化的原料采购、全球化的生产力布局、全球化的产品营销要求。这些要求企业加强关键物流节点布局和物流资源掌控，建立全球化的供应链体系，实现资源的全球化配置，与全球利益各方构建协作共赢的战略合作关系。从国家层面看，供应链是中国参与全球治理的重要支撑体系。参与全球经济建设，展现大国担当，中国需要积极融入全球供应链网络、提高全球供应链安全水平和参与全球供应链规则制定，打造全球竞争优势。

**三、我国供应链创新的政策环境**

近年来，我国政府高度重视供应链的发展，出台了多项政策来推进供应链创新，以提升产业集成和协同水平，形成完整高效的产业供应链。

2014年8月，国务院发布《关于加快发展生产性服务业促进产业结构调整升级的指导意见》，提出"优化物流企业供应链管理服务，提高物流企业配送的信息化、智能化、精准化水平，推广企业零库存管理等现代企业管理模式"。

2016年11月，商务部等10部门印发《国内贸易流通"十三五"发展规划》，提出"消费促进、流通现代化、智慧供应链"三大行动。

2017年8月，商务部和财政部发布《关于开展供应链体系建设工作的通知》，在全国十七个重点城市开展供应链体系建设。该通知指出，供应链体系建设的首批重点城市应积极发挥辐射带动周边的作用，形成城市间联动互动局面，提高区域供应链标准化、信息化、协同化水平，促进提质增效降本。主要任务包括三方面：第一，推广物流标准化，促进供应链上下游相衔接；第二，建设和完善各类供应链平台，提高供应链协同效率；第三，建设重要产品追溯体系，提高供应链产品质量和保障能力。

2017年10月，国务院办公厅印发《关于积极推进供应链创新与应用的指导意见》,提出了六项重点任务,具体包括:在农业供应链方面,着力推进农村第一、第二和第三产业融合,构建农产品全链条供应链体系;在制造业供应链方面,推进供应链协同制造,发展服务型制造,满足消费者个性化的需求,促进供应链可视化、个性化,培育世界级先进供应链集群;在流通供应链方面,引导传统流通企业向供应链服务体系转型,大力培育新型供应链企业,重构流通产业的组织形态,提升供应链服务水平;在供应链金融方面,要推动供应链金融发展,推动新的金融模式;在绿色供应链方面,大力倡导绿色制造,绿色流通,打造全过程、全环节的绿色供应链体系;在参与全球供应链建设方面,积极融入全球供应链网络,提高全球供应链安全水平,参与全球供应链制定推动,迈向全球价值链中高端。

## 第二节 我国供应链创新与发展的主要特征

随着数字经济、平台经济和共享经济等经济模式发展,物联网、大数据、云计算、人工智能等新技术更加深入应用,电商、物流、采购、快递等业态的融合交叉不断创新发展,企业供应链正从产业供应链向平台供应链演进,供应链向着平台化、智能化、数字化、绿色化以及多业态融合的方向进一步发展。

### 一、供应链平台推动形成生态圈

(一)涌现出种类繁多的供应链平台

随着网络技术、信息技术的快速发展,国内涌现出一批基于"互联网+供应链服务平台"的新技术和新模式,供应链平台的主要类型包括供应链协同平台、供应链交易平台、供应链综合服务平台和供应链公共服务平台。平台型供应链的显著特点是:供应链服务于多种产业,业务综合性强,业务体量较大,并能提供金融服务。如一达通是阿里巴巴旗下外贸综合服务平台,也是国内第一家面向中小企业的进出口流程外包服务平台,通过互联网(IE+IT)为中小企业和个人提供通关、物流、外汇、退税、金融等所有进出口环节服务,属于综合型"互联网+供应链服务平台"。

(二)供应链平台构建供应链商业生态圈

近年来,一些专业化的供应链综合服务平台持续升级,在原有"平台+金融"的基础上,通过覆盖全产业链(生态链),结合线下服务(知识流程外包 KPO),提供研发设计、集中采购、组织生产、物流分销、终端管理、品牌营销等供应链服务,融通物流、商流、信息流与资金流。平台通过直接服务需求终端,减少流通环节和成本,构建跨界融合、共享共生的供应链商业生态圈。由平台模式搭建的生态圈,不再是单向流动的价值链,而是能促使多方共赢的商业生态系统。以众陶联为例,平台构建了 B2B+O2O 的陶瓷产业链全球性集采平台，为采购者实现一站式服务的同时，为供应商提供直销平台。平台还集聚了产品设计、检测检验、IT 信息服务、工厂技术服务、物流服务、节能服务、商标法务服务等生产性服务企业。平台参与各方将分享到平台所带来的供应链金融、大数据开发、资金池、资本市场回报等多重收益。众陶联通过提供全产业联的服务，构建了陶瓷产业上下游协作共赢的生态系统。在这种供应链平台生态圈中，供应链服务平台企业是价值的整合者，是多边群体的连接者，更是生态圈的主导者，供应链上各环节企业与机构加入平台生态圈来实现未来的发展，并逐步构建成富有成长活力和赢利潜能的商业生态系统。

**二、智慧供应链推动产业转型升级**

（一）智慧供应链为智能制造提供有力支撑

随着"中国制造 2025"战略以及相关配套政策陆续出台，中国制造业正加速向智能制造转型升级，智慧供应链建设为智能制造提供了有力支撑。智慧供应链对智能制造的支撑作用主要体现在研发、需求与计划管理、生产与调度管理、采购管理以及库存管理等方面，全方位帮助企业提升快速响应订单的能力。在产品研发管理上，智慧供应链可以帮助企业协同产品开发体系，让顾客参与产品开发过程。在需求与计划管理上，智慧供应链可以帮助企业智能化地进行需求预测和制订计划。智能化的生产与调度将帮助企业快速、合理地排产并对生产进度进行有效的控制。通过建立智能化的采购平台，智慧供应链可以帮助企业实现数字化、智能化的物料采购，减少流程，提升效率，降低成本。智能化的仓储管理系统将对快速变化的物料智能识别、定位、分拣、配送，帮助企业减少库存，降低运营成本。

例如，青岛红领集团利用客户交互系统实现全球大规模定制。红领集团开发的具有自主知识产权的软件，装载着世界上独一无二的板型数据库，数据库内有十几亿的板型，覆盖全球 99％的人体需求；构建的 CAD、CAM、ERP 等多个服装制造信息系统，通过集成推广应用，实现了快速设计、快速制造、快速物流与快速营销；投资数亿元建成的全球唯一的男士正装定制领域的大型供应商平台，满足了不同的个性化需求。

（二）智慧供应链促进智慧商贸流通的发展

借助智慧供应链，商贸流通企业能够建立以消费者需求为主导的价值链。商贸流通企业不仅能满足消费者需求的个性化、多样化、便捷化要求，而且能降低沟通成本以及商贸供应链的成本，为消费者提供更好的购物体验，从而提升商贸流通企业的市场竞争力。

2017 年，京东 Y 事业部对外发布了"Y-SMART SC"京东智慧供应链战略，围绕数据挖掘、人工智能、流程再造和技术驱动四个原动力,形成覆盖"商品、价格、计划、库存、协同"五大领域的智慧供应链解决方案,用技术帮助京东商城与合作伙伴解决"卖什么、怎么卖、卖多少、放哪里"的问题。例如在销量预测方面,京东通过大数据、人工智能技术和电商敏捷性的积累打造更强的库存管理能力,用数据预测某款商品未来28天在每个仓的销量,从而助力采销提前且高效地进行库存管理,让商品现货率保持90%以上。在2016年京东"618大促"中,某战略供应商通过协同平台与京东开展了联合销量预测及联合促销计划,"供货满足率"从60%提高到87%,在京东商城的"产品有货率"从78%提高到90%。

### 三、供应链集成服务推动商业模式创新

**(一)供应链服务企业形成多种商业模式**

市场需求多样化、个性化和变化频繁的特点,要求供应链服务企业能够适应市场,提供适应需求变化的服务。越来越多的供应链服务企业更加注重商业模式的创新,围绕核心企业及上下游共同协同合作,为客户提供物超所值的供应链服务。

基于广东省几千家供应链服务企业的总结分析,供应链服务企业形成了四种模式:产业链资源高度整合的集成商业模式、电商型供应链服务创新模式、协同采购和分销服务模式和供应链金融服务模式[①]。如怡亚通以380平台供应链服务为基础,在全国300多个城市搭建出一张覆盖全国1至6线城市的庞大市场网络,同时,通过为零售终端实体店提供星链产品的互联网技术应用,让品牌商和终端直接对话,充分实现资源、信息的扁平化连接。怡亚通产业链资源高度整合的集成商业模式以供应链+互联网为核心,对整个商品流通行业进行全链条升级,构建O2O/B2B2C模式的商业生态,打通品牌商、代理商与零售终端、消费者之间的壁垒,实现各方资源共享、利益共赢。

**(二)供应链金融与产业生态链紧密结合**

供应链金融开展的初期阶段是传统商业银行所推动的以应收账款、动产和预付款为基础的"M+1+N"式融资业务,其业务开展和风险管理的基础是核心企业发生的上下游业务活动,作为融资方的银行并不参与供应链运营。进入第二阶段,供应链金融的主要推动者不再是传统商业银行,而是产业中的企业或者信息化服务公司,它们直接参与供应链运营过程,在把握供应链商流、物流和信息流基础上,与银行等金融机构合作,为供应链中的企业提供融资等服务。

如创捷以通信行业的产融结合为突破点,探索出了"生产生态+供应链金融生

---

① 郑荣良,闫建华,马天琦.中国供应链发展综述报告[N].中国物流与采购联合会,2017-03-04

态"的生态圈。创捷通过产业互联网将众多的通信行业国外原材料或零部件供应商、国内零部件供应商和加工商整合成虚拟产业集群。创捷依托生产生态形成的交易结构和信息流,构建起供应链金融,包括针对 2500 多家国内原材料或零部件供应商的应收账款保理业务、针对 70 家加工组装厂家的生产应收账款以及加工设备的融资租赁服务、针对国外强势零部件供应商提供付汇交易服务。再如,海尔与银行合作,通过海尔 365 供应链金融平台的交易记录,将产业和金融通过互联网的方式集合在一起,开拓了针对经销商的"货压模式"和"信用模式"两种互联网在线供应链金融业务模式。

**(三)供应链跨界融合成为趋势**

大数据、云计算让数据资源变成了数字资产。在"以消费者为中心"的时代与客户有关的数据资源可以形成能"场景变现"的数据资产。对数据的可控制、可量化和可变现,是大数据资源变为大数据资产的必要条件。

在这样的背景下,供应链跨界融合的趋势应运而生。以大闸蟹冷链产品为例,顺丰速运融合了大闸蟹养殖户、电商顺丰优选和终端快递柜丰巢,提供全产业链"专货、专线、专运"服务;京东物流则提供了包括捕捞、物流、运营、营销和保险赔付在内的一整套解决方案;阿里天猫也与菜鸟网络、盒马鲜生及安达公司形成极速配送联盟。上下游产业链跨界融合的"商流、信流、金流"三流合一模式在需要极快速服务的市场中获取了较大的竞争优势。

## 四、企业积极融入全球供应链网络

**(一)企业加快构建全球供应链体系**

在经济全球一体化背景下,通过全球供应链进行资源整合和运营的能力已成为跨国企业的核心竞争力之一。近年来,在"一带一路"倡议的推动下,我国企业走出去的步伐进一步加快,全球供应链的构建也在不断提速。一些大型企业,如华为、中兴、联想、海尔等都已着手构建全球供应链体系,以高效配置全球资源,增强全球整合能力,提高全球竞争力。

华为在 2005 年就提出了 GSC(全球供应链)项目,已经形成了较好的全球化供应链网络,包括五个供应中心:中国、墨西哥、印度、巴西、匈牙利;三个重要的区域物流中心:中国、荷兰、迪拜;五个采购中心:中国大陆、美国、日本、德国和中国台湾。正是基于全球供应链的支持,华为提出了"四个一"承诺:软件交付一分钟,打印合同一分钟,订单发货一周,安装交付一周。

**(二)全球供应链服务企业开始涌现**

随着我国企业"走出去"步伐的加快,企业全球采购、全球生产和全球销售的需求提升。为了更好地满足这些需求,提供全球产品研发、产品设计、采购、生产、销售、物流、供应链金融、保险保理、通关报关等服务的全球供应链服务企业开始在我国涌现。

深圳市怡亚通供应链股份有限公司成立于1997年,旗下现有600余家分支机构,全球员工超3万人,正在构建遍布中国380个主要城市及东南亚、美国等10多个主要国家的服务网络,业务领域覆盖快消、IT、通讯、医疗等20多个领域,为100余家世界500强及2000余家国内外知名企业提供服务。

越海秉承"整合、协同、共享、创新"的理念,在国内建立了8大基地、60个二级基地,管理仓储面积超过280万平方米。在"一带一路"沿线国家建立起全球网络,在剑桥大学建立了"智能供应链研究中心",与包括华为、飞利浦、耐克在内的众多跨国企业建立起战略合作伙伴关系,为其建立全球供应链协同体系。

**五、绿色引领供应链转型升级**

(一)政府的强制、引导和支持力度不断加大

我国政府出台了大量与环境保护、资源再生与回收利用等方面的法律法规,在绿色物流、交通运输、产品包装、流通加工等方面出台了一系列政策与措施,严格执行环评标准。2016年8月,国家邮政局出台《推进快递业绿色包装工作实施方案》,引导快递业绿色包装工作。2017年2月,商务部发布《商贸物流发展"十三五"规划》,提出引导企业创新绿色物流运作模式。此外,政府还不断加大绿色物流的资金投入。如,提倡使用新能源车,企业购入新能源车享受政府财政上的支持,使用清洁能源的企业开业能享受政府补贴。

(二)企业积极探索绿色供应链的发展

在不断提高的环境标准和环境政策的推动下,很多企业积极探索绿色供应链和绿色物流实施措施,推动企业可持续发展。2016年6月,菜鸟网络联合"四通一达"、中国邮政、FedEx等32家全国和全球合作伙伴组成菜鸟绿色联盟,开启物流绿色行动计划,承诺到2020年替换50%的快递包装材料,填充物100%为可降解物[1]。2017年3月17日,中国首个物流环保公益基金——菜鸟绿色联盟公益基金在京成立。该基金将专注于解决日趋严重的物流污染现状,推动快递包装创新改良,促进快递车辆使用清洁能源,引导运用大数据技术减少资源浪费,更好地保护生态环境。京东物流联合品牌商家,推出了绿色供应链的联合行动——"青流计划"。目前包括宝洁、雀巢、惠氏、乐高、金佰利、农夫山泉、联合利华、屈臣氏、伊利在内的19家合作伙伴已经参与到"青流计划"中,预计到2020年,京东将减少供应

---

[1] 菜鸟携手FedEx、俄罗斯邮政启动物流业最大绿色环保行动[EB/OL]. http://www.guancha.cn/broken-news/2016_06_14_363961.shtml,2016-06-14.

链中一次性包装纸箱使用量约 100 亿个①。

## 第三节 供应链创新对中国物流发展的影响

物流是供应链管理的关键部分,物流已成为降低成本和提高服务水平、满足市场需求的重要手段。物流是供应链中供应商、销售商、配送中心、中间客户或终端客户等联系的核心系统。物流对提高供应链效益及提升供应链竞争力发挥关键作用。同时,供应链创新与发展丰富和更新了物流发展的理念,供应链管理系统、协同、整合的理念对物流业的运作和发展具有重大的影响,供应链管理手段的运用对创新物流发展模式具有重要的促进作用。

### 一、物流一体化服务能力增强

(一)供应链结构扁平化催生制造业一体化物流服务

互联网对产业的改造,使供应链结构进一步扁平化。制造业供应链的组织结构体系从二级供应商-一级供应商-制造商-分销商-零售商-消费者等六级结构,向一级供应商-制造商-零售商-消费者的四级结构甚至一级供应商-制造商-消费者的三级结构转变,即从 S2M2B2C 向 S2M2C 的转变。传统供应链结构中,对应的物流服务在制造商到分销商阶段是由制造商提供,而分销商到零售商阶段则由分销商提供,零售商到消费者阶段则由零售商提供或者消费者自取。供应链结构扁平化以后,物流从多级物流服务向一体化物流服务转变,即直接从制造商向零售商或者消费者转移。

为了适应这种变化,越来越多的物流企业推出制造业供应链一体化物流服务,如广州嘉诚国际物流股份公司将物流服务嵌入到制造业企业原材料采购、产品生产、配送、销售及售后服务各个环节,与制造业企业深度联动,通过合理的全程供应链一体化物流方案设计,集成供应链的各个环节,提供"一站式"物流服务。

(二)快递企业与制造业供应链联动更加紧密

物流服务的一体化要求,需要快递服务从下游(零售商-消费者)向上游(制造商-零售商-消费者)延伸。同时,快递契合了"高速度、小批量、多批次多款式"的供应链运作模式,为快递业与制造业的协同提供了良好的切入机会。

快递与制造业联动已经形成多种一体化物流服务模式:一是以"仓储+配送+增值服务"一体化模式服务于定制化生产,快递企业提供仓储、配送、限时寄递、仓

---

① 新华网. 京东 3 年内将少用纸箱 100 亿个,物流包装全部可回收或可再生[EB/OL]. http://www.xinhuanet.com/tech/2017-06/05/c_1121089099.htm,2017-06-05

储优化、订单管理等增值服务，满足制造业企业对仓配一体化服务外包的需求；二是以"区域性供应链"模式服务于中小制造业企业，快递企业在中小制造业企业聚集区建设快递服务平台，满足中小制造业企业对专业性的外包快递物流服务的需求；三是以"嵌入式电子商务"快递模式服务于国际化制造业，引导快递企业与制造业企业实施国际化同行战略，利用快递企业在信息化方面的优势，支持制造业企业打造区域化和全球化生产链，在更大范围内开展资源配置和价值链整合。

快递物流一体化服务领域涵盖航天、汽车、电子、制药、服装、酒、食品等多个领域。根据国家邮政局的数据，2017年，快递与制造业协同发展示范项目年支撑制造业产值2375亿元，较2016年同比增长接近翻番①。快递业与制造业协同发展促进制造业逐步从规模化标准化的传统生产方式，向个性化定制化的新型生产方式转型，有助于推动制造业升级。

（三）商贸物流探索多种一体化物流服务模式

消费升级要求商贸物流企业能提供快速化、精准化、综合化、国际化、多层次的多频次、小批量物流支撑，物流服务提供商除具备运输、仓储、货代、供应链解决方案设计、国际网络等综合实力外，还必须与客户建立长期战略合作关系，与客户流程深入结合，及时响应客户的需求。

电商和快递企业积极探索"电商产业园＋物流园"融合发展新模式，推动物流仓配一体化运作，加强电商需求与物流供给的有效衔接。百世物流为电商客户提供专业仓配、全域覆盖、订单监控的全程服务，确保第一时间对前端需求做出响应。京东物流推出仓配一体化服务，实现京东与客户仓储、物流数据实时对接，能够最大限度实现数据交换共享，降低无效库存，加快商品周转。

2017年10月，阿里推出FBT（Fulfillment By Tmall）服务模式，FBT是为商家提供一体化物流服务解决方案的新模式，FBT服务模式分为6个环节：选、仓、配、询、退、残。FBT服务对接所有进入菜鸟仓的商品，由FBT项目统一负责进行物流信息查询、商品退换流程操作等问题处理，从而提升消费者购物体验及自身品牌效益。

**二、大型物流企业纷纷提升拓展服务功能**

纵观国际知名物流企业的发展道路，首先通过横向或纵向聚焦锁定企业的核心能力，在此基础上，物流企业尝试在所关注的行业供应链上下游进行业务和能力的延伸，形成基于该行业供应链的竞争优势，再逐步拓展其他相关行业的纵深业务。

---

① 央视网. 2017年我国快递业务量超400亿件，同比增长28%[EB/OL]. http://news.cctv.com/2018/01/08/ARTI9tDSXrAkNxGwFaghKXfG180108.shtml, 2018-01-08

## （一）大型快递企业提升综合物流服务能力

随着电商快递业务增长速度放缓，快递企业拓展电商快递以外的业务领域，提升综合物流服务能力是必然趋势。从运营模式来看，快递运输的是标准品，且网点密度高，这决定了快递企业向上下游拓展具备诸多优势：物流节点（仓储）、运输线路（跨境等）、网络（高铁网、航空网等）嫁接在快递网络上，能够形成协同效应；IT系统、场站、运力等资产共享，有助于摊薄成本；能够满足客户日益增长的一站式需求。

顺丰速递近几年陆续设立了电子商务、供应链等事业部，并推出快递物流、电商物流、汽配物流、食品医药服务、金融保险服务、国际电商服务等更多综合服务，希望为客户打造一站式的综合物流解决方案。

2017年，圆通速递通过定增募投项目，向快运业务和城市配送业务拓展，构建起以快递网络为核心，快运、城市配送网络相协调的快递物流网络。圆通还通过收购香港先达国际，正式启动国际化布局，进入跨境电商市场。

## （二）大型物流企业着手向供应链服务企业转型

供应链是物流企业沿着价值链进行毗邻扩张的首要选择。物流向供应链转型可从横向、纵向和空间三个维度进行拓展。

在横向拓展方面，物流企业通过挖掘潜在资产的价值，提供供应链金融、信用评价、风险评估、跨境电商、商品溯源等服务，通过减少环节、节点优化，进行集成化运营，实现物流与资金流、商流、信息流、人流的有机融合。在纵向拓展方面，物流企业前向可以提供采购执行、生产执行、研发等服务，后向可以提供销售、分销执行、市场营销等服务，降低交易成本，提高产业的生产效率。在空间拓展方面，物流企业结合既有物流网络的分布，开展供应链服务，在全国甚至全球范围内配置资源，打造全球价值链、全球供应链和全球产业链。

我国的一些大型物流企业，已经开始着手向供应链企业转型。如，2016年7月，传化物流集团发布供应链战略。2017年，传化物流集团公司的子公司传化智联在全国设立多达10余家供应链管理子公司，出资超过1亿元。

## 三、中国物流企业加快全球布局

全球化供应链战略的实施一方面要求全球化的物流布局，提高全球互联互通水平，使供应链的组织更加高效，另一方面也要求提升整合全球物流等资源的能力。近年来，中国企业在加强物流布局和物流资源整合等方面取得了较大进展。

### （一）跨境电商物流企业加快国外布局

为适应跨境电商的快速发展和提升跨境电商物流服务水平，国内多家快递公司加快布局国际快递业务，开通海淘转运服务。顺丰2013年上线顺丰转运，布局美国、欧洲等地,覆盖200多国家;2015年顺丰开通了直飞俄罗斯的全货机航线,提出在全球布局仓网。2016年6月,顺丰与UPS在香港成立了合资公司。截止到2017年年底,顺丰速运直发业务已覆盖全球241个国家和地区,并通过建立20个全球仓网来覆盖主要目标市场。圆通跨境业务在已有欧洲、东南亚、日韩等地基础上,2015年发起设立全球包裹联盟。

(二)物流企业提升全球物流资源整合能力

随着国际产业转移步伐不断加快和服务贸易快速发展,全球采购、全球生产和全球销售的供应链模式正在日益形成。我国部分物流企业为了更深入地融入全球供应链、提升国际竞争力,纷纷通过收购兼并、战略合作等方式,提升全球物流资源整合能力。

2015年百世国际成立后,就在美国洛杉矶成立全资美国子公司,以发展国际物流、海外仓储等方式开展国际物流业务。随后,百世国际以北美、东南亚、欧洲等重点国家(区域)为核心,开始打造包含国际干线头程(海运、空运等)、海外仓储(B2C,B2B)、海外运输及海外配送在内的全链条的整体供应链物流服务解决方案。目前,百世国际已在美国、德国、澳大利亚、英国、西班牙、泰国等十个国家开展业务,并开始通过合作方提供跨境物流和供应链服务。

2016年5月圆通速递子公司圆通国际控股10.41亿港元并购了先达国际,2017年11月,圆通国际控股与先达国际物流办理股权交割手续,交割完成后,圆通速递通过圆通国际控股持有先达国际61.75%的股份。先达国际在全球17个国家和地区拥有公司实体,在全球拥有52个自建站点,业务范围覆盖超过150个国家和地区、国际航线超过2000条,覆盖不同行业中的货运代理商及直接客户。

2016年6月,嘉里物流联网有限公司完成收购美国Apex Maritime(高峰货运)及其关联公司的大多数股权。

2016年12月,海南航空物流的子公司天海投资以60亿美元收购全球最大的IT产品分销商和供应链服务商——美国英迈国际。2017年2月,海南航空以26.5亿元并购海越股份。2017年4月,海南航空以10亿美元并购新加坡上市物流企业CWT、以53亿元并购嘉能可旗下的石油仓储和物流业务。

2016年,中储股份通过收购英国Henry Bath & Son Limited(亨利巴氏父子有限公司)51%股权,成功进入海外大宗商品期货交割仓库业务领域。

2017年,阿里海外eWTP试验区马来西亚数字自由贸易区在吉隆坡全面启用运营,菜鸟智能仓库随后跟随落地。菜鸟网络物流覆盖能力已至全球224个国家和地区,初步建立具有全球配送能力的跨境物流骨干网。

## 四、智慧物流助推供应链智能化协同

智慧物流是指通过智能硬件、物联网、大数据等智慧化技术与手段，提升物流系统分析决策和职能执行的能力，提升整个物流系统的智能化、自动化水平。智慧物流通过信息技术手段将供应链上的各环节连接成一个整体，实现智能化协同与管理，在相关方面实现标准化规范化，为智能物流向供应链延伸及供应链的智能化建设创造条件。

### （一）物流配送中心开启智能化作业流程

智能化的仓储与物流配送中心通过建立物流作业的智能控制、自动化操作的网络，实现物流与制造联动，实现商流、物流、信息流、资金流的全面协同。其中，机器人和自动分拣技术在智能化的仓储和物流配送中心得到广泛的应用。

2017年，京东昆山无人分拣中心正式亮相，在国内首次实现前后端无人AGV自动装卸车作业，同时，在仓储的商品上架、商品分拣等各环节，部署了各型号机器人，基本实现了仓储全流程自动化。京东"无人仓"的存储效率可达到传统横梁货架存储效率的10倍以上。

2017年8月，菜鸟广东惠阳机器人仓投入使用，仓内部署上百台AGV机器人用于货物搬运，提升仓内效率。申通的快递分拣机器人"小黄人"可以24小时不间断分拣，扫码、称重、分拣功能"三合一"，能够实现快递面单信息识别，以最优路线投递。

### （二）物流大数据技术价值日益提升

物流大数据是指物流服务的供给、需求，物流活动过程的各种相关数据会以大数据的形式出现，反映整个物流行业的业态。大数据已成为众多企业重点发展的新兴技术，多家企业已成立相应的大数据分析部门或团队，进行大数据分析研究和引用布局。目前，大数据主要应用在需求预测，设备维护预测，供应链风险预测以及网络和路径规划优化。

申通快递的"信息化智能平台"通过对数据的归纳、分类和整合，可以清楚地查看申通网络任何一个网点的经营现状和业务构成等。百世汇通尝试运用大数据来管理、分析、判断加盟网点的运营行为，通过网点在系统内的足迹建立数据分析模型，成功地预测了几次网点的异动，使工作方式由被动式变为主动式、前置式，减少了大量客户投诉，把问题消灭在萌芽阶段。京东商城已启动云计算研发基地，并成立"京东商城-中国人民大学"电子商务实验室，开展电子商务大数据的分析与合作。阿里巴巴集团与中国邮政集团、"四通一达"等十家快递公司合作，核心内容以打通物流数据为基础，重点将转向"数据整合与分析"。

## （三）智能可追溯技术助力物流的全过程追踪

在智能追溯领域，应用最普遍的物联网感知技术是"RFID技术"和"GPS/GIS移动追踪定位技术"。RFID标签及智能手持终端产品被广泛应用于传统物流装备，如仓储设备、输送设备、集装单元设备等。RFID技术主要用来感知定位、过程追溯、信息采集等，有助于实现对物流的透明化管理和信息追踪。食品的可追溯系统、药品的可追溯系统等智能的产品可追溯系统为保障食品安全、药品安全提供了坚实的物流保障。

如粤港合作供港蔬菜智能追溯系统，通过安全的RFID标签，可对供港蔬菜进行溯源，实现了对供港蔬菜从种植、用药、采摘、检验、运输、加工到出口申报等各环节的全过程监管，可快速、准确地确认供港蔬菜的来源和合法性，加快了查验速度和通关效率，提高了查验的准确性。通过RFID标签与数据库形成的"物联网"实现对供港蔬菜的自动化识别、判断和监管可提高监管效率，实现快速通关。

## 五、物流平台化发展助力供应链上下游协同

依托全球化、信息化、互联网技术和产业基础的支撑，平台经济成为互联网时代商业模式创新的一种表现形式。目前各类公共物流信息平台超过1000个，基于车货匹配和信息服务的O2O货运信息平台就有数百个。按照业务流形划分，物流平台主要有以下几类：公路货运平台、在线仓储平台、物流金融平台、城市配送平台、电商物流平台、园区基地平台等。按照功能划分，物流平台可分为三大类：第一类是提供物流管理服务的平台，多数是由物流公司原有的实体业务拓展出来的，如传化智能物流信息平台；第二类是以物流交易为主的在线交易平台，如货车帮和运满满；第三类是兼有二者功能的综合类平台，如煤炭交易中部公路物流网。

物流平台化发展可以更好地引导上游生产。第一，物流平台化为个性化定制提供强力支撑。物流平台作为制造企业与客户之间的桥梁与纽带，具有对客户需求深度挖掘、实时感知、快速响应、及时满足的能力，引导制造企业的个性化生产。第二，物流平台为供应链网络化协同制造提供支撑。"中国制造2025"提出在重点领域推进网络化协同制造。协同制造模式下，制造业企业将从顾客需求开始，到接受产品订单、寻求合作生产、采购原材料或零部件、共同进行产品设计、生产组装，整个环节都通过互联网连接起来并进行实时通信，从而确保最终产品满足大规模客户的个性化定制需求。物流平台由于聚合了众多的物流资源，可以为网络化协同制造提供强有力的物流支持。第三，物流平台推动制造业由生产型向服务型转变的服务。物流平台利用互联网的优势，可以为制造企业提供众多增值服务，如安装服务、售后服务、回收服务、代收货款、供应链融资等，将大大促进制造

业由生产型向生产服务型转变。

物流平台化可以更好地促进下游消费。第一,通过减少交易环节、降低交易成本,从而大幅度降低产品价格。电商物流直接连通生产者和消费者,减少了流通环节,去除了传统零售终端高昂的店面租金、人工成本,大幅度降低了产品价格。第二,突破了时间和空间对消费的限制。电商物流平台可以24小时全天候为顾客提供服务,用户下单不受时间限制,用户甚至可以选择收货时间。同时,智能柜的大规模应用,大大减少了客户收货时间的限制。此外,不断完善的物流服务可以使用户选择购买全国甚至全球的产品。

# 第十章　中国"互联网+公路货运"平台服务模式创新

公路运输是中国货运物流的主要形式,公路货运行业的发展水平在很大程度上决定了中国运输物流的整体发展水平。当前,中国公路货运量约占总货运量的75%[①]。随着互联网等信息技术的快速发展,公路物流行业开始在业务管理、服务创新等诸多领域大量引入基于互联网的平台和系统,"互联网+公路货运"在中国公路物流行业经历了一个快速兴起,高速发展,之后回归理性的发展过程。

## 第一节　中国公路货运概述

相比铁路、航空和水运运输,公路货运具有起点灵活、转运便捷和"门到门"服务的优势,但也存在运量运距有限、运输时间不稳定以及能耗较大等劣势。中国公路货运包含多种服务类型、多个细分行业,在诸多领域具有应用互联网和信息技术的潜在需求,众多前沿信息技术也在公路物流行业领域率先获得应用。

### 一、中国公路货运的形式与分类

按照不同的标准,公路货运服务可以分为多个细分种类,不同种类也往往对应着不同的服务产品和细分行业。从运输距离来看,公路货运主要包括干线长途运输、同城短途运输和城市市区配送三类。从运输时效来看,公路货运可分为普通运输和时效运输,其差别在于是否明确规定运输服务的完成时间以及是否承担未按期完成运输服务的赔偿责任。从车辆载重量看,可分为微型车运输、轻型车运输、中型卡车运输和重型卡车运输。依据2016年交通运输部下发的《超限运输车辆行驶公路管理规定》,最大的六轴全挂列车总重量限值为46吨。按照车厢长度的不同,中国公路货运常见的厢式货车一般有4.2米、7.6米、9.6米和17.5米车厢四种类型。按照订单批量、承托手续和组织运送方式的不同,公路运输又可分为整车运输、零担运输和包裹运输。(整车运输一般是指一张货物运单托运的货物重量或容积能够装满一车的货物运输;与之对照,如果客户的单个货运运单

---

① 中国产业信息网. 2016年中国公路物流行业现状分析及发展趋势预测[EB/OL]. http://www.chyxx.com/industry/201608/435652.html,2016-08-04

托运的货物重量或容积不够装满一车,需要多个客户的多票货物拼车,这种模式即为零担运输。在实际的行业操作中,托运人单个运单在3吨以上或300件以上,一般采用整车业务。)随着行业专业化程度的提升,从事零担运输服务的运输企业又将零担运输业务划分为大票零担和小票零担。(对于大票零担和小票零担的划分,不同公司业务上有所差异,一般将30公斤到1吨的货物运输归为小票零担业务,将1吨到3吨的货物运输归为大票零担业务。30公斤以内带有包装的货物一般归类于包裹业务。)

按照运输服务面向的终端对象不同,公路货运可以分为面向商家(B端客户、店配服务)和面向家庭、个人(C端客户、宅配服务)的服务。干线运输的服务对象和交付对象一般都是工厂仓库和商家,城市配送则存在店配和宅配的不同物流体系。随着家庭收入提升和消费升级加快,尤其是互联网和电子商务的发展,终端消费的小批量、多批次和个性化特征愈发突出。因此,面向商家的公路货运中,零担货运比例不断增加,且向时效化发展;面向家庭和个人的物流服务逐渐从公路货运体系中独立出来,成为新兴的城市宅配细分行业,且呈现高速增长态势,具体的细分行业形态包括快递、即时配送等。

**二、中国公路货运市场的运营主体**

中国公路货运行业的市场参与主体包括车辆运营商、线路运营商、中介服务商、集成服务商、枢纽运营商、配套服务商等。

车辆运营商包括拥有和运营几辆车甚至一辆车的小型从业者(业内常称"车老板"),也包括运营相对较大规模车辆的车队企业。

线路运营商在干线货运领域包括专线运营商和网络运营商。专线运营商是指相对固定运营某条城际点对点线路的运营商,这些专线一般拥有自有车辆和司机,也在货源充足的旺季雇佣外部车辆提供服务。与专线运营商相比,网络运营商一般拥有多条自营专线或联盟合作专线,形成具有区域对区域或覆盖全国的公路运输服务网络。在城市配送领域,车辆线路的运营商一般会整合成区域城市配送服务商(含店配与宅配)。

中介服务商包括各类经纪人、代理商和中间商。如个人或小型的代理商(业内常称"黄牛")和拥有固定网点的代理商(业内称"信息部")等。这些代理商一般仅提供货源、车源信息和交易匹配服务,并不实际提供承运服务。2016年年底,财政部、国家税务总局发布了《关于全面推开营业税改增值税试点的通知》(财税〔2016〕36号),首次在税法上明确了"无车承运人"的市场主体角色。类似国际航运业务中的"无船承运人",这种市场主体虽然也是货运代理商的一种,但运输服务过程中承运人的法律责任得到了进一步明确。

集成服务商是具有车辆服务、线路运营和信息代理服务等多种能力的服务商。在公路货运领域，集成服务商一般与一些大中型生产制造企业或商贸企业达成密切合作关系，能够整体承接这些企业的全程运输服务。这些企业在承接大型企业的整体运输服务之后，往往会将部分或全部业务转包给车辆、线路或中介服务商。

枢纽运营商是运营实体货运场站、物流园区、分拨仓库的服务商，一般包括地产类、物业类和整合类三种类型。地产型枢纽运营商只拥有园区地产，通过出租空间获取利润；物业型枢纽运营商提供货运物流园区中的物业和后勤服务，如水电、加油、停车、装卸、住宿、餐饮等服务；整合型枢纽运营商则更加深度地参与入区企业的经营活动，以股权合作、金融、信息系统、货源开发等实现整体孵化服务。

配套服务商包括信息系统服务商、司机车辆服务商、货款金融服务商、孵化服务商等。他们提供服务的具体种类多样，例如司机、车辆服务包括汽车后市场的修车、洗车、停车、加油以及服务司机的餐饮、住宿等。

### 三、中国公路货运服务的交易链条

中国公路货运行业的交易链条如图10-1所示。通常的交易模式是，托运人找到车辆、线路的中介服务商（一般服务于小型货主）或具有承运能力的整合服务商（一般服务于大型货主），再由这些"代理人"寻找实际承运的车辆、线路服务企业。在实际承运过程中，如果需要司机、车辆、金融、管理信息系统等其他配套服务，可以由托运人、整合服务商、场站服务商、实际承运企业甚至收货方客户等各类主体自主发起，从相应的配套服务商处获取服务。其中，互联网、信息系统和物流园区三类平台在其中发挥了辅助交易和管理的作用。

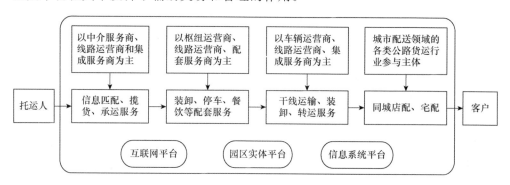

图10-1 中国公路货运行业的交易链条示意图

## 第二节 中国公路货运平台的类型与服务模式

与其他物流服务一样,公路货运也是一种引致需求,下游商业体系的发展演变将直接影响公路货运物流的服务模式变革。随着信息技术的发展,尤其是互联网技术在经济、社会和商业领域的加速渗透,传统的居民消费模式、商业流通模式和物流服务模式等都发生了变革,中国公路货运物流服务模式也在不断创新。本章的公路货运平台是指运用互联网、物联网技术搭建的服务于公路货运产业链上下游多边市场的线上、线下商业交易媒介或辅助服务体系。本文的公路货运平台,既包括线上的交易平台,也包括以互联网技术为支撑的线下实体物流服务或管理服务平台。

### 一、以中介服务为业务核心的干线"车货匹配"平台

以"黄牛""信息部"或"无车承运人"等中介服务为核心业务,实现运力、货源交易需求对接的"车货匹配"平台,是中国公路货运行业应用互联网技术最具代表性的商业模式探索。这类平台借鉴"淘宝网"平台连接"卖家"和"买家"和"滴滴出行"平台连接"出租车"和"乘客"的阶段性成功经验,尝试连接和服务于有货运需求的"货源方"和"运力方",实现交易匹配和附加服务,以实现创造客户价值和实现平台盈利的目的。

以中介服务为业务核心的干线"车货匹配"平台包括"运满满""货车帮""骡迹(罗计)物流"等。以货车帮为例,平台在移动端和电脑端都开发了交易服务界面,有货运需求的企业和公路运输企业都可以实时查询货运需求、线路和车辆信息。通过匹配车源方和货源方的需求来实现快速交易,有效降低了车辆返程空载率,缩短了等待时间。成交之后,企业还可以对车辆进行跟踪。此外,平台还附加高速通行、车辆保险、验证加油、货运金融等汽车后市场服务。

2013年至2014年间,中国公路货运市场出现大量的提供中介服务和附加服务的"车货匹配"平台。早期的平台多以"去除传统中介"为目标,试图替代原有公路行业的中介服务商的角色。但由于货源企业与小型零担专线运营商的信任难以建立,传统中介实际上提供了信用担保、信息分发等多重功能,而缺少线下资源基础的"车货匹配"平台在发展初期由于规模较小、市场信任度不高,很难替代传统中间商的作用。经过几年发展,大量"车货匹配"平台退出市场或转型服务,行业发展逐渐回归理性。2017年11月,两家行业领先(市值均超过10亿美元)的互联网货运平台"运满满"和"货车帮"合并,公路互联网"车货匹配"平台的巨头企业初现雏形。

除了以"去中介化"思路进行运营之外,一些公路货运平台采用了依托传统中介构建服务的模式。例如,"福佑卡车"定位为"为公路货运经纪人赋能"的干线整车互联网交易平台,以整合线下传统经纪人和中介服务商的模式实现快速扩张。从 2015 年 3 月平台上线到 2017 年,平台年交易额已超过 40 亿元。2017 年 3 月,平台获得君联资本、钟鼎创投、普洛斯、中航信托和真格基金等 2.5 亿元 C 轮融资[1],呈现稳定、高速发展态势。

### 二、以车辆服务为业务核心的干线"车队管理"平台

以车辆服务为业务核心的干线"车队管理"平台主要以运力端资源为切入点,谋求通过服务运力方来获取平台收益,或通过集成的运力池服务为货主企业提供运力解决方案。这类平台主要包括"路歌管车宝""志鸿物流"等。

例如,"路歌管车宝"充分利用互联网信息传输的即时性特征,通过在加盟的车辆上安装 GPS 等装置,实现对社会加盟车辆的集约化管理,并快速响应托运人的碎片化货运需求,以距离、成本等综合因素匹配最优运力资源。目前,平台服务的货主企业包括李锦记、顶新集团、立白集团等大型企业客户。

又如,广州"志鸿物流"以"大车队"管理模式整合自有运力和社会加盟车辆,形成包括覆盖全国多个城市的整车专线、快递干线和仓储配送服务,服务的客户包括顺丰、德邦、圆通、百世、天地华宇、唯品会、京东等。

由于中国公路货运的个体企业较多,车队管理平台一般都会整合社会运力,形成加盟型的市场整合平台。平台整合社会运力的方式存在多种模式,如依托传统专线业务积累运力,通过补贴和稳定货源获取新增运力,通过融资租赁等金融模式锁定运力等。例如,"狮桥物流"由狮桥资本公司全资控股,借助金融资源以融资租赁的方式与司机达成联盟,逐步形成运力整合的"超级车队"模式,以集成化的合同物流、城际专线、市内配送等业务为各类货主企业提供服务。

### 三、以线路合作为业务核心的干线"专线加盟"平台

专线服务是中国传统干线公路货运企业的基本服务产品。2013 年,中国道路货物运输经营业户为 745.17 万户,公路营运载货汽车拥有量为 1419.48 万辆,平均每户拥有货车 1.90 辆[2],其中大部分是从事干线货运的中小专线企业。专线市场进入壁垒低,许多企业都是个体经营,只靠一辆车经营一、二条线路,产品同质、

---

[1] 福佑卡车. 福佑卡车公司简介[EB/OL]. https://www.fuyoukache.com/us.html?target=us_company.html,2018-01-25

[2] 中国物流与采购联合会. 中国公路货运发展报告(2016—2017)[R]. 中国财富出版社,2017-11-01

价格竞争特征明显。随着中国物流行业需求结构和技术条件的变化,通过互联网或实体平台整合中小专线,提升服务能力和竞争力,成为行业发展的客观要求。

以线路合作为业务核心的干线"专线加盟"平台主要是由不同专线企业通过合作、加盟等形式,实现共享服务线路和共享收益的模式。2014年前后,这类联盟型平台迅速发展,帮助中小货运企业快速形成了覆盖范围广泛的物流运输网络。但是,由于线路资源、利益划分等问题未得到很好解决,导致许多联盟最终退出了市场。这种以线路合作为业务核心的典型平台企业包括"壹米滴答""万众物流"等。"壹米滴答"通过区域专线联盟的形式,自下而上合作构建跨省干线,而各自区域(省内专线)则交由原有参与联盟的专线企业进行运营,同时各方共同持股联盟平台,共享合作收益。公司最初由6家区域零担物流企业结盟而成,目前服务区域拓展至全国,2016年和2017年共获得四轮亿元以上风险投资[①]。

**四、以"枢纽+干线"为业务核心的干线"网络加盟"平台**

广阔的地理空间和非均衡的需求密度使中国专线物流形成多级分拨的物流网络形态。越靠近货物落地密集的城市区域,物流运输的定向分拨需求和定制化服务需求就越发凸显。企业的全程、全网运输服务需要区分干线、分拨中心和终端收发网点的运营机制。其中,"枢纽+干线"是中国公路货运相对标准化的运作业务,终端的收发网络则由分散专线、"信息部"构成。以"枢纽+干线"为业务核心的"网络加盟"平台着眼于构建全网服务,多数在枢纽、干线领域加强自营,同时收编终端分散收发资源,形成平台化运营。

以"枢纽+干线"为业务核心的干线"网络加盟"平台的典型企业包括"卡行天下""安能""商桥""远成"等。安能物流以"区域分拨中心、干支线班车总部直营"+"终端网点特许加盟"的模式构建实体专线物流网络平台,总部对加盟网点统一管理,与网点进行运费分成,同时总部也自营终端收货网点。目前,该公司在全国布局210个分拨中心、4000多条卡车线路和17000多个网点[②],在中国干线零担运输企业中处于领先地位。

与安能物流不同,卡行天下同时采用线上、线下整合的平台加盟模式,但不直接参与加盟企业的管理和运营,仅仅输出资源和管理标准。早期卡行天下以分拨中心、干线、终端门店全部开放加盟的形式构建平台,转型后则在分拨中心、干线方面开始扩大自营,但始终放开终端加盟,较少参与终端自营。

---

① 壹米滴答. 壹米滴答企业概况[EB/OL]. http://www.yimidida.com/common/introduce.jsp?pmenu=gyymdd&menu=qygk,2018-01-25
② 安能物流. 安能物流企业概况[EB/OL]. http://www.ane56.com/ane/aboutus.jsp,2018-01-25

这些平台企业主要通过专线、网点企业加盟的形式聚集终端服务资源,并以相对规模化、标准化的干线和分拨中心服务,联合构建重点区域通向全国的大范围公路运输网络,并以"共同品牌"承接业务、积累信用和提升市场议价能力。

### 五、以枢纽服务为业务核心的干线"园区服务"平台

公路货运物流园区是公路干线物流收派和发运业务的聚集区,可以同时服务于大型公路干线企业的分拨中心(仓库)和中小型专线。在传统公路货运中,园区一般为地产和物业型,以提供基础服务和收取租金、物业费为收入来源。在公路货运市场整合和平台发展过程中,传统园区也开始运用平台思维,利用枢纽优势,开放加盟园区间的干线公路物流服务,拓展城市"落地配"服务,形成综合物流服务平台。

以枢纽服务为业务核心的干线"园区服务"平台大多由具有传统园区运营资源的企业转型而来,如"传化""林安""深国际"等园区物流企业。也有依托传统货运服务资源转型发展园区服务的"天地汇"物流等。这类平台运营模式也存在差异,例如,传化物流在早期公路港实体平台模式上,通过开发陆鲸、易货嘀等互联网平台,形成干线物流和门店收货点的加盟平台体系;天地汇物流则依托传统干线专线资源,以租赁、托管代运营园区的方式向枢纽端服务扩展,同时开放加盟平台,整合终端线路、车辆和中介运输服务。

### 六、以同城店配、宅配为业务核心的"城市配送"平台

在公路干线货运平台快速兴起的同时,专注于城市周边和市区范围配送服务的城市配送平台也开始大量涌现。城市配送平台又分为"店配"和"宅配"两类,其平台运营和服务模式有所不同。

在店配平台方面,与干线货运比较,城市配送的店配服务空间范围更小,网络更加密集,服务标准化程度更低,初始交易也同样需要信用支持。基于此,传统城市配送的店配物流多为面向固定客户的中长期合同服务。从2014年至今,店配领域涌现的平台企业包括云鸟、百世、快货运、蓝犀牛、神盾、速派得、1号货车等。这些平台初期均以"车货匹配"为业务核心,并依靠补贴吸引了部分零散、单次类型的店配业务,后期也纷纷转型或拓展中长期合同物流服务。如云鸟平台从"车货匹配"的前期业务入手,逐步形成面向各类用户的定制化服务,并进一步固化为多种标准化服务流程。2017年,云鸟科技公司的服务网络已覆盖19个一线城市,平台运力池拥有超过80万名司机。2017年2月,公司获得由华平投资领投,经纬

中国、金沙江等投资方跟投的1亿美元D轮融资[①]。

此外,基于"商流+物流"的思路,店配领域也在与电商和新零售业态结合,形成新的物流服务体系。如阿里巴巴依托线上零售供应链,拓展了面向社区超市和便利店的B端订货平台"零售通",并采用推动线下传统便利店加盟"天猫小店"的收编形式形成商流闭环,由此通过"菜鸟"等物流平台拓展店配物流服务。京东也通过"京东便利店"加盟体系,依托商流增量发展自营为主的城市店配服务平台。类似的"B端批发+配送"企业平台还包括"中商惠民""百世店家""云蚂蚁""怡亚通"等。

在宅配平台方面,与店配比较,宅配平台主要面向家庭和个人服务,具有订单碎片化、线路定制化等特征。宅配平台又可以细分不同的服务类型,如包裹快递、外卖即时配送、大件整车搬家等。借助互联网技术,这些细分领域目前初步形成了相对成熟和市场集中度较高的物流平台企业,如快递领域的加盟平台中通、韵达等;即时配送领域的蜂鸟物流、新达达等;大件整车领域的货拉拉、速派得等。

在同城配送平台方面,许多公路服务平台交叉服务于不同的商业和物流细分市场,不同领域的平台也存在较多的业务交集。如"云鸟"同时开展为干线运输企业配套的落地配服务,为连锁企业提供的循环补货服务,为快递企业提供的区域大仓到网点的配送服务甚至"仓配一体化"的综合物流服务等。"速派得"同时提供多批次的店配合同服务和单一批次的宅配服务。此外,平台对运力和客户的整合也有多种方式,如自营、加盟、共享众包等。

**七、其他专业性公路货运配套服务平台**

公路货运配套服务种类众多,目前与互联网平台化关联较为密切的服务包括如下几类。

一是信息服务平台。典型企业如易流GPS、oTMS等。这些企业通过自身的信息系统和物流定制化方案解决能力,将货主、中间商、实际承运商和收货方的资源整合到系统中,形成面向客户需求的物流服务商闭环、透明服务体系。各方在平台上形成即时交流的社区,降低了传统模式下货源企业物流服务采购的信息搜寻、判断和中间服务成本。这类平台并不重点依托某项核心服务内容和货运资源,而是通过GPS等技术支持提升物流服务链条的整体效率。例如易流为沃尔玛、保洁提供的易流云服务,以及oTMS为绫致时装提供的管理多层级分包商的SaaS系统服务。

---

[①] 云鸟科技. 云鸟科技企业概况[EB/OL]. https://www.yunniao.cn/about, 2018-01-25

二是代收货款等金融服务平台。这些平台为公路货运企业服务,为客户提供代收货款、融资、保险等金融服务。这些平台企业包括易代收、随行付等,如易代收平台帮助有代收货款需求的企业更加便捷地对接不同公司的支付系统和运输管理信息系统,从而实现代收货款管理。

三是大数据货运管理服务平台。如 G7 货运人平台基于对客户车辆安装的 GPS 等传感器,实时获取车辆和驾驶员的作业信息。实现行程识别、实时异常报警、事故取证判责等。其中,通过在途实时风险预警系统,平台通过大数据综合判断,为客户车队提供基于司机疲劳驾驶的安全预警服务,大幅度降低了车队因疲劳驾驶产生的道路事故发生率。

此外,在汽车后市场(维修、加油、停车、洗车、验车、交通罚款)、司机服务(住宿、餐饮、休闲、驾驶辅助)等方面都存在一些平台服务,这些服务一般附加到一些平台的主要业务功能之上,由平台或其合作的第三方企业提供相应服务。还有一些相关的服务也可以通过平台获取,如 IT 信息系统服务、新闻媒体服务、专业社交网络服务等。

## 第三节 公路货运平台发展对中国公路物流行业的影响

公路货运平台是互联网技术在公路运输行业的主要应用形式,这形成了互联网对中国公路运输行业变革的主要载体和着力点。运输是物流行业的重要基础功能,公路货运平台虽然仅仅是物流行业诸多平台类型的一种,但对中国物流行业的发展产生了重大影响。

### 一、加速了中国公路货运物流市场的整合发展进程

中国公路货运市场"小、散、差"的产业组织格局尚未扭转,市场整体集中度低,企业服务网络和服务能力有待提升。具体来看,整车运输、零担运输、快递市场的集中度依次提升。其中,整车运输市场的产业组织化程度较低,90%的运力属于个体经营企业。[①] 在零担运输市场,2013 年中国公路零担物流前 10 名所占的市场份额不到 5%。相比之下,美国前十大零担运输公司垄断了美国 68.29%的市场份额。[②] 在快递市场,随着 2016 年下半年到 2017 年顺丰、"三通一达"等快递企业的接连上市,整个行业的市场集中度大幅提升。

---

① 中国物流与采购联合会.中国公路货运发展报告(2016—2017)[R].北京:中国财富出版社,2017-11-01

② 物流沙龙.物流+互联网平台创新报告[EB/OL]. http://www.360doc.com/content/16/0225/13/8224881_537269814.shtml,2016-02-06

在互联网技术的辅助下,中国公路货运平台的发展加速了公路物流行业的整合。

首先,公路货运平台创新了市场整合模式。由于小型运输企业数量众多,依托平台的方式将分散的个体企业形成具有一致行动和协同服务能力的平台参与方或加盟方,在一定程度上提升了企业对外服务的能力,降低了合作的交易成本。一些平台通过吸收加盟的方式,实际上将个体货运企业收编为统一品牌旗下的小型服务团队,类似于企业下属的项目团队,形成了市场整合的新模式。

其次,公路货运平台加快了市场整合进程。平台的发展提升了分散个体运输企业的整体议价能力。在平台发展壮大的过程中,平台方会统一扩展企业客户、提升货源质量,并在一定程度上为加盟平台的企业建立标准、集成新兴技术、完成行业集约化发展需要的装备、信息系统和商业模式研发,从而加快行业发展壮大,进而吸纳更多加盟商,加快行业整合和集约化发展步伐。

整体上看,公路货运物流市场的集中度在逐步提升。零担市场方面,2016年,零担物流领军企业德邦物流实现全年收入170亿元,同比增长31.6%,巩固了行业龙头地位,并在2017年1月实现上市。佳吉物流、盛辉物流等零担企业的市场规模也保持稳定。2017年11月,互联网货运平台"运满满"和"货车帮"合并,"车货匹配"平台领域诞生了规模相对较大的龙头企业。一些个体、小型货运企业则加速市场整合和淘汰进程。快递市场方面,2017年快递市场寡头垄断格局初步形成。一方面,大型快递企业开始加速市场并购,如2017年5月,圆通控股香港先达国际物流,8月,申通快递入股快捷快递;另一方面,中小快递企业也加速整合,如2017年4月,全峰快递被青旅物流收购。

**二、提升了行业整体的信息技术发展水平和竞争力**

首先,公路货运平台加快了大数据、人工智能等新兴技术在行业领域的应用。许多平台直接构建在基于互联网和移动互联网的云平台之上,允许客户利用手机等移动互联网设备直接使用。由于平台对数据的留存和积累能力较强,因此大数据和基于大数据的一些智能算法和应用得以实施,从而提升了平台服务产品的智能化水平。中国公路物流领域已经成为众多最前沿信息和人工智能技术的应用试验场,并与技术发展形成研发与转化的良性互动机制,提升了行业的整体发展水平和竞争力。

其次,互联网平台提升了公路物流行业的社会关注度,聚集了行业发展的要素资源。传统公路物流被认为是劳动密集型的低附加值产品,处于商业产业链的低端,无法吸引高端人才,也缺少投资资本的关注。而公路货运平台将互联网、物联网、人工智能等诸多技术与物流作业结合,提升了行业的价值增值能力,开始汇聚社会资本、技术转化和高端人才等经济要素。要素资源的加快流入也促进了行业的整体发展和提升竞争力。

在互联网革命的推动下，中国一些物流细分市场发展迅速，部分领域已经成为全球最大的细分市场，诞生了一些具有世界级竞争力的物流企业。例如在电商快递领域，快递平台企业菜鸟物流依托"商流+枢纽"的模式，形成多家大型快递物流企业入驻的全程快递物流平台；又如，2017年4月，京东集团宣布组建京东物流子集团，从组织形式上确立了京东物流的独立运营，并将以"京东物流"品牌为全社会提供开放服务，成为具有干线、枢纽、城配和快递等整合服务能力的物流企业。

**三、推动了行业服务专业化、全程化和商业模式创新**

公路货运平台的发展提升了公路物流的市场细分和专业化水平。首先，传统公路服务尤其是针对零散客户的货运服务，在价格、收货网点、运输时间等方面采用一事一议模式，价格不透明、作业不标准、服务质量不稳定的情况较为普遍。互联网平台以投标竞价或公开线路价格的方式，推动了物流服务的产品化，在服务标准上提升了专业化水平。其次，在公路货运平台和物流服务产品化的影响下，许多服务领域开始细分化，例如零担运输领域开始明确区分快运、普运产品，大票、小票服务，落地配附加服务等。最后，专业化、定制化的合同货运、三方货运也加快发展，冷链、危险品等领域的公路运输服务水平不断提升。

公路货运平台的发展增强了公路物流行业的全程化服务能力。平台业务模式有利于延伸服务链条，附加其他相关服务内容。公路货运平台企业在依托自身资源搭建核心业务服务平台的同时，通常会依托与其他企业的合作增加相关的上下游服务，进而形成公路货运的全程服务。例如，许多公路干线平台同时在平台上展示临时仓储和同城落地配服务。此外，一些企业本身就具备全程服务的资源和服务能力，依托互联网平台的信息实时传播和跟踪辅助作用，企业的全程物流服务更加透明，也实现了更好的客户体验。

公路货运平台的发展也提升了公路物流企业的商业模式创新水平。公路货运平台本身是一种商业模式创新，是企业借助互联网在信息传送、实时反馈、达成交易、全程跟踪、网络支付和辅助管理等方面的能力，形成的一种提升交易效率、降低交易成本、汇聚交易资源的创新。此外，在互联网、大数据、人工智能等新技术发展的推动下，熟悉客户需求和市场运营的公路货运企业开始在各个细分领域研发新的装备、探索新的服务，如干线公路领域的甩挂、甩箱运输，快递领域无人机配送等。

## 第四节 中国公路货运平台及行业发展趋势

随着中国国民经济发展和社会进步,公路货运行业也将保持稳步发展。行业发展的内在需求会持续推动公路货运行业从各个层面持续创新。作为互联网革命在公路行业的具体应用形式,公路货运平台的发展所需的产业政策、技术进步、社会资源要素等多种支持条件将逐步完善,公路货运平台的务实、理性发展与回归客户价值的趋势将进一步显现。

### 一、平台服务将逐步标准化、产品化、快运化和全程化

长期来看,行业发展的内在逻辑始终是实现客户价值和社会价值。在互联网等信息技术加速应用的时代背景下,客户需求变革的压力最终会传递到公路物流行业。公路货运平台的发展也将顺应客户需求的变化,加速公路货运服务的标准化、产品化、快运化和全程化。

从标准化和产品化趋势来看,首先是公路物流设备和作业批量的单元化和模块化,如单元化托盘应用和带板运输逐步推广,适合运输产品定位和批量模块化操作的甩挂、甩箱运输开始加快发展,运营层面新兴模式不断涌现。其次是区分不同细分市场和专业化运营模式的产品化,如同城配送和快递领域的"当日达""次日达"产品,零担运输领域区分线路和产品重量的"直通车""定时达""卡航"等服务产品。最后是互联网、物联网等技术支持下的公路物流全程监控逐渐成为行业标配,在位置监控、线路监控、温度监控、开箱监控等领域的应用范围不断扩大。

从快运化趋势来看,干线运输和同城配送领域都在推进货运服务的"客运化",即以类似铁路和航运市场"五定班列"的"航班化"周期性服务形式["五定"即"五个固定",包括定点(固定装车地点)、定线(固定运行线路)、定次(固定发车周期)、定时(固定出发达到时间)、定价(运输价格在一定时间内固定)];在整车运输领域逐步理顺多式联运衔接和透明化、时效化服务;在零担运输领域逐步实现周期化、稳定化、时效化运营;在同城领域逐渐实现"半日达",在省内服务做到"一日达"。此外,"卡车航班"模式是公路运输快运化的基础,也是行业发展的趋势之一。

从全程化趋势来看,随着公路货运服务的市场机制逐步健全和企业运营效率的提升,市场竞争将日益充分,单一、同质化运输服务的利润率将日趋降低。在提升客户服务水平、形成差异化服务产品、扩展多维盈利等竞争压力条件下,公路货运平台扩展上下游服务和全程服务的意愿不断提升。如干线零担运输企业扩展

城市落地配,同城店配服务扩展快递、即时配送等宅配服务,专线或园区平台扩展汽车后市场和司机服务等。

## 二、政策环境将持续改善,行业治理进一步规范

随着互联网和信息技术在公路行业的深度应用,中国公路行业引起社会广泛关注,一些体制机制层面造成的传统行业在服务过程中的不合理、不规范做法也逐渐得到纠正。近年来,国家和地方政府持续出台行业规范发展政策,在诸多领域理顺行业运行机制,推动行业转型升级。未来,政府将进一步完善行业营商环境,行业规范、健康发展的趋势进一步凸显。

一是在行业标准上将进一步健全、完善,并推动行业标准形成系统完整的体系,向强制性、操作性规范发展。目前国家已经出台了《汽车、挂车及汽车列车外廓尺寸、轴荷及质量限值》(GB 1589—2016)等强制性标准,为进一步治理超载等工作奠定基础。

二是理顺税收票务机制,减轻企业负担,优化市场环境。在"营改增"从试点到全面推行过程中,公路货运行业税负水平小幅下调,但整体税负依然有所增加,主要问题是进项抵扣不足。未来,随着国家"无车承运人"试点工作的进一步推广,增值税抵扣问题有望在新框架下得到解决。

三是进一步规范行业发展。一些规范发展政策可能造成行业的短期发展压力,如治理超载,环保排放标准的阶段性实施、范围扩大等,这些政策短期内可能造成行业运力减少、成本增加,但长期来看符合行业规范化运营的趋势,未来这类政策可能进一步增加。同时,更多规范发展政策将利好行业发展,如"无车承运人"政策落地将货代、部分公路货运平台的中介服务身份合法化;又如取消道路运输车辆二级维护强制性检测,扩大跨省异地缴纳交通违法罚款试点,降低高速公路通行费用等政策将进一步落实和完善。未来,行业规范化发展的政策将进一步促进行业的健康发展。

## 三、前沿技术应用、商业模式创新的步伐将进一步加快

在行业推行互联网技术应用和公路货运平台的发展进程中,由技术开发、风险投资、国家政策、企业转化形成的行业创新链条逐步成型,为未来更多前沿技术应用和商业模式创新奠定了基础。未来,公路货运行业和公路货运平台的新技术应用转化、商业模式创新步伐将进一步加快。

一是大数据、人工智能领域可能在公路货运行业出现重大应用和商业模式创新。目前,一些行业领先企业已经开始探索基于大数据和人工智能技术的无人机、无人驾驶汽车等新装备的具体应用。如2017年6月,京东物流在宿迁建成了

全球首个无人机调度中心;8月,京东物流又获得覆盖陕西省全境的无人机空域书面批文。从长期来看,无人配送有可能成为物流行业发展的革命性力量。

二是新零售商业模式的发展,可能改变部分零售物流的服务模式和行业格局。目前,企业仍在不断挖掘和丰富"新零售"的内涵和落地模式,运用线上线下渠道资源,组合零售购物与餐饮、社交、娱乐等多元体验,依靠先进的技术、大数据和智能无人化装备的支持,实现新零售的商业模式创新。在物流领域,新零售正在发展"门店即分仓"的终端配送模式,如盒马鲜生对3平方公里范围内的下单客户采用生鲜产品门店即时发货,半小时配送到家的方式。未来,配合商业流通领域的新商业模式,物流行业也将不断涌现新的商业模式创新。

# 第十一章 "一带一路"跨境物流服务体系的发展与创新

跨境物流是实现货物在不同国家间流动与交换的基本保障。在"一带一路"倡议推进过程中,我国积极与沿线国家在基础设施建设、自贸区建设和跨境通关方式等方面加强政策沟通,不断创新跨境物流服务体系建设。然而,受经济发展水平和基础设施条件的制约,我国与"一带一路"国家的跨境物流成本以及跨境物流服务效率仍有较大提升空间。未来,伴随着"一带一路"跨境物流服务体系的不断创新发展,跨境物流效率将会快速提升。

## 第一节 "一带一路"跨境物流服务体系的发展背景

2017年,"一带一路"建设进入了全面务实合作的新阶段,在各个领域都取得了丰硕成果,沿线各国的经济水平和贸易规模不断提升,进一步完善跨境物流服务体系的软环境逐渐成为"一带一路"建设的重要内容。

### 一、"一带一路"倡议稳步推进

2017年,在国家高层引领和相关部门的密切配合推动下,我国与"一带一路"国家间的双边和多边合作不断加深,以中国为首的政府间与非政府间组织的作用不断增强,中国与"一带一路"国家间的投资合作持续深化,为"一带一路"国家间的跨境物流服务建设提供了保障。

(一)中国与"一带一路"各国间双边和多边合作不断加深

我国政府以六大经济走廊为框架(六大经济走廊指:中蒙俄、新亚欧大陆桥、中国-中亚-西亚、中国-中南半岛、中巴、孟中印缅六大经济走廊),逐步向外扩展,与沿线国家在电子商务、关税、自贸区和服务贸易等各方面签署了大量合作协定,这对"一带一路"跨境物流服务提出了新的需求,同时也为跨境物流服务体系的发展和创新打下了坚实基础。2017年我国与"一带一路"国家签订的主要双边与多边协定如表11-1所示。

表11-1　2017年签署的部分主要协定

| 签署文件 | 国家 | 内容 |
| --- | --- | --- |
| 《建设中蒙俄经济走廊规划纲要》 | 中国、蒙古、俄罗斯 | 明确了通过在增加三方贸易量、提升产品竞争力、加强过境运输便利化、发展基础设施等领域实施合作项目，进一步加强三国合作的宗旨，对合作方向进行了深入探讨 |
| 《关于深化中欧班列合作协议》 | 中国、白俄罗斯、德国、哈萨克斯坦、蒙古、波兰、俄罗斯七国铁路部门 | 提高亚欧间铁路货运市场份额，带动沿线国家经济发展和经贸合作，合力打造中欧班列国际物流品牌，努力为中欧班列深化发展提供机制保障 |
| 《关于欧亚经济伙伴关系协定联合可行性研究的联合声明》 | 中国、俄罗斯 | 开展欧亚经济伙伴关系协定的可行性研究，具体落实"一带一路"倡议与欧亚经济联盟建设对接合作 |
| 《中国-新西兰自贸协定》 | 中国、新西兰 | 涉及削减技术性贸易壁垒、海关程序与贸易便利化、原产地规则、服务贸易、投资、竞争政策、电子商务、农业合作、环境、政府采购等议题 |
| 《加强邮政领域合作的谅解备忘录》 | 中国、伊朗 | 建立高层会晤机制，分享邮政和快递改革发展经验；鼓励两国邮政企业就电子商务、物流服务、邮政金融服务、集邮等领域开展合作 |
| 《关于电子商务合作的谅解备忘录》 | 中国、柬埔寨 | 加强政策沟通、企业合作、能力建设、人员培训和联合研究等电子商务领域的交流合作 |
| 《中华人民共和国政府与智利共和国政府关于修订〈自由贸易协定〉及〈自由贸易协定关于服务贸易的补充协定〉的议定书》 | 中国、智利 | 对原有协定进行丰富、完善、补充和提升，涵盖货物贸易、服务贸易、经济技术合作以及电子商务、环境、竞争、政府采购等多领域合作 |
| 《中华人民共和国政府和菲律宾共和国政府联合声明》 | 中国、菲律宾 | 实施好《中菲经贸合作六年发展规划》，在基础设施、产能与投资、经贸、农业、民生发展、社会人文等重点领域推进合作，共同编制和落实《中菲工业园区合作规划》 |
| 《关于共同推进丝绸之路经济带和21世纪海上丝绸之路建设的谅解备忘录》 | 中国、巴拿马 | 以共建"一带一路"为统领，加强发展战略对接，优势互补，高质高速推进两国合作发展 |

资料来源：根据"中国一带一路网"（https://www.yidaiyilu.gov.cn/）资料整理。

## (二) 中国为主的各类协会组织的作用不断增强

随着"一带一路"国家(地区)间一体化水平的不断提高,政府间和非政府间的联盟通过落实推动国家间的双边和多边协定,为跨境物流服务体系发展提供战略保障,正逐渐成为"一带一路"上承担促进经贸交流任务的主体力量。

政府间组织方面,2017年6月在世界交通运输大会上,由来自"一带一路"沿线20多个国家和地区的40多位代表共同发起成立了"一带一路(国际)交通联盟"。联盟将在实现沿线各国交通运输融合与可持续发展等方面发挥作用。

非政府组织方面,2015年10月,广州商业总会与中国商联会、广东商联会等国内外66个商协会合作发起成立"一带一路国际商业协作联盟",通过与多个企业和科研机构合作,为"一带一路"沿线各企业商业往来搭建信息和合作平台[1]。2016年10月,"一带一路"建设促进委员会正式成立,该委员会由中国社会经济文化交流协会主办、赤子杂志社等单位承办,旨在通过组织社会、经济、文化界人士开展学术、文化交流活动,增进与"一带一路"沿线国家的文化交流[2]。

## (三) 中国与"一带一路"国家间投资合作持续深化

2017年,我国对"一带一路"沿线国家直接投资143.6亿美元,其中并购62起,投资额达88亿美元,同比增长32.5%,承包工程新签合同额1443.2亿美元,占同期我国对外新签合同额的54.4%,较2016年增长了14.5%[3]。在引进来方面,我国通过放宽外资准入领域,探索准入前国民待遇加负面清单的外资管理模式,营造高标准的国际营商环境等措施,使沿线国家来华投资持续增长。2017年,沿线国家对华投资新设立企业超过了3800家,同比增长近33%[4]。

截至2018年4月,中国企业对"一带一路"沿线国家累计直接投资超过了600亿美元[5],涵盖农林开发、能源资源、加工制造、物流运输、基础设施等多个领域。我国已经成为不少沿线国家的主要投资来源国。

---

[1] 亚太日报. 广商聚力共推"一带一路"[EB/OL]. http://www.sohu.com/a/127157356_125484, 2017-02-24

[2] HOBOR鸿网. 中国社会经济文化交流协会特申请成立中国一带一路建设促进委员会[EB/OL]. http://www.hobor.org.cn/html/guojiguanxi/20161028/53861.html, 2016-10-28

[3] 商务部合作司. 2017年我对"一带一路"沿线国家投资合作情况[EB/OL]. http://fec.mofcom.gov.cn/article/fwydyl/tjsj/201801/20180102699450.shtml, 2018-01-16

[4] 经济参考报. 商务部政策研究室主任沈丹阳:"一带一路"新起点要有新重点[EB/OL]. http://www.jjckb.cn/2018-04/11/c_137141700.htm, 2018-04-11

[5] 同[4]

## 二、"一带一路"沿线国家经贸持续增长

2017年全球经济增长好于预期,投资、制造业和贸易持续复苏①。与此同时,随着"一带一路"倡议的推进,各国间合作不断加深,"一带一路"沿线各经济走廊的主要国家经济增速预期稳中有升。2017年"一带一路"经济走廊主要国家GDP增速及2018—2020年预测如表11-2所示。

表11-2  2017年"一带一路"经济走廊主要国家GDP增速及2018—2020年预测

单位:%

| 经济走廊 | 国家 | 2017年 | 2018年预测 | 2019年预测 | 2020年预测 |
|---|---|---|---|---|---|
| — | 世界 | 3.0 | 3.1 | 3.0 | 2.9 |
| — | 中国 | 6.8 | 6.4 | 6.3 | 6.2 |
| 中蒙俄经济走廊 | 俄罗斯 | 1.7 | 1.7 | 1.8 | 1.8 |
|  | 蒙古 | 2.8 | 3.1 | 7.3 | 5.5 |
| 新亚欧大陆桥走廊 | 德国 | 2.4 | 2.1 | 1.7 | 1.5 |
|  | 荷兰 | 2.4 | 2.1 | 1.7 | 1.5 |
|  | 波兰 | 4.5 | 4.0 | 3.5 | 3.1 |
|  | 哈萨克斯坦 | 3.7 | 2.6 | 2.8 | 3.0 |
|  | 白俄罗斯 | 1.8 | 2.1 | 2.4 | 2.4 |
| 中国-中亚-西亚经济走廊 | 土耳其 | 6.7 | 3.5 | 4.0 | 4.0 |
|  | 乌兹别克斯坦 | 6.2 | 5.6 | 6.3 | 6.5 |
|  | 塔吉克斯坦 | 5.2 | 5.0 | 5.5 | 5.7 |
|  | 吉尔吉斯斯坦 | 3.5 | 4.2 | 4.8 | 4.6 |
|  | 土库曼斯坦 | 6.4 | 6.3 | 6.3 | 6.3 |
|  | 伊朗 | 3.6 | 4.0 | 4.3 | 4.3 |
| 中国-中南半岛经济走廊 | 泰国 | 3.5 | 3.6 | 3.5 | 3.4 |
|  | 马来西亚 | 5.8 | 5.2 | 5.0 | 4.7 |
|  | 越南 | 6.7 | 6.5 | 6.5 | 6.5 |
|  | 柬埔寨 | 6.8 | 6.9 | 6.7 | 6.7 |
|  | 老挝 | 6.7 | 6.6 | 6.9 | 6.9 |
| 中巴经济走廊 | 巴基斯坦 | 5.3 | 5.5 | 5.8 | 6.0 |
| 孟中印缅经济走廊 | 印度 | 6.7 | 7.3 | 7.5 | 7.5 |
|  | 孟加拉国 | 7.2 | 6.4 | 6.7 | 6.7 |
|  | 缅甸 | 6.4 | 6.7 | 6.9 | 6.9 |

资料来源:根据世界银行《Global Economic Prospects Jan 2018》数据整理。

---

① 世界银行. Global Economic Prospects:Broad-Based Upturn, but for How Long? [EB/OL]. http://www.shihang.org/zh/publication/global-economic-prospects,2018-01-01

从表 11-2 可以看出,中蒙俄经济走廊、新亚欧大陆桥走廊、中国-中亚-西亚经济走廊、中国-中南半岛经济走廊、中巴经济走廊和孟中印缅经济走廊等六条经济走廊作为"一带一路"国家中经济发展速度较快的区域,主要国家 GDP 增速预期高于世界平均水平,且俄罗斯、印度、巴基斯坦等 10 个国家 2018—2020 年的 GDP 增速预测值表现出稳中有升的趋势。

WTO 发布的相关数据显示,2017 年中国、俄罗斯、德国、荷兰和印度等"一带一路"国家和地区的进出口额均实现增长,且增长率均高于 2016 年,相比于 2016 年大部分国家贸易总额负增长的情况,2017 年对外贸易开始回暖。2017 年"一带一路"沿线部分国家及地区进出口总额及增速如表 11-3 所示。

表 11-3　2017 年"一带一路"沿线部分国家及地区进出口总额及增速

| 国家及地区 | 出口额/亿美元 | 增长率/% | 进口额/亿美元 | 增长率/% |
| --- | --- | --- | --- | --- |
| 中国内地 | 22630 | 7.9 | 18420 | 16.0 |
| 俄罗斯 | 3530 | 25.3 | 2380 | 24.1 |
| 德国 | 14480 | 8.5 | 11670 | 10.5 |
| 荷兰 | 6520 | 14.1 | 5740 | 13.7 |
| 独联体地区 | 5180 | 24.4 | 4020 | 20.8 |
| 印度 | 2980 | 13.0 | 4470 | 23.8 |
| 南非 | 890 | 18.4 | 1010 | 10.6 |
| 中东地区 | 9610 | 18.0 | 7120 | 1.1 |
| 新兴工业化经济体(中国香港、韩国、新加坡、中国台湾) | 12830 | 12.6 | 12030 | 13.7 |

资料来源:根据 WTO 公布数据整理(https://www.wto.org/english/news_e/pres18_e/pr820_e.htm)。

与发达国家相比,"一带一路"大部分国家的整体经济实力还有一定差距,但随着各国经济水平的不断提升,跨境物流市场发展和创新必将迎来新的机遇。

### 三、"一带一路"国家与我国间的贸易成本较高

总体而言,"一带一路"涉及的 70 多个国家和地区,由于各国对外贸易政策等原因,国家间贸易成本居高不下。表 11-4 给出了我国与六大经济走廊主要国家间的贸易成本占产品价格的百分比以及去除关税后的贸易成本占产品价格的百分比。从数据看出,中国与经济走廊国家的贸易成本普遍偏高,贸易成本占产品价格百分比的平均值达到了 118.32%,最高达 263.48%,即使除去关税外仍高达

253.8%,这说明贸易成本已高达国内产品价格的2.5倍,非关税壁垒成为影响"一带一路"贸易发展的重要障碍。

"一带一路"沿线国家货物跨境的非关税壁垒的降低,必将提高贸易便利化程度,促进相关国家和地区之间的产业布局优化,并最终有助于"一带一路"各个国家和地区的福利改善。

表 11-4 "一带一路"经济走廊主要国家与我国之间的贸易成本　　单位:%

| 经济走廊 | 国家 | 从价等值贸易成本 | 从价等值贸易成本(除去关税) |
| --- | --- | --- | --- |
| 中蒙俄经济走廊 | 俄罗斯 | 96.23 | 81.15 |
| | 蒙古 | 125.39 | 109.73 |
| 新亚欧大陆桥 | 德国 | 72.84 | 62.79 |
| | 荷兰 | 58.88 | 50.05 |
| | 波兰 | 113.72 | 101.44 |
| | 哈萨克斯坦 | 97.92 | 82.31 |
| | 白俄罗斯 | 167.29 | 145.30 |
| 中国-中亚-西亚经济走廊 | 土耳其 | 144.37 | 129.31 |
| | 乌兹别克斯坦 | 129.44 | 104.60 |
| | 塔吉克斯坦 | 181.81 | 161.13 |
| | 吉尔吉斯斯坦 | 144.91 | 126.75 |
| | 土库曼斯坦 | 230.15 | 191.67 |
| | 伊朗 | 106.82 | 77.88 |
| 中国-中南半岛经济走廊 | 泰国 | 76.01 | 66.94 |
| | 马来西亚 | 60.79 | 55.82 |
| | 越南 | 43.74 | 40.53 |
| | 柬埔寨 | 128.02 | 123.69 |
| | 老挝 | 113.86 | 102.99 |
| 中巴经济走廊 | 巴基斯坦 | 120.33 | 100.03 |
| 孟中印缅经济走廊 | 印度 | 100.30 | 83.00 |
| | 孟加拉国 | 138.53 | 116.69 |
| | 缅甸 | 263.48 | 253.80 |

注:贸易成本数据库中最新数据为2013年数据,其中土库曼斯坦为2000年数据;从价等值贸易成本是指两国贸易成本占该产品国内贸易价格的百分比。

资料来源:ESCAP—世界银行贸易成本数据库(http://www.unescap.org/resources/escap-world-bank-trade-cost-database)。

## 四、国际跨境物流服务模式不断创新

随着"一带一路"倡议的深入,降低非关税壁垒,加快跨境物流服务体系建设,将成为未来一段时间内促进各国间经贸合作的重要战略。世界主要发达国家积极利用快速发展的信息技术,传统制造业不断创新发展,运输工具、仓储设备和物流运营管理等方面的自动化和智能化水平不断提高,从而促进了跨境物流服务体系创新,我国在自动化分拣和无人机等方面也有不俗的表现。国际跨境物流服务体系创新为"一带一路"沿线国家间的跨境物流体系创新发展提供了新契机与技术动力。

2017年,制造业不断创新使运输工具大型化和专业化发展趋势突出。在这一年里,大型集装箱船舶记录两次被刷新。2017年11月,达飞集团订造的集装箱船已达22000TEU。航空全货机的大型化趋势也较明显,据日本航空器开发协会预测,到2036年大型货机所占比例将从2016年的30%增长到47%[1]。2017年,航运公司、电商和网络技术公司等,积极参与信息平台建设、自动分拣和无人驾驶技术的研发与应用。马士基集团与IBM合作成立区块链合资公司,为全球贸易参与者提供更加安全高效的交易平台;2017年6月投入使用的京东"亚洲一号"昆山无人分拣中心分拣能力高达4万件/小时,超过人工分拣效率10倍[2];2017年10月,我国研发出首款吨位级货物无人机AT200;而谷歌旗下Waymo公司的无人货车目前已完成640万公里路测[3]。

信息技术的快速发展及其在物流领域的应用,也推动了跨境管理的信息化。许多发达国家通过跨境管理结构调整,开发建设信息化平台,使跨境服务能力不断提升。美国将海关与边境保护局划入国土安全部,通过"国际贸易数据系统"与"自动化商业环境(ACE)"信息系统整合,实现了跨境管理的无纸化和智能化[4];荷兰将海运Port Base平台和海关Sagitta系统进行整合,并结合空运Cargo Naut平台和港务局船舶信息ShipInfo系统,形成了完整的跨境信息交换系统[5]。跨境物流服务的完善进一步提升了这些国家贸易便利化水平。近年来,德国、美国和荷兰等一些发达国家贸易便利化水平提升较快,如表11-5所示。

---

[1] AIRBUS. Global Market Forecast 2017—2036[EB/OL]. http://www.airbus.com/aircraft/market/global-market-forecast.html,2017-03-20

[2] 物流技术与应用杂志. 京东物流昆山无人分拣中心详解[EB/OL]. http://mini.eastday.com/mobile/171030184023765.html,2017-10-30

[3] 国际船舶网. 马士基-IBM区块链合资公司获欧盟批准[EB/OL]. http://www.eworldship.com/html/2018/ShipOwner_0403/137814.html,2018-04-03

[4] ESCAP. Single Window for Trade Facilitation: Regional Best Practices and Future Development[EB/OL]. http://www.unescap.org/sites/default/files/Regional%20Best%20Practices%20of%20Single%20Windows_updated.pdf,2018-03-27

[5] 黄新. 后危机时代中国港口信息化展望[J]. 中国港口,2010(12):56-58

表 11-5  部分发达国家贸易便利化指标得分

| 国家 | 2015年指标(满分为2) | 2017年指标(满分为2) | 增长比例/% |
| --- | --- | --- | --- |
| 德国 | 1.57 | 1.80 | 15.15 |
| 美国 | 1.66 | 1.80 | 8.55 |
| 荷兰 | 1.73 | 1.86 | 7.50 |
| 法国 | 1.62 | 1.75 | 8.49 |
| 英国 | 1.70 | 1.76 | 4.08 |
| 新加坡 | 1.79 | 1.84 | 2.90 |

资料来源：OECD 贸易便利化指数（http://www.oecd.org/tad/facilitation/indicators.htm）。

## 第二节 "一带一路"跨境物流服务体系创新发展现状

在"一带一路"倡议下,中国与各国一起在自贸区、产业园区和港口建设、中欧班列、航空网络发展以及贸易便利化方面实施了一系列新举措,"一带一路"跨境物流服务体系建设方兴未艾。

### 一、自贸区、产业园区和港口建设步入新阶段

2017年,中国通过新型自贸区建设,加快政府职能转变,营造一流国际营商环境,并继续加强与"一带一路"国家及地区在产业园区和港口的投资合作,为"一带一路"跨境物流服务体系提供了支撑平台。

2016年中国新增自由贸易试验区 7 个,总数达 11 个[①]。2017年3月中国在上海洋山保税港区和浦东机场综合保税区等海关特殊监管区域内,设立自由贸易港区,赋予比自由贸易试验区更大的改革自主权,吸引更多境外投资公司在中国开展业务[②]。自由贸易试验区和自由贸易港区不仅是跨境物流活跃区,也为跨境物流提供了重要的政策平台。

中国还积极与"一带一路"沿线国家共建自贸区,为跨境物流发展提供了网络平台。中哈霍尔果斯国际边境合作中心是中国与其他国家建立的首个跨境自由贸易区,封关运作五年来,借助功能齐全、设施完善、优惠政策多等有利条件,吸引大批商户、企业前来投资落户。除跨境自贸区外,中国还与马尔代夫、新加坡、东

---

[①] 国务院. 国新办举行自由贸易试验区建设情况发布会[EB/OL]. http://www.scio.gov.cn/xwfbh/xwbfbh/wqfbh/35861/36443/index.htm,2017-03-31.
[②] 国务院. 国务院关于印发全面深化中国(上海)自由贸易试验区改革开放方案的通知[EB/OL]. http://www.gov.cn/zhengce/content/2017-03/31/content_5182392.htm,2017-03-31.

盟、格鲁吉亚、韩国、新西兰和巴基斯坦七个国家和地区签订了自贸区协议,与斯里兰卡、以色列、摩尔多瓦等国家的自贸区建设也处在谈判当中①。

在共建产业园区方面,中国积极利用资产、资金和技术优势与"一带一路"沿线国家合作,累计投资超过180亿美元,为东道国创造超过10亿美元的税收,超过17.7万个就业岗位②。2017年1月,中国-斯里兰卡工业园项目正式启动,工业园占地50平方公里,以商贸物流业为切入点,发展船舶服务和海产品加工、农副产品加工等加工制造业;12月,江苏无锡太湖可可食品有限公司与尼日利亚奥逊州政府签署了共建工业园区的协议,江苏无锡太湖可可食品有限公司将投资6亿美元,奥逊州政府将成立工作组负责工业园区建设项目的对接和服务③。

在港口共建方面,招商局集团及中远海运集团的海外港口码头建设战略稳步推进,2017年海外码头收购项目共9项。目前,已有的港口建设项目正逐步向物流园和工业园发展,且更注重民心相通。2017年中国参与的"一带一路"国外部分重点港口建设项目如表11-6所示。

表11-6 2017年中国参与的"一带一路"国外重点港口建设项目

| 港口名称 | 主要项目 | 战略意义 |
| --- | --- | --- |
| 吉布提多哈雷多功能港 | 2017年5月24日,由招商局港口控股有限公司参与间接投资的吉布提多哈雷多功能码头正式开港 | 中国"一带一路"倡议辐射非洲大陆的重要支点 |
| 瓜达尔港 | 自由区起步区、东湾快速路等项目启动建设,中国红十字援外医疗队进驻瓜达尔港,由中方援建的法曲儿小学、气象站等港区配套设施已建成使用 | 使瓜达尔港成为中巴经济走廊重要组成部分,成为马六甲海峡以外中国西进新途径,极大加强了中巴两国贸易互通和民心相通水平 |
| 斯里兰卡科伦坡港 | 2016年,暂停的科伦坡港口城项目进展顺利<br>汉班托塔港二期,港口后方发展大型中转港口和临港工业<br>2017年招商局出资收购汉班托塔港口的85%股权并与斯方在同一区域共同开发工业园 | 满足科伦坡港口作为中转型枢纽港需要<br>解决海上丝绸之路南亚地区航运中转问题 |

---

① 中国证券网.中国-斯里兰卡自贸区谈判举行取得积极进展[EB/OL].http://fta.mofcom.gov.cn/article/fzdongtai/201701/34107_1.html,2017-01-24

② 冯其予.中企"一带一路"沿线累计投资超过185亿美元[N].经济日报,2017-04-25

③ 商务部.中国企业在尼日利亚奥逊州投资建设工业园区明年1月开工[EB/OL].https://www.yidaiyilu.gov.cn/xwzx/hwxw/38170.htm,2017-12-02

(续表)

| 港口名称 | 主要项目 | 战略意义 |
|---|---|---|
| 马来西亚皇京港 | 2017年4月皇京港填海造地工程正式开工 | 中国在马六甲海峡的新支点,有望成为马六甲海峡新航运中心 |
| 西班牙Noatum港 | 2017年6月,中远海运港口有限公司以2.03亿欧元的价格收购TPIH Iberia, S.L.U.持有的西班牙Noatum港口控股公司(NPH)51%的股权 | 进一步完善了我国在欧洲地区的港口布局,加强了Noatum港在地中海西部的中转枢纽作用 |

**二、铁路和航空网络运营模式不断创新**

除自贸区、产业园区和港口等跨境物流服务体系节点建设外,在中国的积极努力下,"一带一路"跨境物流服务体系的通道稳步推进,运营模式也不断创新。

截至2017年10月,中欧班列已开行超过5000列,稳定开行中欧班列的城市已达33个,到达欧洲12个国家的33个城市[①],相较开行初期,运输时间缩短约三成,费用下降约40%,已成为欧亚大陆间最重要的商贸交流通道。为提升"中欧班列"运行效率,各级铁路管理部门在增加已有班列密度和新开班列增加覆盖面两方面不断做出努力。在提高已有班列密度方面,2017年7月,郑州铁路局开通的中欧班列已经覆盖24个国家和地区,需求量增加使得双向满载式"六去六回"班列常态化开行,之后8月又升级为"七去七回"常态化开行。新开班列方面,2017年新开的中欧班列主要有满洲里-莫斯科中欧班列、西安-德国精品线路、兰渝铁路以及成都国际铁路港首趟"蓉欧+"东盟国际铁海联运班列等等。

除此之外,在铁路建设方面,2017年中国与"一带一路"沿线国家铁路基础设施合作建设方面持续推进。2017年9月,中泰铁路合作项目签署,并于12月21日正式开工,项目整体建成后将实现昆明至曼谷铁路直达。2017年12月12日,旺门村二号隧道顺利贯通,成为北起中老边境,南抵老挝首都万象的中老铁路全线首条贯通隧道。2018年4月2日,中缅国际通道广大铁路全线铺通,为昆明至大理按计划开行动车奠定了坚实基础。

在航空发展方面,我国配合"一带一路"的发展增加航班密度,截至2017年5月,中国已与"一带一路"沿线的43个国家、89个城市开通了432条国际客运航

---

① 经济参考报. 中欧班列累计开行超过5000列应建设国家级集结中心[EB/OL]. http://finance.sina.com.cn/roll/2017-10-10/doc-ifymrcmm9730097.shtml,2017-10-10.

线,占中国国际航线一半以上,总里程超过 150 万公里[1]。

### 三、贸易便利化与跨境通关流程新举措不断推出

2017 年 2 月 22 日,WTO 的《贸易便利化协定》(TFA)正式生效。生效当日共有 112 个国家和地区加入本协定,在"一带一路"沿线的 72 个国家中,有 40 个国家已签署 TFA 协定[2]。由于该协定和"一带一路"倡议对沿线国家提高其贸易便利化水平的需要,不少国家都开始了贸易便利化和跨境通关的创新实践。中国近年来在贸易便利化,尤其是在跨境通关方面也相继推行了新举措。

**(一)"一带一路"沿线国家创新实践**

按照《贸易便利化协定》的要求,各国主要在业务流程分析、政府与私有部门合作、建立贸易便利化委员会和单一窗口等方面不断提高贸易便利化水平。

柬埔寨开展了业务流程分析(BPA)[3],通过对重要产品的出口和进口相关程序、时间和相关成本进行评估,发现程序上的瓶颈和对贸易不友好的做法,以提高对贸易便利化改革的认识,形成各方合力。孟加拉国就纺织品、冷冻虾、棉布和食用糖四个领域的进出口成本和手续问题进行调查研究后,着手从政府与私有部门合作入手开始贸易便利化建设。巴基斯坦在 2001 年 8 月成立了国家贸易和运输便利化委员会(NTTFC)[4],开始了国家贸易和运输便利化计划,NTTFC 与政府部门、公共和私营部门的利益相关方协调工作,以实施贸易和运输便利化措施。乌克兰采用自上而下的方法建立国家贸易促进委员会,积极推进国家贸易便利化进程。

为了顺应信息技术创新,单一窗口(Single Window)也成为各国推进贸易便利化的重要措施。"一带一路"沿线国家中,文莱、柬埔寨、印度尼西亚、老挝、马来西亚、缅甸等多个国家都在一定程度上实现了单一窗口功能。泰国通过电子海关系统与国内发证机构及其他相关政府部门系统的互联,建立了国家单一窗口,实现了相同数据的一次性输入和货物清关放行决定的单一反馈,通关放行效率得到大幅提高。文莱将电子海关系统作为其单一窗口的主要运营平台,相关政府部门在货物进出口之前通过电子海关系统完成相关证件的批准和发放,同时通过与多

---

[1] CGGT 走出去智库."一带一路"沿线主要国家民用航空业发展状况分析报告[EB/OL]. https://weibo.com/ttarticle/p/show? id=2309404128131131816304,2017-07-11

[2] WTO Trade Facilitation Agreement Database. Notifications List[EB/OL]. https://www.tfadatabase.org/notifications/list? notificationtype=a,2018-03-01

[3] UNECE. Trade Facilitation Implementation Guide[EB/OL]. http://tfig.unece.org/cases/Cambodia.pdf,2012-10-12

[4] UNECE. Trade Facilitation Implementation Guide[EB/OL]. http://tfig.unece.org/cases/Pakistan.pdf,2011-07-15

家当地银行的合作,实现了贸易商通过单一窗口完成货物的申报及相关税费的在线缴纳[①]。东盟地区还在实施国家单一窗口基础上,于2015年完成了连接各成员国的国家单一窗口,建立了实现贸易和监管的相关信息和数据在成员国之间无缝交换及同步处理的东盟区域单一窗口(ASW)的试点,并计划于2018年正式启动[②]。

(二)中国的创新实践

在2014年国务院印发《落实"三互"推进大通关建设改革方案》后("三互"是指信息互换、监管互认、执法互助),中国在贸易便利化建设方面取得了快速发展。

首先,在海关无纸化的单一窗口建设方面取得了重大进展。2017年年底中国口岸已经实现了进出口贸易9项基本服务功能通过"单一窗口"一次申报。单一窗口覆盖了全国所有口岸,凸显出网络优势,2017年6—8、10—12月单一窗口日申报量呈几何级数增长,如表11-7所示。

表11-7 2017年"中国国际贸易单一窗口"建设进展汇总    单位:项

| 时间 | 日申报业务量 | 累计申报业务量 |
| --- | --- | --- |
| 6月 | 623 | 2423 |
| 7月 | 3230 | 3.4万 |
| 8月 | 1.2万 | 18.9万 |
| 10月 | 5万 | 150万 |
| 11月 | 17万 | 332万 |
| 12月 | 40万 | 1088万 |

资料来源:"中国国际贸易单一窗口"公众号《国际贸易"单一窗口"2017年工作盘点》。

其次,2018年3月,中共中央印发了《深化党和国家机构改革方案》,将原国家质量监督检验检疫总局的出入境检验检疫管理职责和队伍划入海关总署,为中国贸易便利化建设提供了制度保障。海关总署进而在同月从优化通关流程、简化单证手续、降低口岸收费和建立完善管理机制四个方面,提出了推进跨部门一次性联合检查、简化自动进口许可证申请办理手续、治理口岸经营服务企业不合理收费和建立口岸通关时效评估公开制度等18项提升贸易便利化水平的措施,有望

---

① Abhinayan B, Trisha R, Parviz A. International single window environment: prospects and challenges [R]. ADBI Working paper series, 2017-06-14

② SanchitaBasu Das. ASEAN Single Window: Advancing Trade Facilitation for Regional Integration [R]. Singapore, 2017-09-16

使中国的货物进出口通关时间在2017年缩短三成的基础上,2018年再进一步大幅缩短。

最后,中国在"经认证的经营者(AEO)"等建设方面都取得了较大进展。截至2016年年底,中国内地海关已经与欧盟28个成员国和新加坡、韩国、中国香港、瑞士等共32个国家和地区海关签署了AEO互认安排,并将推进以色列、马来西亚等"一带一路"重要节点国家的AEO国际互认合作,同时,在与俄罗斯、欧盟、蒙古国、哈萨克斯坦、白俄罗斯等海关合作的基础上,继续深化与"一带一路"沿线国家海关的"三互"合作,共同促进各国贸易便利化水平提升。

## 第三节 "一带一路"跨境物流服务体系存在的问题

虽然"一带一路"跨境物流体系建设取得了一定进展,然而与世界其他贸易发达的经济体相比,"一带一路"沿线国家跨境物流服务能力有待提升,贸易便利化水平依然不高,跨境运作效率仍有较大提升空间。

### 一、跨境物流服务能力有待完善

根据世界银行发布的物流绩效指数和世界经济论坛发布的《全球贸易促进报告2016》,"一带一路"沿线国家的整体跨境物流服务能力还有待提高。

(一)跨境物流服务能力参差不齐

世界银行从2007年起每年发布物流绩效指数(LPI)(世界银行物流绩效综合分数反映出一个国家的清关程序效率、相关基础设施质量、国际货运难度、物流服务质量、追踪查询货物能力以及货物送达准时性,指数的范围从1至5,分数越高代表绩效越好),旨在帮助各国确定其在贸易以及物流绩效方面存在的优势和不足,并指导各国从相关重点领域出发提高其物流服务水平。2017年物流绩效指数中"一带一路"六大经济走廊中主要沿线国家的物流绩效和国际运输服务水平指标得分,如表11-8所示。

总体而言,"一带一路"六大经济走廊中主要国家物流绩效平均得分仅高于世界平均水平0.02分,除德国和荷兰得分较高外(4.23和4.19),中国得分也相对不弱(3.66),而其他国家总体水平不高,最低仅为2.06,国家之间物流绩效总水平差异较大。在国际运输能力方面,各国之间的差异相对较小,虽然荷兰和德国仍居前列(3.94和3.86),但与得分较低的国家间并未拉开明显差距。从经济走廊看,新亚欧大陆桥走廊国家的物流绩效水平已经处于中等偏上水平,而中国-中亚-西亚经济走廊中大部分国家的跨境物流服务能力相对较弱。

表 11-8　2016年"一带一路"经济走廊主要国家跨境物流服务能力

| 经济走廊 | 国家 | 物流绩效指标 | | 国际运输能力 | |
|---|---|---|---|---|---|
| | | 排名 | 得分 | 排名 | 得分 |
| | 中国 | 27 | 3.66 | 12 | 3.70 |
| 中蒙俄经济走廊 | 俄罗斯 | 99 | 2.57 | 115 | 2.45 |
| | 蒙古 | 108 | 2.51 | 129 | 2.37 |
| 新亚欧大陆桥 | 德国 | 1 | 4.23 | 8 | 3.86 |
| | 荷兰 | 4 | 4.19 | 6 | 3.94 |
| | 波兰 | 33 | 3.43 | 33 | 3.44 |
| | 哈萨克斯坦 | 77 | 2.75 | 82 | 2.75 |
| | 白俄罗斯 | 120 | 2.4 | 92 | 2.62 |
| 中国-中亚-西亚经济走廊 | 土耳其 | 34 | 3.42 | 35 | 3.41 |
| | 乌兹别克斯坦 | 118 | 2.4 | 130 | 2.36 |
| | 塔吉克斯坦 | 153 | 2.06 | 151 | 2.12 |
| | 吉尔吉斯斯坦 | 146 | 2.16 | 152 | 2.10 |
| | 土库曼斯坦 | 140 | 2.21 | 127 | 2.37 |
| | 伊朗 | 96 | 2.6 | 88 | 2.67 |
| 中国-中南半岛经济走廊 | 泰国 | 45 | 3.26 | 38 | 3.37 |
| | 马来西亚 | 32 | 3.43 | 32 | 3.48 |
| | 越南 | 64 | 2.98 | 50 | 3.12 |
| | 柬埔寨 | 73 | 2.8 | 52 | 3.11 |
| | 老挝 | 152 | 2.07 | 148 | 2.18 |
| 中巴经济走廊 | 巴基斯坦 | 68 | 2.92 | 69 | 2.70 |
| 孟中印缅经济走廊 | 印度 | 35 | 3.42 | 39 | 3.36 |
| | 孟加拉国 | 87 | 2.66 | 84 | 2.73 |
| | 缅甸 | 113 | 2.46 | 144 | 2.23 |
| "一带一路"国家平均值 | | 2.90 | | 2.89 | |
| 全球国家平均值 | | 2.88 | | 2.87 | |

资料来源：世界银行发布的物流绩效指数（https://lpi.worldbank.org/international）。

（二）物流基础设施的总体水平有待提升

物流基础设施相对薄弱是"一带一路"六大经济走廊主要国家物流能力不高的原因之一。世界经济论坛《全球贸易促进报告》对各国物流基础设施总体情况以及公路、铁路、港口和航空的最新评价结果如表11-9所示。

"一带一路"沿线国家的物流基础设施建设总体得分仅高于世界平均值0.2分，且其公路、港口和航空基础设施情况均低于世界平均水平，只有铁路基础设施建设程度高于世界平均值。德国和荷兰的各项得分都处在全球领先地位（6.0），中国和马来西亚的得分紧随其后(5.6和5.0)。而其他各国得分普遍偏低,最低仅为2.2分,整体物流基础设施发展水平相对落后。

相对落后的基础设施也是"一带一路"沿线国家基础设施投资需求缺口较大的原因。中国倡议筹建的亚洲基础设施投资银行(AIIB),目前成员国已达84个,为进一步推进"一带一路"沿线基础设施建设做出了卓越贡献。

表11-9 "一带一路"经济走廊主要国家物流基础设施建设情况

| 经济走廊 | 国家 | 总体情况 排名 | 总体情况 得分 | 公路 | 铁路 | 港口 | 航空 |
|---|---|---|---|---|---|---|---|
| — | 中国 | 12 | 5.6 | 4.8 | 5.1 | 4.6 | 4.8 |
| 中蒙俄经济走廊 | 俄罗斯 | 37 | 4.1 | 2.8 | 4.4 | 4.0 | 4.4 |
| 中蒙俄经济走廊 | 蒙古 | 127 | 2.4 | 3.0 | 2.7 | 1.3 | 3.1 |
| 新亚欧大陆桥走廊 | 德国 | 8 | 6.0 | 5.6 | 5.4 | 5.6 | 5.9 |
| 新亚欧大陆桥走廊 | 荷兰 | 9 | 6.0 | 6.1 | 5.6 | 6.8 | 6.5 |
| 新亚欧大陆桥走廊 | 波兰 | 47 | 3.9 | 4.0 | 3.3 | 4.1 | 4.3 |
| 新亚欧大陆桥走廊 | 哈萨克斯坦 | 69 | 3.5 | 3.0 | 4.3 | 3.1 | 3.4 |
| 中国-中亚-西亚经济走廊 | 土耳其 | 27 | 4.5 | 5.0 | 4.5 | 4.5 | 5.4 |
| 中国-中亚-西亚经济走廊 | 塔吉克斯坦 | 89 | 3.0 | 4.1 | 3.7 | 2.0 | 4.3 |
| 中国-中亚-西亚经济走廊 | 吉尔吉斯斯坦 | 132 | 2.2 | 2.5 | 2.4 | 1.5 | 2.9 |
| 中国-中亚-西亚经济走廊 | 伊朗 | 69 | 3.5 | 4.1 | 3.5 | 3.9 | 3.4 |
| 中国-中南半岛经济走廊 | 泰国 | 35 | 4.2 | 4.2 | 2.5 | 4.2 | 5.0 |
| 中国-中南半岛经济走廊 | 马来西亚 | 17 | 5.0 | 5.5 | 5.1 | 5.4 | 5.7 |
| 中国-中南半岛经济走廊 | 越南 | 66 | 3.6 | 3.5 | 3.1 | 3.8 | 4.1 |
| 中国-中南半岛经济走廊 | 柬埔寨 | 113 | 2.6 | 3.4 | 1.6 | 3.9 | 3.9 |
| 中国-中南半岛经济走廊 | 老挝 | 125 | 2.4 | 3.4 | n/a | 2.0 | 3.8 |
| 中巴经济走廊 | 巴基斯坦 | 70 | 3.5 | 3.8 | 3.1 | 3.7 | 4.0 |
| 孟中印缅经济走廊 | 印度 | 28 | 4.5 | 4.4 | 4.5 | 4.5 | 4.5 |
| 孟中印缅经济走廊 | 孟加拉国 | 109 | 2.7 | 2.9 | 2.7 | 3.5 | 3.2 |
| "一带一路"国家平均值 | | | 3.85 | 4.01 | 3.67 | 3.81 | 4.35 |
| 全球国家平均值 | | | 3.65 | 4.05 | 3.38 | 4.04 | 4.41 |

注:该报含136个国家和地区,缺少白罗斯、土库曼斯坦、乌兹别克斯坦和缅甸的数据。
资料来源:世界经济论坛《全球贸易促进报告2016》。

### 二、贸易便利化水平有较大提升空间

经济合作与发展组织(OECD)提出贸易便利化指数(贸易便利化指数包含11个一级指标,每个一级指标下又包含若干个二级指标,指标水平为0—2分,0分最低,2分最高),以帮助各国政府改善边境程序、降低贸易成本、促进贸易流动为目

的,从海关清关、过境和放行的程序与报文、无纸化、预裁定和申诉等跨境管理相关的11个指标,对各国贸易便利化程度进行评价。从2017年的数据可以看出,与贸易发达国家相比,"一带一路"沿线六大经济走廊中主要国家的贸易便利化水平不高,需要进一步改善边境程序,提升无纸化程度,降低贸易成本。

在新亚欧大陆桥走廊中,荷兰、德国和波兰作为欧洲发达国家,其贸易发展和便利化程度都处于世界先进水平。中国和俄罗斯的发展水平较为接近,但俄罗斯的通关文件与手续的复杂程度还相对较高,而中国则需要加强贸易及通关方面的外部合作。哈萨克斯坦的11个指标中得分极为不均,在贸易团体的参与程度、预裁定及上诉程序等方面已经跻身全球先进水平,但在治理和公正、信息可用性、合作水平等方面存在明显的短板,而白俄罗斯各个指标的整体发展水平均较低,如图11-1所示。

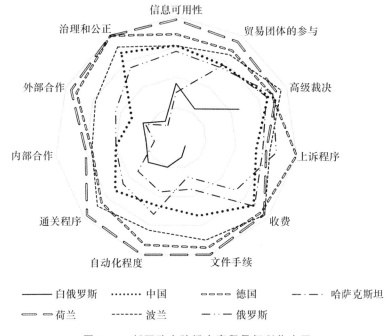

图 11-1　新亚欧大陆桥走廊贸易便利化水平

资料来源:OECD 贸易便利化指数(http://www.oecd.org/tad/facilitation/indicators.htm)。

除新亚欧大陆桥走廊之外,其他五个经济走廊中国家的贸易便利化水平普遍不高,虽然泰国、马来西亚、越南和印度等国的各项得分相对较高,但距世界先进水平还有一定差距。其他国家整体得分较低,处于全球相对落后的水平,尤其在预裁定、贸易团体参与度和外部合作等方面存在明显的不足,还有很大改进空间,如表 11-10 所示。

表 11-10  2017年"一带一路"沿线部分国家贸易便利化指数

| 经济走廊 | 国家 | 信息可用性 | 贸易团体的参与 | 高级裁决 | 上诉程序 | 收费 | 文件手续 | 自动化程度 | 通关程序 | 内部合作 | 外部合作 | 治理和公正 |
|---|---|---|---|---|---|---|---|---|---|---|---|---|
| — | 中国 | 1.52 | 1.43 | 1.67 | 1.33 | 1.69 | 1.33 | 1.15 | 1.32 | 1.00 | 0.80 | 1.67 |
| 中蒙俄经济走廊 | 俄罗斯 | 1.43 | 1.38 | 1.75 | 1.67 | 1.31 | 0.67 | 1.31 | 1.15 | 1.00 | 1.09 | 1.38 |
| | 蒙古 | 1.29 | 1.43 | 0.75 | 1.33 | 1.50 | 0.88 | 0.90 | 1.14 | 1.10 | 0.80 | 1.78 |
| 中国-中亚-西亚经济走廊 | 土耳其 | 1.48 | 1.63 | 1.18 | 1.50 | 1.69 | 1.13 | 1.75 | 1.55 | 1.70 | 0.82 | 1.89 |
| | 乌兹别克斯坦 | 0.60 | 0.86 | 1.33 | 1.29 | 1.18 | 0.13 | 0.31 | 0.42 | 0.36 | 0.27 | 0.14 |
| | 塔吉克斯坦 | 0.29 | 0.83 | 1.00 | 0.70 | 0.67 | 0.22 | 0.78 | 0.57 | 0.36 | 0.50 | 1.44 |
| | 吉尔吉斯斯坦 | 1.10 | 1.17 | 1.67 | 1.00 | 1.27 | 0.22 | 0.56 | 1.23 | 0.46 | 0.55 | 1.67 |
| 中国-中南半岛经济走廊 | 泰国 | 1.30 | 1.57 | 3.5 | 1.67 | 1.31 | 1.75 | 1.73 | 1.46 | 0.60 | 1.00 | 1.33 |
| | 马来西亚 | 1.25 | 1.25 | 1.71 | 1.33 | 1.50 | 1.63 | 1.33 | 1.33 | 0.73 | 0.70 | 1.56 |
| | 越南 | 1.62 | 1.29 | 1.88 | 1.33 | 1.69 | 1.11 | 1.39 | 1.44 | 0.70 | 0.70 | 1.56 |
| | 柬埔寨 | 1.00 | 1.00 | 1.71 | 0.88 | 1.08 | 0.63 | 0.60 | 1.16 | 0.64 | 0.64 | 0.75 |
| | 老挝 | 1.19 | 0.67 | 0.67 | 0.70 | 0.75 | 0.22 | 0.25 | 0.89 | 0.91 | 0.82 | 1.25 |
| 中巴经济走廊 | 巴基斯坦 | 1.35 | 1.50 | 0.73 | 1.08 | 1.85 | 0.89 | 1.15 | 0.94 | 1.00 | 0.46 | 1.89 |
| 孟中印缅经济走廊 | 印度 | 1.55 | 1.43 | 1.50 | 1.56 | 1.54 | 1.00 | 1.15 | 1.26 | 0.90 | 0.40 | 1.50 |
| | 孟加拉国 | 1.05 | 1.29 | 0.00 | 1.00 | 1.46 | 0.78 | 0.46 | 0.68 | 0.55 | 0.36 | 1.00 |
| | 缅甸 | 1.55 | 1.43 | 1.50 | 1.56 | 1.54 | 1.00 | 1.15 | 1.26 | 0.90 | 0.40 | 1.50 |

资料来源：OECD贸易便利化指数（http://www.oecd.org/tad/facilitation/indicators.htm）。

### 三、跨境运作水平有待进一步提高

国际贸易跨境时间和通关成本是衡量跨境物流水平的重要指标之一，世界银行发布的《营商环境报告》中给出了190个国家和地区的相关跨境贸易指标，衡量进出口过程中所需的相关时间和费用（跨境贸易数据是通过对当地货运代理、海关经纪商、港口当局和贸易商进行的问卷调查收集的）。根据相关指标，"一带一路"国家普遍存在跨境手续复杂、跨境成本高和跨境时间长的问题，需要积极采取相关举措，降低跨境成本并缩短通关时间。

### (一)跨境成本需进一步降低

为服务于"一带一路"政策,我国交通运输部、外交部、国家发展改革委等八部委正逐步消除制约国际道路运输发展的软件短板和非物理障碍,减少人员和货物的"非效率"运输环节,减少跨境运输时间和成本,提高运输效率和服务水平。在"一带一路"快速发展的今天,沿线各个国家之间的跨境时间和跨境成本已经成为各国之间需重点改革的问题之一。2017年"一带一路"六大经济走廊中主要国家的跨境成本如表11-11所示。

从整体来看,"一带一路"主要沿线国家的平均得分中,除进口过境成本高于全球平均值之外,其他各项指标略低于全球国家平均值。中蒙俄经济走廊、新欧亚大陆桥走廊和中国—中南半岛经济走廊的整体跨境成本较低,而大多数国家的相关成本仍高于全球平均成本,"一带一路"沿线国家的跨境成本还有较大降低空间。

表11-11 2017年"一带一路"六大经济走廊中主要国家的跨境成本

单位:美元

| 经济走廊 | 国家 | 边境合规成本 | | 单证合规成本 | |
|---|---|---|---|---|---|
| | | 出口 | 进口 | 出口 | 进口 |
| — | 中国 | 117 | 80 | 690 | 196 |
| 中蒙俄经济走廊 | 俄罗斯 | 38.6 | 42.5 | 587.5 | 152.5 |
| | 蒙古 | 48 | 115 | 210 | 83 |
| 新亚欧大陆桥 | 德国 | 0 | 1 | 0 | 0 |
| | 荷兰 | 0 | 1 | 0 | 0 |
| | 波兰 | 0 | 1 | 0 | 0 |
| | 哈萨克斯坦 | 2 | 6 | 0 | 0 |
| | 白俄罗斯 | 1 | 4 | 0 | 0 |
| 中国-中亚-西亚经济走廊 | 土耳其 | 41 | 11 | 655 | 142 |
| | 乌兹别克斯坦 | 111 | 174 | 278 | 292 |
| | 塔吉克斯坦 | 107 | 126 | 223 | 260 |
| | 吉尔吉斯斯坦 | 72 | 36 | 512 | 200 |
| | 伊朗 | 141 | 192 | 660 | 197 |
| 中国-中南半岛经济走廊 | 泰国 | 50 | 4 | 233 | 43 |
| | 马来西亚 | 69 | 10 | 321 | 60 |
| | 越南 | 56 | 76 | 373 | 183 |
| | 柬埔寨 | 8 | 132 | 240 | 120 |
| | 老挝 | 14 | 216 | 153 | 115 |
| 中巴经济走廊 | 巴基斯坦 | 129.3 | 143 | 936.6 | 735 |

(续表)

| 经济走廊 | 国家 | 边境合规成本 | | 单证合规成本 | |
|---|---|---|---|---|---|
| | | 出口 | 进口 | 出口 | 进口 |
| 孟中印缅经济走廊 | 印度 | 264.5 | 61.3 | 543.2 | 134.8 |
| | 孟加拉国 | 183 | 144 | 1293.8 | 370 |
| | 缅甸 | 230 | 48 | 457 | 210 |
| "一带一路"国家平均值 | | 76.5 | 73.8 | 380.3 | 158.8 |
| 全球国家平均值 | | 79.7 | 67.2 | 493.5 | 176.4 |

资料来源：世界银行营商环境报告中跨境贸易部分（http://www.doingbusiness.org/data/exploretopics/trading-across-borders#close）。

### （二）跨境时间需进一步缩短

2017年"一带一路"六大经济走廊中主要国家的跨境时间如表11-12所示。从整体来看，"一带一路"沿线国家的出口边境合规时间与进口单证合规时间基本与全球均值持平，进口边境合规时间略高于均值，而出口单证合规时间略低于均值。

表11-12  2017年"一带一路"六大经济走廊中主要国家的跨境时间  单位：小时

| 经济走廊 | 国家 | 边境合规时间 | | 单证合规时间 | |
|---|---|---|---|---|---|
| | | 出口 | 进口 | 出口 | 进口 |
| — | 中国 | 29 | 30 | 425 | 78 |
| 中蒙俄经济走廊 | 俄罗斯 | 72 | 25.4 | 665 | 92 |
| | 蒙古 | 62 | 168 | 191 | 64 |
| 新亚欧大陆桥走廊 | 德国 | 36 | 1 | 345 | 45 |
| | 荷兰 | 0 | 1 | 0 | 0 |
| | 波兰 | 0 | 1 | 0 | 0 |
| | 哈萨克斯坦 | 133 | 128 | 574 | 320 |
| | 白俄罗斯 | 5 | 4 | 108 | 140 |
| 中国-中亚-西亚经济走廊 | 土耳其 | 16 | 5 | 376 | 87 |
| | 乌兹别克斯坦 | 112 | 174 | 278 | 292 |
| | 塔吉克斯坦 | 75 | 66 | 313 | 330 |
| | 吉尔吉斯斯坦 | 20 | 21 | 445 | 145 |
| | 伊朗 | 101 | 120 | 565 | 125 |
| 中国-中南半岛经济走廊 | 泰国 | 51 | 11 | 223 | 97 |
| | 马来西亚 | 45 | 10 | 321 | 45 |
| | 越南 | 55 | 50 | 290 | 139 |
| | 柬埔寨 | 48 | 132 | 375 | 100 |
| | 老挝 | 12 | 216 | 73 | 235 |
| 中巴经济走廊 | 巴基斯坦 | 75 | 55 | 406 | 257 |

（续表）

| 经济走廊 | 国家 | 边境合规时间（小时） | | 单证合规时间（小时） | |
|---|---|---|---|---|---|
| | | 出口 | 进口 | 出口 | 进口 |
| 孟中印缅经济走廊 | 印度 | 106.1 | 38.4 | 382.4 | 91.9 |
| | 孟加拉国 | 99.7 | 147 | 408.2 | 225 |
| | 缅甸 | 142 | 144 | 432 | 140 |
| "一带一路"国家平均值 | | 58.9 | 70.4 | 327 | 138.5 |
| 全球平均值 | | 58 | 54 | 410 | 140.6 |

资料来源：世界银行营商环境报告中跨境贸易部分（http://www.doingbusiness.org/data/exploretopics/trading-across-borders#close）。

与跨境成本高的国家跨境所需时间也长。中蒙俄经济走廊、新欧亚大陆桥走廊和中国-中南半岛经济走廊在跨境时间方面表现较好，而中国-中亚-西亚经济走廊、中巴经济走廊和孟中印缅经济走廊的总体跨境时间大于全球平均水平。随着近年来信息技术的发展和无纸化单一窗口的逐步应用，"一带一路"沿线国家在缩短跨境时间方面取得了一定的进展，然而仍有较大改进空间。

## 第四节 "一带一路"跨境物流体系发展趋势

随着"一带一路"倡议的稳步推进和新技术的不断创新，未来跨境物流服务体系建设将成为"一带一路"沿线国家的重要议题，跨境物流服务效率也将随着各国经贸一体化的深入而不断提升。

### 一、跨境物流创新将成为"一带一路"国际物流发展的热点

2017年全球经贸一体化进程正在面临挑战，单边主义和贸易保护主义对国际贸易造成干扰。"一带一路"倡议得以稳步推定，得益于全球经贸一体化符合各国人民的共同利益。2017年"一带一路"沿线国家间的投资合作继续深化，各类协会组织的作用不断增强，经济贸易持续增长，然而跨境贸易成本高，成为国际贸易的重要壁垒。

为了简化通关流程、提高跨境物流效率，中国同"一带一路"沿线国家一起，在推动贸易便利化方面做出了积极的努力，不断加强自贸区、工业区、港口和铁路建设，不断扩展铁路和航空的运营网络，不断推进新技术、新模式创新。虽然德国、荷兰等发达国家的贸易便利化水平、跨境物流能力和效率居于世界前列，中国、泰国等国家也表现较好，然而总体而言，大部分国家跨境物流效率较低，亟须加快建设。

随着"一带一路"国家间经贸合作的加深，以削减烦琐的跨境流程壁垒为主的

议题必将成为"一带一路"国家间经贸往来的重要话题之一,加之信息技术变革的不断加快,未来跨境物流必将成为"一带一路"国家的国际物流发展的热点。

## 二、跨境物流服务体系将成为中国"一带一路"建设的重要支柱

在各国高层引领和相关部门的密切配合推动下,"一带一路"建设有力有序有效推进,不断取得新进展,在政策、经济、贸易等各方面都取得了突出的成果,我国与各国之间的合作伙伴关系也不断加深。

"一带一路"的建设过程中,跨境物流服务体系的建设作为整体战略中的先行领域,已经取得了一定成果,各国的物流基础设施建设和物流服务水平等得到一定的提高。但由于"一带一路"国家的经济基础普遍较弱,与发达国家相比跨境物流服务体系还有很大完善空间。随着沿线各国政策沟通的深化、基础设施建设水平的提升和各国经贸往来的深入,跨境物流服务体系作为国际贸易的基础要素,必将成为各国发展的重点。中国在跨境物流服务体系发展上具有一定的优势,随着我国跨境管理现代化进程的加快,跨境物流服务体系建设将成为中国"一带一路"建设中的重要支柱。

## 三、"一带一路"国家跨境物流效率将会大幅提升

经济全球化是人类社会发展的共同利益所在,随着"一带一路"沿线国家间经贸往来日益频繁,政府、商界和各类社会组织沟通和交流的平台也将不断发展,"一带一路"国家间重大议题的政府间和非政府间协商模式将不断创新,为跨境物流体系建设提供了组织保障。

2017年《贸易便利化协定》的正式签署,相关国家都意识到烦琐的跨境流程已成为国际贸易一大壁垒。"一带一路"沿线不少国家都将持续推进贸易便利化建设,提升跨境物流体系效率。中国政府指出,要持续推进贸易便利化建设,缩短通关时间,争取达到世界先进水平;加强国际合作,使企业在通关过程中避免重复认证。

未来信息技术、无人驾驶、自动化处理和区块链等技术创新不断加快,将为跨境物流效率提升提供技术保障。未来我国借助不断创新发展的新技术,在借鉴发达国家跨境物流服务无纸化、信息化和智能化的基础上,必将大幅提升跨境物流服务体系的运作效率。

# 第十二章　共享经济下的中国物流发展与展望

共享经济是全球新一轮科技革命和产业变革催生的新业态、新模式。随着移动互联网、物联网、大数据等信息技术的发展,传统行业固有的信息壁垒日渐被打破,信息的高效流通盘活了闲置资源的可用价值,引发了共享经济热潮。物流作为一种网络化的服务业,天生具有共享经济的基因,共享模式也在向物流领域不断渗透和拓展,成为影响和推动我国物流创新发展的重要因素。在共享经济背景下,当前我国物流资源共享模式不断创新,物流服务功能不断拓展,物流资源配置进一步优化。同时,共享经济的理念也为物流产业推进供给侧结构性改革、落实创新发展战略提供了新动能。

## 第一节　共享经济的内涵及对物流产业的影响

作为新经济形态的代表,共享经济在以互联网技术为代表的新一轮科技革命的推动下,正在以不可阻挡的态势向前发展。共享经济市场规模不断扩大,共享领域也在不断拓展和深化,已由车辆、房屋等私人资源租赁发展为以物流服务为代表的社会资源深度开发。本节重点梳理共享经济的内涵、特征、实现方式及其对物流产业发展产生的深刻影响。

### 一、共享经济的内涵

(一)共享经济的提出与兴起

共享经济最早是由美国社会学家马科斯·费尔逊和琼·斯潘思于1978年提出,其主要思想是建立一个以信息技术为基础的市场平台,个体可借助这些平台实现交换闲置物品、分享知识经验、筹集项目资金等功能。但在之后很长一段时间内共享经济的概念并未得到重视,主要是因为当时信息基础设施与技术水平难以满足实现共享经济的要求。

近年来,新一代信息技术的高速发展推动了共享经济模式的变革,特别是随着 Uber、Airbnb、滴滴、共享单车等一系列平台企业的出现,共享开始从单纯的点对点借用分享、信息共享,发展为以高效配置资源、实现以合作共赢为核心理念的经济模式。2015年10月,党的十八届五中全会提出了"创新、协调、绿色、开放、共享"的发展理念,共享经济首次写入国家战略。2017年10月,党的十九大报告明确提出将共享经济作为培育新增长点、形成新动能的重要经济领域之一。

（二）共享经济的内涵

有关共享经济尚缺乏普遍认可的概念定义。本书认为,共享经济是利用互联网等现代信息技术,将社会上的分散资源进行平台化、协同化地集聚、整合、复用与优化配置,从而更好地提高资源利用效率、满足多样化需求、实现经济与社会价值创新的经济形态。

因此,共享经济至少包含三个基本内涵。首先,共享经济是信息技术革命发展到一定阶段后出现的。互联网、云计算、大数据、移动支付等现代信息技术的快速发展和创新应用,是共享经济成为可能的前提和基础。其次,共享经济本质上是整合闲散资源、高效匹配供需的一种资源配置方式,即面对资源短缺与闲置浪费共存的难题,借助信息技术手段整合各类分散的闲置资源,同时准确发现市场需求,实现供需双方快速匹配,大幅降低交易成本。最后,共享经济是适应现代社会发展的新理念。与传统工业社会崇尚资源与财富占有不同,现代社会强调以人为本和全面、协调、可持续的发展观,崇尚最佳体验与物尽其用。共享经济集中体现了新的消费观和发展观。

**二、共享经济的特征与实现方式**

（一）共享经济的特征

不同类型的共享经济模式虽有所区别,但基本都具有以下四个主要特征。

一是平台化。不同于依附于传统商业组织进行交易的经济模式,共享经济基于现代通信和互联网技术形成一个新平台,在这个平台上供给方形成资源供给池,需求方形成资源需求池,供需双方在平台上进行资源集约和匹配交易。

二是低成本。共享经济以降低成本、提高资源配置效率为核心理念,从硬件投入、信息搜索、交易实现等方面改变了传统经济的成本结构,同时利用长尾客户的集聚效应和规模经济,使资源匹配和使用成本均大幅缩小,乃至出现边际成本随共享个体增多而递减、效率显著提升的现象。

三是开放性。与传统经济的科层制组织相比,共享经济的组织机构边界模糊、易于扩展,更具弹性和灵活性,同时兼具全要素、全时空、低门槛的特点,即所有的生产资源和要素都可以在共享平台上进行分享,所有的人或企业都可以突破时空界限、以极低成本接入共享平台参与共享。这种打破要素、时空、参与者界限的开放性,使得共享经济形成一个多边市场生态体系。

四是分布式。共享经济基于现代信息技术,呈现出对传统中介机构的去中介化,并致力于构建一个基于分布式技术的服务体系。在网络层,通过分布式交换协议形成一个相互关联又有效分类的网络平台系统;在数据层,通过电子加密、区块链等技术实现对分布式网络的有效链接和内在互动;在应用层,通过大数据、云计算以及人工智能技术实现资源的供需匹配以及相关的登记、交易、支付和结算功能。

(二) 共享经济的实现方式

共享经济的实现方式主要包括以下三种:

一是租赁,即在资源所有权不变情况下,通过有偿的临时出租实现使用权转移。这是一种常见的经济行为,如在物流领域中的托盘(静态)租赁、叉车租赁等。在共享经济时代,租赁模式表现出通过线上互联网平台整合开发线下资源的新特征,在提高资源利用率的同时节约了成本。

二是转让与再流通,即同一物品,在不同需求者间,依次实现所有权移转。如在单元化包装器具开放式循环共用系统中,一些平台企业已经开展线上托盘交换与卖出回购等业务,涉及所有权转移与再流通。

三是资源共用,指多个资源使用者共同使用同一资源的共享模式,资源拥有者也可能属于资源共用者之一。这里的资源可以指设施、装备、人力等有形资产,也可以是时间、知识、技能等无形资产。在物流领域,共同配送、智能快递柜收件、快递众包等均属于此类共享模式。

### 三、共享经济对中国物流产业的影响

(一) 共享经济有助于建立社会化物流体系,降低社会物流成本

在经济发展的新常态下,中国物流业运行质量和效率有所提升,社会物流总费用与GDP比率逐年下降,但"三高一低"(即物流成本占工业产品总成本高、物流管理成本占物流总成本的比例高、运输中空载率高,以及行业的全要素劳动生产率低)的现状仍较为突出,降低物流成本仍然是亟待解决的一大挑战。共享经济利用信息技术将供给者和需求者进行精确匹配,整合闲置的物流资源并建立共享、共用的物流模式,降低物流交易、运作与管理成本,推进物流规模化、集约化、社会化水平。例如,社会化共同配送通过对多客户运输配送任务进行整合、规划、统筹调度配送资源、配送时间、次数、路线、配送网点和货物,实现物流服务的规模效应,大幅降低物流配送成本,其信息化、协同化与社会化的发展方向,也已成为当今物流配送发展的总体趋势。

(二) 共享经济有助于促进物流服务模式创新,推动物流业转型升级

共享经济的技术基础是以互联网技术为代表的信息革命,其核心是信息的透明化、实时传播和获取成本的大幅降低,这改变了原有商业过程中信息获取、信息传播、信息甄别、信息估价等信息组织模式。当这些新的变化嵌入传统物流业的

商业过程时,物流服务业务在成本分布、运作模式、流程环节、供需对接等方面都发生了深刻变化,进而改变了传统物流业态和商业模式,为物流行业转型升级提供新动能。例如,在公路货运领域,无车承运人依托移动互联网等技术搭建物流信息共享平台,集约整合和科学调度车辆、站场、货源等零散物流资源,实现物流车货匹配管理和组织模式的创新,从而有效提升运输组织效率,推动公路物流行业转型升级。

（三）共享经济有助于推动开展绿色物流,实现低碳、循环、可持续发展

绿色物流是按照可持续发展的基本原则,在创造商品的时间和空间效益的同时,注重经济与生态的协调发展,达到物流发展、资源节约和生态环境保护多赢目的的物流活动形态。共享经济通过充分挖掘物流业过剩产能的使用价值并将其重新利用,降低物流环节中所必需的信息、能源、资源、劳动力和物流成本,减少资源消耗和排放,实现了物流活动的经济效益、社会效益与生态环境效益的统一。例如,根据阿里云数据轨迹测算,运力共享平台"货车帮"通过整合社会物流资源减少运力消耗,仅在2017年一年就节省了约860亿元的燃油损耗,减少了4600万吨的碳排放[①]。此外,通过从所有权到使用权的转移实现产品包装物循环取用,降低物流活动对环境的影响,也是共享经济助推绿色物流的原因之一。例如,2017年4月,苏宁易购首次推出了可循环共享快递盒替代常用的瓦楞纸箱。数据显示,每只共享快递盒平均每天循环两次,截至当年10月已累计节约650万个快递纸箱。2017年10月,苏宁宣布推出升级版的共享快递盒计划,在"双11"期间向全国13个城市投放可循环使用1000次的塑料快递盒,2018年投放量将达到20万个[②]。

## 第二节 共享经济下的中国物流服务模式

共享经济强调社会资源的高效配置,而物流是天然具有共享经济特点的行业。众多企业在与公路货运、城市配送、仓储分拨等方面积极探索,不断开拓共享物流资源服务创新模式,实现物流与共享经济相融合。按照共享资源的类型,已形成四大类共享物流模式,依次为共享货运信息资源、共享末端配送资源、共享仓储设施资源和共享仓储装备与单元化器具资源。

---

① 人民网. 货车帮首席执行官罗鹏：从严治党就是为企业营造宽松环境[EB/OL]. http://gz.people.com.cn/n2/2018/0307/c194827-31319637.html,2018-03-07

② 中国物流与采购网. 共享快递盒亮相,苏宁宣布双十一大量使用[EB/OL]. http://www.chinawuliu.com.cn/zixun/201710/17/325454.shtml,2017-10-17

## 一、车货匹配：共享货运信息资源

公路货运是我国最重要的物流运输方式，但其运作效率与发达国家有着较大差距。一方面，我国公路货运绝大多数企业是小型民营企业或个体运输经营者，规模小、实力弱，单个企业的运力资源网络难以覆盖全国。另一方面，随着我国经济发展，许多企业的供应链布局经常出现跨区域配置的需求。为解决这一矛盾，从2012年开始，物流行业出现了基于O2O（线上-线下）车货匹配服务的共享物流热潮。借助信息共享与交易撮合平台，一方面打破信息不对称，提升了货源方与车源方的对接效率；另一方面通过集并配送、返程搭载等方式提高装载率、降低空驶率，从而提升了物流效率，降低了运输成本。在这方面，第三方信息平台撮合交易模式与行业信息平台整合模式是两种典型的模式，均实现了车货匹配信息资源的共享。

### （一）第三方信息平台撮合交易模式

最早期的第三方信息平台是简单的货运信息发布网站（如锦程物流网、全国物流信息网），后来借鉴了客运的"滴滴"模式，发展为通过手机客户端APP软件连接货源和车源进行实时交易撮合，其服务模式如图12-1所示。目前，这一类货运第三方平台有货车帮、运满满（2017年11月27日，货车帮与运满满联合宣布战略合并，双方将共同成立一家新的集团公司，但同时保留原有的运满满和货车帮的品牌继续独立运作）、罗计物流、车旺、云鸟、货拉拉、福佑卡车、物流小秘、物流派等。

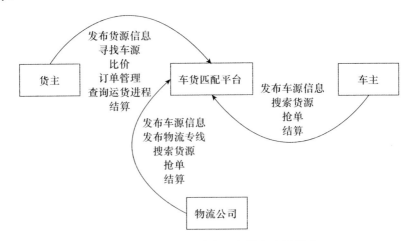

图12-1 车货匹配信息平台撮合交易模式

资料来源：根据兴业证券研究报告《车货匹配深度研究：分散大动脉如何整合》整理。
http://www.360che.com/news/151023/46677_all.html，2015-10-25

尽管这些平台有着相似的运营模式,但在业务对象、服务体系等方面还是有所区别。例如,运满满侧重于集合全国重型卡车的运力并强调其调度能力,物流小秘侧重于整合专线公司资源并大力推动甩挂运输业务,福佑卡车侧重于整合经纪人资源,车旺倾向于通过车联网技术打造货运生态圈。此外,云鸟、速派得、货拉拉等更专注于同城配送的货运O2O服务。例如,云鸟的业务集中于企业级客户的长期用车需求,并为其提供B2B整车同城配送服务;货拉拉主要专注于同城、非计划、整车的业务,并且同时在国内市场和国际市场(主要是东南亚)拓展业务;速派得则采用"零担"+"整车"模式,提供"整车送"和按体积计费的"拼货"两种服务,并针对零担货物开发了"多点取送""智能路线规划"系统。

（二）行业信息平台整合模式

相对于出租车等客运行业,公路货运在运输对象、运输工具等方面的复杂程度更高。因此,要整合公路货运运力,需要对这一行业有比较深刻的理解。在行业内,有一批本身起步于公路货运行业的公司,利用其在线下布局的优势建立可控的运力资源网络和服务网点,形成一个"运力池",实现货运物流服务的整合共享,以此为基础再结合信息化技术手段提供线上车货匹配业务。这种模式的典型企业有传化物流、卡行天下、安能物流等。

例如,传化物流自2002年以现代物流基地为切入点全面进入物流产业,创立了全国"公路港"物流模式,形成包含四大枢纽100个网点的全国性公路港网络。在此基础上,传化物流研发了以"易配货""易货嘀""运宝网"为核心的互联网物流平台,提供基于"门户网站+手机配货APP+货车电召平台"的综合货运物流信息服务,从而实现了"线上平台+线下公路港"的O2O闭环共享物流生态。传化公路港平台整合模式如图12-2所示。

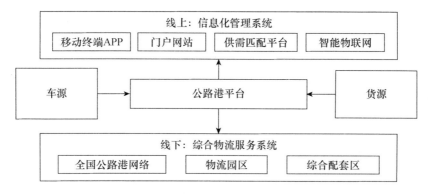

图12-2　传化公路港平台整合模式

资料来源:根据兴业证券研究报告《车货匹配深度研究:分散大动脉如何整合》整理。
http://www.360che.com/news/151023/46677_all.html,2015-10-25

## 二、配送协同：共享末端配送资源

"最后一公里"是整个物流链条的最后一环,也是非常重要的一环。随着我国快递业务的快速增长,末端配送自动化、智能化、信息化水平不高,多次配送,效率低下等问题日益凸显。为降低物流成本、提高服务满意度,末端配送资源共享逐渐成为物流企业与电商平台关注的焦点,兴起了很多新的配送模式,其中最有代表性的包括共同配送、快递众包、第三方平台代收和智能快递柜共享。

### (一)共同配送模式

共同配送是指多个企业或客户通过建立联盟、集约协调、效益共享等机制联合实施物流配送的模式。其本质是针对多客户、多任务的配送需求,通过统筹规划和调度配送资源实现配送作业的规模化效应,提高配送资源的利用效率,降低配送成本。其实现方式可以是商贸企业在各自分散拥有运输工具和配送中心的情况下,视运输货物量的多少,采取委托或受托的形式开展共同配送;也可以是由第三方物流企业通过高效、专业化的配送中心、配送车辆、调度系统等资源,承担一定区域内多企业的共同配送。其中,产品或原材料等实体经过共同配送从供方向需方流动,同时伴随着贯穿整个供应链的信息流,共同配送物流模式如图12-3所示。

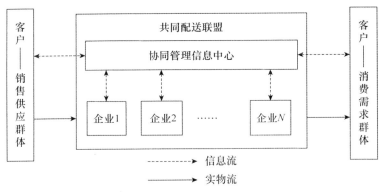

图12-3 共同配送物流模式

共同配送是我国大力推动的物流集约化运作模式。早在2012年,商务部就下发了《关于推进现代物流技术应用和共同配送的指导意见》,并在全国范围内开展城市共同配送试点工作,到2015年已组织了25个城市的共同配送试点。在此推动下,各地方政府相继出台多项城市共同配送实施方案,加快城市共同配送体系建设,创新物流配送经营模式,城市"最后一公里"配送效率得以不断提升。如,厦门市在社区、高校、商务集中区以及岛外大型社区布设终端共同配送网点超过1300个,解决电商快件最后100米共同配送问题,配送成本降低30%,配送效率提高1.5倍[①]。

目前,随着大数据、云计算与移动互联网的发展,城市共同配送已得到全面深化,出现了配送信息大数据在线集成,城市车辆在线实现实时的订单需求集成,车辆在城市配送途中能够做到实时共配。如宁夏新华物流于2016年投资3500万元打造"互联网+共同配送"项目,通过建设线上协同配送管理(CTM)服务平台、线下仓储分拨中心及各服务网点,以生活资料和快消品流通为重点,通过实时采集、分析配送业务数据来优化共同配送业务流程与运作,进一步提升末端配送服务效率。

### (二) 快递众包模式

快递众包是指把原来由物流企业员工承担的快递工作,以自由自愿的形式外包给企业外的大众群体来完成的物流配送模式。在共享经济下,快递众包充分整合了社会闲散资源,包括运输工具、人员的闲暇时间等,同时能够提供较为便利的上门取货和送货到家的配送服务,减少取件派件的时间,提高配送效率。此外,由于是众包给兼职人员,因此,企业的人力成本大大降低。

目前,一些知名电商企业已尝试开展众包物流模式,如京东到家推出众包物流,提出"让广场舞大妈成为京东配送员"等口号,通过社会力量为用户提供3公里范围内的生鲜、超市产品、外卖等生活服务项目。除此之外,还有一些众包配送平台得到了业界的关注,比如人人快递、闪送等,其运行模式如图12-4所示。这些平台主要通过手机APP平台签约广大"自由快递人",实现快递"最后一公里"递送人力资源整合,并发布快件递送需求信息,实现物流需求与供给服务的精准对接。这些"自由快递人"包括临时工、义工、实习生、各类兼职快递员等,平台对这些"自由快递人"进行必要的培训,而寄件人则用普通快递的价格实现货物的快速送达。

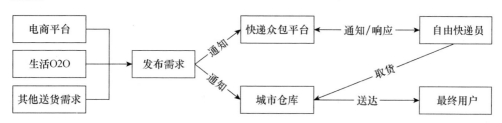

**图12-4 快递众包运行模式**

资料来源:国家发展和改革委员会经济运行调节局,南开大学现代物流研究中心主编.中国现代物流发展报告 2015.北京:北京大学出版社,2016

---

① 厦门日报.厦门城市共同配送体系基本建成"鸟箱"方便市民[EB/OL]. http://news.xmnn.cn/a/xmxw/201601/t20160114_4815374.htm,2016-01-14

## (三)第三方平台代收模式

第三方平台代收将不同快递企业或电商公司投送的物品集中配送至固定的收货站点,由该平台化的站点再统一进行物品二次分发。该模式主要面向社区、高校等团体,由具有一定资质和能力的第三方平台负责代收用户包裹,并提供其他相关服务。典型企业如菜鸟驿站、熊猫快收等平台,第三方平台代收运行模式如图12-5。

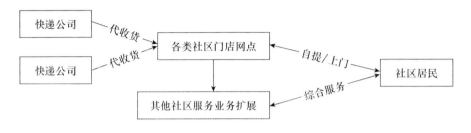

**图 12-5　第三方平台代收运行模式**

资料来源:国家发展和改革委员会经济运行调节局,南开大学现代物流研究中心主编.中国现代物流发展报告 2015.北京:北京大学出版社,2016

菜鸟驿站作为中国最大的社区、校园物流服务平台,已在全国 200 个城市和 1600 家高校开设 4.5 万家社区站点,并通过自主研发的快递包裹收发系统,实现包裹代收、代寄等本地物流服务,有效帮助快递公司实现最后一公里包裹的聚合,大大减少了末端重复配送成本。

熊猫快收是国内最早从事快递代收/发业务的第三方物流企业之一,是一家基于"社区物流最后 100 米"的末端物流服务商,主要面向社区居民提供快递代收、代寄、代退货等服务,目前在华东、华中等区域已建立近一万家站点,与三通一达、顺丰等物流企业形成了稳定的合作关系。

## (四)智能快递柜共享模式

随着电商的高速发展,消费者服务升级诉求日益明确,而在国内劳动力资源大幅减少、作业效率逼近瓶颈的大背景下,物流末端自动化、智能化升级迫在眉睫,原有的劳动力驱动模式将转型为技术驱动模式。在这一背景下,智能快递柜被认为是最有效的末端配送替代方案,其作为距离消费者最近的基础设施节点,通过资源开放共享及全开放的数据系统,实现末端物流资源共享的同时提升了物流服务水平。通过智能快递柜,配送人员可以不必等待用户取件,也无须二次派件,从而节省了配送时间,提高了配送效率。同时,智能快递柜还能全天候作业,用户可以任意时间收发快件,有助于提升消费者满意度。智能快递柜服务模式如图 12-6 所示。

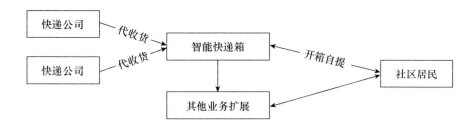

图 12-6　智能快递柜服务模式

资料来源：国家发展和改革委员会经济运行调节局，南开大学现代物流研究中心主编. 中国现代物流发展报告 2015. 北京：北京大学出版社，2016

在我国，智能快递柜作为一种新型服务模式的载体，正逐渐成为快递"最后一公里"交付方式的中坚力量。2017 年上半年，全国城市地区投入运营快递柜数量超过 17 万套，通过智能快递柜派件量占比已接近 10%[①]。其中，丰巢科技、速递易是布局数量最多的两家快递柜运营商，其他企业还包括收件宝、云柜、日日顺乐家、格格货栈等。

### 三、网络仓储：共享仓储设施资源

在物流行业，相比于车货匹配平台的爆发式出现与高速发展，仓储领域的市场化、互联网化进程相对缓慢。但随着"互联网+"战略的深入推进，仓储资源共享的信息化基础不断加强，特别是在仓储设施与仓储服务标准化取得长足进步情况下，各种基于共享经济理念的仓储资源共享服务也相继出现，主要包括仓储资源信息共享平台模式和云仓模式。

（一）仓储资源信息平台模式

这种模式通过深度整合线上仓储信息互联网平台和线下仓储资源，开展仓储资源的网上信息发布、供需匹配、交易结算等服务，实现仓储资源的优化配置，有效地提高仓储行业管理水平。此外，许多平台的经营范围已不仅局限于提供仓储资源信息，还为客户提供仓储运营服务，如货物监管、实时调度、流通加工和配送等一系列物流服务。

例如，2015 年 7 月正式上线运营的中仓网由中国仓储与配送协会和中铁物流集团下属企业中铁物流集团仓储管理有限公司共同投资组建，不仅提供包括仓储物流需求信息、仓储物流资源、网上交易撮合等基本服务，还充分利用中国仓储与

---

① 中国信息产业网. 2017 年中国智能快件箱行业发展概况及未来发展趋势分析[EB/OL]. http://www.chyxx.com/industry/201711/586653.html，2017-11-27

配送协会的会员资源以及中铁物流的资金和技术优势,依靠互联网、大数据等技术,提供全程监控、专业评级、诚信认证和开具仓单等在内的多种服务。其他典型的仓储资源信息平台还包括易代储、物联易达、天下库房等。

（二）云仓模式

与电商发展紧密结合的"云仓"模式是近两年最受关注的仓储资源共享模式。"云仓"主要依托自有或业务伙伴拥有的跨区域甚至遍布全国的仓库资源,形成对外开放、效应协同的共享仓储网络,并利用云计算、大数据等先进技术及管理方式,开展市场销售预测并据此对仓库资源进行分配、调度和管理。因此,与中仓网等侧重于通过线上信息发布和获取来共享仓储资源的方式不同,云仓体系更侧重于对线下具有协同效应的仓储基础设施的共享,实现以货主为单位对全渠道库存分布自动进行调拨、对库存进行集中和优化,从而降低整个供应链网络中的库存成本。

在这方面,典型的案例包括菜鸟网络协同第三方快递企业构建云仓,京东、苏宁等电商巨头自建云仓并对社会开放实现共享,以及顺丰构建涵盖电商专配等服务的仓配一体化云仓。除此之外,包括中邮速递、百世、宅急送、天天、德邦、中联网仓等企业也已开始布局和建设云仓。

### 四、租赁与循环共用：共享仓储装备与单元化器具资源

我国物流装备产业渐成规模,各类仓储装备需求日益增加,以叉车租赁、托盘循环共用为代表的仓储物流装备共享模式快速发展。在这种共享模式下,客户通过租赁或循环共用的方式获取物流设备使用权,减少购买设备带来的资金压力,提高企业资金使用的综合效益,同时通过设备按需租赁和使用,可以避免闲置浪费。对于仓储装备供应商来讲,这些服务作为其传统销售模式的补充已成为新的业务增长点,有助于其在激烈的同质化竞争中取得优势。在我国,典型模式主要有叉车租赁和单元化物流器具的租赁与循环共用。

（一）叉车租赁模式

叉车租赁是一种新兴的物料搬运设备使用方案,与传统的叉车购买方式相比,用户只需交纳少量的保证金,即可拥有叉车的使用权,并享有叉车厂家提供的与所购产品同样的售后服务。在美国、欧洲、日本和澳大利亚等发达国家,叉车租赁已经成为广泛采用的商业模式。相比之下,我国叉车租赁业发展较晚,特别是在 2012 年以前,叉车租赁市场发展缓慢,市场规模很小。直到 2012 年以后,中国叉车行业整机销售增速放缓,以叉车租赁等为代表的市场开始快速发展。据统计,2016 年叉车租赁数量接近 8 万辆,比 2015 年增长 20% 左右[①]。

---

① 赵皎云.物流装备共享模式与价值分析[J].物流技术与应用,2017(2)：95-98

目前，独立的叉车租赁公司已经成为我国叉车租赁市场的主要力量，这些公司依靠专业化服务优势，获得了许多优质的租赁客户。例如，德国林德集团很早就开始在中国市场推广叉车租赁业务，目前在全国拥有46个分公司、152个服务网点和超过6000台的叉车租赁车队，并使用专门的租赁管理系统对整个租赁业务提供系统支持。又如，2015年年底，永恒力集团和安徽合力叉车股份有限公司联合成立了永恒力合力工业车辆租赁有限公司，承接了永恒力集团和安徽合力的全部叉车租赁业务，为客户提供一揽子搬运设备和物流解决方案租赁服务。与此同时，叉车生产商也开始涉足叉车租赁业务，如丰田、科朗、三菱、力至优等外资叉车巨头纷纷在叉车租赁业务上加大投入。

（二）单元化物流器具租赁与循环共用模式

单元化物流器具（包括托盘、周转箱、集装箱等）的共享是通过静态与动态租赁等形式，使单元化物流器具在企业、行业、区域之间循环流转，从而得到更充分、高效的利用。单元化物流器具的共享能够提高物流效率、缩短供应时间、降低物流成本、节约物流资源等，诸多益处已经得到市场的广泛认可，共享模式也在日渐丰富。

最早的租赁模式称为静态租赁，也被称为封闭式共享模式。该模式的运营主体通常为单元化器具租赁公司，在全国建立网点进行统一运作。客户可按照器具使用的实际需求，从租赁公司租用相应的器具，使用后随时退还给租赁公司。租赁公司按照租期收取租金，并为客户提供使用期间的产品维护服务。这种模式从2005年左右开始在我国推行，随着我国单元化物流器具相关标准的建立，以租代买的封闭式共享模式已被广泛采用。

随着共享经济的发展，越来越多的企业开始着手打造创新型开放式共享模式，即动态租赁模式。一是带板运输，即将货物和托盘组成一个标准化的集装单元，在运输、装卸、存储等物流作业中始终保持这一货物单元形态，而且中间不倒换托盘。带板运输的运营主体往往为大型托盘租赁企业，它们制定一定的流转方式与规则，使托盘在供应链的不同企业之间以交换或转移形式实现共用。其中，交换模式由供应商完全承担托盘租赁责任，转移模式则由供应链各个环节参与者承担相应租赁责任。目前，带板运输在我国快消品企业与零售企业之间的应用正在逐步展开，一批商贸和制造产业领军企业（如苏宁、沃尔玛、华润万家、永辉、宝洁、联合利华、雀巢、中粮、康师傅、蓝月亮、蒙牛等）已经开始与托盘循环共用服务商（如招商路凯、集保等）合作带板运输项目，并取得了初步进展。图12-7展示了招商路凯带板运输模式示意。

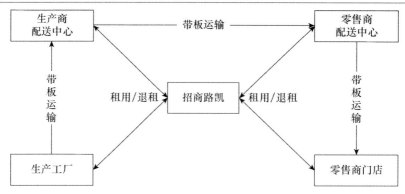

图 12-7　招商路凯带板运输模式示意

资料来源：王玉,吴菁芪.单元化物流包装器具的共享模式与价值分析.物流技术与应用,2017(2):100-103

二是社会化开放平台模式。这是在"互联网+"的潮流中兴起的一种创新型开放共享模式,通常是由平台商搭建一个单元化物流包装器具平台,并通过平台进行供需匹配,最终实现物流包装器具循环使用。单元化物流包装器具并不是由平台商提供的,而是单元化包装器具供应商进入平台,平台商提供统一认证器具的标准,并通过加盟平台的服务站对托盘进行有效管理。目前,国内主要平台商包括集托网、天下大白、托盘中国、无锡美捷等。如,集托网是我国首个开放式托盘循环共用平台,是商务部、国家标准委认定的商贸标准化转型行动重点推进信息平台企业,通过整合社会资源(托盘资源+服务站资源)提供开放式标准化托盘共用服务,集托网开放平台模式示意如图 12-8 所示。

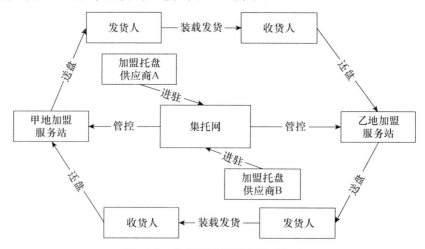

图 12-8　集托网开放平台模式示意

资料来源：根据集托网官方网站(http://www.jituowang.com)资料业务模式整理。

## 第三节 共享经济下的中国物流发展现状

在互联网技术革命与共享经济理念的叠加作用下,中国的社会物流体系正在从以适应工业化社会需求形态为主,转向个体物流资源的全面整合、企业物流资源的开放输出、行业物流资源跨界共享和社会物流资源的深度开发。共享经济下的中国物流产业处在业态演化发展和行业创新、转型、升级的加速时期。

### 一、资本运营活跃,共享物流服务领域成为投融资热点

在中国物流业转型升级的关键时期,资本运营成为企业提高竞争力的重要手段。共享物流服务被认为是突破物流资源约束和产业发展局限的创新发展措施,成为投融资的焦点和热点领域。特别是目前大多数共享物流平台企业还处于初创阶段,急需风险投资的支持,以使企业在激烈的市场竞争中形成独特的竞争优势并快速发展壮大。其中,最为获得资本青睐的是车货匹配物流信息平台企业。据不完全统计,仅 2015 年就有超过 30 家的平台企业获得融资[①]。在 2016—2017 年间,车货匹配平台继续获得资本的青睐,包括运满满、货拉拉、福佑卡车、壹米滴答等 10 多家企业获得融资,融资总额超过 60 亿元。

此外,众包配送、智能快递柜、网络仓储等物流资源共享模式也得到社会资本的普遍认可和看好,是近年来活跃的物流融资领域。2016—2017 年,以人人快递、呼呼快送、UU 跑腿、点我达、闪送等为代表的众包配送平台,以丰巢科技、速递易等为代表的智能快递企业和易代储、微小仓等网络仓储共享平台都获得了融资。

### 二、标准化体系加快建设,助推物流资源共享进一步发展

标准化是共享经济的基础。如果社会资源不具有标准化特征,则难以实现资源共享与协同。在物流领域,物流装备技术标准与物流服务质量标准体系是影响共享物流资源能否成功实施的重要因素。经过多年努力,我国物流标准化工作取得进展,为共享经济下的物流服务创新提供了重要支撑。

自 2014 年起,商务部、财政部、国家标准委开展商贸物流标准化专项行动和设立物流标准化试点。截止到 2016 年年底,标准托盘市场占比达到 27%,重点商贸物流领域托盘标准化率达到 65%。标准化工作带动了托盘租赁和循环共用的发展,推进了供应链上下游物流系统的互联互通与托盘资源共享。2016 年标准托

---

① 亚洲物流双年展. 年终盘点物流 O2O 平台融资情况一览表(2015 年版)[EB/OL]. https://sanwen8.cn/p/1f4gLxr.html, 2016-06-07

盘租赁市场托盘池规模达到 1700 万片,较 2015 年年底增长 16.4%,带板运输率与试点前相比提高 1.1 倍,托盘租购比从 0.3∶1 提高到 3.5∶1,托盘标准共用体系初步建立,托盘租赁与循环共用已成为商贸物流行业托盘应用发展方向 C 轮融资[①]。

2016 年 8 月,交通运输部办公厅印发《关于推进改革试点加快无车承运物流创新发展的意见》,开始推进无车承运人改革试点工作,并在准入技术条件、安全运营监管、诚信考核评估等环节进行服务标准规范。受此政策推动,一批以车货匹配为业务的货运信息资源共享平台企业开始向无车承运人的方向转型升级,建立相关操作规范,科学设计业务流程,形成物流资源组织调度、实际承运人监管、单证交接等环节的规范化管理,取得了初步成效。仅 2017 年上半年,无车承运人试点企业累计整合社会零散货运车辆约 8.6 万辆,运力规模达到 246.9 万吨;天津运友、丹阳飚风等车货匹配整合能力前十位的企业整合车辆数约占总量规模的 54%,杭州菜鸟、卡行天下等十家试点企业完成货运量占全国无车承运试点企业货运量的 63%[②]。

### 三、共享生态圈跨界融合,物流服务功能不断拓展

当前,物流业通过信息化手段打破物流边界,实现物流与流通、生产、金融等领域跨界共享的趋势越发明显,服务范畴也随着共享生态圈的扩大不断延伸,共享的协同效应不断提升。

在车货匹配领域,共享货运信息资源的模式开始与车辆加油、保险、养护、维修等服务相融合,实现了车货最优匹配、车辆后市场与货运金融创新的结合。例如,货车帮以车货匹配为基础,依托大数据,构建起垂直的保险、贷款、结算、支付体系,深入开拓万亿级的车辆后服务市场,特别是通过与各大高速公路紧密合作开展 ETC 卡发放业务,形成了独特的竞争优势,占领了巨大的市场份额。

在共享仓储设备资源领域,一些企业对于客户提供现场驻点服务人员,融入客户的运作体系,更好地配合客户的物流运作流程,包括根据客户的生产计划对车辆进行产品选型、培训、保养、点检等服务,此外还开展融资租赁业务模式。例如,林德联手山重融资租赁有限公司扩展叉车融资租赁领域,在原有的经营性租赁(长租和短租)的基础上,提供给用户更加灵活、更多选择的融资租赁方案,租赁期限的选择取决于承租人的具体需求。

---

① 商务部流通发展司. 2016 年中国托盘标准化发展监测分析报告[EB/OL]. http://www.sohu.com/a/156562355_465938,2017-7-12

② 中国物流与采购网.《无车承运人试点中期运行监测分析报告》出炉[EB/OL]. http://www.chinawuliu.com.cn/zixun/201708/09/323765.shtml,2017-8-9

此外，物流园区作为重要的物流基础设施，将个体劳动者、货主企业、物流企业、政府办事机构、配套企业等聚集在一起，打破传统边界形成了新的物流生态圈，产生了更强的协同效应。如，上海天地汇在经营物流园区时充分借鉴共享经济理念，将车企、金融企业、油品提供商、轮胎服务商、ETC等各种类型的企业聚集在一个平台上，并引入专业运营团队为园区内的入驻企业提供一站式物流管家服务，使物流园区发挥更大的价值和效用。相比单一物流资源的共享，这种跨边界、跨企业的集聚协同是共享经济在物流领域中更深层次的实践应用。

**四、市场竞争白热化，企业盈利模式有待挖掘**

随着共享经济下我国物流服务创新的深化，从事物流服务的企业在类型和数量上不断增加，市场竞争日趋激烈。如公路货运市场中的车货匹配信息平台曾一度达到200多家，即便经过近两三年的发展和整合，目前仍存在数十家从事相似业务的企业。又如，在"最后一公里"配送资源共享模式中，无论是第三方平台代收、智能快递柜还是众包物流，均有像京东、阿里这样的电子商务巨头的参与，也有第三方物流企业独立运作，甚至包括各类连锁零售的便利店、药店、洗衣店等社区服务门店以及小区物业也参与竞争。

尽管市场潜力巨大，但是目前进入共享物流服务领域参与竞争的企业大多依靠风险投资的支持进行前期的服务网络布局，直接和间接的盈利模式基本还处在探索阶段。以车货匹配信息共享平台企业为例，货运物流供需匹配模式、公路货运服务计价的复杂性、客户获取与引流、搭建信任体系、参与共享的物流服务商质量把控等问题都成为制约企业利润提升的难题，绝大部分货运O2O信息服务平台仍处于发展扩张期，到目前为止尚未实现盈利。

## 第四节 共享经济下的中国物流发展展望

共享经济下的中国物流服务创新发展迅速。未来，相关领域市场集中度将继续提升，共享生态圈的开放程度与服务范畴将进一步拓展，共享效率和智能化水平也将不断提升，市场监管体系进一步完善。物流领域的共享经济商业模式将处于全面创新和纵深发展的新阶段，共享经济下的中国物流业将逐步走向成熟。

**一、物流资源整合与资本运营将保持活跃**

在市场竞争加剧、资本介入等诸多因素的推动下，共享经济下我国物流市场企业通过联盟、并购、合作、重组、上市、引入风险投资等多种方式进行资源整合，资本运营的广度与深度将继续加大。特别是在共享经济热潮中，物流服务创新模式不断涌现,社会资本对物流行业高度关注并不断加大投资力度,物流企业为了应对激烈的市场竞争和增强企业竞争能力,不断地加强资本运营活动,在资本助推下加快了前行步伐。未来,行业领先的企业还将掀起新一轮拓展市场、融资与融合潮,传统物流企业与共享平台企业的业务联合、共享平台企业间的互补性合作都将继续深化,推动共享经济下的物流产业市场集中度提升与加快转型升级。

**二、物流资源共享生态圈将不断扩大开放**

未来物流资源共享化的商业模式将进一步创新,共享生态圈将继续扩大开放的程度。这也有利于企业将物流服务沿着产业链进一步延伸和拓展,从而创新盈利模式、增加企业收益。例如,与托盘和叉车相比,目前其他仓储技术装备,如货架、AGV、机器人、仓储管理软件等,由于种种条件的制约,其共享模式还处于初步发展阶段,仓配一体化共享水平也较低。为此,中国仓储与配送协会开始致力于推动更多仓储资源开放共享,包括推进共享仓储智能装备与智慧仓储服务、"多式联运+共享仓储"和基于共享仓储屋顶资源的仓储屋顶光伏绿色发电工程等项目,这些都是未来发展的重要方向。此外,物流资源跨界共享的层次和深度将继续提升,带动物流、金融、制造等产业的协同联动效应进一步提高。如围绕"共享物流+金融服务+互联网平台"开展物流金融跨界创新,围绕"物流信息平台+制造业"开展两业联动跨界共享,都已引起产业界的重视和关注。

**三、物流资源共享效率和智能化水平将提升**

互联网、物联网、大数据、人工智能等技术是实现共享经济的基础,在物流领域,其发展和应用水平也决定了物流资源共享的水平和效能。例如,在仓储资源共享方面,通过大数据技术可以实现对仓储资源精准分类与评价、评级,将空间产品化、数据化,提升仓库匹配的精准和效率;通过人工智能优化算法可在极短时间内计算出最合理的出租方式,提升库容利用率和上架、分拣等仓储运作效率;通过物联网技术实现对仓储金融监管服务的网络化、可视化、智能化,使金融服务风险得到有效控制。目前,以上技术在我国仓储行业的应用还较为初步。未来,相关企业将顺应共享经济理念与科技发展的新趋势,提升智慧物流技术研发和应用水平,我国也将进一步打造信息互联共享的智慧物流体系。此外,无人机、无人车、3D打印、量子计算等前沿新兴技术的发展和应用可能会进一步颠覆物流资源共享的服务模式,加速提升物流资源共享的效率和智能化水平。

**四、物流市场监管体系将进一步完善**

现有的经济社会管理注重自上而下的层级管理、属地管理和行业管理,与共享经济的跨区域、跨部门、跨行业等发展实践的现实需求不匹配。特别是共享经济协同、融合的特点使得对于一些物流相关资源共享活动（如快递众包）及其参与主体（如众包中"自由快递人"）的性质认定、服务标准、劳资关系、税收征缴等问题均无法明确规定，导致其处于监管的灰色地带。对此，国家发展改革委等八部门于2017年7月联合印发《关于促进分享经济发展的指导性意见》，提出了"鼓励创新、包容审慎"的监管原则，探索建立政府、平台企业、行业协会以及资源提供者和消费者共同参与的分享经济多方协同治理机制。在此意见精神的指导下，共享经济下物流行业的市场规范、法律体系将得到加强，特别是共享平台上物流资源提供者和使用者的权利、责任、义务将更加明确和规范，健康、有序、公平合理的物流产业发展环境将进一步形成。

附 录

# 附录 A  2017 年中国物流相关规划一览表

| 发布部门 | 文号 | 题目 | 相关内容 | 发布时间 | 实施时间 |
|---|---|---|---|---|---|
| 国务院 | 国发〔2017〕3 号 | 关于印发全国国土规划纲要（2016—2030 年）的通知 | 《规划》提出到 2020 年，建设内通外联的运输通道网络；到 2030 年，综合交通和信息通信基础设施体系更加完善，公路网与铁路网密度达到 0.6 公里/平方公里等目标 | 2017.01.03 | 2017.01.03 |
| 国务院 | 国发〔2017〕11 号 | 关于印发"十三五"现代综合交通运输体系发展规划的通知 | 《规划》提出完善基础设施网络化布局，强化网络支撑作用，加快运输服务一体化进程，提升交通发展智能化水平等八个方面的重点任务，以指导"十三五"时期现代交通运输体系发展工作 | 2017.02.03 | 2017.02.03 |
| 国务院 | 国发〔2017〕35 号 | 关于印发新一代人工智能发展规划的通知 | 《规划》提出加强智能化装卸搬运、分拣包装、加工配送等智能物流装备研发和推广应用，建设深度感知智能仓储系统，提升仓储运营管理水平和效率等措施，推进物流产业智能化升级 | 2017.07.08 | 2017.07.08 |
| 国务院办公厅 | 国办发〔2017〕2 号 | 关于印发国家突发事件应急体系建设"十三五"规划的通知 | 为建立健全应急物流体系《规划》提出加强应急物流基地和配送中心建设，推动多层级应急物资储运设备集装单元化发展，形成应急物流标准体系，实现应急物流的标准化、模块化和高效化等具体措施 | 2017.01.12 | 2017.01.12 |

（续表）

| 发布部门 | 文号 | 题目 | 相关内容 | 发布时间 | 实施时间 |
|---|---|---|---|---|---|
| 国务院办公厅 | 国办发〔2017〕3号 | 关于印发安全生产"十三五"规划的通知 | 《规划》提出加快构建风险分级管控、隐患排查治理两条防线，对道路交通、铁路交通、民航运输等重点领域采取有效监管措施，坚决遏制重特大事故 | 2017.01.12 | 2017.01.12 |
| 国务院办公厅 | 国办发〔2017〕50号 | 关于印发兴边富民行动"十三五"规划的通知 | 《规划》明确了"十三五"时期深入推进兴边富民行动，支持边境地区加快发展的总体要求。提出围绕强基础、惠民生、促开放、兴产业、固边疆开展边境地区基础设施建设、固边睦边开放水平提升、治边开发开放等六项主要任务 | 2017.05.28 | 2017.05.28 |
| 商务部、发展和改革委员会、国土资源部、交通运输部、国家邮政局 | 无 | 关于印发《商贸物流发展"十三五"规划》的通知 | 《规划》明确了到2020年批发零售企业物流费用率降低到7%左右的目标。提出加强商贸物流网络、基础设施建设九大重点任务以及城乡物流网络建设工程、商贸物流标准化工程等七大重点工程 | 2017.01.19 | 2017.01.19 |
| 国家发展和改革委员会、民航局 | 发改基础〔2017〕290号 | 关于印发全国民用运输机场规划的通知 | 《规划》提出完善华北、东北、华东、中南、西南、西北六大机场群，到2025年，全国民用运输机场规划布局共370个，其中新增布局机场136个 | 2017.02.13 | 2017.02.13 |
| 商务部等13部门 | 商服贸发〔2017〕76号 | 关于印发《服务贸易发展"十三五"规划》的通知 | 为开拓"一带一路"沿线市场，优化境外布局，《规划》提出与有关国家共同开辟新航线和重点沿线国家的交通枢纽和节点城市，推动企业在沿线重点发展国际运输服务，推进建立仓储物流基地和分拨中心，完善区域营销网络和售后服务网络等具体措施 | 2017.03.02 | 2017.03.02 |

(续表)

| 发布部门 | 文 号 | 题 目 | 相关内容 | 发布时间 | 实施时间 |
|---|---|---|---|---|---|
| 国家发展和改革委员会、国家粮食局 | 发改经贸[2017]432号 | 关于印发《粮食物流"十三五"发展规划》的通知 | 《规划》提出重点实施"点对点散粮物流行动""降本增效行动""标准化建设行动"三大行动,以及完善现有粮食物流通道,打通"两横、六纵"重点线路,布局粮食物流出口通道,提升区域粮食物流水平,推进应用技术新装备,完善粮食物流标准体系,大力促进物流与信息融合等七个方面重点任务 | 2017.03.03 | 2017.03.03 |
| 国家发展和改革委员会、交通运输部、中国铁路总公司 | 发改基础[2017]738号 | 关于印发"十三五"铁路集装箱多式联运发展规划》的通知 | 《规划》围绕完善联运通道功能、加强综合枢纽建设、扩大服务有效供给、加快技术装备升级、推动信息开放共享等内容,明确了五大重点任务,提出了四项保障措施 | 2017.04.19 | 2017.04.19 |
| 商务部、国家发展和改革委员会、教育部、科技部、工业和信息化部 | 商服贸发[2017]170号 | 关于印发《国际服务外包产业发展"十三五"规划》的通知 | 《规划》明确了"十三五"时期服务外包产业的发展目标,提出着力拓展供应链管理服务、电子商务平台服务流程外包等八大重点领域业务流程外包 | 2017.04.28 | 2017.04.28 |
| 国家发展和改革委员会、交通运输部、国家铁路局、中国铁路总公司 | 发改基础[2017]1996号 | 关于印发《铁路"十三五"发展规划》的通知 | 《规划》提出完善铁路设施网络,提升技术装备水平,改善铁路运输服务,强化安全生产管理等七大重点任务,以指导"十三五"时期铁路发展工作 | 2017.11.20 | 2017.11.20 |

（续表）

| 发布部门 | 文　号 | 题　目 | 相关内容 | 发布时间 | 实施时间 |
|---|---|---|---|---|---|
| 国家邮政局 | 国邮发〔2017〕2号 | 邮政普遍服务基础设施布局规划（2016—2020年） | 《规划》提出七个邮政板块，三个国际邮路区域，两级邮政节点城市节点布局，等的空间布局，并相应提出优化邮政网络节点建设，加强邮路通道建设，加快邮政口岸建设等六个方面的重点任务 | 2017.01.19 | 2017.01.19 |
| 国家邮政局 | 无 | 关于印发京津冀、长江三角洲、珠江三角洲地区快递服务发展"十三五"规划的通知 | 《规划》根据三大区域的不同特点，分别提出了各区域快递服务的发展目标 | 2017.03.27 | 2017.03.27 |

## 附录 B 2017年中国物流相关政策一览表

| 发布部门 | 文号 | 题目 | 相关内容 | 发布时间 | 实施时间 |
|---|---|---|---|---|---|
| 国务院 | 国发〔2017〕5号 | 关于扩大对外开放积极利用外资若干措施的通知 | 《通知》提出，放宽交通运输等服务业领域外资准入限制，支持外资依照法规以特许经营的方式参与交通等基础设施建设，进一步扩大对外开放 | 2017.01.12 | 2017.01.12 |
| 国务院 | 国发〔2017〕15号 | 关于印发中国（辽宁）自由贸易试验区总体方案的通知 | 为将辽宁自贸试验区建设成为提升东北老工业基地发展竞争力和对外开放水平的新引擎，《通知》从转变政府职能、深化投资领域改革、加快老工业基地结构调整、加强东北亚区域开放合作等6个方面提出19项具体措施 | 2017.03.15 | 2017.03.15 |
| 国务院 | 国发〔2017〕16号 | 关于印发中国（浙江）自由贸易试验区总体方案的通知 | 为将浙江自贸试验区建设成为东部地区重要海上开放门户示范区、国际大宗商品贸易自由化先导区和具有国际影响力的资源配置基地，《通知》从转变政府职能、推动产业链投资便利化和贸易自由化、拓展新型贸易投资方式、推动通关监管领域机制创新等5个方面提出16项具体措施 | 2017.03.15 | 2017.03.15 |
| 国务院 | 国发〔2017〕17号 | 关于印发中国（河南）自由贸易试验区总体方案的通知 | 为将河南自贸试验区建设成为服务于"一带一路"建设的现代综合交通枢纽、全面深化改革开放试验田和内陆型开放型经济示范区，《通知》从加快政府职能转变、深化金融领域开放创新、扩大投资领域开放、推动贸易领域转型升级、增强服务"一带一路"建设的交通物流枢纽功能等5个方面提出19项具体措施 | 2017.03.15 | 2017.03.15 |

（续表）

| 发布部门 | 文号 | 题目 | 相关内容 | 发布时间 | 实施时间 |
|---|---|---|---|---|---|
| 国务院 | 国发〔2017〕18号 | 关于印发中国（湖北）自由贸易试验区总体方案的通知 | 为将湖北自贸试验区建设成为中部有序承接产业转移示范区、战略性新兴产业和高技术产业集聚区，全面改革试验田和内陆对外开放新高地，《通知》从深化投资领域改革、推动贸易转型升级、深化金融领域开放创新、推动创新驱动发展和促进中部地区和长江经济带产业转型升级等6个方面提出19项具体措施 | 2017.03.15 | 2017.03.15 |
| 国务院 | 国发〔2017〕19号 | 关于印发中国（重庆）自由贸易试验区总体方案的通知 | 为将重庆自贸试验区建设成为"一带一路"和长江经济带互联互通重要枢纽、西部大开发战略重要支点，《通知》从建设法治化国际化便利化营商环境、扩大投资领域开放，推进"一带一路"和长江经济带联动发展、推动长江经济带和成渝城市群协同发展等6个方面提出20项具体措施 | 2017.03.15 | 2017.03.15 |
| 国务院 | 国发〔2017〕20号 | 关于印发中国（四川）自由贸易试验区总体方案的通知 | 为将四川自贸试验区建设成为西部门户城市开发开放引领区、内陆开放战略支撑带先行区、国际开放通道枢纽开放型经济新高地，《通知》从切实转变政府职能、统筹双向投资合作、实施内陆与沿海沿边沿江协同开放战略、激活创新创业要素等6个方面提出24项具体措施 | 2017.03.15 | 2017.03.15 |

(续表)

| 发布部门 | 文号 | 题目 | 相关内容 | 发布时间 | 实施时间 |
|---|---|---|---|---|---|
| 国务院 | 国发〔2017〕21号 | 关于印发中国（陕西）自由贸易试验区总体方案的通知 | 为将陕西自贸试验区建设成为全面改革开放试验田，内陆型改革开放新高地，"一带一路"经济合作和人文交流重要支点，《通知》从切实转变政府职能，深化投资领域改革，扩大与"一带一路"沿线国家经济合作，推动西部大开发战略深入实施等7个方面提出21项具体措施 | 2017.03.15 | 2017.03.15 |
| 国务院 | 国发〔2017〕23号 | 关于印发全面深化中国（上海）自由贸易试验区改革开放方案的通知 | 《通知》提出到2020年，率先建立同国际投资和贸易通行规则相衔接的制度体系，把上海自贸试验区建设成为投资贸易自由、规则开放透明、监管公平高效、营商环境便利的国际高标准自由贸易园区 | 2017.03.30 | 2017.03.30 |
| 国务院 | 国发〔2017〕39号 | 关于促进外资增长若干措施的通知 | 《通知》明确进一步扩大市场准入对外开放范围，持续推进国际海上运输、铁路旅客运输等领域对外开放 | 2017.08.08 | 2017.08.08 |
| 国务院 | 国发〔2017〕40号 | 关于进一步扩大和升级信息消费持续释放内需潜力的指导意见 | 《指导意见》提出打造四大重点信息消费领域，其中行业类信息消费领域重点发展面向垂直领域的电子商务平台服务、面向信息消费全过程的网络支付、现代物流、供应链管理等支撑服务、面向信息技术应用的综合系统集成服务 | 2017.08.13 | 2017.08.13 |

（续表）

| 发布部门 | 文号 | 题目 | 相关内容 | 发布时间 | 实施时间 |
|---|---|---|---|---|---|
| 国务院 | 国发〔2017〕57号 | 关于在自由贸易试验区暂时调整有关行政法规、国务院文件和经国务院批准的部门规章规定的决定 | 《决定》对《中华人民共和国船舶登记条例》《中华人民共和国国际海运条例》等与物流有关的行政法规做出部分调整，包括对国际船舶登记制度分级创新，基于对外商独资国际船舶运输、国际船舶管理、国际海运货物装卸、国际海运集装箱站和堆场企业等 | 2017.12.25 | 2017.12.25 |
| 国务院 | 国函〔2017〕86号 | 关于深化改革推进北京市服务业扩大开放综合试点工作方案的批复 | 《批复》提出探索跨境电子商务政策创新，完善口岸功能，加强京津冀口岸功能衔接，打造面向京津冀、服务全国的跨境电商综合服务平台等任务与措施 | 2017.06.25 | 2017.06.25 |
| 国务院 | 国函〔2017〕142号 | 关于同意设立中韩产业园的批复 | 《批复》同意在江苏省盐城市设立中韩（盐城）产业园，在山东省烟台市设立中韩（烟台）产业园，在广东省惠州市设立中韩（惠州）产业园 | 2017.12.11 | 2017.12.11 |
| 国务院 | 国发明电〔2017〕1号 | 关于开展第四次大督查的通知 | 《通知》指出此次大督查围绕适度扩大总需求、重点督查加快发展服务消费、新兴消费、开展质量提升行动、中央预算内投资项目建设、完成铁路、公路、水运、城市地下综合管廊以及"十三五"165项重大工程项目建设等 | 2017.05.30 | 2017.05.30 |

(续表)

| 发布部门 | 文号 | 题目 | 相关内容 | 发布时间 | 实施时间 |
|---|---|---|---|---|---|
| 国务院办公厅 | 国办发〔2017〕4号 | 关于创新管理优化服务培育壮大经济发展新动能加快新旧动能接续转换的意见 | 为了激发新生产要素流动的活力,《意见》提出利用技术这一核心要素推动服务业转型升级,其中包括建设跨行业、跨区域的物流信息服务平台,提升仓储智能化水平和冷链物流服务水平等 | 2017.01.13 | 2017.01.13 |
| 国务院办公厅 | 国办发〔2017〕7号 | 关于促进开发区改革和创新发展的若干意见 | 《意见》中与物流有关的内容主要有:促进生产型制造向服务型生产转变,大力发展第三方物流、科技咨询等生产性服务业;促进海关特殊监管区域整合优化,将符合条件的出口加工区、保税港区等类型海关特殊监管区域逐步整合为综合保税区等 | 2017.01.19 | 2017.01.19 |
| 国务院办公厅 | 国办发〔2017〕13号 | 关于进一步改革完善药品生产流通使用政策的若干意见 | 为在流通环节重点整顿流通秩序,改革完善流通体制,《意见》提出推动药品流通企业转型升级,加快形成以大型骨干企业为主体、中小型企业为补充的城乡药品流通网络,发挥"互联网+药品流通"的优势和作用等七项具体措施 | 2017.01.24 | 2017.01.24 |
| 国务院办公厅 | 国办发〔2017〕17号 | 关于创新农村基础设施投融资体制机制的指导意见 | 《指导意见》提出通过完善农村公路建设养护机制等措施、完善新农村基础设施建设管护机制 | 2017.02.06 | 2017.02.06 |

（续表）

| 发布部门 | 文号 | 题目 | 相关内容 | 发布时间 | 实施时间 |
|---|---|---|---|---|---|
| 国务院办公厅 | 国办发〔2017〕22号 | 关于印发东北地区与东部地区部分省市对口合作工作方案的通知 | 《通知》明确了推进对口合作4个方面共18项具体任务：协同推进"一带一路"建设、共同推进中蒙俄经济走廊建设、推进共建港口、铁路、公路等重大基础设施、共同开拓周边市场、共建对外开放平台等 | 2017.03.07 | 2017.03.07 |
| 国务院办公厅 | 国办发〔2017〕29号 | 关于加快发展冷链物流保障食品安全促进消费升级的意见 | 《意见》指出着力构建符合我国国情的"全链条、网络化、严标准、可追溯、高效率"的现代化冷链物流体系，满足居民消费升级需要，促进农民增收，保障食品消费安全 | 2017.04.13 | 2017.04.13 |
| 国务院办公厅 | 国办发〔2017〕51号 | 关于印发自由贸易试验区外商投资准入特别管理措施（负面清单）（2017年版）的通知 | 《通知》提出此次修订进一步放宽外商投资准入，新版"负面清单"减少10个条目、27项措施，包括轨道交通设备制造、道路运输等6个条目，同时整合减少4个条目 | 2017.06.05 | 2017.06.05 |
| 国务院办公厅 | 国办发〔2017〕73号 | 关于进一步推进物流降本增效促进实体经济发展的意见 | 《意见》提出ETC收费优惠、不许重复罚款，跨省大件运输一地办证不重复、推动物流降本增效等27项措施 | 2017.08.07 | 2017.08.07 |
| 国务院办公厅 | 国办发〔2017〕78号 | 关于加快推进农业供给侧结构性改革大力发展粮食产业经济的意见 | 为完善现代粮食物流体系，夯实粮食产业发展基础，《意见》提出加强粮食产业基础设施和应急供应体系建设、加快粮食物流与信息融合发展、推动粮食物流标准化建设等6项措施 | 2017.09.01 | 2017.09.01 |

（续表）

| 发布部门 | 文号 | 题目 | 相关内容 | 发布时间 | 实施时间 |
|---|---|---|---|---|---|
| 国务院办公厅 | 国办发〔2017〕84号 | 关于积极推进供应链创新与应用的指导意见 | 国务院首次就供应链创新与发展出台指导性文件，《指导意见》立足振兴实体经济，针对贸工农三大实体产业和供应链金融、绿色供应链和全球供应链三大领域提出多项重点任务 | 2017.10.05 | 2017.10.05 |
| 国务院、中央军委 | 国函〔2017〕24号 | 关于同意新建山东菏泽民用机场的批复 | 《批复》同意在山东菏泽建立目标货邮吞吐量为6500吨的国内支线机场 | 2017.02.16 | 2017.02.16 |
| 国家发展和改革委员会、财政部、国家邮政局 | 发改价格规〔2017〕629号 | 关于调整完善普通邮政普通包裹寄递资费体系结构有关问题的通知 | 《通知》提出简化计费和资费档次，调整资费计费方式，改革资费定价机制，在资费总水平保持稳定的前提下重点完善资费体系结构等措施，调整完善普通企业普通包裹寄递资费体系结构 | 2017.04.07 | 2017.04.20 |
| 商务部、国家发展和改革委员会、中国人民银行、海关总署、国家质量监督检验检疫总局 | 商政发〔2017〕125号 | 关于进一步推进开放型经济新体制综合试点试验的若干意见 | 为进一步支持试点地区探索扩大贸易投资便利化、推进放管服改革，《意见》提出创新口岸与海关特殊监管区域快速通关模式等13项措施 | 2017.04.07 | 2017.04.07 |
| 交通运输部办公厅、广东省、广西壮族自治区、贵州省、云南省政府办公厅 | 交办水〔2017〕52号 | 关于印发珠江水运科学发展行动计划（2016—2020年）的通知 | 为深化泛珠三角区域合作，打造畅通、高效、平安、绿色的珠江水运体系，《通知》发布了该行动计划，提出行动目标。明确指导思想、确定具体工作任务。提出了包括加快推进航道建设、进一步提升航道通过能力等6项重点工作任务，并以附件形式给出了更加具体的重点工作任务分工方案 | 2017.04.12 | 2017.04.12 |

(续表)

| 发布部门 | 文号 | 题目 | 相关内容 | 发布时间 | 实施时间 |
|---|---|---|---|---|---|
| 国家发展和改革委员会、财政部、工业和信息化部、民政部 | 发改价格〔2017〕790号 | 关于清理规范涉企经营服务性收费的通知 | 《通知》从四方面提出清理规范的措施，其中，将铁路货运、进出口环节等列为深入清理经营服务性收费的重点领域和环节 | 2017.04.25 | 2017.04.25 |
| 财政部、税务总局 | 财税〔2017〕33号 | 关于继续实施物流企业大宗商品仓储设施用地城镇土地使用税优惠政策的通知 | 《通知》明确了物流企业享受税收优惠的具体内容，界定了享受税收优惠的仓储设施用地，享受税收优惠的大宗商品范围 | 2017.04.26 | 2017.04.26 |
| 财政部办公厅、商务部办公厅、国务院扶贫办综合司 | 财办建〔2017〕30号 | 关于开展2017年电子商务进农村综合示范工作的通知 | 《通知》提出支持农村电子商务发展的四个重点支持方向，包括聚焦农村产品上行，支持县域电子商务公共服务中心和乡村电子商务服务站点的建设改造，支持农村电子商务培训等 | 2017.05.03 | 2017.05.03 |
| 财政部、农业部 | 财金〔2017〕50号 | 关于深入推进农业领域政府和社会资本合作的实施意见 | 《实施意见》重点引导和鼓励社会资本参与六大领域农业公共产品和服务供给，包括农产品物流与交易平台、"互联网+"现代农业等 | 2017.05.31 | 2017.05.31 |
| 国家发展和改革委员会、工业和信息化部、财政部、中国人民银行 | 发改运行〔2017〕1139号 | 关于做好2017年降成本重点工作的通知 | 在降低物流成本方面，《通知》提出加强物流薄弱环节和重点领域基础设施建设，推进发展物流新业态和集装箱运输，加强物流标准制定等基础性工作，发展"互联网+高效物流"和降低物流用地成本等5项措施 | 2017.06.16 | 2017.06.16 |

（续表）

| 发布部门 | 文　号 | 题　目 | 相关内容 | 发布时间 | 实施时间 |
|---|---|---|---|---|---|
| 国家发展和改革委员会、国家海洋局 | 发改西部〔2017〕1026号 | 关于印发"一带一路"建设海上合作设想的通知 | 《通知》提出完善沿线国之间的航运服务网络，共建国际和区域性航运中心，缔结友好港或姐妹港协议，组建港口联盟等形式加强沿线港口合作重点，旨在推进海上互联互通 | 2017.06.19 | 2017.06.19 |
| 交通运输部办公厅、天津市人民政府办公厅、河北省人民政府办公厅 | 交办水〔2017〕101号 | 关于印发《加快推进津冀港口协同发展工作方案（2017—2020年）》的通知 | 《通知》提出优化津冀港口布局和功能分工，加快港口资源整合，完善港口集疏运体系，促进现代航运服务业发展，加快建设绿色平安港口，提升津冀港口治理能力六项主要任务，旨在加快完善津冀港口功能布局、优化港口资源配置、推进港区域口协同发展 | 2017.07.05 | 2017.07.05 |
| 商务部、国家标准化委办公室 | 商办流通函〔2017〕278号 | 关于商贸物流标准化专项行动第三批重点推进企业（协会）的通知 | 《通知》公布了沃尔玛（中国）投资有限公司等23家商贸企业、上海远成物流股份有限公司等38家物流企业、以及5家快消品生产企业、6家托盘运营企业和生产企业、11家平台类企业、7家地方协会、研究机构，共计90家重点推进企业 | 2017.07.13 | 2017.07.13 |
| 商务部、财政部 | 商办流通发〔2017〕337号 | 关于开展供应链体系建设工作的通知 | 《通知》公布在天津、上海、重庆、深圳等共17个首批重点城市开展供应链体系建设，提出了推广物流标准化、促进供应链上下游相衔接等三项主要任务 | 2017.08.11 | 2017.08.11 |

（续表）

| 发布部门 | 文号 | 题目 | 相关内容 | 发布时间 | 实施时间 |
|---|---|---|---|---|---|
| 财政部、国家税务总局 | 财税〔2017〕67号 | 关于调整铁路和航空运输企业汇总缴纳增值税分支机构名单的通知 | 《通知》对铁路和航空运输企业汇总缴纳增值税分支机构进行调整：增补10家，取消5家，更名1家 | 2017.08.22 | 2017.08.22 |
| 国家发展和改革委员会等20部门 | 发改运行〔2017〕1553号 | 印发《关于对运输物流行业严重违法失信用人员实施联合惩戒的合作备忘录》的通知 | 为推进运输物流行业信用体系建设，《通知》列出五大类27项联合惩戒的具体措施，包括对失信主体申请从事道路、铁路、水路等经营业务，在班线和航线审批、经营许可等方面依法实行限制性管理措施等 | 2017.08.24 | 2017.08.24 |
| 交通运输部等14部门 | 交运发〔2017〕141号 | 关于印发促进道路货运行业健康稳定发展行动计划（2017—2020年）的通知 | 《通知》明确了道路货运行动工作目标，并规定了包括减轻道路货运经营负担，促进货运行业创新发展，维护公平竞争市场环境等5项工作内容，以切实推进道路货运行业转型升级、实现行业持续健康稳定发展 | 2017.09.19 | 2017.09.19 |
| 国家邮政局等10部门 | 国邮发〔2017〕86号 | 关于协同推进快递业绿色包装工作的指导意见 | 《指导意见》提出七项重点任务：完善快递业绿色包装法规标准，增加快递绿色包装产品供给使用，实施快递绿色包装认证，开展快递绿色包装产品示范，做大做强快递绿色包装产业联盟建设快递绿色包装回收示范城市，强化快递绿色包装宣传引导与教育培训 | 2017.10.26 | 2017.10.26 |

(续表)

| 发布部门 | 文号 | 题目 | 相关内容 | 发布时间 | 实施时间 |
|---|---|---|---|---|---|
| 财政部、税务总局、商务部、科技部、国家发展和改革委员会 | 财税〔2017〕79号 | 关于将技术先进型服务企业所得税政策推广至全国实施的通知 | 《通知》明确将与物流相关的软件研发开发服务、企业供应链管理服务业，并给出相应政策技术先进型服务业，并给出相应政策 | 2017.11.02 | 2017.11.02 |
| 商务部、国家标准委办公室 | 商电字〔2017〕12号 | 关于印发《网络零售标准化建设工作指引》的通知 | 为落实《电子商务"十三五"发展规划》等相关政策，《通知》提出三个方面八项具体措施，包括加强网络零售快递物流标准建设、加强电子证照互认共享标准建设等 | 2017.11.21 | 2017.11.21 |
| 国家发展和改革委员会、民航局 | 发改基础〔2017〕2048号 | 关于印发《推进京津冀民航协同发展实施意见》的通知 | 《通知》提出十项重点任务，包括将天津建设成我国国际航空物流中心，实现航空货运7天×24小时通关服务，实现京津冀空港通关一体化，提升口岸通关效率等 | 2017.11.27 | 2017.11.27 |
| 商务部、公安部、交通运输部、国家邮政局、供销合作总社 | 商流通函〔2017〕917号 | 关于印发《城乡高效配送专项行动计划（2017—2020年）》的通知 | 《通知》提出完善城乡配送网络、优化城乡配送组织方式、强化城乡配送技术标准应用，推动城乡配送绿色发展、提升城乡配送管理水平等5个方面12项措施，以建立高效集约、协同共享、融合开放、绿色环保的城乡高效配送体系 | 2017.12.13 | 2017.12.13 |

（续表）

| 发布部门 | 文　号 | 题　目 | 相关内容 | 发布时间 | 实施时间 |
|---|---|---|---|---|---|
| 交通运输部办公厅、公安部办公厅、商务部办公厅 | 交办运〔2017〕191号 | 关于组织开展城市绿色货运配送示范工程的通知 | 《通知》提出统筹规划建设城市货运配送节点网络，优化完善城市配送车辆便利通行政策措施，力争在示范城市建成"集约、高效、绿色、智能"的城市货运配送服务体系 | 2017.12.18 | 2017.12.18 |
| 交通运输部、国家税务总局 | 交通运输部公告2017年第66号 | 关于收费公路通行费增值税电子普通发票开具等有关事宜的公告 | 《公告》明确了通行费电子发票编码规则和票样，通行费电子发票开具的流程、通行费电子发票的基本规定等具体内容 | 2017.12.25 | 2018.01.01 |
| 国家发展和改革委员会 | 发改运行〔2017〕552号 | 关于继续组织实施社会物流统计报表制度的通知 | 《通知》要求各地物流工作牵头部门严格按照修订后的《社会物流统计报表制度》落实各项统计任务，全面做好本地区的物流统计工作，进一步提高统计工作质量并及时报送相关材料 | 2017.03.22 | 2017.03.22 |
| 国家发展和改革委员会 | 发改经贸〔2017〕950号 | 关于印发2017年推荐性物流行业标准项目计划的通知 | 《通知》公布计划共10项，涉及汽车物流、医药物流、石油化工物流、钢铁物流、物流装备等物流服务、技术和管理标准 | 2017.06.01 | 2017.06.01 |
| 国家发展和改革委员会 | 发改规划〔2017〕1116号 | 关于印发《服务业创新发展大纲（2017—2025年）》的通知 | 《通知》提出要提高供应链管理水平，推动物流标准化和多式联运，商贸物流、城乡配送和港航服务，加快发展冷链物流、制造业物流、强化重点物流节点城市综合枢纽功能等与物流有关的措施，旨在促进流通服务业转型发展 | 2017.06.13 | 2017.06.13 |

（续表）

| 发布部门 | 文 号 | 题 目 | 相关内容 | 发布时间 | 实施时间 |
|---|---|---|---|---|---|
| 国家发展和改革委员会 | 发改价格〔2017〕2163号 | 关于深化铁路货运价格市场化改革等有关问题的通知 | 《通知》提出5项铁路货运市场运价改革措施,包括对铁路集装箱、零担各类货物运输价格,以及整车运输的矿产性建筑材料、金属制品、工业机械等12个货物品类运输价实行市场调节,并确立健全的运价内部管理制度等措施 | 2017.12.14 | 2018.01.01 |
| 国家发展和改革委员会 | 发改基础〔2017〕1357号 | 关于贵州威宁民用机场项目可行性研究报告的批复 | 《批复》同意在贵州威宁建立目标货邮吞吐量为1050吨的民用机场 | 2017.07.20 | 2017.07.20 |
| 国家发展和改革委员会 | 发改基础〔2017〕1413号 | 关于新建湖南湘西民用机场项目可行性研究报告的批复 | 《批复》同意在湖南湘西建立目标货邮吞吐量为450吨的民用机场 | 2017.07.27 | 2017.07.27 |
| 国家发展和改革委员会 | 发改基础〔2017〕1479号 | 关于新建广西玉林民用机场项目可行性研究报告的批复 | 《批复》同意在广西玉林建立目标货邮吞吐量为5000吨的民用机场 | 2017.08.08 | 2017.08.08 |
| 国家发展和改革委员会 | 发改基础〔2017〕1480号 | 关于乌鲁木齐机场改扩建工程项目建议书的批复 | 《批复》同意在乌鲁木齐建立目标货邮吞吐量为75万吨的民用机场 | 2017.08.08 | 2017.08.08 |
| 国家发展和改革委员会 | 发改基础〔2017〕1626号 | 关于邮政寄递渠道安全监管"绿盾"工程建设项目(一期)可行性研究报告的批复 | 为落实《国务院关于促进快递业发展的若干意见》和《"十三五"现代综合交通运输体系发展规划》,《批复》同意实施邮政寄递渠道安全监管"绿盾"工程(一期),完善实名收寄、过机安检和收寄信息监控中心规则等16项标准规范 | 2017.09.08 | 2017.09.08 |

(续表)

| 发布部门 | 文号 | 题目 | 相关内容 | 发布时间 | 实施时间 |
| --- | --- | --- | --- | --- | --- |
| 国家发展和改革委员会 | 发改基础〔2017〕1677号 | 关于安徽芜湖宣城民用机场项目可行性研究报告的批复 | 《批复》同意在安徽宣城芜湖建立目标货邮吞吐量为5000吨的民用机场 | 2017.09.19 | 2017.09.19 |
| 国家发展和改革委员会 | 发改基础〔2017〕1888号 | 关于新建湖南郴州民用机场项目可行性研究报告的批复 | 《批复》同意在湖南郴州建立目标货邮吞吐量为3000吨的民用机场 | 2017.10.31 | 2017.10.31 |
| 国家发展和改革委员会 | 发改基础〔2017〕1889号 | 关于新建湖北荆州民用机场项目可行性研究报告的批复 | 《批复》同意在湖北荆州建立目标货邮吞吐量为2450吨的民用机场 | 2017.10.31 | 2017.10.31 |
| 国家发展和改革委员会 | 发改办高技〔2017〕2020号 | 关于推动发展一批共享经济示范平台的通知 | 《通知》指出共享示范平台有创新能力共享和生产能力共享两个重要发展方向，其中物流共享经济平台属于生产能力共享方向 | 2017.12.08 | 2017.12.08 |
| 海关总署 | 总署公告〔2017〕8号 | 关于扩大通关作业无纸化适用范围的公告 | 《公告》提出将适用通关作业无纸化范围扩大到所有信用等级企业 | 2017.02.03 | 2017.02.03 |
| 海关总署 | 总署公告〔2017〕25号 | 关于推进全国海关通关一体化改革的公告 | 《公告》决定启用全国海关风险防控中心、税收征管中心，税收征管方式改革扩大到全国口岸所有运输方式进出口中华人民共和国进出口税则》全部章节商品 | 2017.06.28 | 2017.07.01 |
| 海关总署 | 总署公告〔2017〕48号 | 关于规范转关运输业务的公告 | 《公告》对多式联运货物、进口固体废物、跨境电子商务零售进出口商品等相关货物的转关运输业务做了进一步规范 | 2017.10.11 | 2018.01.01 |

（续表）

| 发布部门 | 文号 | 题目 | 相关内容 | 发布时间 | 实施时间 |
|---|---|---|---|---|---|
| 海关总署 | 总署公告〔2017〕52号 | 关于发布《海关监管作业场所设置规范》的公告 | 《公告》规定水路运输类、公路运输类、航空运输类、快递类、储罐类、铁路运输类、公路运输管类等海关监管作业场所等应当按照相关规范办理有关行政许可手续 | 2017.10.30 | 2017.11.01 |
| 海关总署 | 总署公告〔2017〕56号 | 关于调整水空运进出境运输工具、舱单监管相关事项的公告 | 根据《中华人民共和国海关法》有关法律、行政法规，《公告》调整了水空运进出境运输工具、舱单监管相关事项 | 2017.11.21 | 2018.06.01 |
| 海关总署 | 总署令〔2017〕232号 | 中华人民共和国海关监管区管理暂行办法 | 《办法》公布《中华人民共和国海关监管区管理暂行办法》已于2016年12月27日经海关总署署务会议审议通过；自2017年11月1日起施行，原有相关规定同时废止 | 2017.08.08 | 2017.11.01 |
| 海关总署 | 海关总署令第235号 | 关于公布《海关总署关于修改部分规章的决定》的令 | 《决定》对《中华人民共和国海关对保税物流中心（A型）的暂行管理办法》《中华人民共和国海关对保税港区的管理办法》《中华人民共和国海关保税港区暂行办法》等与海关物流有关的规章做出部分修改 | 2017.12.20 | 2018.02.01 |
| 商务部 | 公告2017年第2号 | 批准《电子商务商品验收规范》等34项国内贸易行业标准的公告 | 《公告》批准《药品批发企业关键指标体系》《电子商务商品验收规范》等34项与国内贸易有关行业的规范标准 | 2017.01.13 | 2017.10.01 |

（续表）

| 发布部门 | 文　号 | 题　目 | 相关内容 | 发布时间 | 实施时间 |
|---|---|---|---|---|---|
| 商务部 | 商办秩函〔2017〕167号 | 关于印发《2017年市场秩序工作要点》的通知 | 《通知》提出六个工作要点，包括指导建设中药材现代物流基地，推动药品流通行业转型升级，指导有关行业组织、电子商务、仓储物流和零售企业与国家扶贫重点地区开展"互联网＋追溯"精准扶贫对接试点，探索追溯体系精准扶贫的长效机制等 | 2017.04.26 | 2017.04.26 |
| 商务部 | 公告2017年第42号 | 批准《商贸物流园区建设与运营服务规范》等17项国内贸易行业标准的公告 | 《公告》批准《商贸物流园区服务规范》《基于网络零售开放平台的电子商务服务规范》等共17项与国内贸易相关的规范标准 | 2017.08.21 | 2018.06.01 |
| 商务部 | 公告2017年第48号 | 关于商务部2017—2018年度电子商务示范企业名单的公告 | 按照《商务部关于开展电子商务示范工作的通知》（商办电函〔2017〕187号）和《电子商务示范企业创建规范》的相关规定，《公告》确定北京东方世纪贸易有限公司等238家企业为商务部2017—2018年度电子商务示范企业 | 2017.09.03 | 2017.09.03 |
| 商务部 | 商办秩函〔2017〕224号 | 关于深入贯彻落实医改政策进一步加强药品流通行业管理的通知 | 《通知》支持药品批发企业向供应链管理服务商转型、药品零售企业向药学服务商转型、医药物流企业向现代化绿色医药物流服务商转型、医药电商企业向线上线下融合、多领域跨界融合的综合服务商转型，旨在提升行业发展水平 | 2017.06.05 | 2017.06.05 |

(续表)

| 发布部门 | 文号 | 题目 | 相关内容 | 发布时间 | 实施时间 |
|---|---|---|---|---|---|
| 交通运输部 | 交通运输部令[2017]4号 | 关于修改《中华人民共和国国际海运条例实施细则》的决定 | 《决定》删除了一些条款,并对细则中用语的含义、中国企业法人申请材料等内容做出26项修改,同时颁布了修改后的《国际海运条例实施细则》 | 2017.03.07 | 2017.03.07 |
| 交通运输部 | 交通运输部令[2017]6号 | 《外商投资民用航空业规定》的补充规定(六) | 《规定》对香港、澳门服务提供者独资投资项目,合资计算机订座系统企业的营业许可经济需求测试要求,自贸试验区外商独资投资形式投资要求做出补充 | 2017.04.01 | 2017.05.01 |
| 交通运输部 | 交通运输部令[2017]14号 | 《中华人民共和国船舶安全监督规则》 | 《规则》对船舶进出港报告、船舶综合质量管理、船舶安全监督,以保障水上生命、财产安全、防止水域污染、规范船舶安全监督工作 | 2017.05.23 | 2017.07.01 |
| 交通运输部 | 交通运输部令[2017]15号 | 关于修改《中华人民共和国船舶及其有关作业活动污染海洋环境防治管理规定》的决定 | 《决定》对规则制定的根据、船舶从事作业活动时应及时报告的情况、进行较大污染风险的作业活动时的要求等15项内容做出修改,并重新发布了修改后的《中华人民共和国船舶及其有关作业活动污染海洋环境防治管理规定》 | 2017.05.23 | 2017.05.23 |

（续表）

| 发布部门 | 文号 | 题目 | 相关内容 | 发布时间 | 实施时间 |
| --- | --- | --- | --- | --- | --- |
| 交通运输部 | 交通运输部令[2017]16号 | 关于修改《老旧运输船舶管理规定》的决定 | 《决定》对《老旧运输船舶管理规定》做出修改，规定海事管理机构不能对从事国内运输的老旧运输船舶提供有效的船舶营运证件时，应当通知船舶经营人所在地设区的市级人民政府水路运输管理部门 | 2017.05.23 | 2017.05.23 |
| 交通运输部 | 交通运输部令[2017]18号 | 关于修改《海上滚装船舶安全监督管理规定》的决定 | 《决定》对滚装船舶完成检查并确认安全的要求，开航前现场监督检查、纠正或处罚的情形做出修改，并重新发布修改后的规定 | 2017.05.23 | 2017.05.23 |
| 交通运输部 | 交通运输部令[2017]19号 | 关于修改《中华人民共和国海事行政许可条件规定》的决定 | 《决定》删除了"国内航行船舶进出港签证的条件""船舶污染物接收单位从事船舶垃圾、残油、含油污水、含有毒有害物质污水接收作业审批的条件""防止船舶污染港区水域作业许可的条件"3个条款 | 2017.05.23 | 2017.05.23 |
| 交通运输部 | 交通运输部令[2017]20号 | 关于修改《中华人民共和国内河海事行政处罚规定》的决定 | 《决定》对船舶在内河航行为做出修改，罚款处罚规定中对违反征收费港务费管理秩序，并重新发布了修正后的规定 | 2017.05.23 | 2017.05.23 |
| 交通运输部 | 交通运输部令[2017]21号 | 关于修改《中华人民共和国海上海事行政处罚规定》的决定 | 《决定》将中国籍国内航行船舶出港进口违反规定签证的行为改为由"不按照规定办理海事管理机构签证"修改为"不按照规定向海事管理机构报告船舶的航次计划、适航状态、船员配备和载货载客情况等"，界定更为详尽 | 2017.05.23 | 2017.05.23 |

(续表)

| 发布部门 | 文　号 | 题　目 | 相关内容 | 发布时间 | 实施时间 |
|---|---|---|---|---|---|
| 交通运输部 | 交通运输部令[2017]22号 | 关于废止2件交通运输规章的决定 | 《决定》废止《交通建设项目环境保护管理办法》和《中华人民共和国船舶签证管理规则》2个交通运输规章 | 2017.05.23 | 2017.05.23 |
| 交通运输部 | 交通运输部令[2017]24号 | 《定期国际航空运输管理规定》 | 《规定》对定期国际航空运输的行政许可条件、许可程序、监督管理、法律责任及生效时间做出了具体规定 | 2017.05.26 | 2017.07.01 |
| 交通运输部 | 交通运输部令[2017]27号 | 《港口危险货物安全管理规定》 | 《规定》包括建设项目安全审查、经营人资质、作业管理、应急管理、安全监督管理等内容，完善了危险货物港口建设项目在工程建设过程中的安全保障与安全监管制度，着重加强安全管理责任与企业主体责任的落实 | 2017.09.04 | 2016.10.15 |
| 交通运输部 | 交通运输部令[2017]31号 | 关于修改《铁路运输企业准入许可办法》的决定 | 《决定》放宽了许可条件，对仅有铁路基础设施使用权的企业取消了许可对象、明确铁路资产方和运营方有关许可的适应性，从以上两方面对原《办法》进行了修订调整 | 2017.09.29 | 2017.09.29 |
| 交通运输部 | 交通运输部令[2017]32号 | 《长江干线水上交通安全管理特别规定》 | 《规定》通过梳理各行政法规、规章，在进一步整合近年来出台的长江干线相关安全管理规范性文件的基础上，对安全管理职责体系的分工、明确企业安全生产主体责任、水上交通管制措施等内容做出了规定 | 2017.11.04 | 2018.01.01 |

(续表)

| 发布部门 | 文号 | 题目 | 相关内容 | 发布时间 | 实施时间 |
|---|---|---|---|---|---|
| 交通运输部 | 交通运输部令〔2017〕34号 | 《国内投资民用航空业规定》 | 《规定》分为总则、投资准入、法律责任、附则四章。修订主要内容包括:放宽三大航空的国有控股要求;允许国有相对控股、放宽主要机场的国有股比要求;进一步放开行业内各主体之间的投资限制 | 2017.12.18 | 2018.01.19 |
| 交通运输部 | 交水发〔2017〕53号 | 关于推进特定航线江海直达运输发展的意见 | 《意见》对江海直达运输提出制定完善船舶法规规范,加强江海直达船型研发培育,加强港口航道等基础设施建设,积极培育江海直达运输市场,促进运输安全绿色发展,优化运输管理,提升应急能力等7项任务,以推进江海直达运输安全、高效和绿色发展,更好地服务长江经济带发展 | 2017.04.11 | 2017.04.11 |
| 交通运输部 | 交水发〔2017〕114号 | 关于推进长江经济带绿色航运发展的指导意见 | 《意见》为促进航运绿色循环低碳发展,更好发挥长江黄金水道综合效益,提出完善长江经济带绿色航运发展规划,建设生态友好的绿色航运基础设施,推广清洁低碳的绿色航运技术装备等10项任务 | 2017.08.04 | 2017.08.04 |
| 交通运输部 | 交规划发〔2017〕45号 | 关于印发推进交通运输生态文明建设实施方案的通知 | 《通知》提出优化交通运输结构,加强交通运输生态保护和污染综合防治,推进交通运输资源节约循环利用,强化交通运输生态文明综合治理能力4项重要任务,旨在将绿色发展理念融入交通运输发展的全过程和各方面,切实推进交通运输行业转型升级和提质增效 | 2017.04.01 | 2017.04.01 |

(续表)

| 发布部门 | 文号 | 题目 | 相关内容 | 发布时间 | 实施时间 |
|---|---|---|---|---|---|
| 交通运输部 | 交办运〔2017〕16号 | 关于印发《道路运输车辆卫星定位系统车载终端卫星定位系统和平台标准符合性技术审查工作规范》的通知 | 《通知》为规范道路运输车辆卫星定位系统车载终端卫星定位系统和平台标准符合性技术审查工作的顺利实施，提出了具体的标准符合性检测、资质审核及监督管理要求 | 2017.02.09 | 2017.02.09 |
| 交通运输部 | 交办运〔2017〕53号 | 关于组织开展第二批多式联运示范工程申报工作的通知 | 《通知》提出了多式联运示范工程的申报条件、申报材料要求及时间安排，意在深化交通运输供给侧结构性改革，促进各省运输方式融合发展，推动物流业降本增效 | 2017.04.14 | 2017.04.14 |
| 交通运输部 | 交办运函〔2017〕256号 | 关于做好无车承运试点运行监测工作的通知 | 《通知》为规范试点成效、防控试点风险，总结试点成效，针对无车承运试点企业的"运输业务、运输资质、服务质量及信用、运行绩效"等内容开展动态监测，采取平台监测、重点督导和企业自律相结合的方式开展 | 2017.03.01 | 2017.03.01 |
| 交通运输部 | 交办运函〔2017〕333号 | 关于加强危险货物道路运输安全监管系统建设工作的通知 | 为进一步提高危险货物道路运输行业安全监管和服务能力，《通知》提出了建设部级和省级危险货物监管系统的工作任务、以及具体的职责分工和进度安排 | 2017.03.14 | 2017.03.14 |
| 交通运输部 | 交办运函〔2017〕1688号 | 关于进一步做好无车承运人试点工作的通知 | 《通知》充分肯定了试点工作取得的成效，并提出继续做好试点运行监测工作，加强对试点企业的考核管理，细化落实无车承运人相关配套政策及推进无车承运试点制度建设几点要求 | 2017.11.15 | 2017.11.15 |

(续表)

| 发布部门 | 文号 | 题目 | 相关内容 | 发布时间 | 实施时间 |
|---|---|---|---|---|---|
| 交通运输部 | 交水函〔2017〕101号 | 关于开展智慧港口示范工程的通知 | 《通知》提出推进港口智慧物流建设、实现港口管理智能化、实现港口危险货物监管智能化3项工作任务，旨在推进信息技术与港口服务和监管的深度融合，为加快港口转型升级、推进现代化提供有力支撑 | 2017.01.24 | 2017.01.24 |
| 交通运输部 | 交水函〔2017〕633号 | 关于学习借鉴浙江经验推进区域港口一体化改革的通知 | 《通知》明确了推进区域港口一体化发展的重要意义，提出学习借鉴浙江推进区域港口一体化改革经验，因地制宜有序推进区域港口一体化发展 | 2017.08.17 | 2017.08.17 |
| 交通运输部 | 交安监发〔2017〕39号 | 关于推进公路水路行业安全生产领域改革发展的实施意见 | 《意见》提出严格落实安全生产责任、改革安全监管体制机制，大力推动公路水路行业安全生产工作系统化、规范化、标准化、法治化等5项要求，以扎实推进依法治安全生产范治理能力 | 2017.03.27 | 2017.03.27 |
| 交通运输部 | 交安监发〔2017〕60号 | 关于印发《公路水路行业安全生产风险管理暂行办法》《公路水路行业安全生产事故隐患治理暂行办法》的通知 | 《通知》为推进建立公路水路行业安全生产风险管理和隐患治理双重预防机制，明确深刻认识加强安全生产风险管理和隐患治理工作的重要性，提出加强组织领导、分领域稳步推进、强化工作保障的要求 | 2017.04.27 | 2017.04.27 |

(续表)

| 发布部门 | 文　号 | 题　目 | 相关内容 | 发布时间 | 实施时间 |
|---|---|---|---|---|---|
| 交通运输部 | 交科技函〔2017〕412号 | 关于下达2017年交通运输标准化计划的通知 | 《通知》颁布了《道路冷链运输服务规则》《空陆联运货物装卸转运操作规范》《交通运输行业安全生产监督监察信息数据元》等交通运输标准化计划 | 2017.06.07 | 2017.06.07 |
| 交通运输部 | 交办公路〔2017〕8号 | 关于界定严重违法失信超限超载运输行为和相关责任主体有关事项的通知 | 《通知》提出严格界定严重违法失信超限超载运输行为和相关责任主体的具体情形,切实加强严重失信信息统计汇总,认真做好信息公布与结果应用3项要求,用信用约束手段治理公路超限超载现象,进一步提升公路超限超载治理成效 | 2017.01.17 | 2017.01.17 |
| 交通运输部 | 交办公路〔2017〕62号 | 关于贯彻实施《超限运输车辆行驶公路管理规定》的通知 | 《通知》明确提出明确超限超载治理工作原则,做好超限运输许可管理等5项相关要求,推进超限运输治理体系和治理能力现代化,保障公路基础设施和人民生命财产安全,促进装备制造业和物流业持续健康发展 | 2017.04.25 | 2017.04.25 |
| 交通运输部 | 交办水〔2017〕34号 | 关于加强港口危险货物储罐安全管理的意见 | 《意见》提出了加强安全风险源头管控,强化设施设备管理,规范作业管理,加强安全监管,加强应急救援6点意见,以夯实储罐安全专项整治基础,促进港口安全生产形势持续稳定 | 2017.03.08 | 2017.03.08 |

（续表）

| 发布部门 | 文号 | 题目 | 相关内容 | 发布时间 | 实施时间 |
|---|---|---|---|---|---|
| 交通运输部 | 交办水〔2017〕75号 | 关于印发深入推进水运供给侧结构性改革行动方案（2017—2020年）的通知 | 《方案》提出降成本、发挥水运比较优势、去产能、促进水运转型升级、补短板、增强水运保障能力，调结构、提升水运服务品质，强服务、目的在于提高水运供给的质量和效率，加快构建现代化水运体系 | 2017.05.19 | 2017.05.19 |
| 交通运输部 | 交办水〔2017〕76号 | 关于水路运输建设综合管理信息系统部分功能投入试运行的通知 | 为深化"放管服"改革，推进航运"互联网+政务服务"，提高审批效率，《通知》提出决定水路运输建设综合管理信息系统国内航运、港澳航线行政许可和备案网上办理功能投入试运行 | 2017.05.25 | 2017.05.25 |
| 交通运输部 | 交办水〔2017〕85号 | 关于印发《港口危险货物集中区域安全风险评估指南》的通知 | 为指导港口危险货物集中区域安全风险评估工作，进一步有效控制和降低重大安全风险，防范和遏制重特大安全生产事故发生，《通知》发布了该安全风险评估指南 | 2017.06.07 | 2017.06.07 |
| 交通运输部 | 交办水〔2017〕128号 | 关于印发《水路运输市场信用信息管理办法（试行）》的通知 | 《通知》明确了水路运输市场信用信息管理的目的依据、适用范围和管理原则，规定了管理部门、行业协会、从业单位及从业人员的权利、责任和义务，对信用信息提出了规范要求，建立了异议处理内容和权益保护机制，主要内容、为未来一段时间水路运输市场信用信息管理指明了方向、明确了任务 | 2017.09.06 | 217.09.06 |

(续表)

| 发布部门 | 文号 | 题目 | 相关内容 | 发布时间 | 实施时间 |
|---|---|---|---|---|---|
| 工业和信息化部 | 工信部信软〔2017〕227号 | 关于印发《工业电子商务发展三年行动计划》的通知 | 《通知》发布该《行动计划》，部署了五项主要行动，其中包括以夯实工业电子商务物流基础、支持物流企业加大对物流基础设施信息化改造、推动智能物流信息平台建设为主要任务的工业电子商务支撑服务体系建设行动 | 2017.09.25 | 2017.09.25 |
| 国家邮政局 | 国邮发〔2017〕31号 | 关于加快推进全国邮件快件实名收寄信息系统推广应用工作的通知 | 《通知》明确了实名收寄信息系统推广应用的总体要求、工作内容、职责分工、建设模式等有关内容，目的在于加快全国邮件快件实名收寄信息系统推广应用、提升实实在在名收寄制度信息化、标准化、规范化水平 | 2017.04.07 | 2017.04.07 |
| 国家邮政局 | 国邮发〔2017〕49号 | 关于加强和改进快递末端服务管理工作的指导意见 | 为全面提升快递末端服务精细化水平和组织化程度、优化快递末端服务监督管理方法，《意见》提出从创新快递末端基础设施建设、保持基层网点稳定运行、强化末端服务管理以及加快组织实施等四方面的要求 | 2017.06.06 | 2017.06.06 |
| 国家邮政局 | 国邮发〔2017〕63号 | 关于印发《寄递渠道安全综合整治工作方案》的通知 | 为着力解决影响寄递安全的重点难点问题、营造良好寄递服务环境，《通知》发布了该工作方案，明确各阶段目标，并提出加强违禁寄递危险化学品问题整治、做好网络安全管理工作等5项工作任务、整治措施及工作要求 | 2017.07.28 | 2017.07.28 |

（续表）

| 发布部门 | 文号 | 题目 | 相关内容 | 发布时间 | 实施时间 |
|---|---|---|---|---|---|
| 国家邮政局 | 国邮发〔2017〕67号 | 关于推进邮政业安全生产领域改革发展的指导意见 | 《意见》提出健全落实安全生产责任制，大力推进依法治业，完善体制机制，建立安全预防控制体系，强化基础建设5项意见，以全面提升安全生产整体水平，确保邮政业安全稳定和寄递渠道安全畅通 | 2017.08.04 | 2017.08.04 |
| 国家邮政局 | 国邮发〔2017〕101号 | 关于发布《快件处理场所设计指南》和《冷链快递服务》邮政行业标准的通知 | 《通知》发布了《快件处理场所设计指南》和《冷链快递服务》推荐性邮政行业标准，对于加快推进快件处理场所标准化建设，促进冷链快递服务质量提升，深化邮政业供给侧结构性改革具有重要意义 | 2017.12.20 | 2018.03.01 |
| 国家邮政局 | 国邮发〔2017〕105号 | 关于印发《快递业信用管理暂行办法》的通知 | 为加强快递业信用体系建设，促进快递业健康发展，《通知》提出包括信用档案建立和信用信息的采集、信用评定、信息的披露和应用等6章共52条管理办法 | 2017.12.29 | 2017.12.29 |
| 国家邮政局 | 国邮办发〔2017〕14号 | 关于促进2017年民族地区邮政业健康发展的实施意见 | 为促进民族地区邮政业直接通邮，提出加强制村直接通邮，加快推进邮政包裹按址投递，加快推进农产品进城示范项目等7点意见 | 2017.06.14 | 2017.06.14 |
| 国家邮政局 | 无 | 关于推动邮政业服务农村电子商务发展的指导意见 | 《意见》提出加强农村地区末端网络建设，优化网络组织运行体系，创建服务农村电商的知名品牌，完善邮政服务农村电商模式等6方面共20项详细意见 | 2017.01.22 | 2017.01.22 |

（续表）

| 发布部门 | 文号 | 题目 | 相关内容 | 发布时间 | 实施时间 |
|---|---|---|---|---|---|
| 国家邮政局 | 无 | 关于加快推进邮政业供给侧结构性改革的意见 | 《意见》在明确发展目标、统一指导思想的基础上，提出补齐服务短板、增强供给能力、深化业务联动、优化供给结构、突出安全绿色、提高供给品质等6项意见，以促进行业转型升级，充分发挥邮政业对降低社会物流成本、释放消费需求、培育经济发展的重要作用 | 2017.05.18 | 2017.05.18 |
| 国家税务总局 | 税总函〔2017〕579号 | 关于开展互联网物流平台企业代开增值税专用发票试点工作的通知 | 《通知》明确了互联网物流平台企业可为符合条件的货物运输业小规模纳税人代开专用发票的试点要求 | 2017.12.29 | 2017.12.29 |

# 附录 C  2012—2017 年中国物流相关统计数据

## 第一部分  中国内地(大陆)物流相关统计数据

### 一、国内生产总值

表 C-1  国内生产总值及三次产业构成情况

| 年份 | 指标 | 国内生产总值 | 第一产业增加值 | 第二产业增加值 | 第三产业增加值 |
|---|---|---|---|---|---|
| 2012 | 数值/亿元 | 540 367.4 | 50 902.3 | 244 643.3 | 244 821.9 |
|  | 占国内生产总值/% | 100% | 9.42% | 45.27% | 45.31% |
| 2013 | 数值/亿元 | 595 244.4 | 55 329.1 | 261 956.1 | 277 959.3 |
|  | 占国内生产总值/% | 100% | 9.30% | 44.01% | 46.70% |
| 2014 | 数值/亿元 | 643 974.0 | 58 343.5 | 277 571.8 | 308 058.6 |
|  | 占国内生产总值/% | 100% | 9.06% | 43.10% | 47.84% |
| 2015 | 数值/亿元 | 689 052.1 | 60 862.1 | 282 040.3 | 346 149.7 |
|  | 占国内生产总值/% | 100% | 8.83% | 40.93% | 50.24% |
| 2016 | 数值/亿元 | 744 127.2 | 63 670.7 | 296 236.0 | 384 220.5 |
|  | 占国内生产总值/% | 100% | 8.56% | 39.81% | 51.63% |
| 2017 | 数值/亿元 | 827 122 | 65 468 | 334 623 | 427 032 |
|  | 占国内生产总值/% | 100% | 7.9% | 40.5% | 51.6% |

资料来源：2012—2016 年数据根据《中国统计年鉴》(2017)相关数据整理，2017 年数据根据《中华人民共和国国民经济和社会发展统计公报》(2017)相关数据整理。

## 二、农业

表 C-2　主要农产品产量　　　　　　　　　　　　单位：万吨

| 产品名称 | 2012 年 | 2013 年 | 2014 年 | 2015 年 | 2016 年 | 2017 年 |
|---|---|---|---|---|---|---|
| 粮食 | 58 958.0 | 60 193.8 | 60 702.6 | 62 143.9 | 61 625.0 | 61 791 |
| 棉花 | 683.6 | 629.9 | 617.8 | 560.3 | 529.9 | 549 |
| 油料 | 3 436.8 | 3 517.0 | 3 507.4 | 3 537.0 | 3 629.5 | 3 732 |
| 糖料 | 13 485.4 | 13 746.1 | 13 361.2 | 12 500.0 | 12 340.7 | 12 556 |
| 肉类 | 8 387.2 | 8 535.0 | 8 706.7 | 8 625.0 | 8 537.8 | 8 431 |
| 水产品 | 5 907.7 | 6 172.0 | 6 461.5 | 6 699.7 | 6 901.3 | 6 938 |

资料来源：2012—2016 年数据根据《中国统计年鉴》(2017)相关数据整理，2017 年数据根据《中华人民共和国国民经济和社会发展统计公报》(2017)相关数据整理。

## 三、工业

表 C-3　全国规模以上工业企业工业增加值增长速度　　　　单位：%

| 指标 | 2012 年 | 2013 年 | 2014 年 | 2015 年 | 2016 年 | 2017 年 |
|---|---|---|---|---|---|---|
| 规模以上工业 | 10.0 | 9.7 | 8.3 | 6.1 | 6 | 6.6 |
| 其中：国有及国有控股企业 | 6.4 | 6.9 | 4.9 | 1.4 | 2 | 6.5 |
| 集体企业 | 7.1 | 4.3 | 1.7 | 1.2 | −1.3 | 0.6 |
| 股份制企业 | 11.8 | 11.0 | 9.7 | 7.3 | 6.9 | 6.6 |
| 外商及港澳台地区投资企业 | 6.3 | 8.3 | 6.3 | 3.7 | 4.5 | 6.9 |
| 私营企业 | 14.6 | 12.4 | 10.2 | 8.6 | 7.5 | 5.9 |
| 其中：纺织业 | 12.2 | 8.7 | 6.7 | 7.0 | 5.5 | 4.0 |
| 农副食品加工业 | 13.6 | 9.4 | 7.7 | 5.5 | 6.1 | 6.8 |
| 通用设备制造业 | 8.4 | 9.2 | 9.1 | 2.9 | 5.9 | 10.5 |
| 电气机械及器材制造业 | 9.7 | 10.9 | 9.4 | 7.3 | 8.5 | 10.6 |
| 高技术产业 | 12.2 | 11.8 | 12.3 | 10.2 | 10.8 | — |

资料来源：根据《中华人民共和国国民经济和社会发展统计公报》(2012—2017)相关数据整理。

## 四、固定资产投资

表 C-4　固定资产投资额　　　　　　　　　　　　　　　　单位：亿元

| 指标 | 2012年 | 2013年 | 2014年 | 2015年 | 2016年 | 2017年 | 2017年同比增长(%) |
|---|---|---|---|---|---|---|---|
| 全社会固定资产投资 | 374 695 | 446 294 | 512 021 | 562 000 | 606 466 | 641 238 | 7.0 |
| 其中：第一产业 | 10 996 | 11 187 | 13 803 | 17 542 | 18 838 | 20 892 | 11.8 |
| 　　　第二产业 | 158 262 | 184 814 | 207 684 | 224 259 | 232 002 | 235 751 | 3.2 |
| 　　　第三产业 | 205 436 | 250 293 | 290 534 | 320 199 | 353 546 | 375 040 | 9.5 |
| 其中：东部地区 | 151 742 | 179 092 | 206 454 | 232 107 | 249 665 | 265 937 | 8.3 |
| 　　　中部地区 | 87 909 | 105 894 | 124 112 | 143 118 | 156 762 | 163 400 | 6.9 |
| 　　　西部地区 | 88 749 | 109 228 | 129 171 | 140 416 | 154 054 | 166 571 | 8.5 |
| 　　　东北地区 | 41 243 | 47 367 | 46 096 | 40 806 | 30 642 | 30 655 | 2.8 |

资料来源：2012—2016年数据中,全社会、第一、二、三产业数据根据《中国统计年鉴》(2013—2017)相关数据整理,东部、中部、西部、东北地区数据根据《中华人民共和国国民经济和社会发展统计公报》(2012—2016)相关数据整理；2017年数据根据《中华人民共和国国民经济和社会发展统计公报》(2017)相关数据整理。

表 C-5　分行业城镇固定资产投资额　　　　　　　　　　　单位：亿元

| 行业 | 2012年 | 2013年 | 2014年 | 2015年 | 2016年 | 2017年 |
|---|---|---|---|---|---|---|
| 全国总计 | 364 854 | 435 747 | 501 265 | 551 590 | 596 501 | 631 684 |
| 其中：农、林、牧、渔业 | 8 772 | 11 401 | 14 574 | 19 062 | 22 774 | 24 638 |
| 　　　制造业 | 124 404 | 147 584 | 166 898 | 180 233 | 187 836 | 193 616 |
| 　　　交通运输、仓储和邮政业 | 30 881 | 36 329 | 42 890 | 48 975 | 53 628 | 61 186 |
| 　　　信息传输、软件和信息技术服务业 | 2 691 | 3 085 | 4 103 | 5 517 | 6 319 | 6 987 |
| 　　　批发和零售业 | 9 763 | 12 601 | 15 553 | 18 682 | 17 939 | 16 542 |
| 　　　房地产业 | 92 639 | 111 380 | 123 558 | 126 706 | 135 284 | 139 734 |
| 　　　水利、环境和公共设施管理业 | 29 618 | 37 663 | 46 224 | 55 679 | 68 647 | 82 105 |

资料来源：2012—2016年数据根据《中国统计年鉴》(2017)相关数据整理,2017年数据根据《中华人民共和国国民经济和社会发展统计公报》(2017)相关数据整理。

表 C-6 交通固定资产投资新增主要生产能力

| 指标 | 单位 | 2012 年 | 2013 年 | 2014 年 | 2015 年 | 2016 年 | 2017 年 | 2017 年同比增长/% |
|---|---|---|---|---|---|---|---|---|
| 新建铁路投产里程 | 公里 | 5 382 | 5 586 | 8 427 | 9 531 | 3 281 | 3 038 | −7.41% |
| 增建铁路复线投产里程 | 公里 | 4 763 | 4 180 | 7 892 | 7 647 | 3 612 | 3 223 | −10.77% |
| 电气化铁路投产里程 | 公里 | 6 054 | 4 810 | 8 653 | 8 694 | 5 899 | 4 583 | −22.31% |
| 新建公路 | 公里 | 58 672 | 70 274 | 65 260 | 71 401 | 324 898 | 313 607 | −3.48% |
| 其中：高速公路 | 公里 | 9 910 | 8 260 | 7 394 | 11 265 | 6 745 | 6 796 | 0.76% |
| 港口万吨级码头泊位新增吞吐能力 | 万吨 | 49 522 | 33 119 | 43 553 | 38 487 | 32 436 | 24 858 | −23.36% |

资料来源：根据《中华人民共和国国民经济和社会发展统计公报》（2012—2017）相关数据整理。

## 五、国内贸易

表 C-7 分地区社会消费品零售总额及增长速度

| 地区 | 2012 年 社会消费品零售总额/亿元 | 增长/% | 2013 年 社会消费品零售总额/亿元 | 增长/% | 2014 年 社会消费品零售总额/亿元 | 增长/% | 2015 年 社会消费品零售总额/亿元 | 增长/% | 2016 年 社会消费品零售总额/亿元 | 增长/% | 2017 年 社会消费品零售总额/亿元 | 增长/% |
|---|---|---|---|---|---|---|---|---|---|---|---|---|
| 全国 | 214 433 | 14.3 | 242 843 | 13.2 | 271 896 | 12.0 | 300 931 | 10.7 | 332 316 | 10.4 | 366 262 | 10.2 |
| 北京 | 8 123.5 | 11.6 | 8 872 | 9.2 | 9 638 | 8.6 | 10 338 | 7.3 | 11 005 | 6.5 | 11 575.4 | 5.2 |
| 天津 | 3 921 | 15.5 | 4 470 | 14.0 | 4 739 | 6.0 | 5 257 | 10.9 | 5 636 | 7.2 | 5 729.7 | 1.7 |
| 河北 | 9 254 | 15.2 | 10 517 | 13.6 | 11 820 | 12.4 | 12 991 | 9.9 | 14 365 | 10.6 | 15 907.6 | 10.7 |
| 山西 | 4 507 | 15.5 | 5 139 | 14.0 | 5 718 | 11.3 | 6 034 | 5.5 | 6 480 | 7.4 | 6 918.1 | 6.8 |
| 内蒙古 | 4 573 | 14.6 | 5 114 | 11.8 | 5 658 | 10.6 | 6 108 | 8.0 | 6 701 | 9.7 | 7 160.2 | 6.9 |
| 辽宁 | 9 304 | 15.5 | 10 581 | 13.7 | 11 857 | 12.1 | 12 787 | 7.8 | 13 414 | 4.9 | 13 807.2 | 2.9 |
| 吉林 | 4 773 | 15.9 | 5 426 | 13.7 | 6 081 | 12.1 | 6 652 | 9.4 | 7 310 | 9.9 | 7 855.75 | 7.5 |
| 黑龙江 | 5 491 | 15.6 | 6 251 | 13.8 | 7 015 | 12.2 | 7 640 | 8.9 | 8 402 | 10.0 | 9 099.2 | 8.3 |
| 上海 | 7 412 | 8.8 | 8 557 | 9.1 | 9 303 | 8.7 | 10 132 | 8.9 | 10 947 | 8.0 | 11 830.3 | 8.1 |
| 江苏 | 18 331 | 14.7 | 20 878 | 13.4 | 23 458 | 12.4 | 25 877 | 10.3 | 28 707 | 10.9 | 31 737.4 | 10.6 |
| 浙江 | 13 588 | 13.0 | 15 971 | 12.5 | 17 835 | 11.7 | 19 785 | 10.9 | 21 971 | 11.0 | 24 308 | 10.6 |
| 安徽 | 5 737 | 15.5 | 7 045 | 14.7 | 7 957 | 13.0 | 8 908 | 12.0 | 10 000 | 12.3 | 11 192.6 | 11.9 |
| 福建 | 7 257 | 15.6 | 8 275 | 14.0 | 9 347 | 12.9 | 10 506 | 12.4 | 11 675 | 11.1 | 13 013 | 11.5 |
| 江西 | 4 027 | 15.6 | 4 696 | 13.9 | 5 293 | 12.7 | 5 926 | 12.0 | 6 635 | 12.0 | 7 448.1 | 12.3 |
| 山东 | 19 652 | 14.6 | 22 295 | 13.4 | 25 112 | 12.6 | 27 761 | 10.6 | 30 646 | 10.4 | 33 649 | 9.8 |
| 河南 | 10 916 | 15.5 | 12 427 | 13.8 | 14 005 | 12.7 | 15 740 | 12.4 | 17 618 | 11.9 | 19 666.77 | 11.6 |
| 湖北 | 9 563 | 15.6 | 11 036 | 14.0 | 12 449 | 12.8 | 14 003 | 12.5 | 15 649 | 11.8 | 17 394.1 | 11.1 |

(续表)

| 地区 | 2012年 社会消费品零售总额/亿元 | 增长/% | 2013年 社会消费品零售总额/亿元 | 增长/% | 2014年 社会消费品零售总额/亿元 | 增长/% | 2015年 社会消费品零售总额/亿元 | 增长/% | 2016年 社会消费品零售总额/亿元 | 增长/% | 2017年 社会消费品零售总额/亿元 | 增长/% |
|---|---|---|---|---|---|---|---|---|---|---|---|---|
| 湖南 | 7 922 | 15.1 | 9 510 | 14.3 | 10 723 | 12.8 | 12 024 | 12.1 | 13 437 | 11.7 | 14 854.9 | 10.6 |
| 广东 | 22 677 | 11.7 | 25 454 | 12.2 | 28 471 | 11.9 | 31 518 | 10.7 | 34 739 | 10.2 | 38 200.07 | 10.0 |
| 广西 | 4 517 | 15.6 | 5 133 | 13.6 | 5 773 | 12.5 | 6 348 | 10.0 | 7 027 | 10.7 | 7 813.03 | 11.2 |
| 海南 | 871 | 14.7 | 1 091 | 14.8 | 1 225 | 12.2 | 1 325 | 8.2 | 1 454 | 9.7 | 1 618.76 | 11.4 |
| 重庆 | 4 034 | 15.7 | 5 056 | 14.8 | 5 711 | 13.0 | 6 424 | 12.5 | 7 271 | 13.2 | 8 067.7 | 11.0 |
| 四川 | 9 269 | 15.8 | 11 001 | 14.3 | 12 393 | 12.7 | 13 878 | 12.0 | 15 602 | 11.7 | 17 480.5 | 12.0 |
| 贵州 | 2 076 | 15.8 | 2 601 | 14.8 | 2 937 | 12.9 | 3 283 | 11.8 | 3 709 | 13.0 | 4 154.0 | 12.0 |
| 云南 | 3 512 | 15.6 | 4 113 | 14.3 | 4 633 | 12.7 | 5 103 | 10.2 | 5 723 | 12.1 | 5 811.7 | 12.3 |
| 西藏 | 255 | 16.3 | 322 | 15.9 | 365 | 13.1 | 409 | 12.1 | 459 | 12.5 | 457 | 12 |
| 陕西 | 4 384 | 15.7 | 5 245 | 14.5 | 5 919 | 12.8 | 6 578 | 11.1 | 7 368 | 11.0 | 8 236.4 | 11.8 |
| 甘肃 | 1 907 | 15.7 | 2 369 | 14.7 | 2 668 | 12.6 | 2 907 | 9.0 | 3 184 | 9.5 | 3 426.6 | 7.6 |
| 青海 | 476 | 16.0 | 550 | 14.4 | 621 | 13.0 | 691 | 11.3 | 767 | 11.0 | 839.03 | 9.3 |
| 宁夏 | 543 | 14.9 | 669 | 13.2 | 737 | 10.3 | 790 | 7.1 | 850 | 7.7 | | |
| 新疆 | 1 859 | 15.0 | 2 179 | 13.7 | 2 436 | 11.8 | 2 606 | 7.4 | 2 826 | 8.4 | 3 044.58 | 7.7 |

资料来源：2012—2016年数据根据《中国统计年鉴》(2013—2017)相关数据整理；2017年数据中，全国社会消费品零售总额根据《2017年中华人民共和国国民经济和社会发展统计公报》相关数据整理，云南省数据来自2017年云南经济发展报告，黑龙江省数据来自黑龙江统计局公布的2017年1—12月月度数据。

**表 C-8　限额以上批发零售业零售额增长速度**　　　　　单位：%

| 类别 | 2012年 | 2013年 | 2014年 | 2015年 | 2016年 | 2017年 |
|---|---|---|---|---|---|---|
| 汽车类 | 7.3 | 10.4 | 7.7 | 5.3 | 10.1 | 5.6 |
| 石油及制品类 | — | 9.9 | 6.6 | -6.6 | 1.2 | 9.2 |
| 通信器材类 | 28.9 | 20.4 | 32.7 | 29.3 | 11.9 | 11.7 |
| 家用电器和音像器材类 | 7.2 | 14.5 | 9.1 | 11.4 | 8.7 | 9.3 |
| 建筑及装潢材料类 | 24.6 | 22.1 | 13.9 | 18.7 | 14.0 | 10.3 |
| 日用品类 | 17.5 | 14.1 | 11.6 | 12.3 | 11.4 | 8.0 |
| 家具类 | 27.0 | 21.0 | 13.9 | 16.1 | 12.7 | 12.8 |
| 服装类 | 17.7 | 11.6 | 10.9 | 9.8 | 7.0 | 7.8 |

资料来源：根据《中华人民共和国国民经济和社会发展统计公报》(2012—2017)相关数据整理。

表 C-9  电子商务销售额与采购额　　　　　　　　　单位：亿元

| 指标 | 2013 年 | 2014 年 | 2015 年 | 2016 年 |
|---|---|---|---|---|
| 电子商务销售额 | 56 683.6 | 79 657.9 | 91 724.2 | 107 321.8 |
| 其中：销售给单位金额 | 50 643.8 | 68 276.2 | — | — |
| 　　　销售给个人金额 | 6 039.8 | 10 622.5 | — | — |
| 电子商务采购额 | 34 662.9 | 48 681.6 | 53 499.1 | 63 347.2 |

注：《中国统计年鉴》于2013年开始公布电子商务相关统计数据。
资料来源：2013—2016年数据根据《中国统计年鉴》(2014—2017)相关数据整理。

## 六、对外经济

表 C-10  进出口货物分类情况

| 指标 | 2012 年/亿美元 | 2013 年/亿美元 | 2014 年/亿元 | 2015 年/亿元 | 2016 年/亿元 | 2017 年/亿元 | 2017 年同比增长/% |
|---|---|---|---|---|---|---|---|
| 货物进出口总额 | 38 668 | 41 600 | 264 334 | 245 741 | 243 386 | 277 923 | 14.2 |
| 货物出口额 | 20 489 | 22 096 | 143 912 | 141 255 | 138 455 | 153 321 | 10.8 |
| 其中：一般贸易 | 9 880 | 10 875 | 73 944 | 75 456 | 74 601 | 83 325 | 11.7 |
| 　　　加工贸易 | 8 628 | 8 605 | 54 320 | 49 553 | 47 237 | 51 381 | 8.8 |
| 其中：机电产品 | 11 794 | 12 652 | 80 527 | 81 421 | 79 820 | 89 465 | 12.1 |
| 　　　高新技术产品 | 6 012 | 6 603 | 40 570 | 40 737 | 39 876 | 45 150 | 13.3 |
| 货物进口额 | 18 178 | 19 504 | 120 423 | 104 485 | 104 932 | 124 602 | 18.7 |
| 其中：一般贸易 | 10 218 | 11 099 | 68 162 | 57 323 | 59 398 | 73 299 | 23.2 |
| 　　　加工贸易 | 4 812 | 4 970 | 32 211 | 27 772 | 26 223 | 29 180 | 11.3 |
| 其中：机电产品 | 7 824 | 8 400 | 52 509 | 50 111 | 50 985 | 57 785 | 13.3 |
| 　　　高新技术产品 | 5 068 | 5 582 | 33 876 | 34 073 | 34 618 | 39 501 | 14.1 |
| 出口大于进口 | 2 311 | 2 592 | 23 489 | 36 770 | 33 523 | 28 718 | — |

资料来源：根据《中华人民共和国国民经济和社会发展统计公报》(2012—2017)相关数据整理，此表数据自2014年改为以人民币计价。

表 C-11 中国内地对主要国家和地区货物进出口额

| 国家和地区 | 2012年/亿美元 | | 2013年/亿美元 | | 2014年/亿美元 | | 2015年/亿美元 | | 2016年/亿美元 | | 2017年/亿元 | | 2017年同比增长/% | |
|---|---|---|---|---|---|---|---|---|---|---|---|---|---|---|
| | 出口额 | 进口额 | 出口额 | 进口额 | 出口额 | 进口额 | 出口额 | 进口额 | 出口额 | 进口额 | 出口额 | 进口额 | 出口额 | 进口额 |
| 欧盟 | 3 342 | 2 120 | 3 390 | 2 199 | 3 708 | 2 442 | 3 558 | 2 087 | 3 393 | 2 081 | 25 199 | 16 543 | 12.6 | 20.2 |
| 美国 | 3 518 | 1 329 | 3 684 | 1 523 | 3 961 | 1 591 | 4 092 | 1 478 | 3 853 | 1 344 | 29 103 | 10 430 | 14.5 | 17.3 |
| 中国香港 | 3 234 | 179 | 3 845 | 162 | 3 631 | 126 | 3 305 | 127 | 2 873 | 167 | 18 899 | 495 | −0.4 | −54.9 |
| 日本 | 1 516 | 1 778 | 1 501 | 1 622 | 1 494 | 1 629 | 1 356 | 1 429 | 1 294 | 1 457 | 9 301 | 11 204 | 8.9 | 16.3 |
| 东盟 | 2 043 | 1 959 | 2 440 | 1 996 | 2 720 | 2 082 | 2 773 | 1 945 | 2 561 | 1 963 | 18 902 | 15 942 | 11.9 | 22.8 |
| 韩国 | 877 | 1 687 | 912 | 1 831 | 1 003 | 1 901 | 1 013 | 1 745 | 937 | 1 590 | 6 965 | 12 013 | 12.6 | 14.4 |
| 俄罗斯 | 441 | 442 | 496 | 397 | 537 | 416 | 348 | 333 | 374 | 323 | 2 906 | 2 790 | 17.8 | 31.0 |
| 印度 | 477 | 188 | 484 | 170 | 542 | 164 | 582 | 133 | 584 | 118 | 4 615 | 1 107 | 19.8 | 42.4 |
| 中国台湾 | 368 | 1 322 | 406 | 1 564 | 463 | 1 520 | 449 | 1 432 | 402 | 1 388 | 2 979 | 10 512 | 12.2 | 14.5 |

资料来源：2012—2016 年数据根据《中国统计年鉴》（2013—2017）相关数据整理；2017 年数据根据《中华人民共和国国民经济和社会发展统计公报》（2017）相关数据整理。数据以人民币计价。

表 C-12 外商投资企业投资额及投资行业情况

| 指标 | 2012年 | | 2013年 | | 2014年 | | 2015年 | | 2016年 | | 2017年 | |
| --- | --- | --- | --- | --- | --- | --- | --- | --- | --- | --- | --- | --- |
| | 绝对数 | 所占比重/% | 绝对数 | 所占比重/% | 绝对数 | 所占比重/% | 绝对数 | 所占比重/% | 绝对数 | 所占比重/% | 绝对数 | 所占比重/% |
| 新设立外商直接投资企业/家 | 24 925 | — | 22 773 | — | 23 778 | — | 26 575 | — | 27 900 | — | 35 652 | — |
| 实际使用外商直接投资金额 | 1 117.2 | — | 1 175.9 | — | 1 195.6 | — | 1 262 | — | 1 260 | — | 8 776 | — |
| 其中：制造业 | 488.7 | 42.1 | 455.5 | 39.3 | 399.4 | 34.4 | 395.4 | 31.3 | 354.9 | 28.2 | 2259 | 25.7 |
| 房地产业 | 241.2 | 20.8 | 288 | 24.8 | 346.3 | 29.8 | 289.9 | 22.9 | 196.6 | 15.6 | 1133 | 12.9 |
| 租赁和商务服务业 | 82.1 | 7.1 | 103.6 | 8.9 | 124.9 | 10.8 | 100.5 | 7.9 | 161.3 | 12.8 | 1125 | 12.8 |
| 交通运输、仓储和邮政业 | 34.7 | 3 | 42.2 | 3.6 | 44.6 | 3.8 | 41.8 | 3.3 | 50.9 | 4.0 | 374 | 4.3 |

注：2012—2016年实际使用外商直接投资金额的单位为亿美元，2017年实际使用外商直接投资金额的单位为亿元人民币。

资料来源：2012—2016年数据根据《中国统计年鉴》（2013—2017）相关数据整理，2017年数据根据《中华人民共和国国民经济和社会发展统计公报》（2017）相关数据整理。

表 C-13 分行业外商直接投资情况

| 行业名称 | 2012年 企业数/家 | 2012年 实际使用金额/亿美元 | 2013年 企业数/家 | 2013年 实际使用金额/亿美元 | 2014年 企业数/家 | 2014年 实际使用金额/亿美元 | 2015年 企业数/家 | 2015年 实际使用金额/亿美元 | 2016年 企业数/家 | 2016年 实际使用金额/亿美元 | 2017年 企业数/家 | 2017年 实际使用金额/亿元 |
|---|---|---|---|---|---|---|---|---|---|---|---|---|
| 全国总计 | 24 925 | 1 117.2 | 22 773 | 1 175.9 | 23 778 | 1 195.6 | 26 575 | 1 262.7 | 27 900 | 1 260 | 355 652 | 8 776 |
| 农、林、牧、渔业 | 882 | 20.6 | 757 | 18.0 | 719 | 15.2 | 609 | 15.3 | 558 | 18.9 | 706 | 72 |
| 制造业 | 8 970 | 488.7 | 6 504 | 455.5 | 5 178 | 399.4 | 4 507 | 395.4 | 4 013 | 354.9 | 4 986 | 2 259 |
| 交通运输、仓储和邮政业 | 397 | 34.7 | 401 | 42.2 | 376 | 44.6 | 449 | 41.8 | 425 | 50.9 | 517 | 374 |
| 信息传输、计算机服务和软件业 | 926 | 33.6 | 796 | 28.8 | 981 | 27.6 | 1 311 | 38.3 | 1 463 | 84.4 | 3 169 | 1 389 |
| 批发和零售业 | 7 029 | 94.6 | 7 349 | 115.1 | 7 978 | 94.6 | 9 156 | 120.2 | 9 399 | 158.7 | 12 283 | 770 |
| 房地产业 | 472 | 241.2 | 530 | 288.0 | 446 | 346.3 | 387 | 289.9 | 378 | 196.9 | 737 | 1 133 |

资料来源：2012—2016年数据根据《中国统计年鉴》（2013—2017）相关数据整理；2017年数据根据《中华人民共和国国民经济和社会发展统计公报》（2017）相关数据整理，数据以人民币计价。

## 七、交通、邮政

表 C-14 交通邮政行业指标完成情况

| 指标 | 单位 | 2012年 | 2013年 | 2014年 | 2015年 | 2016年 | 2017年 |
|---|---|---|---|---|---|---|---|
| 交通运输、仓储和邮政业增加值 | 亿元 | 23 763.2 | 26 042.7 | 28 500.9 | 30 487.8 | — | — |
| 规模以上港口完成货物吞吐量 | 亿吨 | 97.4 | 106.1 | 111.6 | 114.3 | 118.3 | 126 |
| 其中：外贸货物吞吐量 | 亿吨 | 30.1 | 33.1 | 35.2 | 35.9 | 37.6 | 40 |
| 规模以上港口集装箱吞吐量 | 万标准箱 | 17 651 | 18 878 | 20 093 | 20 959 | 21 789 | 23 680 |

资料来源：规模以上港口完成货物吞吐量、外贸货物吞吐量、全国港口集装箱吞吐量根据《中华人民共和国国民经济和社会发展统计公报》（2012—2017）相关数据整理。2012—2016 年交通运输、仓储和邮政业增加值根据《中国统计年鉴》（2017）相关数据整理。

## 八、交通基础设施建设

表 C-15 分行业城镇固定资产投资额

单位：亿元

| 行业 | 2012年 | 2013年 | 2014年 | 2015年 | 2016年 |
|---|---|---|---|---|---|
| 铁路运输业 | 6 129 | 6 691 | 7 707 | 7 730 | 7 748 |
| 道路运输业 | 17 466 | 20 503 | 24 513 | 28 614 | 32 937 |
| 水上运输业 | 2 008 | 2 123 | 2 435 | 2 352 | 2 163 |
| 航空运输业 | 1 124 | 1 314 | 1 430 | 1 840 | 2 220 |
| 装卸搬运和运输代理业 | 714 | 993 | 1 202 | 1 275 | 1 089 |
| 仓储业 | 3 166 | 4 236 | 5 158 | 6 620 | 6 984 |
| 邮政业 | 69 | 95 | 128 | 244 | 224 |

资料来源：2012—2016 年数据根据《中国统计年鉴》（2013—2017）相关数据整理。

表 C-16 公路及其他交通固定资产投资完成情况

单位：万元

| 地区 | 公路建设 | | | | | | 其他建设 | | | | | |
|---|---|---|---|---|---|---|---|---|---|---|---|---|
| | 2012年 | 2013年 | 2014年 | 2015年 | 2016年 | 2017年 | 2012年 | 2013年 | 2014年 | 2015年 | 2016年 | 2017年 |
| 合计 | 114 717 399 | 124 455 394 | 140 763 493 | 149 905 562 | 163 756 606 | 211 625 349 | 2 189 078 | 1 541 104 | 1 288 322 | 2 793 874 | 4 450 079 | 3 286 919 |
| 东部地区 | 37 475 248 | 37 993 208 | 42 496 895 | 43 582 610 | 47 547 897 | 60 627 792 | 1 062 796 | 464 225 | 532 536 | 757 203 | 1 179 984 | 1 776 452 |
| 中部地区 | 30 316 434 | 32 989 226 | 35 133 395 | 39 292 448 | 38 102 705 | 40 664 017 | 398 283 | 270 734 | 146 349 | 256 408 | 742 564 | — |
| 西部地区 | 46 925 717 | 53 472 960 | 63 133 203 | 67 030 504 | 78 106 004 | 110 333 540 | 727 999 | 806 145 | 609 437 | 1 780 263 | 2 527 531 | 656 725 |
| 北京 | 559 897 | 691 830 | 551 018 | 149 984 | 836 700 | 2 544 907 | — | 1 851 | 4 067 | — | 3 120 | — |
| 天津 | 612 042 | 868 637 | 1 368 950 | 1 247 691 | 683 986 | 355 206 | 2 969 | 788 | 1 036 | 4 127 | 2 300 | 9 372 |
| 河北 | 6 476 832 | 5 865 470 | 6 401 483 | 5 468 593 | 5 831 114 | 5 586 196 | 126 542 | 64 671 | 98 645 | 408 720 | 506 258 | 502 820 |
| 山西 | 5 611 167 | 3 735 081 | 2 570 102 | 2 570 320 | 2 170 674 | 2 903 807 | 43 225 | 26 650 | 12 547 | — | — | — |
| 内蒙古 | 5 590 612 | 6 560 867 | 6 620 722 | 6 272 969 | 7 553 487 | 6 988 669 | 4 500 | 6 448 | 10 151 | 1 117 282 | 1 507 975 | 19 931 |
| 辽宁 | 2 363 051 | 1 576 998 | 2 519 540 | 2 869 963 | 1 814 173 | 2 011 266 | 38 472 | 14 846 | 12 439 | 28 665 | 13 649 | 9 744 |
| 吉林 | 1 107 197 | 1 366 881 | 2 293 322 | 3 137 625 | 2 658 970 | 2 443 859 | — | 800 | 3 915 | — | — | — |
| 黑龙江 | 2 105 797 | 1 281 809 | 1 402 576 | 1 541 110 | 1 696 492 | 2 060 369 | 8 080 | 20 650 | 19 507 | 5 731 | 3 473 | 14 668 |
| 上海 | 860 358 | 1 154 283 | 1 306 559 | 971 441 | 906 439 | 1 661 905 | 735 519 | 269 616 | 290 231 | 190 306 | 414 368 | 1 149 968 |
| 江苏 | 3 850 564 | 3 488 864 | 3 361 255 | 3 891 694 | 3 761 874 | 5 425 568 | 14 911 | 11 635 | 8 531 | 20 108 | 16 277 | 21 758 |
| 浙江 | 5 496 963 | 6 390 856 | 6 838 678 | 7 691 445 | 9 953 077 | 13 715 420 | 18 288 | 7 014 | 10 874 | 3 321 | 97 083 | 1 689 |
| 安徽 | 2 897 750 | 5 936 339 | 6 376 737 | 6 775 522 | 7 539 562 | 7 787 896 | 6 530 | 12 511 | 3 400 | 7 334 | 19 813 | 42 483 |
| 福建 | 6 630 332 | 6 421 612 | 6 397 212 | 6 943 400 | 6 947 483 | 7 826 317 | 17 874 | 12 062 | 18 825 | 23 627 | 34 288 | 31 280 |
| 江西 | 2 418 424 | 2 650 654 | 3 283 987 | 6 046 606 | 5 384 076 | 4 535 080 | 2 944 | 2 755 | 3 557 | 2 062 | 766 | 34 314 |
| 山东 | 4 430 410 | 4 083 350 | 4 438 025 | 4 831 484 | 6 232 889 | 7 880 354 | 24 340 | 31 125 | 14 751 | 17 851 | 14 197 | 7 563 |
| 河南 | 4 387 109 | 4 392 354 | 4 304 494 | 4 449 416 | 4 181 692 | 4 764 412 | 15 590 | — | 42 126 | 72 630 | 111 077 | 106 261 |

（续表）

| 地区 | 公路建设 | | | | | | 其他建设 | | | | | |
|---|---|---|---|---|---|---|---|---|---|---|---|---|
| | 2012年 | 2013年 | 2014年 | 2015年 | 2016年 | 2017年 | 2012年 | 2013年 | 2014年 | 2015年 | 2016年 | 2017年 |
| 湖北 | 4 821 825 | 7 407 763 | 9 400 876 | 9 647 295 | 8 432 556 | 8 528 243 | 310 126 | 189 931 | 49 491 | 82 350 | 582 714 | 611 339 |
| 湖南 | 6 967 165 | 6 218 345 | 5 514 847 | 5 124 555 | 6 038 685 | 7 640 351 | 11 788 | 17 437 | 10 806 | 86 302 | 24 722 | 44 677 |
| 广东 | 5 783 864 | 7 078 287 | 9 040 787 | 9 084 150 | 9 335 137 | 12 077 853 | 5 771 | 4 803 | 41 030 | 37 806 | 69 011 | 28 879 |
| 广西 | 4 856 582 | 5 190 333 | 4 925 354 | 5 246 703 | 6 163 499 | 7 614 100 | 87 357 | 25 973 | 33 248 | 30 899 | 55 527 | 36 530 |
| 海南 | 410 935 | 373 021 | 273 389 | 432 764 | 1 245 026 | 1 542 800 | 78 110 | 45 814 | 32 108 | 22 673 | 9 434 | 13 379 |
| 重庆 | 3 469 284 | 3 883 608 | 3 541 480 | 3 499 784 | 3 906 751 | 4 680 840 | 53 767 | 82 128 | 108 235 | 112 176 | 61 641 | 18 127 |
| 四川 | 9 884 656 | 9 690 604 | 11 785 283 | 10 934 429 | 11 466 587 | 13 811 110 | 431 429 | 442 565 | 207 967 | 139 715 | 138 234 | 223 186 |
| 贵州 | 5 554 464 | 8 206 629 | 10 876 590 | 11 378 064 | 13 433 347 | 16 254 680 | 2 895 | 5 671 | 3 649 | 4 914 | 42 174 | 40 329 |
| 云南 | 4 197 961 | 5 150 866 | 6 143 941 | 8 564 279 | 11 882 259 | 15 805 092 | 5 184 | 16 345 | 10 163 | 5 675 | 7 037 | 97 127 |
| 西藏 | 960 100 | 1 110 663 | 1 512 874 | 1 912 385 | 3 777 308 | 5 644 816 | 650 | 300 | 150 | | 4 784 | 25 921 |
| 陕西 | 3 263 754 | 2 988 934 | 5 172 860 | 5 733 273 | 4 512 527 | 5 884 000 | 965 | 16 267 | 2 697 | 3 479 | 3 579 | 8 700 |
| 甘肃 | 3 345 847 | 4 263 780 | 5 309 399 | 6 383 064 | 653 730 | 8 531 469 | 96 754 | 102 676 | 123 156 | 188 684 | 537 975 | 117 829 |
| 青海 | 1 554 942 | 1 817 166 | 2 566 083 | 3 227 065 | 3 611 592 | 4 461 981 | 44 498 | 93 792 | 98 161 | 124 266 | 142 322 | — |
| 宁夏 | 727 320 | 908 120 | 1 280 380 | 1 757 035 | 1 989 609 | 1 931 286 | — | 2 900 | 620 | 2 600 | 5 357 | 69 045 |
| 新疆 | 3 520 195 | 3 701 390 | 3 412 387 | 2 121 455 | 3 235 307 | 18 725 497 | — | 11 080 | 11 240 | 50 574 | 20 926 | — |

注：各年数据均为1—11月份数据。
资料来源：根据中华人民共和国交通部下网站数据整理：
http://www.mot.gov.cn/tongjishuju/gudingzichantouziwcqk/201510/t20151013_1894739.html
http://zizhan.mot.gov.cn/zfxxgk/bnssj/zhghs/201312/t20131213_1528504.html
http://zizhan.mot.gov.cn/zfxxgk/bnssj/zhghs/201412/t20141215_1743786.html
http://zizhan.mot.gov.cn/zfxxgk/bnssj/zhghs/201512/t20151214_1947347.html
http://zizhan.mot.gov.cn/zfxxgk/bnssj/zhghs/201612/t20161213_2138204.html
http://zizhan.mot.gov.cn/zfxxgk/bnssj/zhghs/201801/t20180126_2983366.html

表 C-17 水路交通固定资产投资完成情况

单位：万元

| 地区 | 内河建设 | | | | | | 沿海建设 | | | | | |
| --- | --- | --- | --- | --- | --- | --- | --- | --- | --- | --- | --- | --- |
| | 2012年 | 2013年 | 2014年 | 2015年 | 2016年 | 2017年 | 2012年 | 2013年 | 2014年 | 2015年 | 2016年 | 2017年 |
| 总计 | 4 227 414 | 4 891 969 | 4 565 755 | 4 784 179 | 4 792 439 | 5 544 725 | 9 377 492 | 8 871 823 | 8 433 200 | 7 995 811 | 7 784 009 | 6 610 855 |
| 东部地区 | 1 672 188 | 1 836 726 | 1 748 932 | 2 042 175 | 1 849 759 | 2 104 076 | 8 621 509 | 8 480 281 | 8 052 114 | 7 651 161 | 7 514 729 | 6 403 855 |
| 中部地区 | 1 499 321 | 1 792 417 | 1 758 075 | 1 750 107 | 1 633 416 | 2 047 589 | — | — | — | — | — | — |
| 西部地区 | 1 055 905 | 1 262 826 | 1 058 748 | 991 897 | 1 309 264 | 1 393 060 | 755 983 | 391 542 | 381 086 | 344 650 | 252 680 | 207 000 |
| 天津 | — | — | — | — | — | — | 1 246 317 | 1 248 022 | 1 150 536 | 742 863 | 511 933 | 185 819 |
| 河北 | — | — | — | — | — | — | 1 772 009 | 1 707 452 | 1 640 438 | 1 273 572 | 960 128 | 698 239 |
| 内蒙古 | 580 | 552 | 4 000 | 4 300 | — | — | | | | | | |
| 辽宁 | 1 055 | 805 | 490 | 6 917 | 966 | — | 738 978 | 533 172 | 937 893 | 622 698 | 975 382 | 466 852 |
| 吉林 | 439 | 348 | 18 | — | — | 888 | | | | | | |
| 黑龙江 | 24 733 | 19 235 | 10 180 | 16 194 | 9 650 | 14 093 | | | | | | |
| 上海 | 36 865 | 14 968 | 94 647 | 315 254 | 242 095 | 203 762 | 111 454 | 123 954 | 52 029 | 612 665 | 314 271 | 284 767 |
| 江苏 | 1 331 222 | 1 446 314 | 1 287 928 | 1 293 045 | 953 618 | 805 868 | 584 625 | 520 993 | 632 593 | 700 868 | 653 931 | 474 932 |
| 浙江 | 168 295 | 203 908 | 321 759 | 344 339 | 354 937 | 598 300 | 1 195 670 | 1 044 435 | 978 803 | 1 075 529 | 1 233 361 | 1 245 250 |
| 安徽 | 330 477 | 446 756 | 473 838 | 500 211 | 363 973 | 532 808 | | | | | | |
| 福建 | 3 500 | 3 000 | — | 15 400 | 30 792 | 45 050 | 955 666 | 1 007 995 | 915 290 | 938 904 | 921 932 | 999 990 |
| 江西 | 134 528 | 47 397 | 16 825 | 72 241 | 113 120 | 186 533 | | | | | | |
| 山东 | 91 858 | 137 690 | 17 758 | 25 138 | 56 158 | 132 231 | 930 278 | 894 091 | 908 223 | 1 106 913 | 969 071 | 1 053 404 |
| 河南 | 80 320 | 109 128 | 89 240 | 79 131 | 161 633 | 239 463 | | | | | | |
| 湖北 | 658 103 | 891 332 | 896 670 | 835 551 | 681 281 | 731 922 | — | — | — | — | — | — |
| 湖南 | 270 721 | 278 221 | 271 304 | 246 779 | 303 330 | 341 182 | | | | | | |

（续表）

| 地区 | 内河建设 | | | | | | 沿海建设 | | | | | |
|---|---|---|---|---|---|---|---|---|---|---|---|---|
| | 2012年 | 2013年 | 2014年 | 2015年 | 2016年 | 2017年 | 2012年 | 2013年 | 2014年 | 2015年 | 2016年 | 2017年 |
| 广东 | 39 393 | 30 041 | 26 350 | 42 082 | 211 193 | 318 865 | 709 563 | 1 113 908 | 609 510 | 433 940 | 769 300 | 827 239 |
| 广西 | 355 642 | 352 513 | 347 629 | 178 004 | 159 424 | 172 000 | 755 983 | 391 542 | 381 086 | 344 650 | 252 680 | 207 000 |
| 海南 | — | — | — | — | — | — | 376 949 | 286 259 | 226 799 | 143 208 | 205 359 | 167 363 |
| 重庆 | 278 433 | 294 298 | 223 688 | 207 465 | 276 613 | 345 942 | — | — | — | — | — | — |
| 四川 | 356 124 | 458 014 | 253 465 | 322 298 | 476 991 | 540 132 | — | — | — | — | — | — |
| 贵州 | 34 090 | 117 881 | 176 149 | 200 333 | 289 136 | 211 220 | — | — | — | — | — | — |
| 云南 | 15 841 | 22 472 | 42 464 | 57 592 | 80 341 | 102 400 | — | — | — | — | — | — |
| 陕西 | 3 758 | 2 313 | 3 509 | 5 126 | 114 749 | 8 950 | — | — | — | — | — | — |
| 甘肃 | 5 837 | 8 488 | — | 660 | 1 213 | 4 150 | — | — | — | — | — | — |
| 青海 | 3 500 | 4 395 | 2 080 | 1 529 | 3 923 | 4 089 | — | — | — | — | — | — |
| 宁夏 | 2 100 | 1 900 | 5 764 | 14 590 | 9 874 | 4 177 | — | — | — | — | — | — |

注：各年数据均为1—11月份数据。
资料来源：根据中华人民共和国交通部如下网站数据整理：
http://www.mot.gov.cn/tongjishuju/gudingzichantouziwcqk/201510/t20151013_1894739.html
http://zizhan.mot.gov.cn/zfxxgk/bnssj/zhghs/201312/t20131213_1528504.html
http://zizhan.mot.gov.cn/zfxxgk/bnssj/zhghs/201412/t20141215_1743786.html
http://zizhan.mot.gov.cn/zfxxgk/bnssj/zhghs/201512/t20151214_1947347.html
http://zizhan.mot.gov.cn/zfxxgk/bnssj/zhghs/201612/t20161213_2138204.html
http://zizhan.mot.gov.cn/zfxxgk/bnssj/zhghs/201801/t20180126_2983366.html

## 九、货物运输量和货物周转量

表 C-18 各种运输方式完成货物运输量及货物周转量

| 指标 | 单位 | 2012年 | 2013年 | 2014年 | 2015年 | 2016年 | 2017年 | 2017年同比增长/% |
|---|---|---|---|---|---|---|---|---|
| 货物运输量总计 | 亿吨 | 410.0 | 409.9 | 416.7 | 417.6 | 438.7 | 479.4 | 9.3 |
| 其中：铁路 | 亿吨 | 39.0 | 39.7 | 38.1 | 33.6 | 33.3 | 36.9 | 10.7 |
| 公路 | 亿吨 | 318.8 | 307.7 | 311.3 | 315.0 | 334.1 | 368.0 | 10.1 |
| 水运 | 亿吨 | 45.9 | 56.0 | 59.8 | 61.4 | 63.8 | 66.6 | 4.3 |
| 民航 | 万吨 | 545.0 | 561.3 | 594.1 | 629.3 | 668.0 | 705.8 | 5.7 |
| 管道 | 亿吨 | 6.2 | 6.5 | 7.4 | 7.6 | 7.3 | 7.9 | 7.3 |
| 货物周转量总计 | 亿吨公里 | 173 804 | 168 014 | 181 668 | 178 356 | 186 629 | 196 130.4 | 5.1 |
| 其中：铁路 | 亿吨公里 | 29 187.1 | 29 173.9 | 27 530.2 | 23 754.3 | 23 792.3 | 26 962.2 | 13.3 |
| 公路 | 亿吨公里 | 59 534.9 | 55 738.1 | 56 846.9 | 57 955.7 | 61 080.1 | 66 712.5 | 9.2 |
| 水运 | 亿吨公里 | 81 707.6 | 79 435.7 | 92 774.6 | 91 772.5 | 97 338.8 | 97 455.0 | 0.1 |
| 民航 | 亿吨公里 | 163.9 | 170.3 | 187.8 | 208.0 | 222.5 | 243.5 | 9.5 |
| 管道 | 亿吨公里 | 3 211 | 3 496 | 4 328 | 4 665 | 4 196 | 4 757.2 | 13.4 |

资料来源：2012—2016年数据根据《中国统计年鉴》《2013—2017》相关数据整理，2017年数据根据《中华人民共和国国民经济和社会发展统计公报》《2017》相关数据整理。

## (一) 铁路运输

### 表 C-19 铁路全行业主要指标完成情况

| 指 标 | 单 位 | 2012 年 | 2013 年 | 2014 年 | 2015 年 | 2016 年 | 2017 年 | 2017 年同比增长/% |
|---|---|---|---|---|---|---|---|---|
| 货运总发送量 | 万吨 | 390 438 | 396 697 | 381 334 | 335 801 | 333 186 | 368 865 | 10.7 |
| 其中：国家铁路 | 万吨 | 323 559 | 322 207 | 306 942 | 271 387 | 265 206 | 291 874 | 10.1 |
| 货运总周转量 | 亿吨公里 | 29 187.09 | 29 173.89 | 27 530.19 | 23 754.31 | 23 792.26 | 26 962.20 | 13.3 |
| 其中：国家铁路 | 亿吨公里 | 27 220.50 | 26 845.01 | 25 103.42 | 21 598.37 | 21 273.21 | 24 091.70 | 13.2 |

资料来源：2012 年数据来自铁道部《中华人民共和国铁道部铁道统计公报》(2012)，2013—2017 年数据来自国家铁路局《铁道统计公报》(2013—2017)。

## (二) 公路运输

### 表 C-20 分地区公路货物运输量和货物周转量

| 地区 | 货物运输量/万吨 | | | | | | 货物周转量/亿吨公里 | | | | | |
|---|---|---|---|---|---|---|---|---|---|---|---|---|
| | 2012 年 | 2013 年 | 2014 年 | 2015 年 | 2016 年 | 2017 年 | 2012 年 | 2013 年 | 2014 年 | 2015 年 | 2016 年 | 2017 年 |
| 全国总计 | 3 188 475 | 3 076 648 | 3 113 334 | 3 150 019 | 3 341 259 | 3 679 517 | 59 534.86 | 55 738.08 | 61 016.62 | 57 955.72 | 61 080.10 | 66 712.51 |
| 北京 | 24 925 | 24 651 | 25 416 | 19 044 | 19 972 | 19 884 | 139.77 | 156.19 | 165.19 | 156.36 | 161.32 | 163.75 |
| 天津 | 27 735 | 28 206 | 31 130 | 30 551 | 32 841 | 34 780 | 318.18 | 313.70 | 349.02 | 345.20 | 372.49 | 399.60 |
| 河北 | 195 530 | 172 492 | 185 286 | 175 637 | 189 822 | 205 861 | 6 133.47 | 6 577.89 | 7 019.56 | 6 821.48 | 7 294.59 | 7 874.15 |
| 山西 | 73 150 | 82 834 | 88 491 | 91 240 | 102 200 | 114 627 | 1 202.25 | 1 278.57 | 1 363.20 | 1 374.76 | 1 452.06 | 1 754.50 |
| 内蒙古 | 125 260 | 97 058 | 126 704 | 119 500 | 130 613 | 146 967 | 3 299.82 | 1 872.71 | 2 103.47 | 2 239.96 | 2 423.64 | 2 764.38 |
| 辽宁 | 174 355 | 172 923 | 189 174 | 172 140 | 177 371 | 184 273 | 2 675.44 | 2 792.00 | 3 074.90 | 2 850.68 | 2 936.76 | 3 058.58 |
| 吉林 | 47 130 | 38 063 | 41 830 | 38 708 | 40 777 | 44 728 | 974.06 | 1 100.00 | 1 190.78 | 1 051.22 | 1 084.77 | 1 151.59 |
| 黑龙江 | 47 465 | 45 288 | 47 173 | 44 200 | 42 897 | 44 127 | 929.04 | 972.92 | 1 008.46 | 929.27 | 904.76 | 913.48 |
| 上海 | 42 911 | 43 877 | 42 848 | 40 627 | 39 055 | 39 743 | 288.20 | 352.42 | 300.82 | 289.56 | 281.98 | 297.91 |
| 江苏 | 153 698 | 103 709 | 114 449 | 113 351 | 117 166 | 128 915 | 1 452.45 | 1 790.40 | 1 978.52 | 2 072.96 | 2 140.33 | 2 377.90 |

（续表）

| 地区 | 货物运输量/万吨 | | | | | | 货物周转量/亿吨公里 | | | | | |
|---|---|---|---|---|---|---|---|---|---|---|---|---|
| | 2012年 | 2013年 | 2014年 | 2015年 | 2016年 | 2017年 | 2012年 | 2013年 | 2014年 | 2015年 | 2016年 | 2017年 |
| 浙江 | 113 393 | 107 186 | 117 070 | 122 547 | 133 999 | 151 964 | 1 525.59 | 1 322.13 | 1 419.43 | 1 513.92 | 1 626.78 | 1 821.21 |
| 安徽 | 259 461 | 284 534 | 315 223 | 230 649 | 244 526 | 278 223 | 7 266.77 | 6 544.02 | 7 392.37 | 4 721.87 | 4 915.71 | 5 147.05 |
| 福建 | 59 431 | 69 876 | 82 573 | 79 802 | 85 770 | 95 800 | 771.09 | 821.44 | 974.80 | 1 020.25 | 1 094.70 | 1 219.80 |
| 江西 | 113 703 | 121 279 | 137 782 | 115 436 | 122 872 | 138 074 | 2 559.78 | 2 829.02 | 3 073.31 | 3 022.72 | 3 147.50 | 3 431.95 |
| 山东 | 296 754 | 227 746 | 230 018 | 227 934 | 249 752 | 288 000 | 7 059.22 | 5 494.78 | 5 711.38 | 5 876.99 | 6 071.43 | 6 690.00 |
| 河南 | 251 772 | 162 040 | 179 680 | 172 431 | 184 255 | 207 066 | 6 863.01 | 4 488.01 | 4 822.37 | 4 542.67 | 4 838.53 | 5 341.67 |
| 湖北 | 97 136 | 100 945 | 116 279 | 115 801 | 122 656 | 147 609 | 1 565.45 | 2 046.28 | 2 340.56 | 2 380.62 | 2 506.86 | 2 738.43 |
| 湖南 | 166 670 | 156 269 | 172 613 | 172 248 | 178 968 | 199 229 | 2 392.49 | 2 329.54 | 2 578.90 | 2 553.52 | 2 686.57 | 2 987.48 |
| 广东 | 189 034 | 261 273 | 257 136 | 255 995 | 272 826 | 288 617 | 2 434.95 | 3 003.36 | 3 113.84 | 3 108.81 | 3 381.92 | 3 619.03 |
| 广西 | 135 112 | 124 677 | 134 330 | 119 194 | 128 247 | 139 602 | 1 878.29 | 1 857.18 | 2 068.51 | 2 122.60 | 2 248.46 | 2 456.69 |
| 海南 | 16 600 | 10 290 | 11 015 | 11 279 | 10 879 | 11 223 | 109.35 | 75.42 | 81.50 | 78.66 | 76.11 | 78.60 |
| 重庆 | 71 272 | 71 842 | 81 206 | 86 931 | 89 390 | 93 978 | 731.85 | 695.89 | 797.80 | 851.23 | 935.45 | 1 068.92 |
| 四川 | 158 396 | 151 689 | 142 132 | 138 622 | 146 046 | 155 714 | 1 325.19 | 1 273.13 | 1 510.51 | 1 480.58 | 1 565.31 | 1 675.09 |
| 贵州 | 44 892 | 65 100 | 78 017 | 77 341 | 82 237 | 89 000 | 464.56 | 610.64 | 776.95 | 782.47 | 873.23 | 999.00 |
| 云南 | 63 239 | 98 675 | 103 161 | 101 993 | 109 487 | 124 064 | 702.51 | 921.98 | 1 002.35 | 1 077.893 | 1 173.06 | 1 360.37 |
| 西藏 | 1 042 | 1 778 | 1 871 | 2 077 | 1 906 | 2 145 | 27.87 | 81.46 | 85.96 | 96.10 | 94.50 | 106.21 |
| 陕西 | 104 593 | 105 566 | 119 343 | 107 731 | 113 363 | 123 319 | 1 744.65 | 1 685.02 | 1 917.45 | 1 826.80 | 1 925.83 | 2 111.64 |
| 甘肃 | 39 517 | 45 072 | 50 781 | 52 281 | 54 761 | 59 958 | 894.63 | 811.21 | 992.60 | 912.14 | 949.64 | 1 046.01 |
| 青海 | 9 700 | 9 588 | 11 030 | 13 233 | 14 047 | 14 871 | 281.00 | 202.76 | 234.36 | 222.13 | 236.04 | 253.00 |
| 宁夏 | 32 646 | 32 502 | 34 318 | 36 995 | 37 421 | 32 975 | 700.12 | 509.43 | 530.47 | 571.85 | 577.56 | 511.01 |
| 新疆 | 51 954 | 59 620 | 64 758 | 64 505 | 65 139 | 74 182 | 823.81 | 928.54 | 1 037.32 | 1 060.46 | 1 102.21 | 1 293.51 |

注：2017年公路货物运输量和货物周转量数据为预计数，2013—2016年数据根据《中国统计年鉴》（2013—2017）相关数据整理；2017年数据来源于中华人民共和国交通运输部网站。具体参见http://zizhan.mot.gov.cn/zfxxgk/bnssj/zhghs/201801/t20180126_2983355.html

资料来源：2012—2016年数据根据《中国统计年鉴》（2013—2017）相关数据整理；2017年数据来源于中华人民共和国交通运输部网站。新疆数据含兵团。

## （三）水路运输

表 C-21　沿海主要规模以上港口货物吞吐量

单位：万吨

| 港口 | 2012年 | 2013年 | 2014年 | 2015年 | 2016年 | 2017年 |
|---|---|---|---|---|---|---|
| 全国总计 | 665 245 | 728 098 | 769 557 | 784 578 | 810 933 | 1 264 420 |
| 大连 | 37 426 | 40 746 | 42 337 | 41 482 | 43 660 | 45 105 |
| 营口 | 30 107 | 32 013 | 33 073 | 33 849 | 35 217 | 36 239 |
| 秦皇岛 | 27 099 | 27 260 | 27 403 | 25 309 | 18 682 | 24 480 |
| 天津 | 47 697 | 50 063 | 54 002 | 54 051 | 55 056 | 50 284 |
| 烟台 | 20 298 | 22 157 | 23 767 | 25 163 | 26 537 | 28 560 |
| 威海 | 3 511 | 4 007 | 3 898 | 4 213 | 4 340 | — |
| 青岛 | 40 690 | 45 003 | 46 802 | 48 453 | 50 036 | 50 799 |
| 日照 | 28 098 | 30 937 | 33 502 | 33 707 | 35 007 | 36 002 |
| 上海 | 63 740 | 68 273 | 66 954 | 64 906 | 64 482 | 70 563 |
| 连云港 | 17 367 | 18 898 | 19 638 | 19 756 | 20 082 | 20 739 |
| 宁波-舟山 | 74 401 | 80 978 | 87 346 | 88 929 | 92 209 | 100 711 |
| 台州 | 5 358 | 5 628 | 6 049 | 6 237 | 6 771 | — |
| 温州 | 6 997 | 7 379 | 7 901 | 8 490 | 8 406 | — |
| 福州 | 11 410 | 12 759 | 14 391 | 13 967 | 14 516 | 14 599 |
| 厦门 | 17 227 | 19 088 | 20 504 | 21 023 | 20 911 | 21 046 |
| 汕头 | 4 563 | 5 038 | 5 161 | 5 181 | 4 985 | — |
| 深圳 | 22 807 | 23 398 | 22 324 | 21 706 | 21 410 | 24 097 |
| 广州 | 43 517 | 45 517 | 48 217 | 50 053 | 52 254 | 56 619 |
| 湛江 | 17 092 | 18 006 | 20 238 | 22 036 | 25 612 | 28 152 |

资料来源：2012—2016年数据根据《中国统计年鉴》（2013—2017）相关数据整理；2017年数据来源于中华人民共和国交通运输部网站，具体参见：http://zizhan.mot.gov.cn/zfxxgk/bnssj/zhghs/201801/t20180126_2983364.html

表 C-22 全国国际标准集装箱吞吐量前 10 名港口及其吞吐量情况

| 排名 | 2012 年 港口 | 吞吐量/万 TEU | 2013 年 港口 | 吞吐量/万 TEU | 2014 年 港口 | 吞吐量/万 TEU | 2015 年 港口 | 吞吐量/万 TEU | 2016 年 港口 | 吞吐量/万 TEU | 2017 年 港口 | 吞吐量/万 TEU |
|---|---|---|---|---|---|---|---|---|---|---|---|---|
| 1 | 上海 | 2 972.44 | 上海 | 3 095.17 | 上海 | 3 528.50 | 上海 | 3 653.70 | 上海 | 3 722.73 | 上海 | 4 018 |
| 2 | 深圳 | 2 107.00 | 深圳 | 2 130.38 | 深圳 | 2 403.00 | 深圳 | 2 421.00 | 深圳 | 2 409.69 | 深圳 | 2 525 |
| 3 | 宁波-舟山港 | 1 497.34 | 宁波-舟山港 | 1 598.96 | 宁波-舟山港 | 1 945.00 | 宁波-舟山港 | 2 062.60 | 宁波-舟山港 | 2 168.28 | 宁波-舟山港 | 2 464 |
| 4 | 广州 | 1 330.87 | 青岛 | 1 437.82 | 青岛 | 1 662.44 | 广州 | 1 757.00 | 广州 | 1 858.17 | 广州 | 2 010 |
| 5 | 青岛 | 1 323.10 | 广州 | 1 390.89 | 广州 | 1 616.00 | 青岛 | 1 750.00 | 青岛 | 1 798.69 | 青岛 | 1 830 |
| 6 | 天津 | 1 129.47 | 天津 | 1 196.84 | 天津 | 1 405.00 | 天津 | 1 450.00 | 天津 | 1 454.82 | 天津 | 1 504 |
| 7 | 大连 | 731.51 | 大连 | 906.60 | 大连 | 1 012.76 | 大连 | 930.10 | 厦门 | 961.14 | 厦门 | 1 040 |
| 8 | 厦门 | 649.97 | 厦门 | 728.29 | 厦门 | 857.24 | 厦门 | 918.00 | 大连 | 960.45 | 大连 | 970 |
| 9 | 连云港 | 455.36 | 连云港 | 502.19 | 营口 | 576.82 | 营口 | 592.20 | 营口 | 613.06 | 营口 | 627 |
| 10 | 营口 | 451.21 | 营口 | 497.32 | 连云港 | 500.54 | 苏州 | 523.80 | 连云港 | 468.55 | 连云港 | 472 |

注：全国沿海主要港口指标完成情况每年截至 11 月份。
资料来源：根据中国港口网发布的相关数据整理。

表 C-23  国际港口集装箱吞吐量前 10 名港口及其吞吐量情况

| 排名 | 2012 年 港口 | 2012 年 吞吐量/万 TEU | 2013 年 港口 | 2013 年 吞吐量/万 TEU | 2014 年 港口 | 2014 年 吞吐量/万 TEU | 2015 年 港口 | 2015 年 吞吐量/万 TEU | 2016 年 港口 | 2016 年 吞吐量/万 TEU | 2017 年 港口 | 2017 年 吞吐量/万 TEU |
|---|---|---|---|---|---|---|---|---|---|---|---|---|
| 1 | 上海 | 3 253 | 上海 | 3 377.3 | 上海 | 3 528.5 | 上海 | 3 653.7 | 上海 | 3 722.73 | 上海 | 4 023 |
| 2 | 新加坡 | 3 165 | 新加坡 | 3 257.9 | 新加坡 | 3 390.0 | 新加坡 | 3 092.0 | 新加坡 | 3 090 | 新加坡 | 3 367 |
| 3 | 香港 | 2 313 | 深圳 | 2 327.8 | 深圳 | 2 403.0 | 深圳 | 2 421.0 | 深圳 | 2 409.69 | 深圳 | 2 521 |
| 4 | 深圳 | 2 294 | 香港 | 2 228.8 | 香港 | 2 228.3 | 宁波-舟山 | 2 062.6 | 宁波-舟山 | 2 168.28 | 宁波-舟山 | 2 461 |
| 5 | 釜山 | 1 703 | 釜山 | 1 767.5 | 宁波-舟山 | 1 945.0 | 香港 | 2 011.0 | 香港 | 1 981 | 釜山 | 2 140 |
| 6 | 宁波-舟山 | 1 617 | 宁波-舟山 | 1 735.5 | 釜山 | 1 875.0 | 釜山 | 1 945.0 | 釜山 | 1 945 | 香港 | 2 076 |
| 7 | 广州 | 1 455 | 青岛 | 1 552.2 | 青岛 | 1 662.4 | 广州 | 1 757.0 | 广州 | 1 858.17 | 广州 | 2 037 |
| 8 | 青岛 | 1 450 | 广州 | 1 530.9 | 广州 | 1 616.0 | 青岛 | 1 750.0 | 青岛 | 1 798.69 | 青岛 | 1 826 |
| 9 | 迪拜 | 1 328 | 迪拜 | 1 364.1 | 迪拜 | 1 525.0 | 迪拜 | 1 559.0 | 迪拜 | 1 477 | 迪拜 | 1 544 |
| 10 | 天津 | 1 230 | 天津 | 1 301.2 | 天津 | 1 405.0 | 天津 | 1 450.0 | 天津 | 1 454.82 | 天津 | 1 521 |

资料来源：2012—2016 年数据来源于中国港口网，2017 年的上海、深圳、宁波-舟山、广州、青岛、天津数据来源于中国港口网，其余港口的预测数据来源于中国科学院预测科学研究中心发布的《2017 年全球 Top20 集装箱港口预测报告》。

表 C-24　民航客运输机场货邮吞吐量前 40 名排序

单位：吨

| 排名 | 2012 年 |  | 2013 年 |  | 2014 年 |  | 2015 年 |  | 2016 年 |  | 2017 年 |  |
| --- | --- | --- | --- | --- | --- | --- | --- | --- | --- | --- | --- | --- |
|  | 全国合计 | 11 993 970.9 | 全国合计 | 12 585 175.0 | 全国合计 | 13 560 841.0 | 全国合计 | 14 094 003.0 | 全国合计 | 15 104 056.7 | 全国合计 | 16 177 345.4 |
| 1 | 上海浦东 | 2 938 156.9 | 上海浦东 | 2 928 527.1 | 上海浦东 | 3 181 654.1 | 上海浦东 | 3 275 231.1 | 上海浦东 | 3 440 279.7 | 上海浦东 | 3 824 279.9 |
| 2 | 北京首都 | 1 799 863.7 | 北京首都 | 1 843 681.1 | 北京首都 | 1 848 251.5 | 北京首都 | 1 889 439.5 | 北京首都 | 1 943 159.7 | 北京首都 | 2 029 583.6 |
| 3 | 广州 | 1 248 763.8 | 广州 | 1 309 745.5 | 广州 | 1 454 043.8 | 广州 | 1 537 758.9 | 广州 | 1 652 214.9 | 广州 | 1 780 423.1 |
| 4 | 深圳 | 854 901.4 | 深圳 | 913 472.2 | 深圳 | 963 871.2 | 深圳 | 1 013 690.5 | 深圳 | 1 125 984.6 | 深圳 | 1 159 018.6 |
| 5 | 成都 | 508 031.4 | 成都 | 501 391.2 | 成都 | 545 011.2 | 成都 | 556 552.1 | 成都 | 611 590.7 | 成都 | 642 872.0 |
| 6 | 上海虹桥 | 429 813.9 | 上海虹桥 | 435 115.9 | 上海虹桥 | 432 176.4 | 杭州 | 433 600.1 | 杭州 | 487 984.2 | 杭州 | 589 461.6 |
| 7 | 杭州 | 338 371.1 | 杭州 | 368 095.3 | 杭州 | 398 557.6 | 郑州 | 424 932.7 | 郑州 | 456 708.8 | 郑州 | 502 714.8 |
| 8 | 厦门 | 271 465.8 | 厦门 | 299 490.8 | 郑州 | 370 420.7 | 昆明 | 403 339.0 | 昆明 | 428 907.5 | 昆明 | 418 033.6 |
| 9 | 重庆 | 268 642.4 | 昆明 | 293 627.7 | 昆明 | 316 672.4 | 上海虹桥 | 355 422.8 | 上海虹桥 | 382 854.3 | 上海虹桥 | 407 461.1 |
| 10 | 昆明 | 262 272.3 | 重庆 | 280 149.8 | 厦门 | 306 385.0 | 南京 | 326 026.5 | 南京 | 361 091.0 | 南京 | 374 214.9 |
| 11 | 南京 | 248 067.5 | 南京 | 255 788.6 | 南京 | 304 324.8 | 重庆 | 318 781.5 | 重庆 | 341 267.1 | 重庆 | 366 278.3 |
| 12 | 天津 | 194 241.0 | 郑州 | 255 712.7 | 重庆 | 302 335.8 | 厦门 | 310 606.6 | 厦门 | 328 419.5 | 厦门 | 338 655.7 |
| 13 | 西安 | 174 782.7 | 天津 | 214 419.8 | 天津 | 233 358.6 | 天津 | 217 279.2 | 天津 | 237 085.2 | 天津 | 268 283.5 |
| 14 | 青岛 | 171 891.9 | 青岛 | 186 195.7 | 青岛 | 204 419.4 | 西安 | 211 591.5 | 西安 | 233 779.0 | 西安 | 259 872.5 |
| 15 | 郑州 | 151 193.5 | 西安 | 178 857.5 | 西安 | 186 412.6 | 青岛 | 208 064.0 | 青岛 | 230 747.8 | 青岛 | 232 063.9 |
| 16 | 大连 | 136 546.8 | 乌鲁木齐 | 153 275.3 | 乌鲁木齐 | 162 711.3 | 乌鲁木齐 | 156 469.8 | 武汉 | 175 294.8 | 武汉 | 185 016.7 |
| 17 | 沈阳 | 131 931.3 | 沈阳 | 136 066.1 | 武汉 | 143 029.6 | 武汉 | 154 656.2 | 乌鲁木齐 | 157 508.7 | 大连 | 164 777.6 |
| 18 | 乌鲁木齐 | 131 372.5 | 大连 | 132 330.4 | 沈阳 | 138 318.4 | 沈阳 | 142 069.6 | 沈阳 | 155 769.4 | 沈阳 | 159 117.1 |
| 19 | 武汉 | 128 196.2 | 武汉 | 129 450.3 | 大连 | 133 490.0 | 大连 | 137 048.1 | 大连 | 149 008.0 | 乌鲁木齐 | 156 741.5 |
| 20 | 长沙 | 110 608.0 | 长沙 | 117 588.7 | 长沙 | 125 037.8 | 海口 | 135 944.6 | 海口 | 148 814.2 | 海口 | 154 496.0 |
| 21 | 海口 | 99 944.9 | 海口 | 111 813.6 | 福州 | 121 383.4 | 长沙 | 122 022.1 | 长沙 | 130 276.1 | 长沙 | 138 737.6 |
| 22 | 福州 | 96 948.1 | 福州 | 110 239.4 | 海口 | 121 131.4 | 福州 | 116 497.5 | 哈尔滨 | 124 794.7 | 福州 | 125 602.7 |

（续表）

| 排名 | 2011年 | | 2012年 | | 2013年 | | 2014年 | | 2015年 | | 2016年 | |
|---|---|---|---|---|---|---|---|---|---|---|---|---|
| | 全国合计 | 11 577 677.0 | 全国合计 | 11 993 970.9 | 全国合计 | 12 585 175.0 | 全国合计 | 13 560 841.0 | 全国合计 | 14 094 003.0 | 全国合计 | 15 104 056.7 |
| 23 | 哈尔滨 | 85 947.8 | 哈尔滨 | 92 309.6 | 哈尔滨 | 106 559.8 | 哈尔滨 | 116 103.8 | 福州 | 121 657.5 | 哈尔滨 | 121 176.2 |
| 24 | 无锡 | 84 026.7 | 无锡 | 87 641.6 | 无锡 | 96 120.4 | 南宁 | 95 710.3 | 宁波 | 107 019.7 | 宁波 | 120 446.9 |
| 25 | 贵阳 | 79 586.5 | 南宁 | 86 949.6 | 南宁 | 90 353.2 | 无锡 | 89 060.0 | 南宁 | 104 618.1 | 南宁 | 110 444.2 |
| 26 | 南宁 | 78 134.4 | 贵阳 | 77 425.2 | 贵阳 | 82 063.4 | 贵阳 | 87 207.0 | 济南 | 100 013.2 | 无锡 | 107 598.1 |
| 27 | 济南 | 74 070.2 | 济南 | 72 561.0 | 济南 | 80 503.1 | 济南 | 86 336.8 | 无锡 | 95 983.7 | 贵阳 | 102 369.7 |
| 28 | 长春 | 66 213.6 | 长春 | 68 031.6 | 宁波 | 78 024.5 | 三亚 | 85 369.3 | 贵阳 | 95 898.6 | 济南 | 95 151.5 |
| 29 | 宁波 | 61 662.4 | 宁波 | 64 247.3 | 三亚 | 75 645.8 | 长春 | 77 793.9 | 三亚 | 86 846.8 | 三亚 | 89 115.9 |
| 30 | 三亚 | 52 603.9 | 三亚 | 62 945.5 | 长春 | 73 560.9 | 宁波 | 77 054.2 | 长春 | 86 554.1 | 长春 | 88 907.3 |
| 31 | 温州 | 49 714.1 | 温州 | 59 787.1 | 温州 | 68 828.4 | 温州 | 72 638.1 | 温州 | 77 747.7 | 温州 | 75 531.9 |
| 32 | 合肥 | 42 602.4 | 烟台 | 45 319.1 | 兰州 | 46 967.0 | 合肥 | 51 291.1 | 兰州 | 59 455.2 | 合肥 | 63 575.0 |
| 33 | 太原 | 42 258.9 | 太原 | 44 354.4 | 合肥 | 46 426.0 | 南昌 | 51 080.5 | 合肥 | 58 096.7 | 兰州 | 60 905.5 |
| 34 | 石家庄 | 39 660.9 | 石家庄 | 42 976.2 | 南昌 | 46 066.4 | 兰州 | 50 093.8 | 南昌 | 50 607.7 | 泉州 | 59 277.8 |
| 35 | 南昌 | 37 856.9 | 兰州 | 41 752.4 | 石家庄 | 45 554.5 | 太原 | 45 463.6 | 泉州 | 49 683.4 | 南昌 | 52 262.4 |
| 36 | 烟台 | 37 233.9 | 南昌 | 40 389.0 | 太原 | 44 863.9 | 石家庄 | 44 693.9 | 太原 | 49 103.8 | 太原 | 48 428.4 |
| 37 | 兰州 | 35 946.9 | 合肥 | 39 984.3 | 泉州 | 41 232.8 | 泉州 | 43 033.3 | 石家庄 | 43 765.2 | 银川 | 42 181.6 |
| 38 | 泉州 | 35 711.1 | 泉州 | 38 771.7 | 烟台 | 38 603.3 | 北京南苑 | 36 755.6 | 烟台 | 43 055.3 | 烟台 | 41 140.7 |
| 39 | 桂林 | 33 762.4 | 北京南苑 | 37 091.9 | 北京南苑 | 37 249.9 | 烟台 | 36 610.8 | 呼和浩特 | 37 446.1 | 石家庄 | 41 013.2 |
| 40 | 北京南苑 | 30 054.9 | 桂林 | 32 985.8 | 呼和浩特 | 36 752.3 | 呼和浩特 | 36 077.8 | 银川 | 37 106.6 | 呼和浩特 | 39 611.3 |

资料来源：根据《民航机场生产统计公报》（2012—2017）相关数据整理。

表 C-25 民航各运输机场飞机起降架次前 40 名排序

| 排名 | 2012 年 | | 2013 年 | | 2014 年 | | 2015 年 | | 2016 年 | | 2017 年 | |
|---|---|---|---|---|---|---|---|---|---|---|---|---|
| | | 全国合计 | | 全国合计 | | 全国合计 | | 全国合计 | | 全国合计 | | 全国合计 |
| | 10 248 859 | 557 159 | 6 603 207 | 567 757 | 7 315 440 | 581 952 | 7 933 110 | 590 199 | 8 565 526 | 606 081 | 9 238 291 | 597 259 |
| 1 | 北京 | 557 159 | 北京 | 567 757 | 北京 | 581 952 | 北京 | 590 199 | 北京 | 606 081 | 北京 | 597 259 |
| 2 | 广州 | 373 314 | 广州 | 394 403 | 广州 | 412 210 | 上海浦东 | 449 171 | 上海浦东 | 479 902 | 上海浦东 | 496 774 |
| 3 | 上海浦东 | 361 720 | 上海浦东 | 371 190 | 上海浦东 | 402 105 | 广州 | 409 679 | 广州 | 435 231 | 广州 | 465 295 |
| 4 | 成都 | 242 658 | 深圳 | 257 446 | 深圳 | 286 346 | 深圳 | 305 461 | 昆明 | 325 934 | 昆明 | 350 273 |
| 5 | 深圳 | 240 055 | 昆明 | 255 546 | 昆明 | 270 529 | 昆明 | 300 406 | 深圳 | 319 382 | 深圳 | 340 385 |
| 6 | 上海虹桥 | 234 942 | 成都 | 250 532 | 成都 | 270 054 | 成都 | 293 643 | 成都 | 318 582 | 成都 | 337 055 |
| 7 | 昆明 | 211 798 | 上海虹桥 | 243 916 | 上海虹桥 | 253 325 | 西安 | 267 102 | 西安 | 291 027 | 西安 | 318 959 |
| 8 | 洛阳 | 207 112 | 西安 | 226 041 | 西安 | 245 971 | 上海虹桥 | 256 603 | 重庆 | 276 807 | 重庆 | 288 598 |
| 9 | 绵阳 | 204 427 | 重庆 | 214 574 | 重庆 | 238 085 | 重庆 | 255 414 | 上海虹桥 | 261 981 | 杭州 | 271 066 |
| 10 | 西安 | 201 338 | 绵阳 | 201 022 | 绵阳 | 214 558 | 杭州 | 232 079 | 杭州 | 251 048 | 上海虹桥 | 263 586 |
| 11 | 昆明 | 195 333 | 杭州 | 190 639 | 杭州 | 213 268 | 绵阳 | 199 050 | 绵阳 | 190 062 | 南京 | 209 394 |
| 12 | 重庆 | 166 340 | 洛阳 | 180 126 | 厦门 | 174 315 | 洛阳 | 196 572 | 南京 | 187 968 | 郑州 | 195 717 |
| 13 | 杭州 | 146 183 | 厦门 | 166 837 | 武汉 | 157 596 | 厦门 | 180 112 | 厦门 | 183 546 | 厦门 | 186 454 |
| 14 | 厦门 | 132 417 | 武汉 | 148 524 | 长沙 | 152 359 | 南京 | 166 858 | 郑州 | 178 054 | 洛阳 | 184 810 |
| 15 | 武汉 | 128 440 | 长沙 | 137 843 | 郑州 | 147 696 | 武汉 | 164 524 | 洛阳 | 176 630 | 武汉 | 183 883 |
| 16 | 南京 | 127 041 | 乌鲁木齐 | 135 874 | 南京 | 144 278 | 青岛 | 155 483 | 武汉 | 175 669 | 青岛 | 179 592 |
| 17 | 长沙 | 118 701 | 南京 | 134 913 | 洛阳 | 144 046 | 郑州 | 154 468 | 青岛 | 168 537 | 长沙 | 179 575 |
| 18 | 乌鲁木齐 | 116 176 | 青岛 | 129 751 | 青岛 | 142 452 | 长沙 | 153 367 | 长沙 | 167 910 | 天津 | 169 585 |
| 19 | 青岛 | 109 249 | 郑州 | 127 835 | 乌鲁木齐 | 142 266 | 乌鲁木齐 | 153 097 | 乌鲁木齐 | 162 265 | 绵阳 | 169 088 |
| 20 | 大连 | 100 231 | 大连 | 107 709 | 大连 | 115 284 | 天津 | 125 693 | 天津 | 143 822 | 乌鲁木齐 | 167 822 |
| 21 | 海口 | 87 245 | 天津 | 100 729 | 天津 | 114 557 | 海口 | 121 825 | 海口 | 135 523 | 海口 | 157 535 |

（续表）

| 排名 | 2012年 | | 2013年 | | 2014年 | | 2015年 | | 2016年 | | 2017年 | |
|---|---|---|---|---|---|---|---|---|---|---|---|---|
| | 全国合计 | | 全国合计 | | 全国合计 | | 全国合计 | | 全国合计 | | 全国合计 | |
| | 10 248 859 | | 6 603 207 | | 7 315 440 | | 7 933 110 | | 8 565 526 | | 9 238 291 | |
| 22 | 常德 | 86 496 | 海口 | 94 436 | 贵阳 | 113 424 | 大连 | 117 794 | 贵阳 | 129 001 | 贵阳 | 149 050 |
| 23 | 天津 | 83 700 | 贵阳 | 93 646 | 海口 | 105 861 | 贵阳 | 116 914 | 大连 | 127 680 | 大连 | 141 428 |
| 24 | 沈阳 | 82 294 | 沈阳 | 92 300 | 三亚 | 102 074 | 三亚 | 108 532 | 哈尔滨 | 122 282 | 哈尔滨 | 136 803 |
| 25 | 三亚 | 81 456 | 三亚 | 90 748 | 哈尔滨 | 97 746 | 哈尔滨 | 108 428 | 沈阳 | 115 164 | 沈阳 | 127 387 |
| 26 | 济南 | 78 465 | 哈尔滨 | 84 532 | 沈阳 | 97 172 | 朝阳 | 102 346 | 三亚 | 114 581 | 三亚 | 121 558 |
| 27 | 贵阳 | 77 173 | 福州 | 83 406 | 福州 | 86 944 | 沈阳 | 99 563 | 济南 | 100 152 | 济南 | 115 529 |
| 28 | 哈尔滨 | 74 626 | 济南 | 80 746 | 济南 | 83 551 | 福州 | 96 127 | 福州 | 97 606 | 南宁 | 108 049 |
| 29 | 福州 | 72 512 | 常德 | 80 554 | 南宁 | 80 496 | 南宁 | 86 873 | 梧州 | 95 876 | 兰州 | 103 690 |
| 30 | 太原 | 68 789 | 太原 | 76 546 | 常德 | 79 187 | 济南 | 86 158 | 南宁 | 94 065 | 太原 | 101 076 |
| 31 | 南宁 | 61 793 | 南宁 | 71 408 | 太原 | 77 436 | 常德 | 83 942 | 兰州 | 91 091 | 福州 | 98 908 |
| 32 | 朝阳 | 59 984 | 南昌 | 64 029 | 朝阳 | 73 211 | 梧州 | 83 803 | 常德 | 89 336 | 梧州 | 98 260 |
| 33 | 呼和浩特 | 55 990 | 朝阳 | 63 841 | 呼和浩特 | 65 690 | 太原 | 79 376 | 朝阳 | 83 469 | 呼和浩特 | 96 872 |
| 34 | 南昌 | 55 783 | 呼和浩特 | 62 799 | 南昌 | 65 402 | 呼和浩特 | 74 509 | 襄阳 | 83 261 | 南昌 | 89 863 |
| 35 | 石家庄 | 54 647 | 温州 | 58 867 | 桂林 | 60 804 | 襄阳 | 69 936 | 太原 | 82 641 | 襄阳 | 89 270 |
| 36 | 合肥 | 51 641 | 长春 | 56 850 | 长春 | 60 751 | 兰州 | 67 835 | 呼和浩特 | 81 873 | 长春 | 86 041 |
| 37 | 合肥 | 50 955 | 襄阳 | 55 014 | 温州 | 59 135 | 长春 | 67 763 | 长春 | 73 371 | 常德 | 83 847 |
| 38 | 襄樊 | 50 211 | 合肥 | 52 872 | 兰州 | 57 481 | 南昌 | 67 304 | 石家庄 | 68 687 | 石家庄 | 80 492 |
| 39 | 温州 | 49 732 | 石家庄 | 51 980 | 中卫 | 56 358 | 温州 | 61 750 | 温州 | 67 916 | 宜昌 | 76 974 |
| 40 | 长春 | 48 531 | 兰州 | 51 799 | 襄阳 | 56 306 | 中卫 | 58 350 | 南昌 | 66 409 | 合肥 | 76 263 |
| | 桂林 | | | | | | | | | | | |

资料来源：根据《民航机场生产统计公报》（2012—2017）相关数据整理。

## 十、物流业

表 C-26 社会物流主要指标统计

| 项　　目 | 单位 | 2012年 | 2013年 | 2014年 | 2015年 | 2016年 | 2017年 | 2017年同比增长/% |
|---|---|---|---|---|---|---|---|---|
| 社会物流总费用 | 万亿元 | 9.4 | 10.2 | 10.6 | 10.8 | 11.1 | 12.1 | 9.2 |
| 其中：运输费用 | 万亿元 | 4.9 | 5.4 | 5.6 | 5.8 | 6.0 | 6.6 | 10.9 |
| 管理费用 | 万亿元 | 1.2 | 1.3 | 1.3 | 1.4 | 1.4 | 1.6 | 8.3 |
| 保管费用 | 万亿元 | 3.3 | 3.6 | 3.7 | 3.7 | 3.7 | 3.9 | 6.7 |
| 社会物流总额 | 万亿元 | 177.3 | 197.8 | 213.5 | 219.2 | 229.7 | 252.8 | 6.7 |
| 其中：工业品物流总额 | 万亿元 | 162 | 181.5 | 196.9 | 204.0 | 214.0 | 234.5 | 6.6 |
| 进口货物物流总额 | 万亿元 | 11.5 | 12.1 | 12.0 | 10.4 | 10.5 | 12.5 | 8.7 |
| 农产品物流总额 | 万亿元 | — | — | 3.3 | 3.5 | 3.6 | 3.7 | 3.9 |
| 再生资源物流总额 | 万亿元 | — | — | 0.85 | 0.86 | 0.9 | 1.1 | −1.9 |
| 单位与居民物品物流总额 | 万亿元 | — | — | 0.37 | 0.51 | 0.7 | 1.0 | 29.9 |
| 物流业总收入 | 万亿元 | — | — | 7.1 | 7.6 | 7.9 | 8.8 | 11.5 |

资料来源：根据国家发展改革委、中国物流与采购联合会联合发布《全国物流运行情况通报》(2012—2017)整理。

# 第二部分 港澳台地区物流相关统计数据

## 一、香港

表 C-27 按主要货物装卸地点划分的集装箱吞吐量　　　单位：万 TEU

| 项　目 | 2012 年 | 2013 年 | 2014 年 | 2015 年 | 2016 年 |
|---|---|---|---|---|---|
| 集装箱吞吐量 | 2311.7 | 2235.2 | 2222.6 | 2007.3 | 1981.3 |
| 集装箱码头 | | | | | |
| 抵港 | | | | | |
| 载货集装箱 | 745.2 | 749.5 | 790.9 | 700.5 | 701.6 |
| 空集装箱 | 136.2 | 121.0 | 111.3 | 101.4 | 89.1 |
| 离港 | | | | | |
| 载货集装箱 | 791.5 | 776.7 | 783.1 | 683.1 | 662.0 |
| 空集装箱 | 74.6 | 64.7 | 73.4 | 72.2 | 89.1 |
| 集装箱码头以外 | | | | | |
| 抵港 | | | | | |
| 载货集装箱 | 237.2 | 225.9 | 163.3 | 166.3 | 179.8 |
| 空集装箱 | 52.1 | 51.1 | 61.6 | 59.8 | 60.1 |
| 离港 | | | | | |
| 载货集装箱 | 191.3 | 173.3 | 166.7 | 160.8 | 154.6 |
| 空集装箱 | 83.6 | 73.2 | 72.3 | 63.2 | 66.5 |

资料来源：根据《中国统计年鉴》(2013—2017) 相关数据整理。

表 C-28　商品进出口贸易总额　　　　　　　　　单位：亿港元

| 贸易种类 | 2012 年 | 2013 年 | 2014 年 | 2015 年 | 2016 年 |
|---|---|---|---|---|---|
| 进口 | 39 122 | 40 607 | 42 190 | 40 464 | 40 084 |
| 港产品出口 | 588 | 544 | 553 | 469 | 429 |
| 转口 | 33 755 | 35 053 | 36 175 | 35 584 | 35 454 |
| 整体出口 | 34 343 | 35 597 | 36 728 | 36 053 | 35 882 |
| 贸易总额 | 73 465 | 76 204 | 78 918 | 76 517 | 75 966 |
| 商品贸易差额 | -4 778 | -5 010 | -5 463 | -4 411 | -4 201 |

资料来源：根据《中国统计年鉴》(2013—2017)相关数据整理。

表 C-29　商品进口及港产品出口的主要供应地和目的地　　　　单位：亿港元

| 贸易种类/主要国家或地区 | 2012 年 | 2013 年 | 2014 年 | 2015 年 | 2016 年 |
|---|---|---|---|---|---|
| 进口（供应地） | 39 122 | 40 607 | 42 190 | 40 464 | 40 084 |
| 其中：中国内地 | 18 409 | 19 421 | 19 870 | 19 840 | 19 168 |
| 中国台湾 | 2 449 | 2 619 | 3 003 | 2 744 | 2 921 |
| 日本 | 3 116 | 2 863 | 2 889 | 2 603 | 2 467 |
| 新加坡 | 2 463 | 2 464 | 2 608 | 2 459 | 2 617 |
| 美国 | 2 045 | 2 197 | 2 196 | 2 109 | 2 066 |
| 港产品出口（目的地） | 588 | 544 | 553 | 469 | 429 |
| 其中：中国内地 | 260 | 248 | 232 | 204 | 186 |
| 美国 | 68 | 54 | 45 | 39 | 36 |
| 中国台湾 | 27 | 24 | 30 | 21 | 18 |
| 新加坡 | 27 | 25 | 25 | 23 | 26 |
| 越南 | 14 | 18 | 21 | 19 | 20 |

资料来源：根据《中国统计年鉴》(2013—2017)相关数据整理。

表 C-30　商品转口的主要目的地和来源地　　　单位：亿港元

| 贸易种类/主要国家或地区 | 2012年 | 2013年 | 2014年 | 2015年 | 2016年 |
| --- | --- | --- | --- | --- | --- |
| 转口（目的地） | 33 755 | 35 053 | 36 175 | 35 584 | 35 454 |
| 其中：中国内地 | 18 317 | 19 245 | 19 558 | 19 161 | 19 249 |
| 美国 | 3 317 | 3 259 | 3 370 | 3 383 | 3 204 |
| 日本 | 1 428 | 1 340 | 1 302 | 1 217 | 1 155 |
| 印度 | 763 | 830 | 925 | 1 013 | 1 162 |
| 中国台湾 | 781 | 749 | 763 | 629 | 727 |
| 转口（来源地） | 33 755 | 35 053 | 36 175 | 35 584 | 35 454 |
| 其中：中国内地 | 21 044 | 21 599 | 21 683 | 21 630 | 20 855 |
| 中国台湾 | 2 186 | 2 592 | 2 880 | 2 757 | 3 067 |
| 日本 | 2 281 | 2 083 | 2 058 | 1 826 | 1 812 |
| 韩国 | 1 258 | 1 399 | 1 571 | 1 671 | 1 868 |
| 美国 | 1 095 | 1 199 | 1 251 | 1 096 | 1 143 |

资料来源：根据《中国统计年鉴》(2013—2017)相关数据整理。

表 C-31　涉及外发加工贸易的估计货值及估计比重

| 项目 | 2012年 | | 2013年 | | 2014年 | | 2015年 | | 2016年 | |
| --- | --- | --- | --- | --- | --- | --- | --- | --- | --- | --- |
| | 估计货值/亿港元 | 估计比重/% | 估计货值/亿港元 | 估计比重/% | 估计货值/亿港元 | 估计比重/% | 估计货值/亿港元 | 估计比重/% | 估计货值/亿港元 | 估计比重/% |
| 输往中国内地的港产出口货物 | 41 | 16 | 41 | 17 | 36 | 16 | 28 | 14 | 21 | 11 |
| 输往中国内地的转口货物 | 5 819 | 32 | 5 915 | 31 | 5 768 | 29 | 5 493 | 29 | 5 341 | 28 |
| 输往中国内地的整体出口货物 | 5 860 | 32 | 5 956 | 31 | 5 804 | 29 | 5 522 | 29 | 5 362 | 28 |
| 从中国内地进口的货物 | 7 636 | 41 | 7 121 | 37 | 7 551 | 38 | 7 887 | 40 | 7 552 | 39 |
| 原产地为中国内地经香港输往其他地方的转口货物 | 8 956 | 74 | 8 664 | 72 | 8 984 | 71 | 9 076 | 72 | 8 705 | 71 |

资料来源：根据《中国统计年鉴》(2013—2017)相关数据整理。

## 二、澳门

表 C-32　按出入境方式统计的对外商品贸易　　　　　　　　　　　单位：万吨

| 项目 | 2012 年 | | 2013 年 | | 2014 年 | | 2015 年 | | 2016 年 | |
| --- | --- | --- | --- | --- | --- | --- | --- | --- | --- | --- |
| | 入境 | 出境 | 入境 | 出境 | 入境 | 出境 | 入境 | 出境 | 入境 | 出境 |
| 海路 | 362.8 | 21.9 | 466.8 | 21.1 | 480.0 | 20.0 | 429.4 | 20.5 | 420.7 | 21.2 |
| 空路 | 0.6 | 1.1 | 0.6 | 0.9 | 0.6 | 1.0 | 0.7 | 0.9 | 0.6 | 1.3 |
| 陆路 | 112.1 | 19.5 | 123.5 | 5.6 | 126.8 | 7.7 | 154.1 | 5.7 | 149.9 | 4.1 |
| 其他 | 8 566.4 | 14.1 | 8 661.7 | 15.8 | 9 287.2 | 17.1 | 9 542.3 | 17.6 | 9 703.0 | 17.6 |
| 总数 | 9 041.9 | 56.5 | 9 252.6 | 43.6 | 9 894.5 | 45.8 | 10 126.5 | 44.7 | 10 274.2 | 44.2 |

注：入境、出境均包括转运货物，其他中包括邮递及以管道运输方式进出澳门的货物。
资料来源：根据《中国统计年鉴》(2013—2017)相关数据整理。

表 C-33　集装箱流量　　　　　　　　　　　单位：数目

| 项目 | 2012 年 | 2013 年 | 2014 年 | 2015 年 | 2016 年 |
| --- | --- | --- | --- | --- | --- |
| 入境 | 56 188 | 58 468 | 62 707 | 63 415 | 56 954 |
| 出境 | 35 082 | 34 243 | 37 955 | 39 947 | 34 906 |
| 转口 | 615 | 539 | 1 159 | 1 736 | 1 007 |

资料来源：根据《中国统计年鉴》(2013—2017)相关数据整理。

表 C-34　海路集装箱总吞吐量　　　　　　　　　　　单位：TEU

| 项目 | 2012 年 | 2013 年 | 2014 年 | 2015 年 | 2016 年 |
| --- | --- | --- | --- | --- | --- |
| 入境 | 73 056 | 78 991 | 87 545 | 91 932 | 80 922 |
| 出境 | 46 705 | 45 724 | 51 925 | 57 508 | 48 413 |
| 转口 | 165 | 259 | 69 | 287 | 82 |

资料来源：根据《中国统计年鉴》(2013—2017)相关数据整理。

## 三、台湾

表 C-35　铁路和公路货运量及货物周转量

| 年　份 | 铁　路 | | 公　路 | |
|---|---|---|---|---|
| | 货运量/亿吨 | 货物周转量/亿吨公里 | 货运量/亿吨 | 货物周转量/亿吨公里 |
| 2012 年 | 0.14 | 8.33 | 6.53 | 298.51 |
| 2013 年 | 0.11 | 7.29 | 5.51 | 384.74 |
| 2014 年 | 0.11 | 6.83 | 5.42 | 378.52 |
| 2015 年 | 0.11 | 6.36 | 5.32 | 378.05 |
| 2016 年 | 0.09 | 5.64 | 5.30 | 385.33 |

资料来源：根据《中国统计年鉴》(2013—2017)相关数据整理。

表 C-36　货物出口去向和进口来源　　　　　　　　　单位：亿美元

| 国家或地区 | 2012 年 | | 2013 年 | | 2014 年 | | 2015 年 | | 2016 年 | |
|---|---|---|---|---|---|---|---|---|---|---|
| | 出口去向 | 进口来源 | 出口去向 | 进口来源 | 出口去向 | 进口来源 | 出口去向 | 进口来源 | 出口去向 | 进口来源 |
| 中国香港 | 384.9 | 25.8 | 411.8 | 15.9 | 438.0 | 17.3 | 391.3 | 14.7 | 384.0 | 13.3 |
| 日本 | 196.2 | 483.4 | 193.9 | 436.9 | 201.4 | 419.8 | 195.9 | 388.7 | 195.5 | 406.2 |
| 韩国 | 121.4 | 153.0 | 122.2 | 161.6 | 129.9 | 152.9 | 128.8 | 134.5 | 127.9 | 146.5 |
| 美国 | 332.2 | 257.0 | 326.3 | 284.1 | 351.1 | 300.4 | 345.4 | 292.0 | 335.2 | 286.0 |
| 泰国 | 66.7 | 37.1 | 64.3 | 37.9 | 61.9 | 44.1 | 57.7 | 40.4 | 54.9 | 38.2 |
| 马来西亚 | 66.0 | 79.8 | 82.4 | 82.5 | 86.7 | 89.6 | 72.0 | 67.3 | 78.1 | 62.8 |
| 印度尼西亚 | 52.5 | 73.3 | 52.2 | 71.7 | 38.8 | 74.0 | 31.3 | 59.7 | 27.5 | 43.0 |
| 菲律宾 | 89.7 | 21.7 | 98.2 | 23.2 | 96.4 | 23.0 | 75.1 | 20.9 | — | — |
| 新加坡 | 202.1 | 81.7 | 196.1 | 86.9 | 207.0 | 84.4 | 174.1 | 71.7 | 161.5 | 75.2 |
| 越南 | 85.6 | 23.0 | 90.2 | 27.0 | 101.3 | 25.9 | 97.1 | 25.4 | 95.5 | 27.5 |
| 印度 | 34.6 | — | 35.2 | — | 35.0 | — | 30.4 | — | — | — |
| 德国 | 57.0 | 81.2 | 56.7 | 85.0 | 62.2 | 96.3 | 60.1 | 87.6 | 59.3 | 85.7 |
| 荷兰 | 44.4 | 36.2 | 45.0 | 46.7 | 50.9 | 31.9 | 41.8 | 28.1 | — | — |
| 英国 | 50.8 | 20.7 | 43.3 | 19.2 | 42.5 | 19.8 | 39.1 | 19.9 | 36.4 | 18.4 |
| 澳大利亚 | 37.6 | 94.6 | 38.3 | 81.1 | 37.0 | 75.9 | 34.4 | 68.6 | 30.9 | 60.9 |
| 沙特阿拉伯 | 18.5 | 148.0 | 18.1 | 156.4 | 20.3 | 137.2 | 17.0 | 73.3 | 12.2 | 58.0 |
| 阿联酋 | 16.7 | 46.3 | 17.5 | 45.9 | 16.9 | 54.9 | 14.9 | 35.0 | — | — |
| 法国 | 15.7 | 32.9 | 15.0 | 29.6 | 15.5 | 31.0 | 13.9 | 29.5 | 15.4 | 30.5 |
| 加拿大 | 25.1 | 16.2 | 24.1 | 14.8 | 24.4 | 15.2 | — | — | — | — |
| 意大利 | 18.3 | 21.4 | 17.1 | 22.3 | 18.9 | 23.9 | 17.0 | 21.5 | 18.6 | 22.0 |

资料来源：根据《中国统计年鉴》(2013—2017)相关数据整理。

表 C-37　分货物进出口额　　　　　　　　　　　　单位：亿美元

| 指标 | 2012年 | 2013年 | 2014年 | 2015年 | 2016年 |
|---|---|---|---|---|---|
| 出口额 | 3064.1 | 3114.3 | 3200.9 | 2853.4 | 2803.2 |
| 其中：农产品 | 8.8 | 8.8 | 9.1 | 8.6 | |
| 农产加工品 | 30.5 | 31.5 | 32.9 | 30.4 | |
| 工业产品 | 3024.8 | 3074.0 | 3159.0 | 2814.5 | |
| 进口额 | 2773.2 | 2780.1 | 2818.5 | 2372.2 | 2305.7 |
| 其中：资本设备 | 349.8 | 368.5 | 385.5 | 381.2 | |
| 原材料 | 2131.7 | 2096.1 | 2084.0 | 1629.0 | |
| 消费品 | 270.2 | 283.9 | 307.9 | 316.5 | |

资料来源：根据《中国统计年鉴》(2013—2017)相关数据整理。

# 参考文献

[1] 联合国. 2018 世界经济形势与展望. https://www.un.org/development/desa/dpad/wp-content/uploads/sites/45/WESP2018_Global_PR_C.pdf. 2017-12-11

[2] WTO. Strong trade growth in 2018 rests on policy choices. https://www.wto.org/english/news_e/pres18_e/pr820_e.htm. 2018-04-12

[3] 李克强. 2017 年政府工作报告. https://www.gov.cn/guowuyuan/2018-03/05/content_5271083.htm. 2018-03-05

[4] 宁吉喆. 国民经济稳中向好、好于预期表现在六个方面. http://www.gov.cn/xinwen/2018-01/18/content_5258126.htm. 2018-01-18

[5] 国家统计局. 2017 年经济运行稳中向好、好于预期. http://www.gov.cn/xinwen/2018-01/18/content_5257967.htm. 2018-01-18

[6] 商务部. 商务部召开例行新闻发布会（2018 年 1 月 25 日）. http://www.mofcom.gov.cn/xwfbh/20180125.shtml. 2018-01-25

[7] 国土开发与地区经济研究所. "一带一路"建设 2017 年进展与 2018 年展望. http://www.amr.gov.cn/ghbg/qyjj/201801/t20180112_69135.html. 2018-01-08

[8] 张璐晶等. 中央环保督察威力大. http://www.ceweekly.cn/2017/1106/208212.shtml. 2017-11-06

[9] 中国汽车报. 无车承运人模式最新动态发布. http://auto.gasgoo.com/News/2017/10/09093034303470024442C104.shtml. 2017-10-09

[10] 何黎明. 推动物流高质量发展 努力建设"物流强国". http://www.chinawuliu.com.cn/lhhkx/201801/27/328223.shtml. 2018-01-27

[11] 中国交通运输协会联运分会. 2017 年我国多式联运发展回顾及展望. http://www.zgsyb.com/html/content/2018-03/20/content_813342.shtml. 2018-03-20

[12] 国家邮政局. 坚持新发展理念 推动高质量发展 奋力开创新时代邮政市场监管工作新局面——刘君同志在 2018 年全国邮政市场监管工作会议上的讲话. http://qh.spb.gov.cn/ldjh/201804/t20180410_1536487.html. 2018-04-10

[13] 中国交通运输协会联运分会. 2017 年我国多式联运发展回顾及展望. http://www.zgsyb.com/html/content/2018-03/20/content_813342.shtml. 2018-03-20

[14] 交通运输部. 2017 年近 300 艘老旧船舶提前退出市场. http://k.sina.com.cn/article_1644649053_62075a5d001004m37.html. 2018-03-19

[15] 交通运输部. 2017 年交通运输行业发展统计公报. http://zizhan.mot.gov.cn/zfxxgk/bns-

sj/zhghs/201803/t20180329_3005087.html. 2018-03-30

[16] 交通运输部. 交通运输部办公厅关于进一步做好无车承运人试点工作的通知. http://zizhan.mot.gov.cn/zfxxgk/bnssj/dlyss/201711/t20171121_2938673.html. 2017-11-21

[17] 前瞻产业研究院. 2017年公路货运行业分析. https://www.qianzhan.com/analyst/detail/220/180314-ca07474e.html. 2018-03-04

[18] 中国新闻网. 2017年中国降低物流成本约881.6亿元. http://news.sina.com.cn/o/2018-02-07/doc-ifyrkzqq9460007.shtml. 2018-02-07

[19] 国务院新闻办公室.《中国交通运输发展》白皮书. http://www.scio.gov.cn/37236/38180/Document/1626691/1626691.htm. 2016-12-29

[20] 中国铁路总公司. 中国铁路总公司2017年统计公报. 2018-03-28

[21] 轨道世界. 铁路运输市场分析. http://www.chnrailway.com/html/20180319/1821047.shtml. 2018-03-19

[22] 中国物流与采购网. 关于中国物流企业50强排名的通告. http://www.chinawuliu.com.cn/lhhkx/201710/16/325400.shtml. 2017-10-16

[23] 贾大山. 2017年沿海港口发展回顾与2018年展望. http://www.sohu.com/a/221634467_784079. 2018-02-08

[24] 交通运输部. 2017年交通运输行业发展统计公报. http://zizhan.mot.gov.cn/zfxxgk/bnssj/zhghs/201803/t20180329_3005087.html. 2018-03-03

[25] 新华网. 四项世界第一——我国交通运输亮出喜人成绩单. http://www.xinhuanet.com/fortune/2017-12/25/c_1122165006.htm. 2017-12-25

[26] 中国公路网. 青海花久高速建设绿色循环低碳公路. http://www.chinahighway.com/news/2014/885380.php. 2014-11-13

[27] 中华人民共和国中央人民政府. 重庆高速公路通车里程突破3000公里. http://www.gov.cn/xinwen/2017-12/25/content_5250148.htm. 2017-12-25

[28] 中国公路网. 青海：十八大以来公路总里程突破8万公里. http://www.chinahighway.com/news/2018/1155884.php. 2018-01-22

[29] 中华铁道网. 中国铁路总公司2017年统计公报. http://www.chnrailway.com/html/20180327/1822681.shtml. 2018-03-28

[30] 新华网. 我国东西能源运输通道瓦日铁路全线贯通. http://www.xinhuanet.com/2017-07/10/c_1121295498.htm. 2017-07-10

[31] 多伦县人民政府. 多丰、虎丰铁路全线通车. http://www.dlxzf.gov.cn/dlzx/jrdl/201710/t20171019_1869961.html. 2017-10-19

[32] 新华网. 龙烟铁路开通运营. http://www.xinhuanet.com/2017-12/28/c_1122180447.htm. 2017-12-28

[33] 中国民用航空局. 2017年民航机场生产统计公报. http://www.caac.gov.cn/XXGK/XXGK/TJSJ/201803/t20180307_55600.html. 2018-03-07

[34] 新华网. 龙烟铁路开通运营. http://www.xinhuanet.com/2017-12/28/c_1122180447. htm. 2017-12-28

[35] 新华网. 南昆铁路南百增建二线实现全线通车. http://www.gx.xinhuanet.com/news-center/2017-12/28/c_1122181597.htm. 2017-12-28

[36] 云南网. 中缅国际铁路通道大临铁路建设提速. http://yn.yunnan.cn/html/2017-12/16/content_5020287.htm. 2017-12-16

[37] 物流资讯. 达州投资80亿打造物流产业项目"秦巴物流园". http://news.chinawutong.com/wlfyb/wlyq/201705/49221.html. 2017-05-13

[38] 物流资讯. 递四方联合菜鸟启动智慧物流园. 助力跨境物流时效. http://news.chinawutong.com/wlfyb/wlyq/201711/51789.html. 2017-11-11

[39] 齐鲁晚报. 鲁西南最大物流园——济铁菏泽物流园开园招商. http://epaper.qlwb.com.cn/qlwb/content/20170529/ArticelE05002FM.htm. 2017-05-29

[40] 制冷快报. 昆明：大型"互联网+"冷链物流基地将建成. http://bao.hvacr.cn/201702_2069388.html. 2017-02-07

[41] 中国网. 绵阳西部冷都正式投运 打造西部最大冷链物流中心. http://sc.china.com.cn/2017/dj_news_0809/238953.html. 2017-08-09

[42] 章贡区政府门户网站. 赣州冷链物流中心项目开工仪式举行. http://www.zgq.gov.cn/n104/n130/n207/c3953592/content.html. 2017-10-24

[43] 中国物流与采购网. 海航冷链北京冷链物流中心启动 发力"商物流"新模式. http://www.chinawuliu.com.cn/zixun/201709/18/324818.shtml. 2017-09-18

[44] 中国物流与采购联合会. 崔忠付：2017中国冷链的现状和新趋势. http://www.chinawuliu.com.cn/office/37/312/13018.shtml. 2017-11-27

[45] 中国质量新闻网. 厦门自贸片区首个保税物流冷链仓储项目落成开业. http://www.cqn.com.cn/zj/content/2017-06-17/content_4439375.htm. 2017-06-17

[46] 凤凰网. 东疆2万吨冷链仓储投入运营. http://news.ifeng.com/a/20170915/52002677_0.shtml. 2017-09-15

[47] 中国仓储与配送协会. 2017年中国仓储配送行业十件大事. http://www.cawd.org.cn/index.php/article/detail/style/3/id/1550.html. 2017-12-27

[48] 中国民用航空局. 民航局举行2018年首次新闻发布会. http://www.caac.gov.cn/XWZX/MHYW/201801/t20180118_48697.html. 2018-01-18

[49] 交通运输部. 交通运输部等十四个部门关于印发促进道路货运行业健康稳定发展行动计划（2017—2020年）的通知. http://zizhan.mot.gov.cn/zfxxgk/bnssj/dlyss/201709/t20170920_2917968.html. 2017-09-20

[50] 王世鹏, 顾学明. 建立适合我国国情的托盘循环共用系统[J]. 中国流通经济, 2014(9)：21-27

[51] 中港网. 国家物流信息平台互联港口扩容 欧亚31个港口实现物流信息共享. http://www.chineseport.cn/bencandy.php?fid=47&aid=261538. 2017-11-09

[52] 人民网.西部七省(自治区、直辖市)跨区域交通大数据实现共享. http://gz.people.com.cn/n2/2017/0210/c194827-29696516.html. 2017-02-10

[53] 中国网.中国首家"互联网云物流平台"爱带货全线运营. http://www.chinadaily.com.cn/interface/zaker/1142841/2017-07-12/cd_30084365.html. 2017-07-12

[54] 中国交通新闻网.广西将加强交通物流信息化建设. http://www.zgjtb.com/2017-11/20/content_132470.htm. 2017-11-20

[55] 中国制冷网.中国冷链物流迎两大团体标准. http://www.zhileng.com/news/hy/2017/0519/46070.html#3931240-tsina-1-35024-9a6778678301057cf475515d44b91f2d. 2017-05-19

[56] 黄可.《2017年重庆市国民经济和社会发展统计公报》解读. http://www.cqtj.gov.cn/bwtt/201803/t20180317_447982.htm. 2018-03-17

[57] 交通运输部政府综合规划司."2017年规模以上港口货物、旅客吞吐量快报数据". http://zizhan.mot.gov.cn/zfxxgk/bnssj/zhghs/201801/t20180126_2983364.html. 2018-01-26

[58] 国家发展和改革委员会经济运行调节局,南开大学现代物流研究中心.中国现代物流发展报告(2011年)[M].北京:中国物资出版社,2011

[59] 凤凰网.2017年中欧班列全年开行3673列 超过过去6年总和. http://finance.ifeng.com/a/20180122/15940202_0.shtml. 2018-01-22

[60] 中国商务新闻网.京津冀物流一体化格局初步形成. http://www.comnews.cn/focus/5a02dbf9cd918945e076ea15.html. 2017-11-08

[61] 中国物流与采购网.京东亚洲一号昆山物流园建成 全球首家无人分拣中心亮相. http://www.chinawuliu.com.cn/information/201708/04/323611.shtml. 2017-08-04

[62] 中关村在线.菜鸟网络智慧仓投入使用 搬运机器人可以相互识别. http://news.zol.com.cn/650/6500026.html. 2017-08-03

[63] 搜狐.申通快递在多地启用分拣机器人. http://www.sohu.com/a/138245257_401186. 2017-05-04

[64] 新浪科技.京东建成全球首个无人机运营调度中心. http://tech.sina.com.cn/roll/2017-06-08/doc-ifyfzaaq5505135.shtml. 2017-06-08

[65] 搜狐财经.菜鸟推出新技术:刷脸+AR技术取快递. http://www.sohu.com/a/136192491_473305. 2017-04-24

[66] TechWeb.菜鸟宣布成立绿色联盟. http://www.techweb.com.cn/internet/2016-06-13/2346170.shtml. 2016-06-13

[67] 中国经济网.菜鸟绿色联盟公益基金成立. http://www.ce.cn/cysc/newmain/yc/jsxw/201703/17/t20170317_21124518.shtml. 2017-03-17

[68] 新浪科技.厦门将成全球首个绿色物流城市. http://tech.sina.com.cn/d/2017-10-23/doc-ifymzksi1008399.shtml. 2017-10-23

[69] 浙江在线.共享快递盒融入绿色物流趋势. http://ec.zjol.com.cn/yrsh/201711/t20171101_5498715.shtml. 2017-11-01

[70] 中国政府网. 十部门联合发文协同推进快递绿色包装工作. http://www.gov.cn/xinwen/2017-11/02/content_5236573.htm. 2017-11-02

[71] 北方网. 京津冀物流一体化成就显著. http://economy.enorth.com.cn/system/2017/06/22/033219180.shtml. 2017-06-22

[72] 中华人民共和国中央人民政府. 中共中央国务院关于全面振兴东北地区等老工业基地的若干意见. http://www.gov.cn/zhengce/2016-04/26/content_5068242.htm. 2016-04-26

[73] 哈尔滨市人民政府. 哈尔滨市人民政府办公厅关于印发《哈尔滨市开展现代物流创新发展城市试点实施方案哈尔滨市推进现代物流创新发展城市试点三年行动计划（2016—2018年）》的通知. http://www.harbin.gov.cn/art/2017/1/11/art_13791_714.html. 2017-01-17

[74] 中华人民共和国商务部. 关于印发《黑龙江省商贸物流业（2016年—2020年）发展规划》的通知. http://www.mofcom.gov.cn/article/h/zongzhi/201704/20170402563048.shtml. 2017-04-20

[75] 凤凰网. 深度融入"一带一路"寻找发展新坐标　吉林大手笔绘制"丝路吉林"大通道. http://finance.ifeng.com/a/20180416/16097833_0.shtml. 2018-04-16

[76] 吉林省人民政府办公室. 长春新区：构建国际物流新格局　释放转型升级新潜力. http://www.jlio.gov.cn/index.php/yxjl/asjl/6957-2017-10-23-00-54-28.html. 2017-10-23

[77] 大连新闻网. 市港口与口岸局推动出台促进物流业发展的实施意见. http://szb.dlxww.com/dlrb/html/2017-03/14/content_1345779.htm?div=-1. 2017-03-14

[78] 中国人民广播电台辽宁频道. 打造开放新格局　辽宁港口联动向海再出发. http://www.cnr.cn/ln/jrln/20171220/t20171220_524069007.shtml. 2017-12-20

[79] 中国经济网. 文兼武：工业经济稳中向好　为高质量发展夯实基础. http://www.stats.gov.cn/tjsj/sjjd/201801/t20180119_1575462.html. 2018-01-19

[80] 东方财富网. 2017年1—9月物流行业经济运行情况分析. http://finance.eastmoney.com/news/1365,20171027789316016.html. 2017-10-27

[81] 中国物流信息中心. 2017年全国重点企业物流统计调查报告. http://www.clic.org.cn/wltjwlyx/290332.jhtml. 2017-12-06

[82] 科技信息部. 2017年全国重点物流企业统计调查报告. http://www.chinawuliu.com.cn/lhhkx/201712/06/326866.shtml. 2017-12-06

[83] 陆澜清. 2016年我国装备制造业发展挑战与机遇分析. https://www.qianzhan.com/analyst/detail/329/160328-33f178e8.html. 2016-03-28

[84] 中国经济网. 我国制造业生产成本物流占比高达三成　物流降成本还有哪几招. http://finance.sina.com.cn/roll/2017-02-27/doc-ifyavwcv9008797.shtml. 2017-02-27

[85] 界上投资. 共享经济浪潮下共享物流的创新模式与发展趋势探析. https://465938.kuaizhan.com/87/30/p4241350539e923. 2017-04-19

[86] 中国测控网. 物流行业迈进智能化时代　智能物流迎发展机遇期. http://www.ck365.cn/news/9/44262.html. 2017-05-11

[87] 温卫娟, 邬跃. 我国城市配送形势分析及发展策略[J]. 中国流通经济, 2014(9): 46-51

[88] 张潜,吴汉波.城市物流[M].北京：北京大学出版社,2011
[89] 中国物流与采购网.2017年生产资料市场运行情况分析.http://www.chinawuliu.com.cn/office/30/176/13331.shtml.2018-03-07
[90] 搜狐网.海关总署：2017年贸易进出口总额增长14％,扭转连续两年下降趋势.http://www.sohu.com/a/216246616_115479.2018-01-12
[91] 常佳瑞.2017年全国网上零售额增长32.2％[N].中国证券报.2018-01-19
[92] 人民网.国家邮政局：2017年全国快递业务量累计完成400.6亿件.http://finance.people.com.cn/n1/2018/0113/c1004-29762692.html.2018-01-13
[93] 商务部.2016年度中国商贸物流发展运行报告.http://www.mofcom.gov.cn/article/gzyb/ybr/.2017-07-18
[94] 搜狐网.2017年中国冷链物流市场规模将达4700亿元.http://www.sohu.com/a/124551197_528687.2017-01-17
[95] 搜狐网.2017年汽车产销分别为2902万辆和2888万辆.http://www.sohu.com/a/216031373_114837.2018-01-11
[96] 新华网.我国2017年跨境电商进出口总额同比增长超80％.http://www.xinhuanet.com/2018-02/09/c_1122394038.htm.2018-02-09
[97] 崔忠付.2017中国冷链的现状和新趋势.http://www.chinawuliu.com.cn/office/37/312/13018.shtml.2017-12-03
[98] 搜狐网.2017年全国重点企业物流统计调查报告.http://www.sohu.com/a/208974101_276342.2017-12-06
[99] 王继祥.中国共享物流创新模式与发展趋势[J].物流技术与应用,2017,22(2)：80-84
[100] 洪涛.2018年中国农产品电商发展报告[R].亿邦动力.2018-03-20
[101] 国家统计局.中华人民共和国2017年国民经济和社会发展统计公报
[102] 国务院.国家新型城镇化规划(2014—2020年)
[103] 陈梦瑶等.中国消费升级研究分析报告[R].http://www.sohu.com/a/206939740_652385.2017-11-27
[104] 国家粮食局.2018年全国粮食流通工作会议在京召开.http://www.gov.cn/xinwen/2018-01/23/content_5259757.htm.2018-01-23
[105] 刘慧.粮食安全看得见管得好.http://www.gov.cn/xinwen/2018-01/02/content_5252338.htm.2018-01-02
[106] 国家粮食局.粮食物流业十三五发展规划.http://www.ndrc.gov.cn/gzdt/201703/t20170310_840818.html.2017-03-03
[107] 中凯智慧官方网站.中凯智慧公司概况.https://chinafoodvalley.com/gsgk.jhtml
[108] Gao De,Xu Zhiduan,Ruan Yilong,Lu Haiyan.From a systematic literature review to integrated definition for sustainable supply chain innovation.Journal of Cleaner Production，Volume 142.Part4,2017(6)：1518-1538
[109] 蔡进.把握好供应链创新的本质特征.现代物流报.第A06版.2017-03-08

[110] 丁俊发. 供应链创新助推国民经济发展. 国际商报. 第A02版. 2017-11-09

[111] 何黎明. 供应链迎来创新与应用发展新时代. 经济日报. 第016版. 2017-10-21

[112] New White House supply chain innovation initiative. https：//www. whitehouse. gov/the-press-office /2015/03 /18 /fact-sheet-president-obama-launches-competition-new-textiles-focused-man. 2015-03-21

[113] 观察者网综合. 菜鸟携手FedEx、俄罗斯邮政启动物流业最大绿色环保行动. http：//www. guancha. cn/broken-news/2016_06_14_363961. shtml. 2016-06-14

[114] 新华网. 京东3年内将少用纸箱100亿个，物流包装全部可回收或可再生. http：//www. xinhuanet. com/tech/2017/06/05/c_1121089099. htm. 2017-06-05

[115] 央视网. 2017年我国快递业务量超400亿件 同比增长28％. http：//news. cctv. com/2018/01/08/ARTI9tDSXrAkNxGwFaghKXfG180108. shtml. 2018-01-08

[116] 中国产业信息网. 2016年中国公路物流行业现状分析及发展趋势预测. http：//www. chyxx. com/industry/201608/435652. html. 2016-08-04

[117] 福佑卡车. 福佑卡车公司简介. https：//www. fuyoukache. com/us. html? target = us_company. html. 2018-01-25

[118] 中国物流与采购联合会. 中国公路货运发展报告（2016—2017）[R]. 中国财富出版社, 2017-11-01

[119] 壹米滴答. 壹米滴答企业概况. http：//www. yimidida. com/common/introduce. jsp?pmenu＝gyymdd&menu＝qygk. 2018-01-25

[120] 安能物流. 安能物流企业概况. http：//www. ane56. com/ane/aboutus. jsp. 2018-01-25

[121] 云鸟科技. 云鸟科技企业概况. https：//www. yunniao. cn/about. 2018-01-25

[122] 中国物流与采购联合会. 中国公路货运发展报告（2016—2017）[R]. 中国财富出版社, 2017-11-01

[123] 物流沙龙. 物流+互联网平台创新报告. http：//www. 360doc. com/content/16/0225/13/8224881_537269814. shtml. 2016-02-06

[124] 亚太日报. 广商聚力共推"一带一路". http：//www. sohu. com/a/127157356_125484. 2017-02-24

[125] HOBOR鸿网. 中国社会经济文化交流协会特申请成立中国一带一路建设促进委员会. http：//www. hobor. org. cn/html/guojiguanxi/20161028/53861. html. 2016-10-28

[126] 商务部合作司. 2017年我对"一带一路"沿线国家投资合作情况. http：//fec. mofcom. gov. cn/article/fwydyl/tjsj/201801/20180102699450. shtml. 2018-01-16

[127] 经济参考报. 商务部政策研究室主任沈丹阳："一带一路"新起点要有新重点. http：//www. jjckb. cn/2018-04/11/c_137101700. htm. 2018-04-11

[128] 世界银行. Global Economic Prospects：Broad-Based Upturn, but for How Long？. http：//www. shihang. org/zh/publication/global-economic-prospects. 2018-01-01

[129] AIRBUS. Global Market Forecast 2017—2036. http：//www. airbus. com/aircraft/market/global-market-forecast. html. 2017-03-20

[130] 物流技术与应用杂志.京东物流昆山无人分拣中心详解.http://mini.eastday.com/mobile/171030184023765.html.2017-10-30

[131] 国际船舶网.马士基-IBM区块链合资公司获欧盟批准.http://www.eworldship.com/html/2018/ShipOwner_0403/137814.html.2018-04-03

[132] ESCAP. Single Window for Trade Facilitation: Regional Best Practices and Future Development. http://www.unescap.org/sites/default/files/Regional%20Best%20Practices%20of%20Single%20Windows_updated.pdf.2018-03-27

[133] 黄新.后危机时代中国港口信息化展望[J].中国港口,2010(12):56-58

[134] 国务院.国新办举行自由贸易试验区建设情况发布会.http://www.scio.gov.cn/xwfbh/xwbfbh/wqfbh/35861/36443/index.htm.2017-03-31

[135] 国务院.国务院关于印发全面深化中国(上海)自由贸易试验区改革开放方案的通知.http://www.gov.cn/zhengce/content/2017-03-31/content_5182392.htm.2017-03-31

[136] 中国证券网.中国—斯里兰卡自贸区谈判举行取得积极进展.http://fta.mofcom.gov.cn/article/fzdongtai/201701/34107_1.html.2017-01-24

[137] 冯其予.中企"一带一路"沿线累计投资超过185亿美元[N].经济日报.2017-04-25

[138] 商务部.中国企业在尼日利亚奥逊州投资建设工业园区明年1月开工.https://www.yidaiyilu.gov.cn/xwzx/hwxw/38170.htm.2017-12-02

[139] 经济参考报.中欧班列累计开行超过5000列 应建设国家级集结中心.http://finance.sina.com.cn/roll/2017-10-10/doc-ifymrcmm9730097.shtml.2017-10-10

[140] CGGT走出去智库."一带一路"沿线主要国家民用航空业发展状况分析报告.https://weibo.com/ttarticle/p/show?id=2309404128131131816304.2017-07-11

[141] WTO Trade Facilitation Agreement Database. Notifications List. https://www.tfadatabase.org/notifications/list?notificationtype=a.2018-03-01

[142] UNECE. Trade Facilitation Implementation Guide. http://tfig.unece.org/cases/Cambodia.pdf.2012-10-12

[143] UNECE. Trade Facilitation Implementation Guide. http://tfig.unece.org/cases/Pakistan.pdf.2011-07-15

[144] Abhinayan B, Trisha R. ParvizA. International single window environment: prospects and challenges[R]. ADBI Working paper series.2017-06-14

[145] SanchitaBasu Das. ASEAN Single Window: Advancing Trade Facilitation for Regional Integration[R]. Singapore.2017-09-16

[146] 人民网.货车帮首席执行官罗鹏:从严治党就是为企业营造宽松环境.http://gz.people.com.cn/n2/2018/0307/c194827-31319637.html.2018-03-07

[147] 中国物流与采购网.共享快递盒亮相,苏宁宣布双十一大量使用.http://www.chinawuliu.com.cn/zixun/201710/17/325454.shtml.2017-10-17

[148] 厦门日报.厦门城市共同配送体系基本建成"鸟箱"方便市民.http://news.xmnn.cn/a/xmxw/201601/t20160114_4815374.htm.2016-01-14

[149] 中国信息产业网. 2017年中国智能快件箱行业发展概况及未来发展趋势分析. http://www.chyxx.com/industry/201711/586653.html. 2017-11-27

[150] 赵皎云. 物流装备共享模式与价值分析[J]. 物流技术与应用, 2017(2): 95-98

[151] 亚洲物流双年展. 年终盘点物流O2O平台融资情况一览表(2015年版). https://sanwen8.cn/p/1f4gLxr.html. 2016-06-07

[152] 商务部流通发展司. 2016年中国托盘标准化发展监测分析报告. http://www.sohu.com/a/156562355_465938. 2017-07-12

[153] 中国物流与采购网.《无车承运人试点中期运行监测分析报告》出炉. http://www.chinawuliu.com.cn/zixun/201708/09/323765.shtml. 2017-08-09